인도
이야기

한 권으로 읽는 인도의 모든 것

인도 이야기

마이클 우드 지음 — 김승욱 옮김

살림

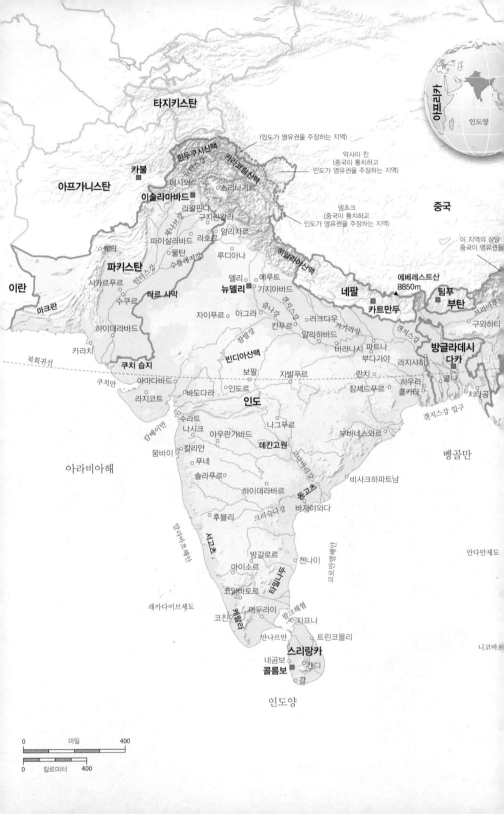

타지키스탄

힌두쿠시산맥

카불

아프가니스탄

이슬라마바드

페사와르

라왈핀디   구지란왈라

파이살라바드   라호르

물탄

퀘타   슈틀레지강

파키스탄

사카르푸르

수쿠르

하이데라바드

카라치

쿠치 습지

이란

마크란

쿠치만

아마다바드   인도르   인도

라지코트

바도다라

캄베이만   수라트

나시크

뭄바이   칼리안

푸네

솔라푸르

후블리

방갈로르

마이소르

코임바토르

래카다이브제도

코친   마두라이

만나르만

콜롬보   스리랑카

네곰보   캔디

갈

인도양

0   마일   400

0   킬로미터   400

카리코람산맥

(인도가 영유권을 주장하는 지역)

악사이 친
(중국이 통치하고
인도가 영유권을 주장하는 지역)

스리나가르

뎀초크
(중국이 통치하고
인도가 영유권을 주장하는 지역)

중국

이 지역의 상당
중국이 영유권을

암리차르

루디아나

델리   메루트

뉴델리   가지아바드

자이푸르   아그라

히말라야산맥

얌나강

찬나강

히말라야산맥

네팔

에베레스트산
8850m

카트만두

팅푸

부탄

구와하티

럭나우

칸푸르   가가라강

알라하바드

바라나시   팟트나

부다가야

갠지스강

라지샤히

방글라데시

다카

쿨나

치타공

타르 사막

빈디아산맥

보팔   잠발강   자발푸르

란치   하우라   콜카타

잠셰드푸르   갠지스강 입구

나그푸르

아우랑가바드   데칸고원

고다바리강

부바네스와르

벵골만

하이데라바르   콩고초

바자야와다

크리슈나강

서고츠

동고츠

비사크하파트남

안다만제도

체나이

파크해협

자프나   트린코몰리

니코바

아라비아해

북회귀선

들어가는 말

인류의 모든 역사가 살아 숨쉬는 곳
인도의 과거와 현재, 미래를 읽는다

이 책은 인도에 대한 오랜 애정의 산물이다. 깊은 존경과 찬탄으로 가득 찬 애정. 아니, 무엇보다도 인도와 인도 문화에 대한 사랑이 가장 크다. 나는 지난 30년 동안 스무 번 내지 서른 번쯤 인도를 여행하면서 내 삶이 어떤 식으로든 인도라는 그물에 걸려버렸다고 생각한다. 인도 여행을 할 때마다 나는 환영을 받으며 다른 문화 속으로 들어가서 한동안 시간을 보내는 것이 얼마나 커다란 행운인지 자주 생각해보곤 했다. 특히나 인도처럼 풍요롭고, 다채롭고, 항상 생각을 밝혀주는 곳이라면 더욱 그렇다.

아내와 나는 인도에서 사랑에 빠져 인도에서 결혼했다. 그래서 우리 아이에게는 인도식으로 지은

이름이 있다. 우리는 온 가족
이 함께 인도를 여행하곤 했
다. 아이들이 어렸을 때 전통
을 고수하는 타밀 친구의 집에서 봄 축제인 퐁갈을 즐기던 기억, 코베리 삼각
주의 오래된 사원에 가려고 버스를 타고 남부를 여행하던 기억이 아직도 생생
하다. 하지만 무엇보다도 기억에 남는 일은 2001년 친구들과 함께 텐트에서 지
내며 구경했던 쿰브멜라(힌두교 순례 축제)다. 역사상 그때만큼 사람이 많이 모
인 적은 없을 것이다. 행사가 끝난 뒤 알라하바드에서 우리가 즐겨 찾던 자그
마한 파르시(이란에서 인도로 건너온 조로아스터교도) 호텔로 탈출해서 세몰리나
(파스타, 아침 식사용 곡물식, 푸딩 등을 만들 때 쓰는 밀가루) 푸딩과 과일 케이크를
먹은 일도 물론 생생한 추억으로 남아 있다.

하지만 이 책은 또한 역사가의 작품이기도 하다. 나는 40년 동안 세계를
돌아다니면서 역사가로서 책을 쓰고, 다큐멘터리를 만드는 데 많은 시간을

⇩ 람릴라, 즉 바라나시의 라마 연극 시리즈는 매년 10월에 30일 동안 공연된다. 인도 북부 전역에 널리 알려져 있는
이 민속극이 지금의 형태를 갖추게 된 것은 19세기에 영국의 지배에 반발하는 문화적 저항운동을 통해서였다.

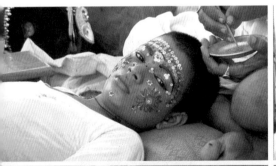

쏟았다. 그렇게 제작한 여행·역사·모험에 관한 다큐멘터리가 거의 100편이나 된다. 힌두쿠시에서 알렉산드로스의 발자취를 좇을 때처럼 세 가지 주제를 한꺼번에 다룬 적도 있다. 나는 아메리카 대륙과 아프리카에서, 이라크·이집트·이란·중국 등 구세계의 위대한 문명이 자리했던 곳에서, 전통 문명을 필름에 담으며 믿을 수 없을 만큼 아름답고 풍요롭고 다양한 인간의 삶을 직접 목격하는 행운을 누렸다. 나의 모든 경험을 하나로 묶는 주제가 있다면, 현재로 계속 이어지는 과거가 바로 그것이다.

우리가 인간의 정체성, 즉 문명·문화·부족·개인 등이 세계 도처에서 자꾸 지워지는 시대를 살고 있다는 말이 이제는 진부하게 들릴 지경이다. 수천 년 동안 구축된 정체성이 겨우 몇 세대 만에 사라지고 있는 실정이기 때문이다. 여행을 하다보면, 현대화와 세계화가 환경·풍경·기후·동식물뿐만 아니라, 사람 사이의 차이점 또한 자꾸 없애버리고 있음을 알 수 있다. 복잡한 그물망처럼 얽혀 있는 언어·관습·음악 이야기 등이 지금의 우리 모습을

만들어주었는데도 말이다.

어쩌면 우리는 이런 것이 아직 살아 움직이는 모습을 보는 마지막 세대가 될지도 모른다. 그런데 내가 보기에, 석기시대부터 지구촌시대에 이르기까지 인류의 모든 역사가 아직도 활발히 살아 숨 쉬는 곳은 지구상에 인도밖에 없다. 그것이 바로 내가 이 책에서 말하고자 하는 바다.

인도는 70년 전에야 하나의 자유로운 국가가 되었지만, 진정한 의미에서 인도가 존재한 기간은 수천 년이나 된다. 인도의 이야기는 굉장한 드라마, 위대한 발명, 엄청난 다양성, 경이적인 창의성, 무엇보다도 거창한 아이디어로 가득 차 있다. 인도의 역사는 또한 신흥 강대국의 역사이기도 하다. 오늘날 인도아대륙 전체, 즉 인도·파키스탄·방글라데시의 인구는 17억 명으로, 전 세계 인구의 5분의 1을 넘는다. 인도는 곧 중국을 제치고 세계에서 가장 인구가 많은 나라가 될 것이다.

인도에는 공식 언어가 22개(영어 포함)이며, 소수 언어와 방언은 400개나 된다. 중세의 한 인도 작가는 이렇게 자랑했다. "아시아인·몽골인·튀르크인·아라비아인은 우리 인도의 언어들을 제대로 하지 못해 쩔쩔매지만, 우리 인도인은 양치기가 양을 돌보듯이 손쉽게 전 세계 모든 언어로 말할 수 있다." 인도에서는 아주 옛날부터 많은 언어가 쓰였고 다원주의적이었다. 인도 여러 지역의 위대한 문화는 그 자체로서 하나의 문명이다. 예를 들어, 타밀만 해도 기원전 3세기까지 거슬러 올라가는 문학 전통을 갖고 있다. 대부분의 서유럽 국가보다 더 유서 깊고, 더 풍요로운 전통이다. 다원주의와 다양성은 크기와 규모를 막론하고 모든 것에 배어 있다. 인도 사회는 거의 5,000개나 되는 카스트와 공동체로 이루어져 있는데, 이들은 각각 자기만의 규칙·관습·이야기를 지니고 있다. 인도는 세계적인 종교를 네 개나 탄생시켰으며, 전설로 전해지는 3,300만 명의 신과 함께 정신을 차릴 수 없을 만큼 많은 종파가 활동하고 있다. 인도는 세계에서 두 번째로 큰 이슬람 국가다. 인도아대륙 전체의 이슬람 신도를 합하면 전 세계 이슬람교도의 절반이나 된다. 인도는 유럽이 기독교를 포용하기 훨씬 전에 기독교를 두 팔 벌려 맞아들였고, 이 밖에도 유대교도와 파르시 등 박해를 피해 도망쳐 온 수많은 종교의 신도를 따뜻이 맞아주었다.

잠시 세계의 패권을 쥐었던 서구의 힘이 점점 끝을 보이는 지금, 인도는 놀라운 다양성을 바탕으로 다시 일어서고 있다. 경제사가들은 1500년경까지 인도의 GDP가 세계 최고였을 것으로 짐작한다. 1500년경 인도는 중국에 따라잡혔다. 하지만 신세계의 부가 세상을 바꿔놓은 덕분에 역사의 중심이 아시아 대륙에서 서유럽 해안으로 옮겨갔고, 이에 따라 인도뿐만 아니라 중국 역시 유럽제국에 눌려 희미하게 빛을 잃고 말았다. 1900년에 전 세계 경제활동에서 중국과 인도의 비중은 미미했다. 인도의 경우 3퍼센트도 채 되지 않았다.

1947년 독립한 인도는 45년 동안 나라를 세운 자유주의적 사회주의자뿐만 아니라, 자급자족과 비동맹과 비폭력을 신봉한 간디의 이상을 충실히 따르며 보호무역주의 정책을 폈다. 인도가 중국의 성장을 따라하기 시작한 것은 겨우 지난 15년 동안의 일이다. 오늘날 세계화된 세상에서 인구는 무엇보다 중요한 요소이지만, 이 밖에도 정보기술력·수학적 지식·기술과 언어능력도 모두 중요한 역할을 한다. 세계적인 공통어인 영어가 널리 쓰이는 것, 전 세계로 퍼져나간 수많은 인도인의 영향력도 중요하다. 금융분석가들은 지금의 추세가 이어진다면 2030년대 말에 인도의 GDP가 미국을 따라잡을 것으로 보고 있다. 이렇게 되면 위대한 고대 문명을 이룩했던 아시아 국가가 무대의 중앙으로 다시 돌아오는 셈이다.

인도의 현대적인 변화는 중국보다 늦었다. 중국처럼 국가가 강력하게 주도하는 체제도 아니다. 인도는 이 밖에도 많은 문제에 직면하고 있다. 특히 사회적 불평등, 농촌의 가난, 인구과잉, 환경 파괴가 심각하다.

하지만 인도가 엄청나게 유리한 부분도 있다. 인도는 개방적인 사회이고, 활기 넘치는 민주국가이며, 실용적인 기술과 언어 능력이 상당하다. 또한 아주 오래전부터 다원주의와 관용을 실천하려 애썼기 때문에 과거의 엄청난 문화 자원을 이용할 수 있다. 인도 문명에서 오래전부터 통용된 삶의 목표들, 즉 아르타(세속적인 부와 성공)·카마(쾌락과 사랑)·다르마(미덕)·모크샤(지식과 해방)는 지금도 부자든 빈민이든 모든 사람의 삶에서 중요한 역할을 한다. 내가 보기에는 앞으로도 당분간은 그럴 것 같다. 여러 가지 어려움과 좌절에도 지난 70년 동안 역동적인 민주주의체제를 확립한 것은 놀라운 성취다. 게다가 인도의 민주주의는 우리가 배울 점이 많다.

이 책에서 나는 인도의 역사를 여행자의 관점에서 먼 옛날부터 현재까지 간략히 추려놓았다. 역사적으로 중요한 순간과 중요한 테마가 나오면 특히 자세히 다루었다. 이 책은 그저 개론서에 불과하다. 인도의 역사가 방대하고, 워낙 화려하고, 복잡하기 때문에 어쩔 수 없다. 책 한 권으로는 대충 윤곽만 그리는 것도 힘겹다. 지난 18개월 동안 인도를 부지런히 돌아다닌 것이 내게는 굉장한 경험이었다. 그렇지 않아도 놀라운 역사를 지닌 인도에서 최근에 벌어지고 있는 짜릿한 변화를 보았기 때문이다. 한편 여행 도중에 우리에게 시간과 지식을 나눠준 모든 사람에게는 깊이 감사하는 마음뿐이다.

이제 마무리는 14세기 인도 시인인 아미르 쿠스라우에게 맡길 생각이다. 튀르크계의 이슬람교도인 쿠스라우는 페르시아어로 시를 썼지만 인도에서 태어나 인도를 조국으로 두게 된 것을 최고의 행운으로 꼽았다.

인도의 공기가 얼마나 상쾌한지!
이 나라 백성의 삶보다 더 나은 스승은 없다.
이곳을 지나는 외국인이라면 그 무엇도 부탁할 필요가 없으리라.
백성이 그를 동포처럼 대할 터이니,
융숭하게 그를 대접하며 그의 마음을 얻고
꽃처럼 웃는 법을 보여줄 터이니.

| 일러두기 |

- 이 책은 『The Story of INDIA』(2007)를 원전으로 한 번역서 『인도 이야기: 한 권으로 읽는 인도의 모든 것』(2009, 웅진지식하우스)을 재출간한 것이다.
- 본문 중 괄호 안에 작게 처리된 글은 대부분 옮긴이가 단 것이다.
- [ ] 안에 들어 있는 말은 문맥상 필요하다고 생각되는 말을 옮긴이가 임의로 삽입한 것이다.
- 버마와 미얀마는 같은 국명이다. 본문에서는 1989년을 기점으로 이전 국명은 버마로, 이후 국명은 미얀마로 구분하여 표기했다.

6 자유와 해방 ...361

지오티와 미낙시 나가라티만, '타타', 퍼니다, 샨티, 치트라, 아킬라, 카르틱과 시바쿠마르, 락슈미 비시와나단과 수실라 라빈드라나드에게 사랑을 바치며

1

인도, 인도인의 뿌리

비가 그쳤다. 집 뒤의 가파른 언덕을 지붕처럼 뒤덮은 야자수 이파리가 비에 흠뻑 젖어 물방울을 뚝뚝 떨어뜨리고 있다. 검푸른 잎이 마지막 남은 햇빛 속에서 반짝인다. 만 입구의 모래톱에 파도가 부서지는 소리와 수면 밑의 강한 역류가 내지르는 포효가 내 방 밖에서 들려온다. 등대를 향해 뻗은 해변에는 사람들이 물가를 따라 늘어서서 석양을 지켜보고 있다. 우기의 하늘이 이제 맑아지고 있다. 황금빛이 아라비아해에 퍼진다. 나는 인도의 남쪽 끝 가까이에 있는 케랄라해변의 하숙집 발코니에 서 있다. 탁자 위에는 지도와 안내서 등 여행자의 물건이 흩어져 있다. 지난 며칠 동안 우리는 코지코드에서 크랑가노르와 코친을 거쳐 남쪽으로 내려왔다. 바르칼라의 붉은색 절벽 아래에서 야자수로 둘러싸인 해변을 따라 숲으로 뒤덮인 서고츠의 구릉지대와 바다 사이에 인도의 척추처럼 뻗은 좁은 길을 걸은 것이다. 이런 휴양지에서 과거의 대규모 인구 이동에 관한 이야기를 시작하는 것이 이상하게 보일지도 모르지만, 8만 년 전쯤 처음으로 아프리카를 떠난 인간이 택한 길이 바로 이곳이었다. 그것이 인도 역사상 최초의 여행이었다.

해변의 떠돌이

◇

이들은 해변의 떠돌이었다. 파도에 난타당한 인도의 긴 해안을 맨발로 걸어온 이들은 인류가 항상 그랬듯이 우연과 필요 때문에 여행을 계속했다. 하지

⇩ 코친 근처 케랄라의 열대 해안은 수천 년 동안 무역상과 이주민이 오랜 항해 끝에 육지에 발을 내딛는 곳이었다. 맨 처음 이곳을 찾은 것은 아프리카를 떠난 최초의 인간이었다.

만 그 무엇보다 인간적인 특징인 호기심도 분명히 한몫했을 것이다. 아프리카의 혼곶(Horn of Africa)을 출발한 이들은 인도양을 끼고 이동해 겨우 몇천 년 만에 인도 남쪽 끝의 코모린곶(Cape Comorin)을 거쳐, 안다만제도·인도네시아·오스트랄라시아로 갔다. 당시에는 해수면이 낮았다. 우주에서도 똑똑히 보이는 인도 주위의 연파란색 대륙붕이 바로 옛 해안선이다. 그 해안선은 바다가 높아지면서 2만 년 전에 사라져버렸다. 그때는 스리랑카까지 다리처럼 땅이 연결되어 있었으며, 남 안다만과 북 안다만이 하나의 섬이었다.

그 옛날 떠돌이의 후손인 현대인은 인도양 바로 옆에서 조상이 지나간 희미한 흔적을 찾아냈다. 인도양 해안에는 지금도 소수의 토착민이 살고 있다. 인류가 최초로 아프리카 대륙을 벗어나 바다를 건넌 지점인 아프리카의 혼곶 맞은편에는 진홍색 산호가 여기저기 흩어진 예멘의 백사장이 있다. 아프리카를 떠난 사람들이 처음 들른 곳이 바로 여기였다. 이쪽 해안을 따라 이들이 야영했던 곳에서 구석기시대 중기의 도구들이 나왔다. 아프리카에서

석기시대 중기에 쓰이던 것과 비슷한 물건이었다. 페르시아만 건너편, 지구에서 가장 환경이 열악한 곳 중 하나인 파키스탄 해안에도 마크란족이 산다. 이들의 DNA에도 아주 오래전부터 이어져 내려온 가닥이 하나 섞여 있다. 기원전 4세기 알렉산드로스 시대의 그리스인이 여행 도중에 만난 모든 부족 중 가장 원시적인 사람이라며, '생선 먹는 사람들(ichthyophagoi)'이라고 표현했던 유목민이 십중팔구 이들일 것이다.

인도양 해안을 끼고 계속 이동하다보면, 숲으로 뒤덮인 인도 남부의 산들이 나타난다. 현대에 이르기까지 비교적 사람의 손이 닿지 않았던 이곳에는 어쩌면 사상 처음으로 아프리카를 떠난 그 옛날 떠돌이의 후손일 수도 있는 부족이 살고 있다. 현대인이 '인간게놈프로젝트'라는 획기적인 성과를 거두기 한참 전에도 이들은 아프리카인을 닮은 외모와 문화 때문에 주위의 다른 부족과 뚜렷이 구분되었다. 영국의 『지명사전』에 이들의 이름이 기록되어 있다. 카다르족·파니얀과 코라바족·야나디 이룰라족·가다바와 첸추족. 드라비다어를 쓰는 주위의 부족보다 더 오랜 역사를 지닌 이들은 지금도 힌두교를 믿는 인도의 카스트제도에 속하지 않은 채 독자적으로 자기들만의 삶을 꾸려가고 있다.

나는 타밀나두의 산들을 넘어가서 마두라이 대학교의 유전학 교수인 피차판을 만나기로 되어 있다. 피차판 교수는 이곳의 칼라르부족을 연구하다가 놀라운 사실을 발견했다. 이들의 미토콘드리아 DNA와 Y염색체에서 인도의 가장 오래된 조상의 흔적을 찾아낸 것이다. 피차판 교수의 연구팀은 우연히 비루만디라는 남자를 검사하다가 아프리카를 떠난 최초의 현생인류가 갖고 있던 M130 유전자가 그에게도 있음을 알게 되었다. 그리고 곧이어 놀랍게도 비루만디의 마을 사람이 모두 M130 유전자를 갖고 있음이 밝혀졌다. 고립된 생활, 카스트제도의 구속, 족내혼이 유전자를 보존해준 덕분이었다. 칼라르족은 사촌끼리 결혼하는 풍습이 있는데, 이는 인도 남부의 친족 결혼 가운데 가장 오래되고 가장 특징적인 형태다.

"인류 초창기에 적어도 두 번의 인구 이동이 있었습니다." 피차판 교수가 내게 말한다.

"언어가 생겨난 건 나중인 것 같습니다. 기껏해야 1만 년이나 1만 5,000년 전쯤. 물론 언어와 종족이 같은 건 아닙니다. 종족이 달라도 언어를 배워서 쓰기는 쉬우니까요. 종교도 마찬가지입니다. 관습·친족관계 등과 비교하면 종교는 껍데기일 뿐입니다. 그냥 신앙 체계에 지나지 않아요. 각자 자신이 속한 체제든 신이든 그냥 자기가 믿고 싶은 대상을 믿는 겁니다. 내가 보기에는 바로 그 때문에 인도가 인류의 다양성이 전부 모여 있는 소우주이면서도 통일성을 유지할 수 있었던 것 같습니다."

"그럼 교수님을 인도인으로 만들어주는 것도 바로 그 점인가요?" 내가 묻는다.

"글쎄요, 아마 그렇겠죠." 교수가 웃는다.

"그냥 인간이 아니라, 더욱더 인간적인 인간이라고 하면 되겠네요."

수많은 역사의 물결이 이곳을 거쳐 갔지만, 이 사람들은 처음에 조상이 오랜 도보여행 끝에 이곳에 도착한 이후로 고립된 생활을 해왔다. 지난 몇 년 동안 이처럼 깊숙한 오지에 살고 있는 부족의 정체가 밝혀지기 시작한 것은 믿을 수 없을 만큼 굉장한 과학적 성과다. 피차판 교수는 심지어 그 최초의 떠돌이가 우리 모두의 유전적 기반이 되었다고까지 보고 있다. 다시 말해서, 전 세계인이 여기서 태어났다는 뜻이다.

"아담이 아프리카에서 왔다면, 이브는 인도에서 온 셈이죠." 과연, 그래서 어머니 인도라고 하는 모양이다!

처음에 인도의 역사 속을 여행하기 시작했을 때 내 눈앞에는 현기증이

날 만큼 굉장한 광경이 펼쳐졌다. 케랄라는 인도에서 생겨난 문화의 후기 형태를 이해하기에 적당한 곳이다. 폭력·전쟁·대규모 인구 이동 등 인구 교체를 일으킨 현대의 끔찍한 사건과 인종청소를 겪지 않은 이곳 사람이 처음에는 평화로운 이민자 또는 무역상으로 이곳에 발을 디뎠다. 아름다운 풍경과 기후, 비옥한 땅과 풍부한 소출 덕분에 이곳은 역사를 통틀어 사람이 정착하기 좋은 곳으로 꼽혔다. 이곳의 자그마한 항구들은 그리스인 히팔루스, 중국의 정화 제독, 바스쿠 다가마 등이 거쳐 간 곳이다.

바스쿠 다가마는 1492년에 배를 타고 이곳의 곳을 지나갔다. 이들만큼 유명하지는 않지만 우리는 이 책에서 다양한 사람을 만나게 될 것이다. 향신료 무역에 나선 그리스와 로마의 상인, 걸프 지역에서 온 아랍의 이슬람 상인, 평화로운 케랄라와 면한 지역에서 살다가 떠나온 중국인 이민자가 그들이다.

여러 문화의 흔적은 건축에도 나타난다. 시리아 기독교도의 교회당, 기둥이 있는 유대교 회당, 포르투갈인이 지은 바로크 양식의 향신료 창고, 영국과 네덜란드 동인도회사의 지나치게 커다란 건물, 그리고 요즘 비행기를 타고 트리반드룸으로 들어오는 저가 패키지 여행객이 머무는 바르칼라와 코발람의 휴양지 등등. 이 모든 것이 인도의 역사 속에서 벌어진 끊임없는 이동과 교류의 흔적이다.

여기서는 전쟁이 아니라 평화를 통해 교류가 이루어지는 현장을 볼 수 있다. 이곳으로 몰려온 사람들·문화·종교 등이 모두 현재의 인도를 있게 했다. 인도에 언어가 수백 개나 되고 카스트가 수천 개나 되는지는 몰라도, 이 자그마한 지역에서 그러한 다양성이 인류에게 어떤 의미를 지니는지 알 수 있다. 믿을 수 없을 만큼 다양하면서도 통일성을 유지하는 모습. 이 수수께끼에 대해서는 나중에 더 자세히 다룰 것이다.

⇦ 불의 신 아그니. 희생의 불과 화덕은 베다 시대 인도인의 의식에서 핵심적인 역할을 했다: 나무판자. 인도 남부, 17세기.

3,000년에서 4,000년 전에 중앙아시아에서 새로운 이민자가 인도로 들어왔다. 이들 중 일부는 기원전 마지막 1,000년 동안 남쪽으로 내려왔다. 이들과 함께 이들이 지키던 베다 의식과 불의 신인 아그니에 대한 숭배가 함께 전래되었고, 세월이 흐르면서 이곳 토착민의 신과 의식이 여기에 동화되었다. 그리고 이러한 통합을 통해 오늘날 인도의 종교들이 태어났다. 이들은 스스로를 '아리아인'(산스크리트어로 '고귀한 사람들')이라고 불렀다. 현대에 들어 나치를 비롯한 여러 인종주의자들이 심하게 악용한 명칭이다. 대부분의 이민자는 다른 부족 사람과 어울려 살아갔지만, 이들 가운데 카스트가 가장 높은 사제들, 즉 브라만은 고립을 유지하면서 고대의 의식과 금기를 후세에 전해주었다.

인도는 기적의 땅이다. 19세기에 인류학자들과 케랄라의 지역 관리들

불의 신 아그니에게 바치는 의식. 족내혼을 하던 고대 씨족 남부디리 브라만은, 인류 최고(最古)의 의식들을 정확하게 수행하기로 유명하다. 그 의식 중 하나는 인류가 말을 시작하기 전부터 치러진 것으로 추정된다.

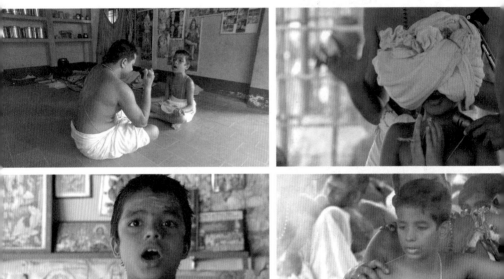

⇧　다음 세대에게 진언을 가르치는 모습.　　　　　　　　　　　⇧　의식을 치르는 모습.

은 '남부디리'라는 브라만 일파에 대해 기록해두었다. 이들은 자신이 가장 순수한 아리아인이라고 생각했으며, 토착민이 수천 년 동안 열성적으로 보존해온 의식과 아리아인의 종교를 결합시킨 의식을 거행했다. 19세기에도 이들은 여전히 그 무엇보다 정교한 의식을 불의 신에게 바쳤다. 이 의식을 거행하는 데는 꼬박 열이틀이 걸렸으며, 밤새 의식이 진행될 때도 있었다. 이 의식이 마지막으로 거행된 지 이미 30년이 넘는 세월이 흘렀다. 하지만 올해 (2007) 어느 독지가의 도움으로 간략하게 줄인 의식이 거행될 예정이다. 우리

⇧　의식이 끝나면 정화의 의미로 오두막을 불태운다.

가 아는 한, 이것은 지금까지 살아남은 인류의 의식 중 가장 오래된 것이다.

선사시대의 소리

〇

불길이 하늘 높이 불꽃을 피워 올리는 가운데 엄청나게 많은 사람이 밀치락
달치락하며 자리 다툼을 벌인다. 특별히 울타리로 둘러싸인 곳이 두 군데 있

고, 그 안에는 등나무 지붕 아래 제단이 놓여 있다. 가장 넓은 지붕 밑에는 새가 날개를 활짝 펼친 모양으로 벽돌을 쌓아 만든 커다란 제단이 있다. 의식을 집전하는 사제 12명—노인, 젊은이, 아버지, 아들이 섞여 있다— 중에 최고 사제가 머리카락을 가린 모습으로 검은 영양 가죽 위에 앉아 있다. 그와 그의 아내—주류 힌두교와 달리 여기서는 여성에게도 역할이 있다—는 다른 사제와 마찬가지로 의식이 진행되는 동안 울타리 밖으로 나가면 안 된다. 제물을 바치는 순서, 아슈윈 형제(바람을 타고 다니는 쌍둥이 사내아이 신)에게 우유를 바치는 순서가 이어지고, 사람들은 소마라는 신성한 음료를 마신다. 이것은 산에서 자라는 어떤 식물의 즙을 짜낸 것이다. 브라만은 수천 년 동안 이 의식을 외부인의 손길로부터 열성적으로 지키며 한 번도 외부에 공개하지 않았다. 특히 의식 중에 외는 진언(mantra)이 그렇다. 이 마법의 주문을 외는 데는 며칠이 걸리는데, 오로지 브라만이 이 진언을 입에 담을 수 있다. 진언은 유구한 세월 구전으로 아버지에게서 아들에게로, 글자 하나 틀리지 않고 그대로 전달되었다.

진언은 지금도 많은 사회에 존재한다. 역사를 살펴보면, 인도에서 중국·티베트·극동·인도네시아로 진언이 퍼져나갔다. 진언은 고대 인류 역사의 일부지만, 인도만큼 진언을 소중히 여긴 문화는 없다. 진언은 감정·심리·신경계에 작용하며, 요가와 마찬가지로 정신과 신체를 한 차원 높이는 방법이다. 청동기시대 인장에는 요가 자세로 앉아 있는 남자들이 새겨져 있다. 요가는 아마도 인도가 가장 오래전부터 집착해온 대상 중 하나일 것이다.

서구인은 1975년에야 비로소 이런 의식을 직접 접하고 기록으로 남길 수 있었다. 하지만 학자들이 막상 기록을 분석해서 수수께끼를 풀어보려고 하니 혼란스럽기만 했다. 의식이 진행되는 도중 평범한 언어가 사용되지 않는 순간들이 있었다. 이때 사용되는 소리의 패턴—이 패턴을 배우는 데는 오랜 세월이 걸리고, 처음부터 끝까지 읊는 데는 며칠이 걸린다―은 틀림없이 정교한 규칙을 따르고 있었지만, 의미는 전혀 없었다. 사실 브라만도 의미에 대해서는 해줄 말이 전혀 없었다. 그저 "조상 대대로 전해져온 것"이라는 말뿐이었다. 그렇다면 이런 의식의 목적은 무엇일까? 애당초 이런 소리가 어떻게 만들어졌을까?

인간의 창의성이 발휘된 두 가지 중요한 분야가 이 문제를 푸는 데 도움이 될지도 모른다. 첫 번째 분야는 음악이다. 음악 역시 소리를 배열해서 감정에 영향을 미친다. 그리고 음악 역시 그 자체로는 아무 의미가 없다. 다시 말해서 음악으로는 뭔가를 표현할 수 없다는 뜻이다. 두 번째 분야는 의식이다. 이것 역시 의미가 필요하지 않다. 따라서 종교가 처음 싹을 틔울 때는 의미가 중요하지 않았다. 사람들이 인류 역사상 가장 오래된 행위인 종교 행위에 『경전』과 이야기 등을 통해 합리적인 설명과 체계를 부여하려고 애쓴 것은 나중의 일이다.

전문가들은 녹음된 진언을 분석한 뒤 당혹감에 빠졌다. 여기에 나타난 소리 패턴은 다른 문화권 어디에서도 찾아볼 수 없는 것이었다. 궁극적으로는 음악조차 도움이 되지 않았다. 진언에 후렴구, 반복, 3행연구(聯句)가 있는데도 말이다. 돌파구가 마련된 것은 컴퓨터 기술이 발전한 뒤였다. 1975년 열이틀 동안 거행된 아그니 의식에서 녹음한 진언을 컴퓨터에 입력해 분석한 결과, 이 소리 패턴과 가장 흡사한 것은 새소리였다. 그렇다면 여기서 놀라운 결론을 이끌어낼 수도 있을 것 같았다. 이 소리 패턴이 어쩌면 언어보다 더 오래됐을지도 모른다는 것. 인류가 순전히 전체적인 맥락을 전달하거나 의식을 치를 때만 사용하던, 언어 이전 시대의 유물일 수도 있었다.

현재 학자들은 호모사피엔스가 언어를 쓰기 시작한 것은 겨우 5만 년 전 무렵이라고 추측하고 있다. 즉 아프리카를 떠난 뒤라는 얘기다. 게다가 이 시기는 훨씬 더 늦춰질 수도 있다. 하지만 동물계를 보면, 언어보다 의식(儀

행동을 하는 것이다. 그렇다면 언어 이전 시대의 소리 패턴과 의식의 결합이
인류 역사의 여명기, 의식과 종교와 과학이 처음 싹을 틔우던 시기에 이루어
진 것인지도 모른다.

이 위대한 의식의 말미에 특별히 지은 집 두 채에 불을 붙여 집이 완전
히 무너질 때까지 태운다. 빨간 불길이 대나무 발판을 핥으며 위로 올라가 이
엉을 태우고 밤하늘을 향해 너울거린다. 집이 무너지는 순간 불꽃이 소나기
처럼 쏟아져 내리고, 불빛이 야자수 숲의 검은 이파리를 비춘다. 앞에서 말했
듯이 인도가 세계경제 속에서 비약적인 발전을 이룩하며 2030년대에 미국마
저 따라잡을 것이라는 예언이 나오고 있지만, 21세기의 이 현대적인 나라는
인류 역사의 멀고 먼 과거부터 지켜지던 관습을 지금도 보존하고 있다. 인도
야말로 바로 인류의 실험실이다.

문명의 씨앗

○

초기 인류의 역사는 쓰어지지 않았지만, 유전학의 새로운 발견 덕분에 인류
의 과거를 바라보는 우리의 시각은 지금 이 순간에도 급격하게 변하고 있다.
우리가 확실히 말할 수 있는 것은, 처음 수만 년 동안은 사람의 숫자가 아주
적었다는 것이다. 당시 인류는 인도아대륙의 가장자리를 빙빙 돌며 사냥과
채집을 하다가 건조한 데칸고원을 피해 강 계곡을 따라 올라갔다. 그 뒤로 인
구 이동이 여러 차례 더 이루어지면서 유전자 풀이 다양해졌다. 석기시대 중
기에 전 세계에는 이미 여러 어족(語族)이 존재하고 있었다.

당시 인도 사람은 힘겨운 생활을 했다. 마하다의 발굴 현장에서 나온 수

⇦ 가장 오래된 종교? 모헨조다로에서 발굴된 기원전 2000년경의 테라코타. 어머니 여신을 형상화한 것으로 정교한 머리장식을 쓰고 있다. 인더스계곡에서도 기원전 7000년대(기원전 7000~기원전 6001)에 제작된 비슷한 조각상들이 발견된다.

렵-채집 공동체의 유골을 보면, 사망 당시 나이가 거의 모두 스무 살 남짓에 불과하다. 서른 살 전후의 유골이 한 구 있기는 했지만, 마흔 살을 넘긴 유골은 하나도 없었다. 빔베트카의 동굴에 그려진 석기시대 중기 후반의 여러 그림에는 당시 생활이 생생하게 묘사되어 있다. 이 그림에는 공동 사냥, 살생, 화해의 의식 등이 나온다.

인류 초기의 신에 관해서는 알려진 것이 거의 없지만, 팔과 다리를 고리로 장식하고 삼지창을 든 채 춤추고 있는 빔베트카 벽화의 신을 보면 오늘날 순례여행 포스터에 춤추는 모습으로 그려진 시바 신이 자연스레 떠오른다. 풍만한 몸매에 '물고기 같은 눈'을 지닌 어머니 여신 역시 인도인의 상상력 속에 아주 오래전부터 존재하던 하나의 흐름을 대변한다. 인도인은 일신교인 이슬람과 기독교 앞에서도, 현대의 서구화 앞에서도 이 흐름을 포기한 적이 없다.

확실한 것은 시바 숭배와 관련된 번식력의 상징, 즉 돌로 만든 링감과 요니—각각 남자와 여자의 성기를 표현한 것—가 아주 오랜 과거의 산물이라는 것이다. 얼마 전 고고학자들이 갠지스계곡 남쪽의 알라하바드 근처의 사원을 발굴하다가 1만 4,000년 전 무렵에 만들어진 석제 요니를 발견했다. 그런데 그 일대 마을 사람들은 깨진 상태로 발견된 이 요니를 금방 알아보았다. 이처럼 인도인은 혈통이나 언어나 종교에 상관없이 먼 과거의 역사를 당연한 듯 받아들인다.

나는 이 책을 시작하면서 인상파적인 방법을 쓸 수밖에 없다. 내가 다뤄야 할 시간은 아주 광대하고, 그동안 이 땅에 살다 간 수백 세대의 사람에 대해서는 아직 알려진 것이 거의 없다. 수렵-채집 부족의 이야기는 오랫동안 서서히 등장한 인류의 이야기다. 인도 역사 초기에 등장한 언어·신앙·의식·신들을 조금씩 눈에 띄지 않게 찾아가는 이야기이기도 하다.

수만 년의 세월은 인도아대륙 전역에 흩어져 살아가는 토착민에게 유산을 남겨놓았다. 그리고 1만 년 전 서부 아시아를 시작으로 최초의 정착문화가 나타났다. 사람들은 마을을 만들고 농사·무역·금속 세공·수공예를 시작했다. 몬순의 패턴 변화가 이런 발전에 도움이 되었는지는 아직 확실치 않다. 하지만 기후 변화로 연간 강수량이 크게 늘어나면서 서쪽에서 이민자가 인도로 더 몰려온 것 같기는 하다. 이 시기, 즉 기원전 7000년경 아프가니스탄 고원의 가장자리에 인도 문명의 씨앗이 뿌려졌다. 그래서 발루치스탄(이란 남동부와 파키스탄 남부의 산악지대)의 황무지에서 이루어진 획기적인 발견이 지난 100년 동안의 가장 중요한 고고학적 발견 중 하나로 꼽힌다.

발루치스탄의 여명

인더스강가의 수쿠르에서 시작된 도로는 북서쪽의 퀘타와 볼란강 상류의 아프가니스탄 국경을 향해 뻗어 있다. 이 길은 고대 이주민이 수천 년 전부터 이란과 인도를 오갈 때 이용한 길이다. 고고학자의 주장에 따르면, 이 길은 카이베르고개(파키스탄과 아프가니스탄을 이어주는 산길)보다 더 오래되었다. 이 길을 가다보면 자코바바드를 지나게 된다. 지금은 이곳에 아프가니스탄 전쟁을 위해 미군기지가 들어서 있다. 1847년에 영국인 장군 존 제이콥이 세운 자코바바드는 인도에서 가장 더운 곳으로 유명했다. 몬순이 시작되기 전 6월의 기온이 거의 섭씨 54도에 달할 정도다.

　　여기서부터 길은 산속으로 145킬로미터 이상 들어가 카치 평원을 구불구불 흐르는 볼란강과 만난다. 이곳에서는 봄에 검은 텐트를 치고 생활하며 이동하는 유목민을 지금도 볼 수 있다. 이들은 낙타와 노새 등에 텐트·깔

⇩　인도라는 이름의 기원인 인더스강. 티베트의 카일라시산 근처에서 솟아난 이 강은 카이베르고개 밑에서 인도-아리아인과 마주쳤다. 인더스라는 이름은 페르시아 힌두어로 '경계선 개울'을 뜻하는 말에서 유래했다.

개·냄비 등을 싣고 이동한다. 여자들은 단색의 사막에서 밝은 빨간색과 오렌지색 옷자락을 펄럭이며 그 뒤를 따라 걷는다. 이 유목민은 여름에는 산속으로 올라가고, 겨울에는 초원으로 내려온다. 이것은 선사시대부터 줄곧 이어져온 풍경이다. 이동하며 방목하는 생활은 인류가 오래전부터 되풀이해온 것이다.

발굴 현장은 길 위의 나지막한 산에 있다. 볼란 고개 입구 아래쪽이다. 이 손바닥만 한 지역은 기후가 온화해서 겨울에도 고원을 뒤덮을 만큼 눈이 내리지 않는다. 발굴 현장은 볼란강을 따라 펼쳐져 있다. 차가운 파란색 강물은 폭이 200미터쯤 되는 자갈밭 위를 흐른다. 1세기 전 이 강이 길을 바꿔 발굴 현장을 자르고 지나가는 바람에 유물이 매장된 땅이 마치 절벽처럼 베여서 단면이 드러났다.

30년 전 최초로 이 지역을 조사한 결과 상상을 초월한 사실이 밝혀졌다. 초기 지층에서 나온 숯의 연대는 기원전 6000년대(기원전 6000~기원전 5001)로 밝혀졌다. 그런데 그 밑으로도 유물층이 9미터나 더 있었다! 프랑스 발굴팀은 이곳의 유물이 기원전 7000년 이전까지 거슬러 올라간다는 사실을 깨닫고 깜짝 놀랐다. 당시까지 인도아대륙에서 발견된 유물보다 단순히 몇백 년을 앞서는 수준이 아니라, 몇천 년을 앞서는 수준이었던 것이다.

무엇보다도 놀라운 것은 유적지의 규모였다. 메르가르의 유적지는 강을 따라 1.6킬로미터나 뻗어 있었다. 전체 면적은 3제곱킬로미터에 육박했다. 길이가 약 90미터, 두께가 3미터나 되는, 진흙 벽돌로 쌓은 벽이 그대로 남아 있는 곳도 있었다. 벽돌 층으로 따져서 17줄이나 되는 높이였다. 고고학의 귀한 보물 중 하나는, 멀고 먼 과거에 살았던 사람의 삶을 아주 내밀하고 세세하게 밝혀낼 수 있다는 점이다. 지구상에서 이토록 먼 조상의 거주지를 이렇게 자세히 살펴볼 수 있는 곳은 거의 없다. 직사각형 주택의 지붕은 나뭇가지

를 잘라 얹은 것이고, 벽은 갈대와 진흙으로 만든 것이었다. 이 산악지대 주
민들 지금도 집을 이렇게 짓는다.

메르가르 주민은 기하학적인 선으로 장식된 아름다운 도자기를 만들었
다. 이 도자기의 표면은 광택을 낸 호두처럼 반짝반짝 윤이 났다. 손으로 진
흙을 빚어 만든 조상(彫像)이 수도 없이 출토되었다. 여성의 모습을 표현한
것이었다. 개중에는 아이를 안은 것도 있었다. 이곳 주민은 염소·양·소·물
소를 가축화했지만, 말은 길들이지 못했다. 기원전 6000년대부터 소는 경제
의 기반이 되었지만, 강 계곡에는 이 밖에도 가젤·점박이 사슴·검은 사슴·
야생 양·인도코끼리·코뿔소 등이 우글거렸다. 주요 곡물은 보리와 밀이었
다. 서쪽의 방어벽 역할을 하는 산은 봄에도 꼭대기에 눈이 쌓여 있었는데,
여기서부터 시작된 볼란강이 초원을 지나 인더스강으로 흘러들면서 인간이
살아갈 수 있는 안정적인 환경을 제공해주었다. 그래서 이 자그마한 지역에
서 사람들은 무려 4,000년이 넘도록 삶을 영위했다.

메르가르 발굴은 인더스강 유역에서 사람이 정착생활을 시작한 시기
가 대략 기원전 7000년경이라는 사실을 증명해주었다. 이는 인도에서 최초
의 도시가 번성하기 4,000년 전이다. 이 기간 아나톨리아에서 팔레스타인을
거쳐 이란에 이르기까지 고대 근동지역 전역에도 농경사회가 형성되고 있었
다. 그러니 지금 생각해보면, 1970년까지도 기원전 3000년 이전의 농경 흔적
을 인도에서 발견하지 못했다는 사실이 오히려 놀랍다.

따라서 메르가르에서 새로 밝혀진 사실들이 얼마나 혁명적인지 알 수
있다. 이 지역 주민은 단순히 농사만 지은 것이 아니라 전문적인 수공예 장인
들이기도 했다. 이들은 스테아타이트(감촉이 비누 같아서 비누석이라고도 한다. 메
소포타미아 지역에서 원통형 인장으로 사용되었다)를 잘라서 가공했으며, 터키석
과 청금석으로 장거리 무역도 했다. 기원전 5000년대에 메르가르의 건축가

는 후대에 인더스 지역의 도시에서나 발견된 긴 평철(平凸) 벽돌을 사용했으며, 오늘날과 마찬가지로 면화가 인도의 가장 중요한 농산물로 이미 재배되고 있었다.

이처럼 새로 밝혀진 사실은 인더스강 유역에서 생겨난 문명이 자생적인 것이었음을 의심의 여지없이 증명해주었다. 예전에 사람들이 생각했던 것처럼, 이라크 지역의 문화적 영향으로 생겨난 것이 아니었다. 사실 메르가르 시대의 특징은 오늘날에도 인도 문화에 남아 있다.

메르가르—그 밖에 지금까지 알려진 비슷한 마을 스무 곳—는 오랜 역사를 이어가다가 기원전 4500년경에 변화를 겪었다. 이란 고원에서 새로 들어온 이민자 때문이었는지도 모른다. 앞으로 살펴보겠지만, 이들이 인도 남부와 동부에서 지금도 널리 사용되는 초기 형태의 드라비다어를 사용하던 사람일 가능성이 있다. 메르가르(기원전 3500~기원전 2500)는 역사에서 사라지기 전 마지막 시기에 이란까지 이어지는 넓은 문화권의 일부였다.

이 문화권에 속한 사람은 테라코타로 만든 인장을 사용하고, 벽돌로 기초를 쌓은 대규모 단지를 건설하고, 축 늘어진 가슴과 환상적인 머리 장식이 두드러지는 어머니 여신의 조각상을 만들었다. 이들의 문화는 당시 이라크에서 눈부시게 번성하던 문화와 흡사했다. 그러다 기원전 2500년 사람들은 이곳을 버리고 8킬로미터 떨어진 나우세로에 새로 정착했다.

이곳에는 벽돌로 지은 대규모 요새와 인상적인 건물들이 있는데, 그중에는 사원도 포함되어 있는 것 같다. 이 거주지는 이른바 하라파 시대(도시와 글의 시대)까지 역사를 이어갔다.

이렇게 해서 고고학자들은 마침내 인도 문명의 뿌리 중 하나를 밝혀낼 수 있었다. 이 뿌리는 자생적인 것이었으며, 기원전 7000년경부터 시작되었다. 그전에는 수렵-채집 부족이 인도아대륙 전역에 흩어져 살았다. 이들은 오늘날에도 인도에 살고 있지만, 인도 독립 이후 생겨난 국민국가들 때문에 점점 밀려나고 있다. 발루치스탄의 마을들은 역사적인 시대와 곧장 이어져 있다. 거대한 도시와 함께 문자, 건축, 장거리 무역이 생겨나면서 인도 문명의 탄생을 알렸던 기원전 3000년대 말이다.

하라파 발견

◇

파키스탄의 펀자브에 있는 5번 고속도로. 이곳은 '다섯 강의 땅'이다. 자동차 헤드라이트들이 비 내리는 고속도로를 휩쓸고 지나가는 가운데 태양은 불덩어리가 되어 사히왈 너머로 진다.

"쉬었다 가세요. 과속은 죽음을 부릅니다."

커다란 광고판에 이런 말이 적혀 있다. 차선을 가로질러 걸려 있는 거대한 빨간색 깃발들은 "여성을 보호하자"는 구호를 새기고 있다. 이슬람 유산과 이제 막 싹을 틔운 현대성 사이에 낀 이 나라에서 여성의 권리를 둘러싼 논쟁은 커다란 싸움을 예고하고 있다.

엄청나게 큰 신축 휴게소들이 번쩍이는 불빛 속에 궁전처럼 서 있고, 대규모 산업도시가 라호르에서 물탄에 이르기까지 길가에 점점이 흩어져 있다. 이것이 새로운 파키스탄의 모습이다. 10년 전 내가 들렀다 간 뒤로 급격히 현대화된 나라. 파키스탄은 현재 세계에서 여섯 번째로 인구가 많은 나라다. 1947년에 민족주의와 종교 때문에 인도에서 떨어져 나왔지만, 지금도 인도아대륙의 일부이자 인도 문명의 계승자다.

사히왈을 지나 고속도로를 벗어날 무렵에는 이미 사방이 어두워졌다. 우리는 강처럼 넓은 관개수로를 건넌다. 날이 갑자기 차가워진다. 우리는 인적 없는 시골길로 접어든다. 가끔 버스가 경적을 울리며 덜컹덜컹 지나갈 뿐이다. 이 길은 아까 고속도로보다 훨씬 더 오래된 것이다. 예전에 라호르와 물탄을 이어주던 고속도로. 수천 년 동안 펀자브의 동맥 역할을 하던 길이다. 이 길의 역사는 펀자브가 인도 문명의 중심지이던 시절까지 거슬러 올라간다. 이 초원을 따라 고대 도시의 유적이 사방에 널려 있다. 이라크만큼이나 많다. 그러다가 우르두어와 영어로 도로 표지판이 나타난다. '하라파'라고.

우리 차의 헤드라이트가 폐허가 된 무굴 시대 여관과 진흙 성채를 순간적으로 비추고 지나간다. 졸음에 겨운 낙타들이 끈기 있게 풀을 씹고 있다. 영국인 탈영병 제임스 루이스가 택한 길이 바로 이 길이었다. 사를 마송이라고도 불리는 그는 하라파를 바깥 세상에 알린 최초의 이방인이었다. 1828년 남쪽으로 여행하던 그는 어느 어스름 무렵에 야영을 하다가 옛날에 라비강이 흐르던 길 옆, 나뭇잎들이 물결치는 둔덕을 따라 5킬로미터 가까이 이어진 담을 발견했다. 울창한 '장갈'—라크 나무가 뒤얽힌 숲으로 예전에는 펀자브 전역을 뒤덮고 있었다— 속에서 그는 고대의 인도보리수를 발견했다. 고대 힌두교도들이 신성하게 여기던 나무다.

마송은 "폐허가 된 벽돌 성…… 건물 잔해를 머리에 인 불규칙한 모양의 바위산"이 그 지역을 압도하고 있음을 알아보았다. 성벽과 탑들은 "비록 오래전에 인적이 끊겼지만 놀라울 정도로 높았다. 그러나 세월에 할퀴어 무너져가고 있었다." 그가 찾아낸 것은 바로 중세 도시의 마지막 모습을 보여주는 폐허였다. 15~20미터 높이의 널찍한 둔덕에 세워진 이 도시에는 벽돌로 지은 거대한 방어시설의 핵심부·벼랑길(성벽 외사면 아래와 해자 사이의 좁은 길)과, 옹벽·진흙 벽돌로 지은 칼라트(요새화된 마을)와 비슷한 거대한 요새의 폐허가 있었다. 칼라트는 오늘날에도 아프가니스탄과 카이베르 지역에서 볼 수 있다.

이 유적지에 마지막으로 들어선 대형 건물은 18세기의 시크 요새였다. 마송은 둔덕 위로 올라가면서 벽돌로 쌓은 무굴 시대의 모스크 유적을 살펴보았다. 창문 모양이 뾰족했다. 이 도시는 중세에 라비강의 경로가 바뀌자 멸망해버렸다. 하지만 마송은 그 지역 출신 안내인에게서 또 다른 이야기를 들었다. "위대한 도시가 군주의 색욕과 범죄로 인해 신이 특별히 내리신 재앙으로 멸망했다"는 전설이었다. 하지만 그는 그 도시의 역사가 5,000여 년 전까지 거슬러 올라간다는 사실은 알지 못했다.

마침내 유적지에 도착했다. 발굴팀의 오두막이 자그마한 숲의 거대한 벵골보리수 밑에 아늑하게 서 있다. 목도리를 두른 사람들이 나와서 짐을 푸는 우리를 돕는다. 미국-파키스탄 합동 발굴팀은 지금 이곳에 없다. 현장 관리자가 우리에게 침실을 내주었다. 침대가 세 개다. 옅은 안개가 정원을 가로질러 베란다로 물결쳐 다가오고. 발굴팀 요리사인 탄워어는 습한 밤바람을 막으려고 몸에 담요를 둘렀다. 부엌에서 우리는 밥·채소·달(콩으로 만든 인도 요리), 뜨거운 블랙티를 게걸스레 먹어치운다. 발굴 현장 관리를 맡은 고고학자 하산이 우리를 맞이하려고 남아 있다가 퀼트 재킷 차림으로 다가온다. 양손은 주머니에 찔러넣었다.

"하라파에 오신 걸 환영합니다!"

우리는 숙소를 가능한 한 편안하게 꾸미기 위해 카메라 장비를 쌓아올리고 침낭을 푼다. 모기를 잡으려고 계속 여기저기를 후려치면서. 1828년 마송도 '자그마한 적의 무리'라고 표현한 모기 때문에 얼마나 골머리를 앓았던지 자다 말고 한밤중에 일어나서 치차와트나까지 거의 20킬로미터를 달려갔다. 하라파를 처음으로 얼핏 보는 짜릿한 경험을 했으면서도 결국 야영지를 버리고 도망친 것이다. 안타까운 일이다. 그가 미처 이 유적지를 스케치할 틈도 없었으니 말이다. 인더스 유역과 아프가니스탄에서 망각 속에 묻혀 있던 다른 유적지에서는 그가 훌륭한 스케치를 남겼다.

마송이 하라파를 보고 30년도 채 지나지 않아 영국 철도업자들이 유적을 파괴했다. 철도업자들은 물탄에서 라호르까지 철로를 놓아 제국의 촉수를 점점 넓게 퍼뜨리는 중이었다. 그러던 중에 유적을 본 이들은 구운 벽돌을 마음껏 빼내 쓸 수 있게 됐다며 요새를 부숴 수백 킬로미터 길이의 철로에 깔 벽돌을 캐냈다. 이들이 그 과정에서 찾아낸 훌륭한 도자기와 기묘한 인장들은 나중에 인도 고고학 조사팀을 이끌던 알렉산더 커닝엄 장군의 손에 들어갔다. 커닝엄은 인장에서 그때까지 알려지지 않은 새로운 문자체계를 보았다. 당시 그는 알지 못했지만, 그 문자는 사라진 문명의 것이었다. 이 사실은 1920년대가 돼서야 비로소 밝혀졌다. 그리고 그 후 몇 년 만에 인도 문명의 역사가 완전히 새로 씌어졌다. 영국 고고학자 존 마셜은 다음과 같이 썼다.

> 티린스와 미케네에서 슐리만이 그랬던 것처럼, 또는 투르키스탄의 사막에서 스타인이 그랬던 것처럼, 사라진 문명의 유해에 빛을 밝힐 기회가 고고학자에게 자주 오지는 않는다. 하지만 지금 이 순간 우리가 인더스의 평원에서 바로 그런 발견을 하기 직전인 것 같다.

발굴은 처음에는 소규모로 천천히 진행되었다. 하지만 나중에는 철도업자가 미처 손대지 못한 하라파의 땅 밑에서 수비가 강화된 요새의 거대한 벽돌 옹벽이 발견되었다. 그리고 철도업자가 약탈을 중단하고 떠나버린 유적지 서편에서는 벽돌 협곡이 요새의 벽과 엇갈려 뻗어 있는 것이 발견되었다. 15미터 깊이의 이 벽돌 협곡은 여전히 튼튼했다. 척 보기에도 근동의 주요 도시와 규모가 비슷한 위대한 도시가 이 자리에 있었음이 분명했다. 하라파의 발견을 전후한 18개월 동안 고고학계에서는 중요한 발견이 많이 이루

⇦ 기원전 2000년경에 붉은 사암으로 만들어진 소형 토르소. 인더스 문명에서 보기 드문. 인간의 형상을 묘사한 조각품이다.

어졌다. 1923년 말에는 신드에서 모헨조다로가 발견되었고, 이라크의 우르에서는 레너드 울리가 무덤을 발굴했으며, 하워드 카터는 투탕카멘의 무덤을 발견했다. 유물만 따지면 하라파 유적은 다른 곳만큼 화려하지 않지만, 발굴의 의미를 따지면 다른 곳들을 능가했다.

하라파와 모헨조다로 유적은 인도아대륙에서 역사가 시작된 시기를 밝혀주었다. 이 두 유적 덕분에 인도에 도시가 생겨난 시기가 기원전 3000년으로 앞당겨졌다. 기자의 피라미드가 아직 지어지지도 않은 때였다. 하라파 유적이 발굴되기 전에 유럽에서는 인도 문명이 외부에서 수입된 것이라는 견해가 널리 퍼져 있었다. 지중해의 고전 문명과 근동의 유대-기독교 전통에 고대 이집트와 바빌론 문명이 조금 섞여서 인도 문명이 탄생했다고 본 것이다.

하지만 인도의 브라만은 자기네 문명이 수천 년 전으로 거슬러 올라간

⇩ 오늘날의 하라파. 빅토리아 시대에 철도를 건설하던 사람이 중세의 거대한 성벽과 고대 옹벽들을 부숴 건축자재로 이용했다. 그래서 이 사진에서처럼 땅 밑에 묻혀 있던 것들만 남아 있다.

인더스강 유역에서 출토된 인장들. 상형문자 예술의 작은 걸작이다.

⇧　목살이 늘어지고 등이 솟은 인도의 황소.　　　　⇧　제단 앞에 서 있는 '유니콘'. 아직 해독되지 않은
　　　　　　　　　　　　　　　　　　　　　　　　　　　　이 문자체계는 인도 남부 사람이 사용하는 드라
　　　　　　　　　　　　　　　　　　　　　　　　　　　　비다어의 고대 친척일 가능성이 있다.

다고 오래전부터 단언했다. 서사시 「마하바라타」에 묘사된 대규모 전쟁의 역
사는 5000년 전까지 거슬러 올라간다. 또한 고대 인도의 왕조 계보가 기록된
문헌, 즉 『푸라나』를 문자 그대로 믿는다면, 인도의 역사는 청동기시대까지
이어져 있다. 18세기에 서구의 일부 사상가들은 이런 주장들을 액면 그대로
받아들여 고대 이집트와 『성경』 간의 접점을 찾으려 했다. 지금 생각하면 아
주 엉뚱하기 짝이 없지만……

　　하지만 식민지 시대의 동방정책은 힌두교 사상을 미신이나 물신숭배로
무시해버리기 일쑤였다. 서구의 과학·이성·종교로 해방시켜야 할 '원시적
인' 문화로 본 것이다. 인도의 토착 문명이 지중해의 고전 문명보다 더 오랜
역사를 지니고 있다고 믿는 사람은 하나도 없었다.

　　하지만 1924년 마셜은 하라파가 얼마나 오래된 유적인지 전혀 모르면
서도 이곳이 "인도에서 지금까지 알려진 모든 문명보다 더 오래"되었으며,

토착 문명임이 분명하다고 생각했다. 정말 대단한 통찰력이다! 그는 또한 "파라오들이 나일강 유역 특유의 특징을 지니고 있듯이" 이 문명도 "이 지역의 특징을 지니고 있다"고 썼다. 머릿속에서 온갖 생각이 소용돌이치는 가운데 나는 마셜의 책을 덮고, 그 옛날 마송을 괴롭혔던 모기의 먼 후손을 마지막으로 살짝 후려친 뒤 마침내 잠이 들었다.

아침 5시가 조금 지나자 탄위어가 집 뒤의 거대한 벵골보리수 밑에서 뜨거운 물과 블랙커피로 우리의 잠을 깨운다. 나무는 이 지역이 인도에 속해 있던 시절부터 이곳을 지키던 거대한 파수병처럼 버티고 서 있다. 맨 처음 나타난 연자줏빛 안개 속에 잠겨 있던 사물의 형태가 드러나고, 하얀 가루 같은 소금이 한 꺼풀 덮인 풍경이 드러난다. 커피 덕분에 기운이 난 우리는 흙더미와 밑동만 남은 벽들을 지나 발굴 현장으로 걸어간다. 구운 벽돌이 사방에 흩어져 있다.

우리는 깃털 같은 이파리가 달린 나무로 둘러싸인 발굴 현장 꼭대기에서 해가 떠오르는 것을 지켜본다. 이 나무들은 하라파에 서 있던 라크 숲의 잔해다. 미동도 없는 공기가 유령처럼 하얗다. 엷은 연기 몇 가닥이 벽돌 가마에서 길게 솟아오른다. 저 멀리 몇 킬로미터 떨어진 곳에 가마의 날씬한 굴뚝이 보인다. 굴뚝들이 지평선을 따라 서쪽을 향해 들판을 가로지르며 퍼져 나가고 있다.

벽돌은 하라파 문명의 위대한 건축재였다. 펀자브 지방에서도 수천 년 동안 그랬다. 수천 명의 노동자가 이 거대한 도시를 건설하던 옛날에는 벽돌 가마가 쉴 새 없이 연기를 피워 올렸을 것이다. 노동자들은 지치지도 않고 범람하는 물을 막기 위해 벽돌로 기초를 쌓은 단과 거대한 벼랑길을 만들고 제방을 쌓았다. 우리는 예전에 라비강이 흐르던 길을 굽어본다. 라비강은 원래 이 도시의 성벽 밑을 흘렀다. 마을이 건설되는 소리가 들리는 듯하다. 소달구지가 관개수로를 따라 덜그럭덜그럭 구르는 가운데 무아진(이슬람 사원에서 기도 시간을 알리는 사람)이 큰 소리로 신자들에게 기도 시간을 알린다.

파키스탄과 미국의 합동 발굴팀은 현재 새로운 곳을 발굴하고 있다. 지식의 지평이 훨씬 더 넓어진 덕분에 이제는 메르가르에서 프랑스 팀이 발굴한 발루치 유적과 이곳을 연결시켜 인더스 유역의 도시들을 인도아대륙에서 1만 년에 걸쳐 번성한 문명의 전체적인 맥락 속에서 파악하는 것이 가능해졌다. 발굴팀에 소속된 미국인 학자 마크 케노이어는 놀라운 사람이다. 인도 태생인 그는 인도의 토착 언어 4개를 유창하게 구사하며, 책이 아니라 지금까지 살면서 직접 경험한 일을 통해 인도 문명의 지속성을 꿰뚫어보는 통찰력을 얻었다. 나는 여행을 떠나기 전 영국에서 그를 만났는데, 그때 그는 내게 이렇게 말했다.

오늘날 하라파의 집과 마을의 구조 속에 인더스 도시들의 유산이 남아 있는 것을 볼 수 있습니다. 전통적인 그림과 공예품도 마찬가지예요. 그곳 사람들은 지금도 옛날 기법을 그대로 사용하고 있으니까요. 심지어 오늘날 펀자브 사람이 만드는 것과 똑같은 자그마한 진흙 장난감이 유적에서 발굴된 적도 있습니다. 이 살아 있는 연결고리들이 과거 인더스 도시의 주민과 지금 인도와 파키스탄 사람을 이어주고 있습니다.

모헨조다로: 망자의 언덕

◇

하라파 아래쪽으로 240킬로미터쯤 되는 곳에서 펀자브의 강들이 하나로 합쳐져서 인더스강이 된다. 인도라는 이름(페르시아어로는 힌드)은 바로 이 강에서 유래했다. 1920년대 초에 엄청난 화제가 된 고고학 유적은 나일강과 유프라테스강 유역과 마찬가지로 인더스강 계곡에서도 위대한 고대 문명이 번성했음을 보여주었다.

히말라야에서 흘러 내려오는 다른 강과 마찬가지로 인더스강도 봄이 되면 눈이 녹아 불어나기 시작해서 여름 우기 무렵에 최고조에 이른다. 현대적인 댐이 건설되기 전에는 매일 100만 톤의 진흙 침적토(silt)가 물길에 실려와 강바닥이나 삼각주 입구에 쌓였다. 그렇게 생기기 시작한 평원이 점점 커져서, 알렉산드로스 대왕 시대 이후 지금까지 삼각주 입구가 아라비아해를 향해 110킬로미터나 밀려났다. 때로는 침적토의 엄청난 무게 때문에 강물이 둑을 무너뜨리고 새로운 물길을 만들기도 한다. 알렉산드로스의 원정을 그린 스트라본의 글에는 인적이 끊긴 지역에 관한 유명한 묘사가 나온다.

"한때 100개도 넘는 도시가 이곳에 있었고, 모든 마을이 이 도시에 의존했다. 인더스강은 원래의 길을 버리고 좌안의 더 깊은 다른 길로 옮겨가 폭포처럼 쏟아져 들어갔다. 인더스강이 떠난 우안은 예전에는 강이 범람하던 곳이었으나, 이제는 매년 물이 범람하는 수위보다 높아져서 물이 들어오지 않아 건조해졌다."

마셜은 인도인 동료와 함께 하라파에 대한 1차 조사를 마친 뒤 인더스강 남쪽 지역에서 아무도 손대지 않은 유적을 찾다가 1923년 남쪽으로 640킬로미터쯤 떨어진 건조한 평원인 신드에서 유망한 발굴 후보지를 선택했다. 쿠샨 왕조 시대의 불교 사리탑을 왕관처럼 쓴 광대한 폐허였다. 쿠샨 왕조 시대라면 서구에서는 로마 시대에 해당한다.

모헨조다로, 즉 '망자의 언덕'은 이 지역 사람들이 '섬'이라고 부르는 범람 지대의 산 위에 있었다. 이 산은 인더스 문명 시대부터 해마다 평원을 뒤

⇦ 모헨조다로 양식. 기원전 2000년경의 테라코타 항아
리. 기원전 7000년대부터 이곳에서 가축으로 사육된
염소가 그려져 있다.

덮은 강물의 범람 때문에 지금 깊숙이 파묻혀 있지만, 선사시대에는 훨씬 더
돌출되어 있었을 것이다. 따라서 물이 범람하는 시기에는 이 산이 평원 위로
우뚝 솟아 마치 온통 물로 둘러싸인 거대한 인공 단 위에 도시가 서 있는 모
습이었을 것이다. 세월의 풍상과 이 지역을 크게 할퀴고 지나간 강물의 범람
에도 불구하고 이곳에는 여전히 엄청난 규모의 유적이 남아 있었다. 그때까
지 발견된 인더스의 도시 가운데 가장 큰 규모로 면적이 2.6제곱킬로미터를
넘었고, 교외의 마을들과 언덕이 넓게 퍼져 있었다.

　언덕 위에는 주택가 전체가 훌륭한 상태로 남아 있었다. 벽돌로 가장자
리를 쌓은 깊은 우물과 블록마다 끄트머리에 자리 잡은 변소도 있었다. 변소
는 사람이 걸어 들어갈 수 있을 만큼 큰 하수도와 연결되어 있었다. 모든 것
이 기묘한 규칙에 따라 지어진 듯했다. 존 마셜은 "누구든 이곳을 처음으로

걷다보면 현대의 랭커셔에서 번성하던 도시의 폐허에 둘러싸인 기분이 든다"고 말했다.

모헨조다로에서 무엇보다 인상적인 것은 성채 안의 대목욕탕이었다. 훌륭한 솜씨로 벽돌을 쌓아 만든 욕조는 길이가 12미터이고, 그 옆에 있는 커다란 건물에 대해서는 사원이라는 둥 심지어 '대학'이라는 둥 의견이 분분하다. 발굴자인 라크할다스 바네르지가 나중에 인도의 사원에 들어선 의식용 욕조와 이 욕조를 연결시킨 것도 그럴듯하다. 성채는 벽돌로 인공적인 기초를 만들고 흙을 높이 쌓아 올린 언덕 위에 지은 인상적인 건물이다. 학자들은 1만 명의 노동자가 13개월 걸려 이 건물을 완성했을 것으로 보고 있다. 이 드

⇧　인더스강에 떠 있는 전통적인 양식의 배. 조각으로 장식된 선미의 집과 거대한 키가 인더스의 인장들에 묘사되어 있다. 이런 배들이 아주 최근까지도 인더스강을 오르내리며 물자를 날랐다. 하지만 이 고대의 흔적은 이제 거의 사라져버렸다. 위의 사진은 1996년에 찍은 것이다.

높은 도시는 범람 지대 위로 솟아올라 대략 가로 180미터, 세로 360미터 넓이의 지역을 차지하고 있다. 물이 들어오는 것을 막으려고 동쪽으로 6.5킬로미터 지점에 세운 고대의 벽돌 제방이 인더스의 물길을 바꿔 물이 도시로 들어오지 못하게 했다.

전성기 때 모헨조다로는 강가에서 인더스 북부 평원으로 이어지는 강변 무역 네트워크는 물론이고 서쪽의 볼란 계곡 고갯길로 이어지는 무역로도 지배했을 것이다. 모헨조다로를 발굴한 적이 있는 마이클 잰슨은 제국의 여러 지역이 배로 연결되었을 것이라고 주장한다.

"모헨조다로 사람은 양서류와 비슷한 삶을 살았다. 1년에 네다섯 달 동안 신드 평원은 광대한 강이 되었다. 도시들은 강으로 연결되었으므로, 어느 시점엔가 반드시 배를 이용한 운송에 혁명적인 변화가 일어나 거대한 네트워크가 형성되었을 것이다. 그렇다면 이 지역의 문화가 균질해진 이유도 설명할 수 있다."

모헨조다로 근처의 수쿠르에서는 옛날식 배들이 여전히 인더스강에 떠있는 것을 볼 수 있다. 선미에는 장식이 달리고, 길이는 24~27미터 정도 됐으며, 나무를 깎아 만든 갑판실과 거대한 돛이 달려 있는 커다란 나무배다. 인더스의 인장에 묘사된 모습 그대로다. 수심이 얕고 폭이 넓으며, 물살이 세고 바람이 잦은 강에 알맞게 바닥을 평평하게 만든 이 배는 청동기시대와 현재를 이어주는, 살아 있는 유물이다.

모헨조다로가 한창 번성하던 시절에 누가 공중에서 이곳을 내려다봤다면, 불규칙한 육각형 모양의 도시가 광대하게 펼쳐진 모습이 보였을 것이다. 근교 마을은 엄청난 규모의 벽돌 제방 덕분에 범람하는 강물에 휩쓸리지 않았다. 도시 중심부에는 주택이 잔뜩 몰려 있었고, 훌륭한 건물로 구성된 성채가 이곳을 굽어보았다. 타는 듯 뜨거운 신드의 여름을 상상해보자. 면으로 만든 차양이 햇볕에 달궈진 마당과 거리 위에 드리워 있다. 오늘날과 똑같은 모습이다. 차가운 겨울에는 집 안에서 장작을 땠기 때문에 지붕마다 피어오른 연기가 모래 먼지와 함께 소용돌이치며 칠흑 같은 하늘을 가로지른다. 면으로 만든 커다란 돛을 단 나무배는 부두를 떠나 걸프 지역을 향해 하류로 떠간다. 귀한 목재·상아·면·청금석 등 화물을 싣고서.

분쟁이 없는 문명

◯

이렇게 해서 1920년대에 초기 인도 문명의 모습이 극적인 속도로 점점 완성되었다. 인더스 문명권의 면적은 이집트와 메소포타미아보다 넓었다. 아니, 그 어떤 고대 문명보다도 넓었다. 지금까지 알려진 바에 따르면, 아프가니스탄 북부의 옥수스강에 이르기까지 광대한 지역에 걸쳐 2,000곳이 넘는 대규모 정착지가 흩어져 있었다. 그중에는 근동의 모델을 바탕으로 계획된 대도시도 있었다. 이 지역의 언덕 가운데 대부분은 아직 발굴의 손길이 닿지 않았다. 하라파 근처의 거대한 언덕 여러 곳도 마찬가지다.

　1세기에 고대 그리스의 지리학자인 스트라본이 알렉산드로스 시대의 자료를 참고해서 쓴 글을 보면, 펀자브에는 폴리스(그리스어로 도시)라고 불러도 될 만큼 규모가 큰 정착지가 5,000곳이나 있었다고 한다. 옛날에 강이 흐르던 길가에는 지금도 거대한 도시가 들어섰던 언덕이 늘어서 있다. 말라버린 가가르-하크라 하상에는 선사시대 유적이 1,500군데나 있다. 그중에는 규모 면에서 모헨조다로나 하라파와 맞먹는 곳도 있다. 아직 아무도 손대지 않은 간웨리안왈라 언덕도 마찬가지다. 이 언덕들은 크기만 큰 것이 아니라 인구도 많았다. 인더스 문명권의 인구 규모는 200만~500만 명 수준이었을 것

⇐ 모헨조다로에서 발굴된 이른바 '승려 왕'. '별의 망토'를 두르고, 팔에 고리를 찼으며, 이마에는 장식용 점을 찍었다. 이 인물이 왕인지, 승려인지, 상인인지, 아니면 이 세 가지 역할을 모두 수행한 사람인지는 아직 밝혀지지 않았다.

으로 추측되지만, 확실히 밝혀지지는 않았다. 오늘날 17억 명에 육박하는 사람이 살고 있는 인도아대륙이 지상에서 가장 인구가 많은 지역인 만큼, 고대에도 역시 그랬을 것이다.

그럼 이 지역의 통치자는 누구였을까? 고고학자들은 뭐가 뭔지 종잡을 수 없는 단서가 몇 가지 있다고 말한다. 모헨조다로는 강력한 개인이나 집단의 의지로 생겨난 도시의 특징을 모두 갖추고 있다. 알렉산드리아처럼 설립자가 분명한 도시 말이다. 거리는 동서남북으로 바둑판처럼 곧게 뻗었고, 돌로 쌓은 기초 위에 벽돌로 지은 집은 표준 설계를 따른 듯하다. 거의 모든 집이 도시 전역에 퍼져 있는 하수도와 연결되어 있고, 블록마다 하나 이상의 우물이 있었다. 하지만 이집트·이라크·중국에서 볼 수 있는 대규모 무덤은 보이지 않는다. 거대한 궁전도 없다. 이처럼 통치자의 존재를 암시하는 물질적 증거는 없지만, 중앙에서 강력한 힘을 발휘하며 지시를 내리는 모종의 존재가 있었다는 간접적인 증거는 사방에 드러나 있다.

누가 해상무역을 감독하고 도량형을 관리했을까? 통일된 문자 시스템을 확립한 사람은 누구일까? 700년 동안 거의 30세대에 걸쳐 공통의 종교, 동일한 도자기, 일관된 인더스 양식의 공예품이 유지되고 만들어진 것을 어떻게 설명할까? 마크 케노이어는 "이데올로기나 권력자의 존재를 보여주는 증거가 없는데도 복잡한 사회가 형성된, 이상한 상황과 마주하고 있는 셈"이라면서 "역사상 이런 문명은 없었다"고 말한다.

고고학자의 시각에서 무엇보다 이상한 것은, 전쟁과 분쟁의 증거가 전혀 없다는 점이다. 청동기시대에 이집트와 메소포타미아의 통치자는 전쟁에 많은 힘을 쏟았다. 석비·그림·조각 등에서 전쟁은 핵심적인 테마다. 하지만 인더스 유역에서는 그렇지 않다. 고대 그리스인도 인도인은 뿌리 깊은 문화적 반감과 '정의를 존중하는 마음' 때문에 인도 땅 이외에서는 결코 공격적인 전쟁을 벌이지 않는다고 하지 않았던가. 물론 인더스 유역에도 요새화된 도시가 존재했지만, 수천 개의 인장에는 전쟁을 표현한 그림이 전혀 없다. 전투장면, 포로, 살인 등도 전혀 묘사되어 있지 않다.

마크 케노이어는 "도시가 등장하기 이전에 4,000년 동안 여러 곳에서 국지적인 문화가 천천히 점진적으로 발전하는 과정에서 마을을 조직하는 법, 다른 마을과 교류하는 법, 잉여물자를 처리하는 법, 지식을 전달하는 법, 분쟁을 해결하는 법 등이 이미 마련되었던 걸까? 고대 인도가 다른 문명과 달랐다는 주장은 대단히 흥미롭다. 하지만 우리는 아직 진실을 모른다"고 말했다.

후대에는 인도인도 믿을 수 없을 만큼 폭력적인 행동을 자주 저질렀지만, 비폭력 개념이 인도인의 머릿속에 깊이 박혀 있음은 분명하다. 비폭력 사상은 부처·자이나교·아소카 석주·굽타 왕조를 거쳐 마하트마 간디까지 이어졌다. 하지만 기원전 5세기에도 이미 새로운 사상은 아니었을 가능성이 있다. 특히 자이나교는 인더스 문명권 중 구자라트에서 유래한, 매우 오래된 종교다. 만약 고대 인도인이 폭력적이지 않았다는 주장이 사실이라면, 이는 폭력적인 인류 역사에서 매우 독특한 현상이라고 할 수 있을 것이다.

인더스 문명은 왜 붕괴했을까?

인더스 문명은 700년 동안 안정을 누리는 듯이 보이다가 기원전 1800년경에 붕괴했다. 도시에도 인적이 끊겼다. 인더스 문명이 거의 흔적을 남기지 않고 사라졌다는 사실은 또 하나의 커다란 의문을 제기한다. 과연 멸망의 원인이 무엇이었을까? 이에 관해 지금까지 여러 주장이 나왔다. 앞으로 보겠지만, 그중에는 외부 침략설도 있었다. 하지만 오늘날에는 기후변화를 중요한 요인으로 꼽는 전문가가 점점 늘어나고 있다.

런던에 있을 때 나는 임페리얼 칼리지에서 지질학과 수로학을 가르치는 산지브 굽타를 만났다. 산지브는 영겁의 지질시대를 다루는 사람이므로, 4,000년 전이라면 어제와도 같다. 그의 분야에서는 이제 말문이 막힐 만큼 엄청난 수준의 분석이 가능해졌다. 예를 들어 그는 강바닥에서 채취한 모래를 분석해서 그 모래가 어디서 왔는지 밝혀낼 수 있다. 현재 그는 고대 인도 역사에서 가장 논란이 많은 의문 중 하나를 연구하고 있다. 인더스강 동쪽에 커다란 강이 있었으나 청동기시대에 말라버렸다는 주장이 바로 그것이다. 어떤 사람은 전설 속의 신성한 강 사라스바티가 바로 이 강이라고 보고 있다. 산지브는 언젠가 현장으로 탐사를 나가게 되면 살펴볼 문제들을 정리하는 중이다.

산지브의 사무실에 있는 컴퓨터 화면에는 라자스탄의 위성사진이 떠 있다. 모래언덕·식물·물의 위치 등이 각각 다른 색으로 표시되어 있다. 산지브는 다음과 같이 설명한다.

> 펀자브에는 사라진 수로가 많습니다. 강의 물길이 갑자기 급격하게 바뀌는 일이 잘 일어나죠. 대부분의 큰 강은 지난 2,000~3,000년 동안에도 몇 킬로미터씩 물길이 이동했습니다. 하지만 현재 가장 큰 의문은 이 지역에 사라진 강이 정말로 있었는가 하는 점입니다. 이 지방에 구전되는 이야기가 19세기에 처음으로 영국인의 눈에 띄었는데, 그 뒤 여러 『지명사전』에 사라진 강에 관한 이야기가 실렸어요. 탐험가 아우렐 스타인은 1930년대에 알렉산드로스 대왕과 관련된 유적지를 찾던 중 말을 끌고 베아스로 내려갔다가 너비가 최대 3~5킬로미터나 되는 광대한 분지를 우연히 발견했습니다. 여기 위성사진을 보시면…….

컴퓨터 화면에 뜬 위성사진 세 장을 합치자 뱀처럼 구불구불하게 이어진 검은 선이 북동쪽에서부터 라자스탄사막을 지나 남서쪽으로 뻗은 것이 보인다.

> 이 검은 선이 라자스탄을 구불구불 가로질러 가다가 타르사막의 모래 언덕 속에서 자취를 감춥니다. 틀림없이 여기 뭔가 있어요. 이걸 확인하려면 직접 현장으로 가봐야 하지만요. 오늘날에는 이곳에 거주지 유적이 없습니다. 하지만 이걸 한번 보세요. 인도와 파키스탄

의 고고학자가 밝혀낸 사실과 국경 양편에서 지표 측량을 통해 얻은 자료를 이용해 청동기시대의 주요 유적을 컴퓨터로 처리해보았습니다. 파키스탄 연구팀은 촐리스탄 사막 전역에서 1,500곳의 유적을 찾아냈죠. 그 결과 그쪽 지도에 나타난 어떤 선 하나가 우리 자료와 관련되어 있는 것 같습니다.

화면에 오렌지색 점으로 이루어진 선이 나타난다. 뱀처럼 구불구불한 검은 선을 따라 모여 있는 이 점들은 하라파 문명 말기의 거주지를 표시한 것이다. 하라파나 모헨조다로 같은 대도시가 아직 기능을 발휘하던 시기다. 검은 선은 라자스탄에서부터 파키스탄 국경 너머까지 타르사막 위로 140킬로미터 넘게 뻗어 있는 듯하다.

이 지역 하나하나를 확대해서 볼 수 있습니다. 한 곳을 골라서 한번 살펴보죠. 여기, 하라파 남동쪽으로 약 190킬로미터 지점에 있는 이곳은 칼리방간입니다. 1970년대에 인도 고고학자가 발굴한 곳이죠. 하라파 시대의 주요 도시였던 이곳은 아까 위성사진에서 봤던 말라버린 강바닥에 자리 잡고 있습니다. 아무래도 여기에는 예전에 물이 있었던 것 같죠? 청동기시대에 칼리방간은 강 위의 도시였습니다. 아니면 계절에 따라 중요한 물 공급원 역할을 했을지도 모릅니다. 인구도 많았습니다. 만약 물이 없었다면 이렇게 유적이 많지 않았을 겁니다. 이 유적지가 존재하는 건 이곳에 강이 있었기 때문인데, 이제는 이 강이 말라버린 시기를 상당히 정확하게 알아낼 수 있습니다. 그럼 여기 살던 사람은 어떻게 됐을까요? 이걸 한번 보시죠.

화면에 새로운 데이터가 나타난다. 초록색 점들이 반짝 하고 나타나서 사라진 강이 있던 지역에서 갠지스강과 줌나강 유역의 평원으로 번져나간다. 인더스강가의 유적지 숫자가 점점 줄어들더니 사라진 강이 있었다고 짐작되는 지역에서 완전히 없어진다. 하지만 갠지스-줌나 도아브(두 강 사이의 땅)에 그보다 훨씬 더 많은 점이 나타나 있다. 마치 사람들과 거주지가 대규모로 이동해온 듯하다.

"이 초록색 점들은 인더스 도시들이 무너진 뒤 사람들이 살았던 지역을 나타냅니다. 인더스의 도시는 기원전 1800년을 전후해서 한두 세기 동안 점차 사라졌습니다. 사라진 강가에 있던 거주지도 마찬가지였죠. 그 뒤에 여기이 유적지가 나타납니다. 이 거주지는 동쪽의 갠지스강 상류와 줌나계곡으로 이동해 와서 인도 문명 다음 단계의 중심지가 됐습니다. 그게 오늘날까지이어지고 있죠."

"그럼 이 사람들이 이동한 건 환경파괴나 기후변화 때문인가요?" 내가 묻는다.

"어쩌면 우기가 변했는지 모릅니다." 산지브가 말한다.

"하지만 가가르-하크라 지역의 수량이 줄어든 건 확실해 보입니다. 그것이 동쪽을 향한 이동을 더욱 부추겼겠죠. 그렇지만 확실한 것을 알려면 현장에 가서 지질학적 증거와 퇴적층을 조사해보아야 합니다. 정확한 연대를 측정하려면 현장으로 나가야 해요."

사라진 강에서 나온 단서

○

영국 식민정부 초창기에 영국인 관리는 인도에서 벌어지는 변화의 마지막 단계를 직접 목격했다. 1919년에 나온 타르 지역의 『지명사전』에 완전히 다른 두 세계가 묘사되어 있다. 서부는 인더스강 유역의 풍요로운 충적토 평야이고, 동쪽은 모래투성이 사막이었다. 이 『지명사전』에는 산지브의 위성사진에 흔적이 나타났던 잃어버린 강에 관한 중요한 정보도 들어 있다. 아래쪽 강은 이름이 나라인데, 쿠치 습지로 흘러 들어가서 위성사진에 나타났던 선과 합류한다. 하지만 『지명사전』들을 살펴보면 물이 완전히 말라버렸다고는 할 수 없을 것 같다. 나라강이 매년 범람했기 때문에 1세기 전 지역 관리는 「보고서」에 이렇게 썼다.

"능수버들·칸디·고무나무가 빽빽이 들어선 정글과 사철 푸른 잔디가 카펫처럼 펼쳐져 있다. 정글 여기저기에 흩어진 크고 깊은 호수들은 몇 킬로미터나 이어지다가 모래언덕 속으로 사라지고, 사시사철 계곡으로 물이 흐른다."

해마다 강이 범람하던 시절에 이 지역은 거의 물로 뒤덮여 있었다. 이 호수들 중 가장 큰 마키 단드는 1890년대에 영국의 지배에 저항하던 무법자와 도둑의 아지트였다. 이 호수들은 영국식 관개시설이 도입된 뒤 사라졌지만, 관리가 남긴 「보고서」를 보면 청동기시대에 이곳의 모습이 어땠을지 짐작할 수 있을 것 같다. 그런데 놀랍게도 인도 신화에 비슷한 대목이 있다. 인더스의 도시들이 사라진 이후에 지어진 최초의 산스크리트어 시에 큰 강이 인더스 동쪽의 바다와 합류한다는 말이 나온다. 나중에 생겨난 전설에는 이 강이 사라졌다고 되어 있지만, 이 강은 역사 속에 나타났던 인도의 성스러운 강들 중에서 지금도 여신으로 기억되고 있다. 이 여신의 이름인 사라스바티는 '호수들의 강'이라는 뜻이다.

맞다. 사라진 강은 정말로 있었다. 그 강은 청동기시대에 중요한 문명의 중심이었다. 어쩌면 그 강은 펀자브의 여러 강처럼 거대하고 도도하게 흐른 것이 아니라, 계절에 따른 범람과 수축을 줄곧 반복하던 수많은 호수와 수로들이 연결된 것이었는지도 모른다. 그중 일부가 마르거나 수량이 줄어들면, 넓은 땅이 함께 말라붙어서 도시와 거주지가 사라졌다. 하라파 문명이 있던 자리에 문자 그대로 수천 곳의 유적지가 나타나는 것과 청동기시대 말기에 사람이 갠지스 계곡으로 이동한 것을 보면, 인더스 문명의 쇠퇴는 환경변화로 인해 인더스강 하류와 펀자브 강들의 물길이 바뀌면서 가가르-하크라도 함께 말라버려 사람이 도시를 버리고 떠났기 때문임을 짐작할 수 있다.

이제 인도 최초의 위대한 문명이 종말을 맞은 과정을 종합해보자. 이 문명이 쇠퇴한 데에는 많은 원인이 있겠지만, 현대의 고고학자는 인더스강 유역에서 약 700년 동안 안정이 이어지다가 모종의 큰 변화가 일어났을 것으로 추측한다. 모헨조다로는 기원전 1900년부터 1700년 사이에 여러 번 심한 홍수를 겪었다. 성채의 웅대한 건물들은 자그마한 주택과 공방으로 쪼그라들었고, 대목욕탕이 있던 자리에도 다른 건물이 들어섰다. 돌라비라에서는 평범한 주민이 공공건물로 이사해 들어왔다. 하라파에서는 높은 둔덕의 인구밀도가 지나치게 높았다. 이제는 하수도를 청소하는 사람도 없었다. 거리는 짐승의 시체를 비롯한 온갖 쓰레기로 꽉 막혀버렸고, 인적도 끊겼다.

폭력사태가 벌어졌음을 보여주는 증거도 있다. 모헨조다로의 해골은 거리에 버려져 있었다. 하라파에서는 폭행을 당해 뼈가 탈구된 채 죽음을 맞은 사람의 유해가 다시 매장된 것으로 보아, 이 도시가 한동안 불안한 시기를 겪었던 것 같다. 사람들이 약탈을 피해 땅에 묻은 갖가지 장식품과 보석류가 그대로 남아 있는 것도 역시 같은 맥락에서 볼 수 있다. 그 물건의 주인이 다시는 이곳으로 돌아오지 못했다는 뜻이니까 말이다.

로탈에서는 항구 시설이 불에 타 무너졌다. 무역 시스템이 붕괴되어 장거리 상업 활동이 완전히 사라져버렸다. 메소포타미아에서 나온 증거들 역시 인더스 유역과 행한 무역이 점점 줄어들었음을 시사한다. 물론 문서도 더 이상 사용되지 않았다. 이는 엘리트의 권력구조가 무너졌다는 증거다. 인더스계곡에는 여전히 사람이 살고 있었지만, 이곳을 떠나 줌나강과 갠지스강 유역에서 새로운 땅을 경작하는 사람이 많아졌다. 위대한 시대의 종말은 갑작스러운 죽음이라기보다는 길고 느린 쇠퇴에 더 가까웠다.

이렇게 해서 인더스강 유역의 도시들이 무너지고, 인더스 남부로 문명의 중심지가 이동하면서 새로운 요소들과 혼합되었다. 그렇다면 도시들이 멸망하던 시기에 새로운 이민자나 침략자가 이 지역에 나타났을까? 새로운 이민자가 나타났는지 여부는 오늘날 인도 역사에서 가장 커다란 이슈 중 하나로, 최근 몇 년 동안 많은 논란의 대상이 되었다. 인도인의 정체성을 둘러싼, 대단히 정치적인 논쟁도 이어졌다.

이후의 인도 역사는 너무나 명백해서 논쟁의 여지가 없는 사실을 바탕으로 하고 있다. 인도 북부에서 벵골에 이르는 지역에서 사용되던 언어, 도시가 무너진 뒤에 처음으로 등장하는 이 언어들이 인도유럽어족이라고 불리는 유라시아 어족과 밀접하게 관련되어 있다는 사실이 바로 그것이다. 이 사실에 대해서는 모두 이견이 없지만, 그 의미는 격렬한 논쟁의 대상이 되고 있다. 이 언어에 관해 아직도 많은 부분이 수수께끼에 싸여 있기 때문에, 이 새로운 시대에 관한 우리의 이야기를 시작할 수 있는 지점도 여러 곳이다. 그중 대표적인 곳이 동인도회사 시절의 콜카타다.

아리아인의 도래

◯

1786년 콜카타에 살던 영국인 판사 윌리엄 존스 경은 놀라운 사실을 발견했다. 웨일스 출신으로 언어학에 뛰어나서 그리스어·라틴어·페르시아어—무굴 시대 인도에서 판사나 행정가가 되려면 반드시 페르시아어를 배워야 했다—를 할 줄 알았던 존스는, 고대 힌두 문헌과 법률에 쓰인 산스크리트어를 배우는 것이 소원이었다. 결국 어떤 브라만이 그에게 산스크리트어를 가르쳐주겠다고 했다.

존스는 이렇게 해서 산스크리트어 문헌을 더듬더듬 읽어가다가 이 언어가 언어학적으로 라틴어와 그리스어는 물론이고 현대 서구 언어와 아주 흡사하다는 사실을 깨달았다. 어떤 경우에는 단어 사이의 유사성이 한눈에 들어올 정도였다. 예를 들어 '아버지'라는 단어는 그리스어와 라틴어로는 pater인데, 산스크리트어로는 pitar다. '어머니' 역시 그리스어와 라틴어로는 meter, 산스크리트어로는 matar다. 특히 '말(馬)'을 뜻하는 단어(산스크리트어로 asva)가 멀고 먼 발트해 바닷가의 리투아니아에서도 똑같이 쓰인다는 사실은 매우 흥미로웠다. 어떻게 이런 일이 일어나게 된 걸까?

존스는 1786년 2월 2일 벵골에서 새로 출범한 아시아학회에서 자신이 발견한 사실을 발표했다.

산스크리트어는 그 기원이 무엇이든 간에 놀라운 구조를 갖고 있다. 그리스어보다 완벽하고, 라틴어보다 어휘가 풍부하며, 이 두 언어보다 훨씬 더 섬세하게 다듬어져 있으면서도, 우연이라고 할 수 없을 만큼 이 두 언어와 매우 유사하다. 동사의 어근과 문법 면에서 모두 그렇다. 어찌나 유사한지, 어떤 학자든 이 세 언어를 조사하고 나면 이들이 같은 원천에서 생겨났다고 믿게 될 것이다. 그런데 그 원천이 이제는 사라지고 없을지도 모른다.

사실 이런 유사성을 존스가 최초로 발견한 것은 아니었다. 영국의 예수회 신부인 토머스 스티븐스를 비롯해서 일찍이 이 나라를 방문했던 사람들이 16세기부터 산스크리트어·라틴어·그리스어의 유사성을 깨달았다. 하지만 존스는 이 사실을 근거로 이 세 언어의 뿌리가 같다고 주장하고 나선 점이 달랐다. 처음에 존스는 인도가 산스크리트어의 모국이라고 생각했지만, 나중에는 이 언어가 외부에서 들어왔다고 믿게 되었다. 산스크리트어가 인도의 토착 언어가 아니라 다른 곳에서 흘러 들어왔다는 것이다. 이 주장을 바탕으로 19세기에 아리아인 도래설이 등장했다. 아리아인이라는 단어는 초창기에 산스크리트어를 사용하던 사람들, 즉『리그 베다』시대 사람들이 자신들을 가리키는 말로 쓰기 시작했다. '고귀한 사람들'을 뜻하는 이 단어는 에이레나 이란 같은 이름과 언어학적인 뿌리가 같다. 이 이름들은 모두 '아리아인의 땅'을 뜻한다. 하지만 아리아인의 정체는 인도에서 격렬한 논쟁의 대상이 되었다. 1997년 이후에는 힌두 민족주의를 표방한 정부가 역사교과서를 다시 쓰는 사태가 벌어졌다.

인도의 많은 학자와 논객은 아리아인이 인도의 토착 민족이며, 인도유럽어족의 언어들이 인도에서 유럽을 향해 서쪽으로 전파되었다는 예전 주장으로 되돌아갔다. 따라서 인더스 문명은 아리아인과 산스크리트어의 문명이며, 아리아인이 지은 최초의 문헌이자 가장 신성한 문헌인『리그 베다』는 모헨조다로와 하라파의 세계를 묘사하고 있다는 것이다. 현재 일부 학자는 아리아인 가설이 영국의 식민통치를 정당화하기 위해 만들어진 일종의 오리엔탈리즘에 지나지 않는다고 주장한다. 아리아인 가설을 만든 것은 사실 독일인인데도 그렇다.

이 문제는 매우 복잡하지만, 실력 있는 언어학자들이 한결같이 동의하는 점이 하나 있다. 존스의 주장이 옳았다는 것. 즉 문제의 언어들이 서로 연관되어 있다는 점이다. 인도유럽어족의 '가계도'가 시간적으로 워낙 먼 과거까지 뻗어 있기 때문에 이 언어가 인도에서 기원했다고 보기는 어렵다. 즉 산스크리트어는 인도가 아닌 다른 곳에서 생겨났음이 틀림없다.

그렇다면 산스크리트어의 역사는 과연 언제까지 거슬러 올라가는 것일까? 그리고 최초의 발상지는 어디일까? 이 언어가 인도에 전파된 것은 침략자나 여행자를 통해서였을까? 아니면 엘리트를 통해서? 아니면 대규모 인구이동으로?

이것이 현재 인도에서 가장 뜨거운 논쟁 주제 중 하나다. 19세기에 영국의 통치하에서 시작된, 역사를 둘러싼 싸움이 이제는 정치와 교육의 핵심에까지 닿아 있다. 정체성에 관한 핵심적인 의문과 관련되어 있기 때문이다. 심지어 DNA 검사결과까지 제시된 적이 있다. 엘리트는 이렇다 할 흔적을 남기는 경우가 아주 드문데도 말이다. 예를 들어, 영국은 인도의 언어와 문화에 엄청난 영향을 미쳤지만 인도인의 DNA에서 영국인의 흔적을 찾기는 힘들 것이다. 간단히 말해서, 언어가 반드시 인종적 정체성의 상징은 아니다.

다른 곳에서도 자주 볼 수 있듯이, 중요한 것은 증거를 해석하는 방법이다. 문제의 답은 십중팔구 문헌에 적힌 역사, 고고학과 언어학의 연구결과를 모두 조합해야 얻을 수 있을 것이다. 어쩌면 유전학 연구 결과까지 조합해야 할지도 모른다. 하지만 인도의 역사를 둘러싼 모든 논쟁은 인도 최고(最古)의 신성한 문헌까지 거슬러 올라간다. 기원전 2000년대에 지어진 이 문헌은 놀랍게도 그때부터 중세까지 구전으로 전해졌다. 교사에게서 학생에게로. 지금도 전통적인 베다 학교에서는 이 방법으로 학생을 가르친다.

『리그 베다』: 최초의 인도 역사 문헌

◇

"여기 있어요, 14번 묶음." 비스와스 교수가 원고 뭉치를 풀면서 활짝 미소를 짓는다. 안경을 쓰고, 머리를 틀어 올리고, 연한 갈색 사리를 입은 그녀는 유쾌한 미소로 학자다운 진지함을 날려버린다.

> 도서관 카탈로그에는 이것이 가장 오래된 『리그 베다』 원고로 기록되어 있어요. 종이로 된 원고인데, 간기(刊記)의 연대가 삼바트력(曆)으로 1418년이에요. 서양식 달력으로는 1362년이죠. '아주 낡아 보인다'는 말이 씌어 있어요. 이건 중세에 만들어진 문헌이에요. 오랜 구전이 끝나는 시기에 만들어진 거죠. 『리그 베다』에 포함된 찬가들의 연대는 수백 년에 걸쳐 있을지도 모르지만, 가장 오래된 것은 아마 기원전 1500년경에 지어졌을 겁니다. 어쩌면 그보다 더 오래됐을 수도 있고요. 굉장하죠?

우리가 있는 곳은 콜카타 아시아학회의 도서실이다. 엄청난 천둥소리에 지붕이 부르르 떨리고, 칠흑같이 검은 하늘에서 억수같이 쏟아지는 우기의 빗물이 처마를 타고 흘러내린다. 벽에는 존스가 이 학회를 설립한 것을 기념하는 명판이 붙어 있다. 웅장한 신고전주의 양식의 계단을 올라가면 18세기에 인도 연구의 문을 열었던 위대한 영국인의 흉상과 초상이 있다. 인도가 독립한 지금도 이들은 인도 역사를 재구성한 공로로 여전히 칭송받고 있다. 아시아학회는 지금도 중요한 연구소로, 엄청난 양의 문헌을 소장하고 있다. 과거의 위인들이 벽에서 지그시 지켜보는 가운데 책상에 앉아 연구에 몰두하는 학자들이 많이 보인다. 비스와스 교수가 슬슬 이야기에 발동을 건다.

『리그 베다』는 약 1,000편의 찬가로 구성되어 있어요. 방랑 사제들이 신과 왕을 칭송하기 위해 부른 노래들이죠. 왕은 전차나 수레를 타고, 전투를 하고, 요새를 함락시키고, 신성한 '소마'를 마셔요. 소마는 신들이 마시는 음료라고 해요. 신은 대체로 오늘날의 신들과 달라요. 그들은 비·바람·불·천둥 같은 자연의 힘을 상징하죠. 그리스의 신과 아주 비슷해요. 사실 윌리엄 존스는 고국으로 보낸「편지」에서 친구들에게 인도를 그리스로 상상해보라고 말했습니다. 아폴론과 제우스가 여전히 숭배의 대상이고, 오로지 사제만이『경전』을 알던 시대의 그리스 말이에요. 이 문헌도 과거에는 비밀이었습니다. 브라만 가문에서 대대로 전해졌고, 지금도 그렇게 전해지고 있어요. 2,000년이 넘도록 이 시들은 구전으로 내려왔습니다. 야자수 이파리에 이 시들을 쓴 최초의 문헌이 만들어진 건 아마 중세에 들어와서였을 거예요. 나중에는 이 원고처럼 종이에 문헌이 만들어졌죠. 기적 같은 일 아닌가요?

비스와스 교수의 말이 맞다. 이건 정말 굉장한 일이다. 그토록 오랜 세월을 거치다보면 내용이 변형되었을 것이라고 생각할 수도 있지만, 최초의 문헌이 중세에야 비로소 만들어졌다는 점을 감안하면『리그 베다』는 놀라울 정도로 훌륭하게 보존되었다. 모든 원고는 사제 가문이 구전으로 보존해온 내용을 충실히 반영하고 있다. 청동기시대에 만들어진 원본의 구성 역시 충실하게 반영되어 있다.

세대를 거듭하면서 사제 가문은 이 시들이 정확히 후세에 전달되게 정교한 조치들을 취했다. 심지어 시대가 바뀌어 시의 내용 중 일부를 이해하는 사람이 아무도 없을 때에도 그랬다. 그래서 이 시들은 오늘날까지도 정확히 똑같은 형태를 유지하고 있다. 카슈미르어·오리사어·타밀나두어 등 언어가 달라져도 그 내용은 똑같다. 그렇다면 그리스와 로마의 고전 중 일부에 비해 더 충실하게 전해져 내려온 셈이다.

20세기에 베다 학교들이 문헌 자료에 점점 더 의지하게 되었다는 사실은, 순수한 구전 전승이 이제는 사라져버렸을 가능성이 높다는 의미다. 오늘날 사람들이 가르치고 배우는 내용은 문헌에서 유래한 것이다. 그럼에도 오늘날 이 시를 암송하는 소리에 귀를 기울이다보면, 3,000~4,000년 전에 처음으로 만들어진 녹음 테이프를 듣는 것 같은 기분이 든다.

하지만 『리그 베다』의 내용을 이해하는 것은 다른 문제다. 여기에 수록된 시들은 수수께끼처럼 이해하기 어렵기로 악명이 높다. 지극히 고풍스러운 언어로 된, 도저히 이해할 수 없는 비유로 가득 차 있기 때문이다. 신에게 바치는 찬가와 탄원이 대다수를 차지하며, 신성한 음료인 소마를 맛보는 기쁨을 노래한 것도 많다. 적을 무찌른 것을 축하하는 전투의 노래, 족장이 내린 선물에 감사하는 노래—이것은 앵글로색슨족과 고대 스칸디나비아 시에서도 유명한 장르다—도 있다.

연대를 정확히 알아내기는 불가능하지만, 1920년대에 대단히 중요한 단서가 발견되었다. 북부 시리아의 미타니 왕국이 맺은 조약—기원전 1380년경으로 연대가 밝혀져 있다—에 열거된 통치자의 이름을 산스크리트어로 읽어도 완벽하게 해독할 수 있음을 학자들이 알아낸 것이다. 이 문서에는 『베다』의 신들인 인드라·미트라·바루나의 이름이 열거되어 있었다. 그 순서도 『리그 베다』에 이들이 등장할 때와 똑같았다. 이 문헌에는 『베다』의 시에서 대단히 중요한 역할을 하는 천국의 쌍둥이 나스다티아 또는 아슈윈 형제도 언급되어 있다.

전차와 말 조련에 관한, 미타니의 또 다른 문서는 미타니 통치자들이 사용하던 인도유럽어족의 언어로 작성되었다. 하지만 숫자와 기술적인 용어가 산스크리트어와 워낙 흡사해서 미타니와 아리아인의 언어가 대단히 밀접한 관계였음을 짐작할 수 있다. 정체가 확실하지 않은 미타니의 통치자는 십중팔구 기원전 1700년경에 시리아 북부에 나타나 지금의 쿠르디스탄 지역을 다스린 엘리트 전사였을 것이다. 이들이 남긴 문헌은 초기 『리그 베다』 찬가들이 비슷한 시기에 지어졌음을 강력하게 시사한다. 기원전 1400년경을 기점으로 그리 오래지 않은 과거에 이 시들이 지어졌다는 얘기다.

다른 단서들도 이 사실을 뒷받침한다. 『리그 베다』의 찬가는 청동기를 사용하는 세계를 묘사한다(인도에 철이 처음으로 나타난 것은 기원전 1200년경). 이 시의 저자들은 모헨조다로 같은 위대한 도시들을 모르는 듯하다. 이들이 아는 것은 '불의 신 아그니에게 쫓겨' 사람들이 달아나버린 폐허뿐이다. 이 모든 사실을 종합하면, 『리그 베다』에 수록된 많은 찬가는 인더스 문명 이후에 지어졌음을 짐작할 수 있다. 그렇다면 『리그 베다』의 찬가는 기원전 1500년경부터, 아니 어쩌면 그보다 좀 더 일찍부터 몇 세기 동안 널리 퍼져나갔을 가능성이 있다.

아리아인의 고향

폐샤와르 위에 위치한 카이베르고개는 파키스탄의 서북 변경주에 속한다. 길은 구불구불 이어져서 벌거벗은 갈색 산속으로 들어간다. 빅토리아 시대에 여기서 잔인한 전투를 벌였던 영국 부대의 상징이 바위에 그려져 있다. 토르크햄에서 아프가니스탄 국경을 굽어보는 산 위에 서면 파키스탄과 카불 사이의 도로에 줄지어 늘어선 컨테이너 화물차들이 보인다.

1970년대까지도 여전히 엄청난 규모의 카필라스(낙타 카라반)가 그 길을

⇧ '수많은 계곡을 가로지르고, 강과 협곡을 지나서.' 카불강과 힌두쿠시 산맥의 풍경. 인도에서 아리아인이 처음으로
정착했던 곳이다.

⇧ 아프가니스탄은 빠르게 변화하고 있지만, 진흙 벽돌로 요새처럼 지은 농가들이 서 있는 카이베르의 전형적인 풍경
은 분쟁이 끊이지 않는 이 땅에 지금도 남아 있다.

다녔다. 길이가 무려 8킬로미터나 되는 행렬이 일주일에 두 번씩 뱀처럼 구불구불한 그 길을 지나다닌 것이다. 낙타를 모는 사람은 중앙아시아인이나 몽골인이었는데, 머리는 길게 땋아 늘어뜨리고, 치아는 황금색이었으며, 옷은 밝은 색이었다. 이들은 낡은 총과 단검을 차고, 아이들을 등에 업었으며, 당나귀만큼이나 덩치가 큰 개를 데리고 다녔다. 이 카라반은 킬림(무늬를 넣어 짠 카펫·태피스트리·융단 등)과 부하라 융단, 바다흐샨에서 나는 보석과 장신구·향신료·부하라 시장에서 구한 의약품과 약초 등을 가져왔다. 이 길은 수천 년 동안 일종의 교차점 또는 이동로 역할을 했다.

여기서 건너편의 카불계곡을 바라보면 꼭대기에 눈 모자를 쓴 힌두쿠시 산맥이 보인다. 이 산맥에는 중앙아시아에서 인도까지 이어지는 고대의 통행로가 있다. 『리그 베다』에 따르면, 카불강·쿠람강·고말강·스와트강 등이 흐르는 비옥한 땅을 떠난 아리아인이 바로 이 길을 통해 동쪽의 인도로 건너왔다고 한다. 후대의 문헌에 나와 있는 것처럼 여기서부터 "일부는 동쪽으로 갔다……. 하지만 일부는 서쪽의 고향에 남았다." 고향에 남은 사람 중 간다리 부족은 현재 서북 변경주라 불리는 지역 전체에 자신의 이름을 주었다.

고고학·언어학·유전학의 연구 성과에 일반 상식까지도 인도유럽어족의 언어를 쓰던 고대인이 수백 년에 걸쳐 점진적으로 이주해왔다는 가설과 잘 들어맞는다. 앞에서 살펴보았듯이 『리그 베다』의 시 속에 묘사된 세상은 인더스 문명과 닮은 점이 눈에 띄지 않는다. 『리그 베다』에는 거대한 도시의 기억이 없다. 다만 폐허만이 등장할 뿐이다.

『리그 베다』의 초창기 시들은 펀자브·아프가니스탄 동부·카불계곡·스와트강·인더스강 상류를 배경으로 하고 있지만, 이 지역이 아리아인의 원래 고향이 아님을 강력히 시사하는 구절들도 함께 등장한다. 이들은 자신이 먼 곳에서 이주해왔음을 알고 있었다. '인드라는 야두와 투르바샤를 들고 많은 강을 건넜다.' 그 강들은 '좁은 길'을 지나갔다.

이런 이민의 물결이 남긴 흔적은 지금도 언어학적인 연구를 통해 찾아낼 수 있다. 가장 유명한 사례가 힌두쿠시의 카피르족이다. 치트랄의 이교도인 이들은 19세기까지만 해도 아프가니스탄 누리스탄에 퍼져 살던 인도-아리안부족의 후손이다. 기원전 4세기경에 알렉산드로스 대왕과 맞닥뜨린 바 있는 이들은 지금도 고대 인도유럽언어를 사용하며, 디자우(Di-Zau)라는 고대 '아리안족'의 하늘신을 섬긴다. 디자우는 그리스의 제우스(Dia), 산스크리트의 디아우스 피타르(Dyaus-pitar)와 기원이 같다. 이주의 흔적이 이렇게 오늘날까지 남아 있는 것이다. 만약 훨씬 서쪽에서 이주해왔다는 아리안 족의 기억이 옳다면, 이들의 원래 고향은 도대체 어디일까?

중앙아시아에서 새로이 밝혀진 것들

○

투르크메니스탄의 고누르 테페. 사나운 바람이 으르렁거리며 갑자기 먼지 폭풍을 일으켰다. 흙먼지가 눈과 입 속으로 마구 날아드는 가운데 우리가 탄 지프가 붉은 사막과 아랄해 남쪽의 외딴 곳에 위치한 발굴 현장에 접근한다. 우리는 아스카바드에서부터 옛길을 따라 몇 시간 달려온 참이다. 러시아 제국이 무너진 뒤 이 사막 국가를 차지한 특이한 지도자 투르크멘바시가 말년에 만든 도로다. 우리는 옛 실크로드를 따라 엘부르즈 산맥 북쪽의 평원을 가로질러 무르가브 오아시스에 있는 메르브의 고대도시 마리로 왔다

13세기에 몽골인에게 파괴당한 뒤 거대한 폐허로 남아 있는 무르가브 오아시스는 선사시대부터 문명의 중심지였다. 해질녘이 되자 마침내 북쪽에 나지막한 둔덕이 보인다. 그 근처에 진흙벽돌로 지은 오두막과 텐트가 있다.

⇦ 투르크멘 사막의 캠프에서 전설적 인물인 빅토르 사리아니디와 함께.

텐트 입구가 바람에 펄럭인다. 차일 밑에서 러시아와 투르크메니스탄의 고고학자들이 기원전 1900년경에 제물로 땅에 묻힌 말의 유해에서 극적으로 발견한 물건들을 조사하고 있다.

이들 중 빅토르 사리아니디가 우리를 맞이한다. 그는 살아 있는 전설 그 자체다. 몸집이 건장하고 카리스마가 넘치며 머리가 하얗게 센 그는 사막의 태양에 짙은 갈색으로 그을린 모습이다. 깊게 울리는 목소리는 마치 낙타가 목을 가다듬을 때 나는 소리 같다. 사리아니디는 발굴을 통해 이미 놀라운 성과를 많이 거둔 바 있다. 아프가니스탄 북부의 틸리아 테페에서 박트리아(고대 그리스인이 중앙아시아에 세운 왕국)인이 숨겨둔 황금을 파낸 것도 사리아니디다.

위대한 고고학자는 뭐라고 콕 집어 말할 수 없는 재능을 갖고 있다. 파야 할 지점을 정확히 찾아내는 능력. 사리아니디는 여기서도 또 금광을 찾아냈다. 지금까지 알려지지 않았던 문명을 새로 찾아낸 것이다. 사리아니디는 무르가브 오아시스 일대에서 청동기시대 유적지를 2,000곳 넘게 찾아냈다. 이 유적은 인더스 유역의 도시들이 쇠퇴한 것과 같은 시기에 기후변화로 인해 급격히 몰락한 것으로 보인다. 사리아니디는 이곳이 최대의 유적지가 될

⇦ 고누르 테페에서 발견된 기원전 2000년경의 무덤. 귀족 또는 왕족의 무덤인 듯하다. 이들이 어떤 언어를 사용했는지는 밝혀지지 않았지만, 산스크리트어의 조상 격인 인도-아리아어와 친척 관계인 언어를 썼을 가능성이 있다.

지도 모른다고 보았다. 아니나 다를까. 사방이 탁 트인 사막에서 그는 방어벽이 있는 엄청난 규모의 유적과 울타리에 둘러싸인 별도의 공간을 발견했다. 그는 이곳이 테메노스(성소)라고 보고 있다.

여기서 말과 바퀴 달린 수레만 발견된 것은 아니다. 진흙벽돌로 쌓은, 휘어진 형태의 불 제단도 발견되었다. 말굽을 길게 늘인 모양의 이 제단은 인도의 베다 의식에서 지금도 사용되는 제단과 똑같은 형태다. 움푹한 그릇들도 발견되었다. 이 그릇에는 산에서 자라는 마황을 비롯하여 신성한 음료를 만들 때 사용하던 재료의 흔적이 남아 있었다. 마황은 『리그 베다』에 등장하는 소마의 기본 원료로 여겨지고 있다. 마황을 끓는 물에 집어넣으면, 상당히 강력한 환각작용을 일으킨다. 이는 내가 직접 증언할 수 있다. 하지만 이곳 사람은 다른 재료들, 즉 양귀비 씨앗과 마리화나를 마황과 혼합했다. 인드라 신에게 정말로 잘 어울리는 음료가 아닐 수 없다!

늦은 오후 사막에서 바람이 불자 트랙터 날에서 커다란 먼지구름이 일어난다. 트랙터는 사리아니디가 유적지 상층부에 몇 톤이나 쌓여 있는 모래를 퍼내려고 사용하는 것이다. 이 발굴 현장은 가히 영웅적인 규모다. 울타리로 둘러싸인 중심부는 폭이 400미터쯤 되고, 귀퉁이에 둥근 보루가 있는 테메노스의 지름은 100미터가 넘는다.

사리아니디가 정사각형 구덩이로 나를 데려간다. 말이 묻혀 있는 곳이다. 망아지의 유해가 아직도 완벽하게 보존되어 있다.

"이 사람들은 말을 제물로 바치는 특별한 의식을 거행했습니다. 인도의 아리아인은 물론 멀고 먼 고대 아일랜드인에 이르기까지 여러 인도-유럽 부족과 같습니다."

이곳에 어떤 부족이 살았는지 알려주는 증거는 없다. 이들이 글자를 사용하지 않았기 때문이다. 하지만 문화의 흔적이 고대 인도-이란인, 인도-아리아인의 흔적과 너무나 흡사하기 때문에 이들을 서로 연결해볼 수밖에 없다. 말 매장지, 전차 바퀴, 마황을 기초로 한 신성한 음료, 불 제단 등 이곳에서 발견된 흔적을 보면 베다 문화가 저절로 떠오른다.

사리아니디는 인도유럽어족에 속하는 사람이 이란과 인도아대륙으로 처음 이주를 시작했을 때 이란으로 흘러간 분파의 조상이 이곳에 살았던 것으로 추정한다. 하지만 메소포타미아 북부와 연관된 흔적들도 발견되었다. 사리아니디는 고누르 테페에 정착한 이들이 메소포타미아 지역과 이미 접촉한 적이 있었으며, 기원전 15세기경에 시리아 북부에서 인도유럽어족의 언어를 쓰는 미타니 왕조가 탄생하는 데 영향을 미친 역사적 흐름의 일부였다고 믿고 있다.

그렇다면 아리아인의 조상이 거대한 언어 집단의 일부였으며, 이 언어 집단은 4,000년 전에 카스피해와 아랄해 사이의 지역에서 사방으로 퍼져나갔다고 볼 수 있다. 그래서 이들의 언어가 영어·웨일스어·게일어·라틴어·

그리스어 등 현대 유럽어뿐만 아니라 페르시아어와 인도 북부의 주요 현대 방언의 뿌리가 된 것이다. 이 아리아인의 조상은 신기술(말이 끄는 전차)을 지니고 있었으며, 넓은 의미에서 '베다적'이라고 할 수 있는 종교를 믿었다. 그런데 기원전 2000년대에 이들은 기후변화와 인구압박을 못 이겨 몇 차례에 걸쳐 남쪽의 이란과 인도로 이동하게 되었다. 인도는 물론이고 전 세계 사람에게 참으로 기념비적인 사건이었다.

또다시 바람이 불어와 우리의 텐트 입구가 펄럭인다. 대형 불도저들이 우르릉거리며 캠프로 돌아온다. 내가 이 글을 쓰고 있는 지금 식량 텐트 뒤쪽 먼 곳에서는 늑대들이 울어댄다. 그러니까 이곳은 서쪽 또는 북서쪽에서 온, 조직적인 대규모 집단이 이주 도중에 머무른 곳이었다. 사리아니디는 발굴 결과를 이렇게 요약한다.

"그들은 기원전 2000년경 오아시스로 들어왔다가 기원전 1800년경, 또는 그보다 약간 뒤에 무르가브 삼각주가 말라붙었을 때 이곳을 떠났습니다."

그들도 인더스 문명에 영향을 미친 바로 그 대규모 기후변화에 당했다는 얘기다. 이곳을 출발한 그들은 물을 따라 이동하면서 남쪽의 헤라트와 동쪽의 옥수스로 향했다. 옥수스는 힌두쿠시 산맥이 솟은 지점으로, 산맥은 이곳에서부터 남쪽 지평선을 향해 아프가니스탄 북부 평원을 가로지른다. 옥수스에서 카이베르까지는 겨우 320킬로미터밖에 되지 않는다. 카이베르에 가면 인도의 평원들이 처음으로 눈에 들어온다.

이주에 나선 사람들은 여러 개의 대규모 집단으로 나뉘어, 수백 년 동안 꾸준히 움직였을 것이다. 아프가니스탄의 산들을 물이 새듯 천천히 넘으면서 때로는 인도 북부의 비옥한 평원에서 왕국을 세우느라 애쓰기도 했을 것이다.

인도의 위대한 「서사시」

◇

아리아 부족은 이렇게 해서 아프가니스탄에서부터 인도아대륙으로 들어왔다. 아마 청동기 말기에 수백 년 동안 계속 이동했을 것이다. 인도에서는 이 주제를 둘러싸고 학자들이 격렬한 논쟁을 벌이고 있지만, 『리그 베다』를 보면 새로 이주해온 사람이 인드라 신을 모델로 삼아 스스로를 정복자로 여겼음을 알 수 있다. 한 부족 전체, 또는 여러 부족의 집합체가 인도아대륙으로 들어오면서 누구든 길을 막는 사람은 무조건 정복해버렸다.

『리그 베다』 중 후대에 지어진 시는 아리아인이 동쪽으로 영토를 넓히면서 인도 북부에서 벌인 전투에 대해 들려준다. 아리아인은 아리아 식이 아닌 이상한 이름을 지닌 원주민과 싸우기도 하고, 토착 부족의 추장과 동맹을 맺기도 하고, 자기들끼리 싸움을 벌이기도 했다. 어떤 곳에서는 그 지역 세력과 공존하기도 했다. 『리그 베다』에 수록된 어느 시에 따르면, 아리아인의 적인 '삼바라'라는 왕의 요새들은 '40년째 되던 해'에야 비로소 습격을 받았다.

이 모든 이야기는 음유시인이 시로 기록한 실제 역사처럼 들린다. 아리아인이 항상 산들을 '왼쪽'(산스크리트어로 '북쪽'이라는 뜻)에 두고 동쪽으로 이동하면서 하라파 남쪽의 펀자브 부족들을 정복해 점점 더 많은 땅을 차지한 이야기가 『리그 베다』의 지속적인 테마로 등장한다.

"그대는 흑인 5만을 쓰러뜨렸다. 그대는 그들의 요새를 다 해진 옷처럼 납작하게 두드렸다." 인드라도 직접 나서서 "삼바라의 99개 요새를 파괴했다……. 인드라가 100개의 돌 요새를 파괴했다……. 그리고 다사족 3만을 잠재웠다."

호메로스의 시에 등장하는 그리스와 트로이 영웅의 이야기와 마찬가지로 이 숫자를 곧이곧대로 받아들일 필요는 없다. 하지만 이야기의 흐름은 분

「마하바라타」는 지금까지 입으로 전해진 이야기 중 가장 위대한 작품이다.

⇧ 판다바 형제들.

⇩ 쿠룩세트라 전투. 인도의 모든 언어로 수백 년 동안 입에서 입으로 전해져 온 「마하바라타」는 인도 그 자체의 이야
기가 되었다.

명하다. 아리아인의 이주는 물방울이 똑똑 떨어지듯이 소규모로 이루어지지 않았다. 그리고 평화로운 이주도 아니었다.

『리그 베다』의 시에는 아리아인 씨족과 부족 30개가 언급되어 있지만, 가장 중요한 책들은 두 일족—푸루와 바라타—의 역사를 다루고 있다. 이들이 권력을 잡은 뒤 서로 싸우다가 결국 혼인을 통해 하나가 되었다는 것이다. 『리그 베다』는 푸루 일족이 라비강 근처에서 벌어진 '열 왕의 전투(Battle of Ten Kings)'에서 최고의 승리를 거뒀음을 암시한다. 그 덕분에 이들은 펀자브에 왕국을 세우고 갠지스-줌나 도아브까지 세력을 넓혔다. 이렇게 해서 이들은 인도에서 가장 비옥한 땅을 관리하게 되었다. 그리고 말, 전차, 월등한 무기(철기)를 이용해서 토착 부족들, 하라파 문명 이후에 이곳에 자리 잡은 사람들, 그보다 역사가 오랜 부족도 점점 자신의 세력권으로 끌어들였다. 이 오래된 부족은 대부분 석기시대부터 인근 숲에서 살던 사람이었다.

『리그 베다』에는 아리아인이 농경지를 확보하려고 숲을 태워 없앴으며, 흙과 나무로 보루를 쌓은 요새를 지었다고 나와 있다. 아리아인은 잉여생산물로 전사계급을 부자로 만들어주었으며, 사제·전사·농부라는 세 계급으로 이루어진 사회의 기본 구조를 유지했다. 이 세 계급 밑에 있는 노동자·하인·노예는 인구 중 다수를 차지하는 토착 부족 출신이었다. 어쩌면 바로 이것이 카스트제도의 뿌리가 되었는지도 모른다. 계급 구분은 바르나(피부색)와 자티—직역하면 '출생', 즉 사람이 태어날 때부터 적용되는 사회적 계급이나 직업을 뜻한다—를 바탕으로 이루어졌던 것 같다. 아무래도 피부색이 엷었던 이주자가 피부색을 계급 구분의 수단으로 사용했을 가능성이 높다. 나중에는 언어와 종교적 의식이 중요한 구분 기준이 되었다. 청동기시대의 유물인 카스트제도는 오늘날까지도 끈질기게 남아 있다. 그리고 지금도 하층계급의 대다수는 토착 부족의 후손이다.

이 시기 전쟁의 역사가 인도 문학에서 가장 유명하고 위대한 작품인 『마하바라타』에 아련히 반영되어 있는 것 같다. 트로이의 이야기를 다룬 호메로스의 『일리아스』가 그리스 문화를 규정하는 문헌이 됐듯이, 『마하바라타』도 인도의 국민 「서사시」가 되어 2,000년이 넘도록 헤아릴 수도 없을 만큼 입에서 입으로 회자되며 수많은 형태로 구전되었다. 정통파 힌두교도는 이 작품에 묘사된 전쟁이 신화와 현실을 구분해주는 경계선이라고 본다. 정치적인 역사가 이때부터 시작됐다는 것이다.

『마하바라타』는 판다바와 카우라바라는 두 일족의 이야기다. 이들은 모두 쿠루라는 조상의 후손인데, 쿠루는 같은 이름을 지닌 실제 씨족의 수장이며 『리그 베다』에도 등장한다. 『마하바라타』는 전쟁 이야기다. 『일리아스』가 '그리스인에게 말로 다 할 수 없는 고통을 안겨준' 아킬레우스의 분노에서부터 이야기를 시작했듯이, 『마하바라타』도 '신 같은 종족의 신으로 태어난 사람들이었던…… 쿠루의 멋진 일족에서 태어난 드리타라슈트라의 노한 아들' 사이에서 발생한 운명적인 불화에서부터 시작된다. 그 뒤로 같은 종류의 불화가 계속 이어지며 인도 역사를 관통한다. 그리고 결국은 끔찍한 전쟁이 벌어져 선한 편이 최후의 승리를 거두지만, 트로이에서도 그랬던 것처럼 양편의 영웅들은 거의 모두 목숨을 잃는다.

이야기의 배경이 된 곳은 『리그 베다』에서 후대 작품에 속하는 역사 시들의 배경과 같다. 줌나강 유역에서도 '쿠루 일족의 본거지'인 쿠룩셰트라 지역이 중심이다. 이곳에서 인도를 규정해주는 최초의 신화가 나왔고, 그 뒤를 이어 수많은 신화와 도덕적인 이야기가 생겨났다. 후대의 주석가는 이렇게 말했다.

"여기 있는 것은 다른 어디에도 없고, 여기 없는 것은 어디에도 없다."

인도인은 이 이야기를 사랑했으며, 등장인물을 숭배했다. 그리고 이 이야기에 등장하는 딜레마와 도덕적 판단을 2,000년이 넘도록 행동의 모범으로 삼았다. 특히 사람이 다해야 할 의무를 의미하는 '다르마'가 중요하다.

『마하바라타』는 분량이 대략 10만 연이나 될 만큼 방대하다. 길이로 따지면 세계 최장이다. 이 작품이 지금과 같은 형태를 갖추게 된 것은 십중팔구 기원전 1세기와 기원후 1세기 사이일 것이다. 하지만 이 작품의 뿌리는 그보다 훨씬 이전 시대의 음유시에 닿아 있다. 그래서 산스크리트어로 된 이 시에는 고대 인도-유럽 시의 형식이 여전히 흔적으로 남아 있다. 기원전 5세기의 문법학자 파니니가 알고 있던 버전—지금에 비해 길이가 5분의 1에 지나지 않았다—을 지금 볼 수 있다면, 이 작품이 호메로스의 글을 비롯한 기타 철기시대 영웅시와 흡사하다는 사실에 충격을 받을 것이다.

기원후 2세기 초에 그리스의 한 작가는 인도인이 '10만 연의 『일리아스』'를 갖고 있다고 말했다. 이는 오늘날까지 전해지는 버전이 당시에도 존재했음을 강력히 시사하는 말이다. 하지만 『마하바라타』는 굽타 시대(기원후 320~600)에도 여전히 길어지고 있었다. 로마인과 헬레니즘 도시인 안티오크의 이야기는 물론, 심지어 기원후 5세기에 훈족이 인도를 침공한 사실도 시에 덧붙여지고 있었기 때문이다.

그렇다면 '원본' 『마하바라타』는 『일리아스』와 그리 다르지 않았을 것이다. 그보다 더 이전 시대의 유산으로 이미 화석화된 시의 형태를 간직한 철기시대의 시라는 점에서 말이다. 하지만 20세기에 고고학자들이 갠지스강 유역의 평원에서 새로이 발견한 사실들 덕분에 이 작품의 위치가 달라졌다. 고고학자 하인리히 슐리만과 그의 후계자들이 트로이·미케네·크노소스에서 그리스의 영웅시대에 생명을 불어넣은 것처럼 인도의 고고학자도 인도 영웅시대의 실제 모습을 밝혀내려고 했다. 이들의 노력은 이야기 속에서 쿠루 형제들이 다스린 갠지스강 유역의 '왕의 접견실인 하스티나푸르'에서부터 시작되었다.

사실과 허구를 분리하다

◇

우리는 힌두 지역을 지나고 있다. 인도 문명의 심장부인 갠지스평원을 가로
질러 델리 북동쪽으로 80킬로미터 거리인 미루트에서 『마하바라타』의 핵심
인 지금의 하스티나푸르로 향하는 중이다. 주위는 온통 푸른 들판뿐이다. 갠
지스평원은 지상에서 가장 비옥한 땅의 하나라서 많은 사람이 이곳으로 모
여들었다. 우타르프라데시와 비하르-자르칸드의 인구만 따져도 미국 인구보
다 많다. 기원전 1000년대에 북서쪽에서 들어온 '아리아인'은 이 땅에서 넓
은 지역을 개간했다. 불의 신인 아그니가 이들을 인도했다. 『리그 베다』에 따
르면 그렇다.

지금은 '소와 먼지의 시간(cow dust hour)'이다. 해가 지기 전, 어린 수소
들의 수레가 마을로 돌아오는 시간. 수레바퀴가 피어올린 흙먼지가 따스한
공기와 황금색 햇빛 속으로 떠오른다. 우리는 곧 마을로 들어가 주로 자이나
교 순례자를 위한 거대한 합숙소를 지나간다. 자이나교도는 선사시대에 자
신의 종교를 세운 창시자 중 두 사람이 이곳에서 태어났다고 주장한다.

이윽고 현대적인 사원들 뒤로 산 하나가 모습을 드러낸다. 왕의 요새가
있던 언덕이다. 전설에 따르면 이 요새는 인도의 트로이라고 할 만했다. 이곳
은 카우라바 일족의 집이자, 신과 영웅이 지상을 채웠던 영웅시대를 끝장낸
운명적인 전쟁의 불꽃이 피어오른 곳이다. 하지만 이 이야기에 과연 역사적
근거가 있는 걸까? 인도에서 『마하바라타』는 항상 '실제 일어난 일의 기록'
으로 받아들여졌지만, 식민지 시대의 학자들은 이 「서사시」의 문학적인 가치

⇧ 하스티나푸르 근처의 소와 먼지의 시간. 아리아인은 목축을 하고 고기를 먹었다. 채식을 하고 소를 보호하는 관습이 인도 문화에서 지금처럼 중요한 자리를 차지하게 된 경위는 명확하지 않다. 어쩌면 오늘날에도 채식의 본거지인 남부에서 온 것인지도 모른다.

를 인정하지 않았다. 뿐만 아니라, 역사적인 의미에 대해서도 회의적이었다. 독립 직후 인도의 젊은 고고학자인 B.B. 랄은 이 이야기에 더 큰 의미가 있는 것은 아닌지 연구하기 시작했다.

　　나는 하스티나푸르로 떠나오기 전에 델리에서 랄을 만났다. 팔순의 나이에도 그는 여전히 정정하고 원기왕성했다. 매력적인 유머 감각과 세세한 부분에 대한 놀라운 기억력도 그대로였다. 지난 세월 동안 랄은 고대 인도의 역사와 고고학적 사실을 둘러싼 수많은 논쟁에 휘말렸다. 델리의 집에서 그는 내게 흑백 슬라이드를 보여주었다. 인도가 독립한 지 1~2년쯤 됐을 때 그가 인도의 시골에서 찍은 사진이었다. 지금 보니 네온등이 켜진 현대의 미루트 거리보다 영웅들의 세상과 더 가까운 고대 역사 속의 모습 같았다.

"내가 가장 많이 걱정하는 것이 바로 『마하바라타』의 역사성이었다는 걸 당신도 알 겁니다. 그 작품에 대해 두 가지 시각이 존재하기 때문이죠. 한쪽은 이 문헌이 진실이라고 주장합니다. 다른 쪽은 모든 것이 상상이라고 주장합니다. 난 그저 고고학자의 시각으로 접근했을 뿐입니다."

신생 독립국인 인도에서 인도 고고학자로는 처음으로 대규모 발굴을 실시했다는 점이 그와 잘 어울리는 것 같다. 어떤 나라에서든, 심지어 현대적인 민주국가에서도, 국민이 공유할 수 있는 역사를 확립하는 것이 중요하다. 『마하바라타』는 수백 년 동안 인도인이 생각하는 공통의 역사에서 중요한 부분을 차지하고 있었다.

현대적인 의미의 역사 편찬 기술을 확립한 것은 이 나라를 지배하던 영국인이었다. 하지만 『마하바라타』나 『라마야나』 같은 「서사시」는 그보다 더 오랜 전통과 이어져 있었다. 민속극·시·노래·이야기 등을 통해 인도 북부를 지배하던 문화라 해도 될 것이다. 랄은 국민 「서사시」인 『마하바라타』의 역사성을 시험하기 위해 슐리만·빌헬름 되르펠트·아서 에번스가 그리스의 청동기시대 유적을 발굴할 때와 똑같은 원칙을 적용해, 이 작품에 언급된 장소를 조사하기 시작했다. 후대의 음유시인들이 얼마나 과장해서 썼는지는 몰라도, 이 「서사시」에 등장하는 장소와 사건이 실존했을 수도 있지 않을까?

랄은 1949년 가을에 하스티나푸르로 갔다. 자이나교와 불교 문헌에 쿠루의 수도로 지목돼 있는 이 고대 도시는 갠지스강 유역에 있었다. 현재 갠지스강은 이 도시에서 약 5킬로미터 떨어져 있다. 언덕 북면은 지금도 초록색 농경지 위로 18미터나 가파르게 솟아 있다. 사시사철 이 평원을 천천히 흐르는 개울은 이 동네 농부에게 여전히 '옛날 갠지스강'이라고 불리고 있다.

언덕 가장자리에는 '판다바의 주인'인 시바의 사원이 있었다. 보아하니 오래된 사원은 아니지만, 이 동네 사람의 기억에서 여전히 지워지지 않고 있던 이야기를 증명해주는 존재이기는 했던 것 같다. 강은 이미 오래전에 사라졌지만, 예전에 강가에 있던 가트(선착장)들 중 하나는 여전히 『마하바라타』의 여주인공 이름인 드라우파디로 불렸다.

랄은 이런 사실들을 알아낸 뒤 빗물에 침식된 언덕 기슭에서 도자기 조각이 발견되지는 않았는지 조사하며 돌아다녔다. 오래지 않아 뚜렷한 특징을 지닌 얇은 회색 도자기들이 모습을 드러냈다. 점으로 가득 찬 기하학적 무늬가 새겨진 것이 많았다.

"그건 탈리(밥과 빵을 기본으로 구성된 인도의 정식 요리) 접시와 그릇이었습니다. 오늘날 우리가 사용하는 것과 똑같이 평범한 식기였죠." 랄이 말했다. "이 도자기들을 보자마자 선사시대 물건이 아닌가 하는 생각이 들었습니다. 인도 북부의 철기시대 문화를 보여주는 표식 같았어요. 그래서 우리는 1950년대에 다시 이곳으로 와서 세 계절 동안 머물렀습니다. 잠은 텐트에서 잤지만, 부엌은 근처 자이나교도의 허락을 얻어 그들의 것을 사용했습니다. 우리는 어린 수소의 수레로 도구와 장비를 운반했습니다. 그리고 회색 도자기가 발견된 바로 그 언덕을 관통하는 거대한 참호를 파기로 했습니다."

회색 도자기는 나중에 이 유적지의 연대를 밝히는 데 결정적인 역할을 했다. 랄은 요새가 기원전 800년까지 버티다가 사람들에게 버림받았을 거라고 추측했다. 『푸라나』라는 문헌에 보존된 후대의 가계도에는 대홍수가 있은 뒤 통치자들이 하스티나푸르를 버리고 줌나강 하류의 카우삼비로 이주한 이야기가 실려 있었다. 이 이야기를 기억해낸 랄은 한밤중에 믿을 수 없을 만큼 대단한 유레카의 순간을 경험하고는 석유등을 들고 내려가 속살을 드러낸 발굴 현장을 살펴보았다. 철기시대의 이 거주지가 정말로 홍수 때문에 멸망했음을 알 수 있었다.

"고고학자에게 그것만큼 굉장한 일은 없지요. 엄청나게 흥분돼요. '그래, 해냈어.' 이런 생각이 들거든요." 랄은 환한 미소를 지으며 말했다.

물론 이런 발견도 『마하바라타』 속의 전쟁 이야기들이 실제로 있었던 일이라거나, 등장인물들이 실존했다는 증거가 되지는 못했다. 하지만 철기시대에 음유시인이 그 시대 초반에 중요한 위치를 차지했던 왕국의 중심지와 일족의 실제 이야기를 시로 옮겨 『마하바라타』의 초기 형태를 만들었음을 증명할 수는 있었다. 이 이야기의 배경이 기원전 몇백 년대라는 뜻이었다.

용기를 얻은 랄은 계속 연구했다. 그의 연구팀은 『마하바라타』에 언급된 30여 곳을 살펴보았다. 그 결과 모든 곳에서 똑같은 회색 도자기가 나왔다. 이들은 델리 북쪽의 쿠룩셰트라에서 벌어진 극적인 전투현장으로 지목된 곳도 살펴보았다. 인도 역사에서 여러 번 대규모 전투가 벌어진 곳이었다. 그곳은 다르막셰트라(신성한 들판)이자 전투가 벌어졌다고 여겨지는 지역의 중심부이고, 크리슈나 신이 전투가 시작되기 전에 전차병으로 변장하고 영웅 아르주나 앞에 모습을 드러내 저 유명한 지혜의 말인 『바가바드 기타』를 들려준 곳이기도 하다. 『바가바드 기타』는 모든 인도인이 사랑하는 문헌이다.

랄의 연구팀은 이 중세 도시 너머 800미터 지점에 있는 농경지에서 철기시대 초기 거주지를 발견했다. 이 마을이 있던 언덕 꼭대기에는 낡은 시바 사원이 우뚝 서서 사람들의 숭배를 받고 있었다.

오늘밤은 시바라트리, 즉 '시바의 위대한 밤'이다. 이 밤에 쿠룩셰트라를 방문하는 것은 특별히 상서로운 일로 여겨진다. 시바라트리는 2월의 보름밤을 뜻하는데, 오늘 하루 종일 수많은 사람이 좁은 시골길을 따라 도시에서 이곳으로 몰려왔다. 길가에는 순례자를 위한 장신구와 기념품, 음식, 굵은 초록색 방(bhang: 마리화나)을 파는 노점이 늘어섰다. 덕분에 위대한 무정부주의자였던 시바 신의 밤에 정말로 무정부적인 분위기가 덧입혀졌다.

나는 사두(고행자)를 위한 숙박소, 늙고 병든 소를 위한 요양원을 지나

↑ 18세기의 원고에 실린 크리슈나와 발라라마의 그림. 최후의 전투가 있기 전 크리슈나가 전사 아르주나에게 해준 충고가 인도 사회에서 '올바른 길'에 관한 핵심적인 문헌이 되었다. 심지어 세속주의자인 네루조차 하도 많이 봐서 손때가 묻은 이 책을 침대 옆에 둘 정도였다.

시바의 사원으로 간다. 이곳의 욕조는 요정의 불빛 같은 전구를 매단 줄로 장식되어 있다. 하스티나푸르와 달리 이곳은 규모가 아주 작지만, 철기시대 왕족의 요새화된 농장에 알맞은 현실적인 크기라 해도 될 것 같다. 어쩌면 여기가 바로 쿠루일족의 진짜 크세트라, 왕의 접견실이었는지도 모른다. 이 접견실은 줌나강 옆에서 물결치는 밀밭 속에 흙으로 방벽을 세운 왕의 영지에 속해 있었다. 랄은 이 이야기가 사실임을 증명하지는 못했다. 하지만 트로이와 미케네에서 슐리만이 그랬던 것처럼 음유시를 통해 실제로 존재했던 역사적인 장소의 이름이 전해져 내려왔으며 후대의 사람이 그 이름을 고스란히 보존했음을 증명했다. 그렇다면 후대 사람이 갖고 있던 과거의 기억은 정확히 무엇이었을까? 단순한 「서사시」? 아니면 실제 사건? 그것도 아니면, 이 둘을 상상력으로 버무린 것? 『푸라나』에 따르면, 이 전쟁은 기원전 9세기경에 벌어졌을 것으로 짐작된다. 이 문헌에 기록된 가계도가 실존 인물의 가계도라면 그렇다는 얘기다. 성벽, 도자기, '전통'이라는 불분명한 데이터 너머에서 랄은 고대 전투의 흐릿한 윤곽을 파악할 준비가 되어 있었다. 그는 그림이 그려진 회색 도자기를 근거로 『마하바라타』의 전투가 기원전 860년경에 벌어졌을 것이라는 의견을 내놓았다. 하지만 트로이의 경우와 마찬가지로, 이 전투가 정말로 일어났는지 여부를 확인할 수는 없다. 그래도 인도의 민담이 워낙 끈질긴 생명력을 갖고 있기 때문에, 이 전투가 사실일 가능성을 무조건 무시해버리는 것은 현명하지 못한 일이다.

정체성: 과거의 정수

◯

석양을 받으며 우리는 미루트(인도인이 제1차 독립전쟁이라고 부르는 세포이 항쟁이 시작된 곳)의 호텔로 돌아간다. 우리는 사람이 바글거리는 바자를 굽어보며 식사를 한다. 사람들은 축제를 즐기고 있다. 호텔 주인은 우리가 어디에 갔다 왔는지 듣더니 미루트의 민담을 하나 들려준다.

14세기에 티무르(재위 1369~1405, 중앙아시아 티무르 제국의 창시자) 군대가 인도를 침공했다. 이 몽골 기병대는 갠지스-줌나 도아브를 휩쓸고 지나가며 약탈, 방화, 살인을 저질렀다. 이들은 무적의 군대 같았다. 하지만 여기 미루트에서 학자이자 시인이었던 사람이 영웅적인 저항운동을 조직했다. 그는 사람들에게 "크리슈나가 아르주나에게 했던 말을 기억하고, 가망이 없어 보일지라도 싸움에 나서자"고 외쳤다. 이들은 남녀노소를 막론하고 모두 나서서 게릴라 부대를 결성한 다음 숲 속에 숨어서 '바라트의 땅과 백성들을 지키기 위해' 잔혹하기 짝이 없는 보복으로 침략자를 괴롭혔다. 당황한 몽골 군대는 결국 철수하고 말았다.

시바라트리를 기념하는 불꽃놀이가 펼쳐지면서 거리에서 일제사격을 하는 것 같은 소리가 울려 퍼지는 가운데 호텔 주인의 이야기를 곰곰이 생각하다보니 『마하바라타』에 관해 또 다른 생각이 떠오른다. 이 작품은 시대를 초월한 듯이 보이는 과거를 묘사하고 있다. 그 과거는 항상 그곳에 존재하며 인도를 생각만 있고 행동은 없는 곳으로 보라고 우리를 유혹하는 듯하다.

하지만 사실은 정반대다. 이 나라는 투쟁을 통해 태어났다. 고대의 주석가는 이 「서사시」를 가리켜 슈루티라고 했다. '실제로 일어난 일'이라는 뜻이다. 그 말이 옳다. 이 작품은 '진짜' 세상을 이야기하고 있다. 전쟁과 파괴, 폭력과 배신, 허망한 야심, 덧없는 분노와 증오의 세상 말이다. 그 세상의 영웅은 인간적인 결점을 지니고 있지만, 우주적인 파괴의 시대에도 궁극적으로 훌륭한 승리를 거둔다. 그렇다면 이 「서사시」는 행동을 이야기하고 있는 셈이다. 세월이 흐르면서 덧붙여진 이야기 뒤에 숨은 핵심은 역사의 비극에 관한 현실적인 시각이다. 어느 편에서든 선한 사람이 고통을 받고 목숨을 잃는다. 그래도 시간은 계속 흐르고, 「서사시」에 등장하는 도시는 갠지스강에 휩쓸려 사라진다. 새로운 도시들이 세워진다. 역사의 상처는 세월 속에서 치유된다. 그 뒤 3,000년 동안 그리스인과 쿠샨 왕조, 튀르크인과 아프가니스탄인, 무굴제국과 영국인, 알렉산드로스, 티무르와 바부르(1482~1530: 무굴 제국을 창건한 황제로 칭기즈칸과 티무르의 후예)가 왔다가 인도의 주문 앞에 무릎을 꿇었다.

인도의 가장 커다란 강점, 가장 오래된 문명만이 지닐 수 있는 강점은 바로 환경에 적응해서 변화하며, 역사의 선물을 이용하고 역사의 상처를 받아들이면서도 마치 마술처럼 항상 본연의 모습을 지키는 것이다.

2

생각의 힘: 부처와 아소카 왕

 바라나시의 여명. 내 방 창턱에 앉은 새들의 노랫소리가 밤이 끝났음을 알린다. 창백한 빛이 금방이라도 부서질 것 같은 궁전의 전면을 비추고, 장례용 장작불을 지키는 돔 라자의 집에 씩씩하게 달리는 모습으로 새겨진 호랑이를 비춘다. 싸늘한 날씨 때문에 담요 두른 순례자는 물가로 줄지어 내려가 옷을 벗고 뛰어든다. 차가운 물에 기겁하면서도 이들은 물을 한 움큼 쥐고 이제 막 분홍색을 살짝 드러낸 태양을 향해 팔을 뻗은 채 고대의 진언을 왼다.

　"생명을 주시고, 고통과 슬픔을 없애시고, 행복을 주시고, 우주를 창조한 분이시여. 죄를 파괴

하는 당신의 최고의 빛을 저희에게 허락하소서. 저희의 마음을 선(善)으로 인도하시고…….”

나는 이곳에 몇 번이나 온 적이 있다. 하지만 이곳 풍경이 익숙하다고 해서 거기서 느껴지는 순수한 전율이 무뎌지지는 않는다. 제멋대로 날뛰는 현대문명, 허물어져가는 기반시설, 어머니 갠지스의 오염에도 바라나시는 여전히 아름다운 도시이며, 지상에서 가장 많은 생각을 불러일으키는 곳이다. 이곳은 상상력의 도시다. 신비와 매혹의 약속을 한번도 어기는 법이 없다. 세계화시대에 매스컴이라는 눈부신 기술이 겨우 몇 세대 만에 과거를 죽이고, 과거의 가치관을 파괴해버리는 경우가 헤아릴 수도 없이 많지만 여기서는 그렇지 않다.

바라나시에는 2,500년간 쌓인 이야기들, 이 도시의 좁은 골목길에서 펼쳐진 삶의 이야기가 있다. 이곳 사람은 자기들만의 사원, 음악, 관습과 방언, 장례용 장작불, 우유를 굳힌 자기들만의 음식이 있다. 이들은 손으로 빚어 만든 그릇에 쓴맛이 나는 이 음식을 담아 골목에서 식힌다. 시큼한 맛이 나는 이들만의 초록색 방(마리화나)도 있다. 규칙을 어기는 방종의 신 시바의 밤을 위한 것이다. 이 옛 도시에서 태어난 행운아의 머릿속에는 눈에 보이지 않는 지도가 박혀 있다.

하숙집은 가파른 계단으로 연결된 강가의 목욕터 위에서 위태롭게 흔들리고 있다. 지붕에 올라가면 커다랗게 곡선을 그리며 휘어진 강을 따라 5킬로미터 가까이 펼쳐진 도시의 장엄한 전경이 내려다보인다. 강 하류에서는 널찍한 모래톱과 정글 위로 해가 떠오르고 있다. 우기가 한창일 때면 강물이 지평선까지 흘러넘치기도 하는 곳이다. 나무들 위로 떠오른 해가 물 위에 미끄러진다. 수면에서는 긴 노가 달린 작은 배들이 황금길 위의 곤충처럼 반짝이는 물 위를 떠간다.

⇧ '인도 최고의 신성한 도시 바라나시에서 바라본 갠지스강. 기원전 6세기 이곳에 도시가 세워지기 전에도 이곳이 인도 종교에서 중요한 곳이었는지는 분명히 밝혀지지 않았다. 하지만, 그랬을 가능성이 높아 보인다.

저 아래 늙은 보리수 가지 사이로 노란색 사리를 입은 부인이 나무 발치의 링감(시바의 남근석)에 재스민 꽃잎을 뿌리는 모습이 보인다. 그녀는 뒤엉킨 뿌리 사이에 놓인, 주홍빛으로 물들인 돌멩이에 갠지스강물을 뿌린다. 골목길에서는 사내아이들이 베다 학교로 가고 있다. 레슬링 학원의 사범은 갈퀴로 모래밭을 고르고, 현자들은 해진 우산을 세우고 손때가 잔뜩 묻은 달력을 놓으며 손님 맞을 준비를 한다. 이것이 힌두교 부흥기를 맞은, 위대한 힌두 도시의 현재 모습이다. 하지만 옛날에는 이렇지 않았다.

인도의 이야기는 이제 우리를 기원전 5세기로 데려간다. 그리스 문명이 지중해 동부에서 문화의 동력을 제공하던 시기다.

당시 페르시아는 지상에서 가장 방대한 제국을 다스렸다. 다리우스 대왕은 에게해에서부터 인더스강에 이르는 지역을 정복해 펀자브와 갠지스와 줌나계곡의 고대 인도왕국들이 멀리 자리 잡은 문화적 사촌의 눈부신 제국과 접촉할 수 있게 해주었다. 부처가 처음으로 설법을 폈던 땅 바라나시는 당시 인도 북부에 자리한 자그마한 왕국의 수도에 불과했다. 지금 우리가 알고 있는 힌두교, 수많은 종파와 신이 도시 구석구석까지 퍼져 있는 힌두교는 아직 존재하지 않았다.

현자들은 방문객에게 이 도시의 고대 신화를 들려준다. 인도에서 신화는 그 나름의 현실을 창조하는 기발한 힘을 발휘한다. 고고학자는 지금의 바라나시가 있는 자리에 처음으로 도시가 나타난 것은 기원전 6세기의 일이라고 말한다. 장소는 현재 라지가트(왕의 강둑)라고 불리는 곳이었다. 위대한 역사의 교차점인 이곳은 나중에 그랜드트렁크로드(벵골에서 파키스탄의 페샤와르까지 이어진 길. 수백 년 전부터 인도아대륙의 동서를 잇는 역할을 했다)가 되었다. 지금은 쿠르존 철교를 통해 강 위로도 길이 이어져 있다.

도시가 처음 생겼을 때 이곳에는 벽돌 건물들이 있었다. 어쩌면 벽돌 방벽도 있었는지 모른다. 강이 범람해서 홍수가 나는 것을 막기 위해 진흙으로 둑도 쌓았다. 이 도시는 5세기에 급격히 팽창해서 장거리 무역과 방직업의 중심지가 되었다. 이 전통은 지금까지도 이어진다. 당시 이 도시의 크기를 알려주는 증거는 전혀 없지만, 같은 시기에 번성했던 도시인 카우삼비를 발굴한 결과 구운 벽돌로 쌓은 대규모 방벽이 발견되었다. 튼튼하게 쌓은 이 벽의 둘레가 10킬로미터 가까이 되는 것으로 보아 많은 사람이 이곳에 살았으며, 시민을 공공사업에 동원할 수 있을 만큼 강력한 권력이 확립되어 있었을 것으로 짐작된다. 이처럼 새롭게 등장한 도시 문명이 바로 인도 역사의 다음 무대를 장식했다.

축의 시대

○

위대한 문명은 실용적인 것과 예술적인 것에서부터 지적인 것과 영적인 것에 이르기까지 인간이 지닌 창의성의 모든 측면을 아우르는 업적을 남긴다. 이런 현상이 인도만큼 뚜렷이 드러난 곳은 없다. 인도 문명에서 지식 추구는 거의 종교와도 같았고, 인도가 물불을 가리지 않고 현대문명을 향해 달려가고 있는 지금도 마찬가지다.

문명의 형성기는 기원전 500년을 전후한 몇 세대에 걸쳐 있다. 이 시기는 축의 시대(Axis age)라고 불린다. 구세계의 수많은 위대한 사상가들이 바로 이 시기에 활동했기 때문이다. 인도에서는 부처와 마하비라(자이나교의 창시자), 중국에서는 공자·노자·장자가 활동했다.『구약성경』에 등장하는 예언자와 그리스 철학자도 마찬가지다. 심지어 조로아스터도 이 시기에 활동했다는 주장이 나온 적도 있다.

하지만 축의 시대가 존재했다는 주장은 최근 비판에 직면했다. 노자가 실존 인물인지에 대해서도 아직 확실히 밝혀지지 않았고, 조로아스터는 중앙아시아의 목동들 사이에서 몇백 년 전에 활동했음이 분명하기 때문이다. 그리고 사상의 역사에서 이런 인물이 이룩한 위대한 업적 사이에 모종의 관계가 있었을 것이라는 주장의 타당성 또한 의문의 대상이다. 그럼에도 나는 축의 시대라는 개념이 유용하며 대체로 진실에 가깝다고 본다. 청동기시대의 고대 문명이 물려준 종교 사상이 철기시대 중기에 모두 기본적으로 통치 이데올로기의 표현 수단으로 변했다는 점에서 그렇다.

이런 사상 자체는 도시에서 깊은 의문의 대상이 되었다. 당시 도시에서는 낡은 사회질서가 변화하면서 신흥 상인계급이 부상하고 있었다. 이런 변화는 유라시아 전역의 여러 지역에서 일어났음이 분명하다. 특히 레반트와 철기시대의 그리스처럼 여러 문화가 섞인 곳은 확실히 변화를 겪고 있었다. 그리스에서는 근동에서 들어온 '동양 혁명'이 헬레니즘 문화를 바꿔놓았다.

이곳 갠지스평원에서는 기원전 5세기에 새로운 도시가 발전하고, 전 세계로 이어지는 무역로가 열리고 있었다. 어쩌면 페르시아 제국의 존재가 이런 변화를 가속화시켰는지도 모른다. 페르시아의 공용어와 산스크리트어의 뿌리가 같았기 때문이다. 사실 인도 역사를 통틀어 인도아대륙, 중앙아시아, 이란 고원의 사람들이 서로 생각을 교류할 수 있었던 것도 인도어와 페르시아어가 유사한 덕분이었다. 이 시기에는 천문학·기하학·문법학·언어학·음운학 등 다양한 분야에 많은 사상가가 존재했다. 기원전 3세기에 인도에 문자가 다시 도입되었다. 인더스 유역의 도시들이 미지의 문자를 사용한 뒤로 처음 있는 일이었다. 또한 인간 조건의 본질에 대해서도 많은 의견이 나왔다.

세상을 다시 생각하다

○

『리그 베다』의 시대 후로, 아니 그보다 훨씬 전부터 인도인은 우주의 본질과 우주에서 인간이 차지한 위치에 관해 생각했다. 기원전 5세기에는 엄격한 카스트제도 속에서 브라만 승려들이 퍼뜨린 도덕적·사회적 질서에 관한 의문이 커지면서 우주와 인간에 관한 근본적인 의문이 더욱 복잡해졌다. 삶의 의미는 무엇이며, 존재의 사슬 속에서 인류는 어떤 역할을 하는가? 탄생과 죽음의 경계를 넘어서까지 백성의 삶을 통제하는 권력 시스템은 누구의 권위로 존재하는가?

업(業)과 환생, 생명의 순환을 믿는 『베다』의 가르침은 가난한 사람을 빈곤 속에 고착시키고 부자를 이들 위에 올려놓았다. 그리고 이러한 구조는 그들의 아이들, 그 아이들의 아이들 세대에도 반복되었다. 인도는 지금도 이 과거의 유산과 씨름하고 있다. 지금도 끔찍한 차별은 물론 폭력에까지 시달리고 있는 인도의 불가촉천민과 하위 카스트는 민주국가인 인도에서 최근에야 비로소 목소리를 낼 수 있게 되었다. 이들에게 권리를 주어야 한다는 논의가 시작된 것은 몇백 년 전이었는데도 말이다.

기원전 5세기에 갠지스평원의 여러 도시에서 진리를 탐구하던 사람은 당시 소크라테스가 아직 등장하지 않았던 그리스와 이오니아 제도에서 활동하던 사람만큼이나 다양하고 숫자도 많았다. 회의주의자도 있고, 합리주의자도 있고, 무신론자도 있고, 결정론자도 있었다. 내세라는 개념을 철저히 거부하는 사람도 있고, 당시 에페수스에서 활동하던 헤라클레이토스처럼 세상이 원자로 구성되었다고 주장하는 사람도 있었다. 헤라클레이토스는 '모든 것이 변화'라고 믿었다. 하지만 모든 변화는 환상이라며 불변의 법칙이 우주를 하나로 묶어두고 있다고 주장하는 사람도 있었다. 그런가 하면 아예 신의 존재를 부정하며 브라만의 질서를 거부하는 사람도 있었다.

진리를 추구하는 사람들 중 가장 오랫동안 명맥을 유지하며 가장 중요한 역할을 한 것은 자이나교도였다. 이들은 2,000년이 넘도록 인도의 사상과 사회에 커다란 영향을 미쳤다. 이들은 상인들로부터 항상 지지를 받았다.

특히 청동기시대 인더스 문명의 중심지 가운데 한 곳이었던 인도 서부의 구자라트에서 이들의 세력이 가장 강했다. '위대한 영혼'이라는 뜻의 마하비라라고 불리던 자이나교의 지도자는 부처와 같은 시기에 활동한 실존 인물이며, 자이나교 역사에서 오랫동안 명맥을 이어온 수많은 구루 중 마지막 구루다.

자이나교는 기원전 5세기에 등장했지만, 그 뿌리는 훨씬 더 먼 과거까지 닿아 있을 가능성이 높다. 자이나교의 일부 개념, 특히 벌레까지 포함해서 모든 생명체에게 아힘사(비폭력)를 실천해야 한다는 원칙은, 먼 고대의 것처럼 보인다. 혹시 선사시대의 것은 아닐까. 자이나교는 오늘날까지 살아남았다. 그리고 아힘사의 원칙은 인도 문화의 위대한 사상 중 하나로서 마하트마 간디가 이끈 독립운동에까지 이어졌다.

하지만 인도뿐만 아니라 전 세계에서 고대에 등장한 여러 집단 중 가장 커다란 영향력을 발휘한 것은 부처의 추종자였다. 부처는 지주 가문 출신의 왕자였으며, 그의 일족은 인도와 히말라야 기슭 사이에 위치한 고온다습한 지역을 다스렸다. 부처의 사상은 인도를 넘어 중국·한국·일본 등 동아시아 전역으로 퍼져나갔으며, 아프가니스탄과 중앙아시아에도 전파되었다. 인도의 지혜가 동서를 모두 유혹한 것이다. 그렇다면 이 시기의 인도 역사는 위대한 제국과 위대한 인물들의 매혹적인 이야기이지만, 이 이야기에서 무엇보다 중요한 것은 바로 생각의 힘이다.

불교: 고통을 끝내다

○

새벽 2시. 우리는 가야 역에서 클래식 호텔로 간다. 호텔에서는 뜨겁고 달콤한 차와 함께 푸리(인도의 전통 빵)와 채소를 내놓는다. 바라나시를 출발한 열차가 연착하는 바람에 오랜 여행을 한 터라 이런 음식이 반갑다. 조간 신문은 온통 바라나시에서 발생한 폭발사건 이야기뿐이다. 역과 하누만 사원에서 폭탄이 터졌다고 한다. 역사상 그 어떤 사회도 폭력에서 자유롭지 못함을 다시 일깨워주는 사건이다. 비폭력이라는 위대한 전통을 갖고 있는 인도도 예외가 아니다.

사실 인도의 역사는 유난히 폭력으로 장식되어 있다. 바로 그 때문에 인

⇧ '부다가야에 있는 거대한 불상. 하지만 부처는 자신을 신격화하는 것을 몹시 싫어했을 것이다.

⇧ 18세기 버마의 문헌에 묘사된 부처의 기적적인 출생 이야기. 부처의 이야기에 동화적인 요소가 덧붙여져 변화가
   일어나기 시작한 것은 1세기와 2세기 쿠샨 왕조 시대였다. 이 시기에 부처의 이야기는 실크로드를 따라 중국과 동
   아시아로 퍼져나갔다.

도가 폭력의 원인과 억제에 대해 그토록 오랫동안 고민했을 거라는 생각이
들 정도다. 폭력은 독립 이후에도 이곳 사람의 삶에서 줄곧 한자리를 차지했
다. 파키스탄과 벌인 전쟁, 방글라데시와 생긴 갈등, 카슈미르 전쟁이 그 증
거다. 이 모든 갈등은 종교를 근거로 1947년에 이루어진 분할의 후유증이다.
　　전쟁과 갈등이 분파주의자에게 끊임없이 연료가 되어준 탓에 1992년에

⇦ '손에 연꽃을 든' 보리살타 석상. 보리살타는 '측은지심의 부처'다. 인도 북부와 히말라야 일대에서는 6세기부터 9세기 사이에 많은 보리살타들이 등장하는 정교한 이야기가 만들어졌다. 보리살타는 원래 부처의 화신으로 여겨졌다.

는 아요디아에서 모스크가 파괴되었다. 분할 이후의 인도 역사에서 가장 긴장된 순간 중 하나였던 이 사건은 더 많은 갈등을 낳았다. 2001년에 구자라트에서 발생한 분쟁도 그중 하나다. 부처의 세계는 우리의 세계와 많이 달랐다. 하지만 부처가 치료사처럼 인간의 정신상태를 진단한다는 점만은 변하지 않았다고 감히 말할 수 있다. 옛날 사람을 과소평가하는 버릇은 우리 자신에게 위험하다.

역의 출입문 밖에서 불교 순례자들이 인력거를 타고 근처에 있는 부다가야로 향한다. 부처가 깨달음을 얻은 곳이다. 우리는 팔구강을 따라 뻗은 초록색 들판을 지나간다. 지금은 강이 말라 있는 시기다. 그래서 바람에 날려온 모래가 노랗게 펼쳐져 있고, 정글이 양옆에 뻗어 있으며, 저 멀리 숲이 우거진 산들이 뒤를 받치고 있다.

부처는 작은 집에서 단식을 하며 금욕적인 생활을 하다가 이 강을 걸어서 건넌 뒤 어떤 여인이 주는 죽을 받아먹었다고 한다. 그 여인의 이름은 수자타였다고 전해진다. 여인에게서 죽을 받아먹은 것은 부처가 운명적인 순간을 맞기 직전의 마지막 단계였다.

젊은 부처는 네팔 국경 부근의 구릉지대 출신으로 땅을 소유한 유서 깊은 크샤트리아(전사 계급) 일족인 사키야 부족의 왕자였다. 하지만 그는 왕자로서의 삶과 특권을 모두 포기했다. 그가 집을 떠나며 내세운 이유는 네 가지였다. 그는 노인·눈먼 사람·죽어가는 사람·시체를 차례로 본 뒤—인도의 거리에는 지금도 언제나 이런 광경을 볼 수 있다— 질병과 고통과 죽음을 겪어야 하는 인간의 현실을 깨달았다.

왕자는 고통을 끝내는 방법을 구하기 위해 자신이 누리던 모든 쾌락을 버리고 집을 떠났다. 자신의 인간성을 발견하기 위해 그 누구보다 가까운 사이인 사랑하는 아내와 아직 혼자 힘으로는 아무것도 할 수 없는 자식에게도 등을 돌렸다. 모순적인 행동이라고? 부처의 삶은 모순으로 가득 차 있다. 그가 살다 간 뒤로 그에 관해 수많은 신화나 기적 이야기가 생겨났기 때문에 그의 원래 모습과 그의 실제 설교를 찾아내기가 쉽지 않다. 하지만 이것도 맥락에 따라 달라진다. 부처는 많은 분파, 특히 브라만들과 설전을 벌였다. 그는 우주를 바라보는 이들의 정형화된 시각, 인간 사회에 대한 선입견에 이의를 제기했다. 그렇게 해서 그의 사상은 구질서에 대한 의문이라는 반응을 이끌어냈다. 그는 항의하는 자였다.

따라서 그가 살았던 시기가 중요하지만 안타깝게도 그가 몇 세기 사람인지조차 확실치 않다. 전승에 따르면, 그는 서력으로 기원전 486년쯤 세상을 떠났다고 한다. 하지만 요즘은 이 시기를 기원전 4세기로 늦춰 잡아야 한다는 주장이 점점 힘을 얻고 있다. 그렇다면 부처는 알렉산드로스 대왕과 거의 같은 시기의 인물이 된다.

논란의 핵심이 되는 것은 갠지스평원에 존재하던 인간 사회의 본질에 관한 불교 문헌의 묘사다. 모든 불교 문헌은 부처가 살았던 시기보다 훨씬 나중에 집필된 것인데, 도시적인 환경을 배경으로 삼고 있다. 촌락이 아니라 도시에서, 특히 상인계급이 신뢰와 '정업(正業)'에 관한 그의 가르침에 호감을 보였다는 것이다. 부처는 여행을 할 때 분주한 도시들을 방문한 것으로 묘사되어 있다. 그런데 5세기라면 그런 도시가 실제로 존재했다 해도, 생긴 지 얼마 안 된 곳이 많았을 것이다.

당혹스러운 점을 한 가지 더 꼽자면, 부처가 죽고 2세기가 넘도록 사람들이 불교에 관해 한마디도 하지 않다가 기원전 270년경 아소카 황제가 즉위한 뒤에야 사정이 달라졌다는 것이다. 황제가 불교를 일종의 '공식적인' 이데올로기로 세우기 전까지 불교는 그저 그런 사이비종교에 불과했던 걸까? 많은 학자가 기원전 4세기를 주장하는 이유가 바로 이것이다. 하지만 불교가 황제의 선택을 받기 전에는 소규모 종교에 불과했을 가능성도 물론 있다. 콘스탄티누스 황제가 기독교를 채택한 것과 조금 비슷하다고 할 수 있다.

한편 도시의 존재에 대해서는, 거대한 방벽을 둘러친 카우삼비처럼 이미 발굴된 도시 중 일부가 6세기 전에 이미 생겨났음이 분명하다. 그러니 전통적으로 주장되던 연대를 지지할 여지도 아주 많은 셈이다. 4세기부터 6세기까지 스리랑카에서 작성된 팔리 연대기가 중요한 증거다. 이 연대기는 아소카 황제보다 두 세대 앞서는 찬드라굽타 마우리아(기원전 320~기원전 293) 황제까지 거슬러 올라가는 역사 자료를 바탕으로 하고 있다. 그런데 여기에 기록된 사실이 전통적으로 주장되던 연대와 정확하게 겹쳐진다. 따라서 80세라는 부처의 수명이 왠지 수상쩍게 보일 만큼 너무 똑떨어지는 숫자

⇧ 오늘날 우타르프라데시의 자그마한 마을인 상카시아에서 부처는 세상을 떠난 어머니를 만나러 하늘나라에 갔다가
돌아왔다고 한다. 사진은 이 전설을 묘사한 그림. 나중에 아소카 황제도 이 이야기를 받아들였다.

이긴 해도—그가 정말로 45년 동안 시골인 비하르와 인도 북부를 방랑했을
까?—, 그가 기원전 5세기에 세상을 떠났다는 주장에는 여전히 가능성이 있
다. 심지어는 그의 사망 시기를 기원전 485년 또는 486년으로 콕 집어서 주장
하는 것도 가능하다.

깨달음으로 가는 길

이렇게 가족을 떠난 싯다르타 왕자는 자신의 몸을 괴롭히며 고행자의 삶을
살았다. 지금도 거리에서 그런 사람들을 만날 수 있다. 요즘은 심지어 휴대
전화를 가지고 다니는 고행자도 있다. 이들은 해마다 한자리에 모여 멜라(축

제)를 열고, 단식을 하고, 금욕을 실천하고, 허공에 한 팔을 쳐들거나 한쪽 다리로 서고, 침묵의 서약을 준수한다. 이들이 이렇게 하는 목적은 젊은 부처가 바랐던 것처럼 인간 존재의 굴레를 벗어버리는 것이다. 나중에 부처의 말로 기록된 냉소적인 구절은 정말로 삶을 있는 그대로 표현하고 있다. 이 말은 부처 특유의, 생생하고 자기비하적이고 무뚝뚝할 정도로 현실적인 말투로 전달된다.

"내 다리는 막대기처럼 가늘고, 엉덩이는 소의 발굽처럼 우툴두툴하고, 갈비뼈는 무너진 창고 같다. 이런 몸은 내게 아무런 소용이 없다!"

이렇게 해서 그는 마침내 부다가야에 왔다. 이곳은 모래가 쌓여 있는 널찍한 팔구강가에 자리한 나지막한 쌍둥이 산 위에 서 있다. 이곳은 고고학자들이 전통적으로 전해 내려온 이야기들을 뒷받침하는 구체적인 증거를 찾아낸 곳이기도 하다. 고고학자는 여기서 금석병용 시대(기원전 3000년대~기원전 2000년대)부터 기원후 12세기까지 이어진 거주지의 흔적을 찾아냈다. 이곳에서 대단히 오랫동안 토착 문화가 번성했던 셈이다. 따라서 학자들은 부처가 등장했을 때 이곳 상황이 어땠는지를 후대에 작성된 전승과는 관계없이 정확하게 볼 수 있는 드문 기회를 얻었다.

지금 이곳은 담으로 둘러싸인 마하보디 사원 외곽의 길을 따라 자리 잡은, 꾀죄죄한 벌판에 불과하다. 무려 3,000년 전까지 거슬러 올라가는 유적의 기초들이 무관심 속에서 지저분하게 흩어져 있다. 만약 전승이 사실이라면 부처는 세속적인 삶을 포기한 사람, 자이나교도와 브라만, 긴 머리의 불 숭배자 등이 이미 자주 찾던 곳에서 깨달음을 얻었다. 이들의 문화는 아리아인의 베다교가 등장하기 훨씬 전으로 거슬러 올라간다. 부처는 이곳에서 변화의 순간을 겪었다. 그날 밤 고행자들의 구도방법에 절망한 그는 보리수 아래에 앉아 깨달음을 얻을 때까지 그 자리를 떠나지 않기로 결심했다.

⇧ 부다가야의 보리수는 부처가 깨달음을 얻을 때 앉아 있던 나무의 후손으로 알려져 있다. 부처가 깨달음을 얻은 이야기는 고대 인도 설화에 뿌리를 둔 것이다. 거룩한 사람이 인도보리수 밑에 가부좌를 틀고 앉은 모습은 인더스계곡에서 발굴된 인장에도 새겨져 있다.

우리는 역사 속에 등장하는 전사처럼 행동과 영웅에게 익숙하다. 행동과 영웅이란 대개 좋은 목적이든 나쁜 목적이든 폭력을 행사하는 사람을 뜻한다. 우리는 이런 역사를 학교에서 아이들에게 가르친다. 그런 영웅들이 바로 역사를 만든 사람들이다. 하지만 이곳에서 영웅은 나무 밑에 앉아 그냥 생각만 했다. 그렇게 밤을 지새우면서 그는 한 가지 생각을 떠올렸다. 자기인식의 기법이었다. 이 생각이 어찌나 강렬했는지, 세월이 흐른 뒤 전쟁이나 폭력이나 강요가 아니라 호기심과 대화와 지식에 대한 갈증을 통해 전 세계로 퍼져나가 세상의 절반을 바꿔놓았다.

이 생각의 핵심적인 부분은 맥이 풀릴 정도로 간단하다. 인간은 원래 고통을 겪을 수밖에 없는 조건을 타고났다. 고통은 인간의 자아·욕망·집념·애착·탐욕 때문에 생긴다. 인류는 모든 불행, 불안, 공격성의 뿌리인 애착을 없애야만 고요함을 찾을 수 있다. 자유를 얻으려면 신을 숭배하지 말고—신

외에 다른 것도 마찬가지다─, 완전히 자율적이고 연민을 느낄 줄 아는 인간이 되어야 한다. 이것이 바로 고귀한 진리다. 부처는 이런 진리에 이르는 길을 팔정도(八正道)라고 불렀다. 이것은 정업과 진리의 길이다.

부처의 깨달음을 더 자세히 설명하려면 훨씬 더 많은 지면이 필요할 것이다. 또한 내가 불교사상의 미묘한 특징에 관해 지금보다 더 많이 알고 있어야 한다. 하지만 부처의 팔성도에 대한 설명에 한 가지 생각을 덧붙일 수는 있다. 부처의 논리대로라면, 신에 대한 믿음도 인간의 욕망과 집착이며 자아의 산물이므로 사람이 자율적이고 자유로운 존재가 되지 못하게 막는다는 점에서 고통의 또 다른 원인이라는 것. 이것은 역사에 맞선 반란이었다.

"작은 곳이 적합하다"

◯

가야에서 56킬로미터쯤 떨어진 비하르 북부의 초록색 밀밭에 금욕적인 갈색 바위산이 솟아 있다. 이곳은 아주 오랜 역사를 지닌 지방으로, 주위의 가난한 마을에서는 둥근 지붕을 인 오두막, 이엉처럼 엮어놓은 건초더미, 진흙 집 등을 볼 수 있다. 들판에는 갈비뼈가 드러날 만큼 마른 몸에 긴 뿔이 달린 소들이 있고, 관개수로 옆에는 해오라기가 늘어서 있으며, 우물에는 삐걱거리는 방아두레박이 있다. 부처도 이 모든 풍경을 직접 보았을 것이다. 봉건 지주와 가난한 농민의 모습과 함께.

도로는 산으로 올라가서 거대한 방벽을 지나 라지기르 경계선 안으로 들어간다. 방벽은 산세가 험한 벌거숭이 바위산을 따라 무려 77킬로미터나 뱀처럼 구불구불하게 뻗어 있다. 모르타르 같은 접합제 없이 순전히 돌만 쌓아서 만든 이 거대한 방벽은 사각형 탑들이 붙어 있으며, 부처의 시대에 도시 외곽의 방어선 역할을 했다. 성문 옆에는 화려하게 색칠한 칼리 사원이 가파른 능선에 자리 잡은 자연 연못 위에 서 있다. 연못에서는 여자들이 밝은 색 면직물을 빨아 바위 위에 널고 있다.

부처의 시대에 라지기르는 마가다 왕국의 수도였다. 마가다는 갠지스평원에서 널리 퍼져나가며 번성하던 여섯 개의 왕국 중 하나였다. 거대한 원형의 방벽을 보면 인구도 많았던 것 같다. 지금은 먼지가 풀풀 날리는 자그마한 시골 마을이다. 불교 순례에 나선 한국인·일본인·미얀마인—서구인들은 말할 것도 없다—들을 위한 숙박소가 몇 개 있을 뿐이다.

관광버스 정류장과 차이(인도식 차) 판매대가 있는 마을 중앙에 대나무 숲이 있다. 이 지역의 전승에 따르면, 부처의 후원자 중 최초의 중요 인물이었던 마가다 왕이 이 대나무 숲을 부처에게 선물로 주었다고 한다. 그 뒤로 역사의 흥망성쇠에도 불구하고, 이 숲은 라지기르 한가운데에서 훌쩍 자라, 분위기 있는 야생의 땅으로 남았다. 부처는 45년 동안 한 우기에서 다음 우기까지 갠지스평원을 갈지자로 가로지르며 설법을 하다가 휴식이 필요할 때면 이곳을 찾곤 했다.

중심가를 따라 내려가다보면 마을 외곽의 주차장이 나타난다. 음료수 판매대와 기념품 가게가 점점이 늘어선 이 주차장을 지나면 독수리 봉으로 올라가는 길의 초입이 나온다. 지금 이곳은 많은 순례자가 찾는 신성한 길이 되었다. 병자와 노인을 가마에 태워서 올라가는 사람도 있다. 산꼭대기에는 부처가 오랜 세월 동안 우기 때 머물렀던 동굴이 있다. 동굴 입구에는 기도 깃발들이 걸려 있다. 동굴 안으로 들어가려면 허리를 굽혀야 하지만, 동굴 안은 걸어서 돌아다닐 수 있을 만큼 널찍하다. 동굴 뒤쪽에 임시로 만든 사원에는 사람들이 바친 선물과 연기를 피워 올리는 향이 즐비하다.

바깥의 언덕 위에서 바라보면 둥글게 늘어선 산들이 장엄하게 펼쳐지고, 그 속에 라지기르가 아늑하게 자리 잡고 있다. 어스름에 태양이 산 뒤로 사라지고 군청색 하늘을 배경으로 기도 깃발들이 펄럭일 때면 독수리 봉은 마법의 장소가 된다. 불교 스승인 샨탐 세트가 내게 말한다.

"부처님은 이곳을 사랑하셨습니다. 여기서는 우리처럼 인간이신 부처님의 모습을 볼 수 있습니다. 오늘 같은 저녁에는 부처님의 숨결이 느껴집니다."

전해오는 이야기는 동화의 마법을 모두 갖추고 있다. 수백 년 동안 신화가 점점 자라나 지금의 모습이 된 것이다. 그중에서 실제 사건을 골라내려면, 부처가 세상을 떠난 뒤 여러 이야기가 모여 만들어진 전승을 살펴보아야 한다. 그 이야기에 따르면, 부처는 주로 갠지스평원을 떠돌아다녔으며, 우기에는 라지기르 같은 곳에서 휴식을 취했다고 한다.

부처는 45년 동안 걸어다니며 군주와 백성에게 설법을 펼쳤다. 삶의 종말과 관련해서 부처는 환생이라는 개념을 결코 버린 적이 없는 것 같다. 무슨 말을 하든 그는 환생을 통한 삶의 순환을 당연한 일로 받아들였다. 그의 목표는 여기서 벗어나는 것이었다. 그의 이러한 사상은 브라만의 믿음에 대한 공격이었으므로 그를 죽이려는 시도도 여러 번 있었지만, 세월이 흐르면서 그는 강력한 지지자를 얻었다. 상인과 지주는 물론 마가다 왕처럼 통치자도 있었다. 말년에 그는 네팔로 갔다. 타라이 평원에 있는 그의 고향 근처였다. 그의 여행은 쿠시나가르에서 끝났다. 이제 쿠시나가르는 고라크푸르로 이어진 주요 트럭 도로가 지나가는, 번화한 시골 소도시가 되었다.

"여긴 시시한 곳입니다. 정글 안에 박힌 외딴 곳이에요." 부처의 제자들이 말했다.

"어딘가 유명한 곳에 머무르면서 세상을 떠나시면 안 됩니까?"

"작은 곳이 적합하다." 부처는 이렇게 대답했다.

18세기에 영국인 탐험가들이 부처의 삶에서 망각 속으로 사라진 이정표를 찾으려고 이곳에 왔을 때, 이곳은 이미 오래전에 잊힌 곳이었다. 어지럽게 뒤얽힌 덤불들이 폐허를 뒤덮고 있었다. 오래전 아소카 황제가 세운 사리탑(유품을 넣어둔 둥근 지붕의 탑)은 벽돌을 구하려는 주민에게 약탈당한 뒤 나무에 뒤덮여 있었다. 발굴에 나선 사람들이 정글을 베어내자 수도원 건물, 숙박소, 자그마한 사원의 잔해가 나타났다.

폐허가 된 사원 안에는 놀랍게도 실물보다 큰 불상이 남아 있었다. 파라니르바나, 즉 죽음의 순간에 몸을 기대고 누운 부처의 모습을 훌륭한 솜씨로 새긴 것으로, 굽타 시대(기원전 5세기)에 디나라는 위대한 예술가가 남긴 4.5미터 높이의 걸작이었다. 그 뒤로 디나의 작품이 여러 점 발견되었다. 사원은 그 뒤로 재건되었으며, 그 주위에는 조용한 정원이 만들어졌다. 일출 때 이사원보다 더 운치 있는 곳은 별로 없다. 해가 떠오를 무렵이면 미얀마 승려들이 독경을 하고, 촛불과 석유 등불은 부드러운 빛을 던지고, 순례자들은 마치

⇦ '연꽃 옥좌. 인도 평원에서 불교가 쇠퇴하던 12~13세기에 만들어진 작품. 히말라야 일대, 네팔, 티베트에서는 오늘날에도 이런 형상이 강력한 생명력을 유지하고 있다.

부처의 진짜 몸을 대하듯이 황금빛 비단을 두른 불상을 조용한 열정으로 감싼다.

우리는 차이 판매점, 인터넷 카페, 공중전화 부스가 있는 중앙로로 돌아온다. 그림 판매대에는 현대 인도의 상징들이 전시되어 있다. 부처, 비슈누, 락슈미 등의 커다란 그림에 코팅을 입힌 물건들이 네루 '판티트(선생이라는 뜻)', 민족주의자인 '네타지(존경하는 지도자라는 뜻)' 보세, 하층 카스트의 영웅인 B.R. 암베드카르의 초상과 나란히 전시되어 있다. 물론 발리우드 스타들의 사진도 있다. 미스 월드 출신인 아이시와르야는 영원한 욕망과 애정과 행운의 상징이자 살아 있는 여신처럼 전시되어 있다.

"오늘날 전 세계적으로 부처에 관심을 가진 사람이 엄청나게 많습니다." 내가 이 사원을 돌보는 미얀마 절의 주지에게 말한다.

"왜 그렇다고 생각하십니까?"

그가 미소를 짓는다. "그건 부처님의 말씀이 진리이기 때문입니다."

열반: 끝이자 새로운 시작

화장터는 시 바로 외곽에 있다. 강가에 있는 이 화장터 근처에는 잡목 숲과 하누만 사원이 있다. 자그마한 공동묘지도 있고, 옹기종기 모여 있는 초가 마을에서는 여자들이 낡은 맷돌로 사탕수수를 갈고 있다. 세월의 흔적이 역력한 적갈색 둥근 지붕을 인 사리탑은 구운 벽돌로 쌓은 것인데, 병풍처럼 늘어선 아쇼크 나무(근심을 없애주는 나무라는 뜻) 뒤의, 푸른 잔디밭에 서 있다.

부처 생애의 마지막 장면은 후대에 만들어진 모든 이야기에서 마치 우주적 사건처럼 이상화되었다. 하지만 현실 속의 부처는 나이가 많은데다가,

돼지고기를 먹고—대부분의 고대 인도인과 마찬가지로 부처 역시 채식주의
자가 아니었다—심한 설사에 시달리고 있었다. 그는 죽음이 임박했음을 깨
달았다. 그의 말 중에 실제로 그가 살았던 시기와 비슷한 때에 기록된 것은
없다. 그때는 문자가 없었기 때문이다. 부처의 말은 4세기 뒤에야 팔리어로
기록되었다. 하지만 스승을 잃는다는 생각에 참담해진 제자들이 계속 가르
침을 구하자 부처가 화를 내며 절박한 말투로 대답하는 말에는 정말로 현실
적인 느낌이 있다.

　　"산갑(공동체)은 어찌 된 거냐?" 부처는 제자들에게 자신의 가르침이 강
을 건너는 배나 뗏목 같은 것에 불과하다고 항상 말했다.

　　"일단 강을 건너고 나면 배를 들고 걸으려는 사람은 없다. 사람들은 물
가에 배를 그대로 둔 채 앞으로 나아간다."

　　생명이 점점 빠져나가는 가운데 그는 이렇게 말했다.

⇧ 부처가 쿠시나가르에서 죽음을 앞두고 마지막 설법을 하는 모습을 묘사한 티베트의 그림이다.

"나한테서 무엇을 바라느냐? 난 진리를 가르쳐주었다. 너희에게 아무것도 숨기지 않았다……. 이제 너희는 공동체다. 너희 스스로에게 등불이 되어라. 너희 스스로에게 피난처가 되어라. 다른 것을 구하려 하지 마라." 그리고 그는 마지막으로 이런 말을 남겼다.

"모든 것은 반드시 사라진다. 계속 노력하며 나아가라. 포기하지 마라."

지금 생각해보면 부처는 애당초 새로운 종교를 창시할 생각이 없었다. 사실 불교가 정말로 새로운 종교인지 의문을 품어볼 만도 하다. 기독교와 이슬람교의 신자가 생각하는 식의 종교가 아님은 분명하다. 부처는 자신이 신성하다고 주장하지도 않았다. 그는 추종자에게 절대로 자신을 신격화하지 말라고 단단히 일러두었다. 불교는 5세기의 사상가들이 갠지스평원에서 만들어낸 수많은 지역적 가르침 중 하나로 머무를 수도 있었다. 당시 그 사상가는 대부분 서로 아는 사이였으며, 오가다 만나서 함께 토론을 벌이기도 했다.

그중에는 인도 문명에 심대한 영향을 미쳤을 뿐만 아니라 지금도 인도 특유의 현상으로 살아남은 자이나교도도 포함되어 있었다.

오늘날 우리는 부처의 가르침이 워낙 장렬하고, 세계적으로 불교의 영향력이 워낙 크기 때문에 지금과 같은 모습으로 불교가 발전한 것은 필연적인 일이었다고 생각한다. 하지만 축의 시대에 등장한 다른 소수 종교들, 예를 들어 아지비카교처럼 불교도 그냥 사라져버릴 수도 있었다. 부처가 죽은 직후 그의 측근 추종자들이 라지기르에서 회의를 열고 부처의 가르침을 한자리에 모았음은 이미 알려져 있다.

하지만 그 가르침이 세상에 널리 퍼져나가기 시작한 것은 무려 200년이 흐른 뒤였다. 그때 인도 최초의 제국을 탄생시킨 강력한 왕조가 국지적인 일파에 불과하던 불교를 공식적인 이데올로기로 채택했다. 이렇게 해서 불교는 역사적인 사건과 부침을 같이하게 되었다. 그리고 그 촉매 역할을 한 것은, 역사 속에서 흔히 볼 수 있듯이, 바로 전쟁이었다.

알렉산드로스 대왕과 그리스인의 도래

기원전 500년으로 다시 돌아가서—어쩌면 이때 부처가 살아 있었는지도 모른다—, 페르시아의 다리우스 대왕이 인더스 지역을 침공해 이곳 주민들로부터 공물을 받았다. 대왕의 「비문」에는 간다라(파키스탄 페샤와르 일대) 지방 사람이 신민으로 포함되어 있으며, 페르세폴리스의 장엄한 궁전 벽에는 '힌두시'(인더스계곡)의 사신들이 인도 직물처럼 보이는 물건을 공물로 바치는 모습이 묘사되어 있다.

서쪽으로 세력을 넓히려던 페르시아는 기원전 480년에 그리스인에게 결정적인 패배를 당하면서 좌절을 맛보았다. 하지만 그리스인은 페르시아인이 그리스 신전을 더럽힌 것을 결코 잊지 않았다. 그래서 기원전 334년 알렉산드로스 대왕은 뒤늦은 복수와 정복을 위해 아시아를 침공했다. 알렉산드로스가 기원전 331년 10월에 페르시아 군대를 제압하고 페르시아 왕조를 멸망시켰을 때 이르빌의 먼지 폭풍 속에서 겁에 질려 우왕좌왕하던 군대에는 인도 병사와 코끼리도 포함되어 있었다.

4년 뒤에는 알렉산드로스의 마케도니아 군대가 인도 평원으로 물밀듯이 쏟아져 들어왔다. 기원전 327년에 마케도니아 군대는 카이베르고개를 넘고 인더스강을 건너 펀자브의 도시 탁실라를 점령했다. 그해 5월 우기가 찾아와 비가 내리는 가운데 알렉산드로스는 병사들을 재촉해 제훔강을 건너 펀자브의 작은 왕국을 상대로 무지막지한 승리를 거뒀다. 그리스인은 적국 왕의 이름이 포로스였다고 기록했다. 아마도 고대 아리아 일족인 푸루의 후손인 듯하다.

후대에 작성된 그리스의 기록들을 살펴보면 알렉산드로스의 군대가 인도의 기후·우기·동식물 등에 어떤 반응을 보였는지가 드러나 있다. 그리스의 식물학자와 철학자는 이 나라를 직접 보고 관찰한 결과를 기록으로 남겼다. 심지어 두 언어 사이의 관계—그리스어는 인도유럽어족의 동부 지파에 속하는데, 고대 이란어와 산스크리트어도 같은 지파다—도 기록으로 남겼다. 오랫동안 수많은 결실을 거둔 상호교류의 시작이었다.

알렉산드로스는 인도가 좁은 반도이며 동쪽 가장자리가 '대양'과 접해 있다고 믿고 기원전 327년 우기에 펀자브를 통과해 동쪽으로 이동했다. 그는 9월 초에 체나브강과 라비강을 건너 암리차르 외곽의 쾌적한 시골에 자리 잡은 베아스강에서 부대를 멈춰 세웠다. 이곳은 전략적으로 중요한 지점이었기 때문에 『리그 베다』 시대부터 영국 식민지 시대에 이르기까지 오랜 세월 동안 수많은 전투가 이곳에서 벌어졌다.

당시 그리스인이 앞길에 대해 어떤 정보를 갖고 있었는지는 분명하지 않다. 그러나 이들은 갠지스강을 따라 강력한 왕국들이 존재한다는 것을 알고 있었던 듯하다. 그래서 지휘관들끼리 토론을 벌인 결과 거기서 지친 부대를 되돌리기로 했다. 이들은 오늘날의 라호르 남쪽에서 여러 강을 따라가며 격심한 전투와 포위전을 벌였다. 그 때문에 하라파 주위의 고대 도시들이 약탈당했다.

하지만 그리스군도 전투와 질병 때문에 심한 피해를 입었다. 알렉산드로스 역시 부상 때문에 하마터면 죽을 뻔했다. 결국 그는 황무지인 마크란 사막을 통과해 인더스 델타 지역을 벗어났다. 그리스인이 아무리 좋게 포장하려 했어도 인도 원정은 용두사미로 끝난 것이 사실이다. 알렉산드로스는 인도를 점령하고 지구의 끝을 보겠다는 꿈을 품고 있었지만 다시는 인도 땅에 발을 들여놓지 않았다.

최초의 인도제국

◇

알렉산드로스가 이렇게 왔다 갔지만 인도는 정복되지 않았다. 서구 역사에서 이토록 찬란한 기록을 남긴 알렉산드로스이지만 고대 인도 기록에는 전혀 언급되지 않았다. 그럼에도 그리스와 인도의 접촉은 환상적인 결실을 낳았다. 특히 북서부의 문화와 정치에서 두 문화의 통합은 오랫동안 영향을 미쳤다. 세계의 문이 열린 것이다.

이라크와 인더스강 사이에서 알렉산드로스로 인해 시작된 정치 격변과 더불어 알렉산드로스의 원정은 인도에 최초의 제국이 탄생하는 데 촉매 역할을 했다. 제국을 이끈 사람은 인도 역사상 가장 위대한 지도자이자 조직자 중 한 사람인 찬드라굽타 마우리아였다. 마가다에서 출발해 라지기르 일대를 돌아다니던 젊은 모험가 찬드라굽타는 알렉산드로스를 만나 그의 권력·카리스마, 그가 휘두르는 폭력의 화려함에서 영감을 얻었다—이건 나중에 그리스인이 기록한 내용이다—. 그가 하잘것없는 신분에서 권력자의 자리로 올라선 이야기는 그리스의 기록에서 살아남았다. 신이 그에게 미리 징조를 보여주겠다는 대목까지 완벽하게 갖춰진 이야기였다.

마가다에서 난다 왕에게 쫓겨나 망명길에 오른 찬드라굽타는 펀자브에서 그리스군을 몰아내기 위한 반란을 이끌었으며, 연달아 전투를 벌인 끝에 마가다에서 왕을 몰아내고 권좌에 올랐다. 이 지독한 전쟁은 불교 전승에 '시신 80구의 춤', 교수대, 말뚝으로 몸을 꿰뚫는 형벌 등 어두운 기억을 남겼다. 찬드라굽타는 인더스강에서 갠지스강에 이르기까지 인도 북부 전역으로 세력을 넓혔다. 알렉산드로스의 뒤를 이어 헬라스 제국의 동부를 다스리던 셀레우코스 니카토르 왕은 대부대를 이끌고 인더스계곡에서 찬드라굽타와 싸웠지만 그를 이기지 못했다. 기원전 302년 찬드라굽타는 인도 최초의 대규모 국가, 즉 현대 인도의 첫 조상이라고 할 수 있는 국가를 다스리고 있었다.

조심성 많고, 의심 많고, 권위적인 찬드라굽타는 여성 전사—인도판 아마존—를 근위대로 삼았다. 그는 권력의 본질을 냉정하고도 명확하게 이해하고 있었으므로 첩자와 자객을 무자비하게 풀어서 나라 전체를 감시했다. 그의 통치 기간에 관한 증언이 담긴 자료 중 지금까지 살아남은 가장 중요한 문헌은 바로 저 유명한 『아르타샤스트라』다. 치국책(治國策)을 다룬 인도 최초의 위대한 문헌인 이 책은 찬드라굽타 정부의 교활한 재상 카우틸리아의 작품으로 알려져 있다. 찬드라굽타가 난다 왕에게 승리를 거둔 것도 카우틸리아의 작품이었다.

현재 남아 있는 『아르타샤스트라』는 나중에 많은 부분이 첨가된 판본이지만―후대의 황제들도 이 책을 유용하게 이용했다―, 카우틸리아가 저자라는 말은 사실일 가능성이 있다. 마키아벨리보다 훨씬 앞서 등장한 이 책은 인간의 본성과 약점에 대해 심리적으로 대단한 통찰력을 보여주기 때문에, 이 책을 접한 사람은 모두 깊은 인상을 받았다. 심지어 지금도 인도의 경영대학원과 군사분석가들이 이 책을 교과서로 이용하고 있을 정도다.

이 책의 핵심 주제는 왕국의 아르타(번영)다. 다시 말해, 번영을 이룩하는 법과 번영을 지속시키는 법을 다루고 있다. 카우틸리아는 첩자, 감시, 외교술을 국경 너머에까지 적용해서 권력을 유지할 것을 주장한다. '내 적의 적은 내 친구'라는 말도 『아르타샤스트라』에 나오는 수많은 금언 중 하나다.

국가는 도덕적인 집단이 아니라, 현실적인 타당성을 바탕으로 규정된 권력관계들이 모여 이룩한 시스템에 불과하다. 국가의 핵심에는 왕이 있는데, 왕의 바로 옆에 있는 이웃은 자연스레 그의 적이 된다. 그리고 이 적의 옆에 있는 이웃은 자연스레 왕의 친구가 된다.

카우틸리아는 왕이 권력을 유지할 수 있느냐 없느냐를 결정하는 것은 일곱 개의 힘의 기둥이라고 말한다. 일곱 개의 기둥이란 왕의 품성과 대신들의 품성, 왕이 다스리는 지방들과 수도의 재산, 왕의 금고, 군대, 성공적으로 동맹을 확보하는 외교력이다. 찬드라굽타는 이 일곱 가지 분야에서 그 어떤 통치자 못지않게 숙달된 솜씨를 보여주었다.

기원전 300년경에 찬드라굽타는 셀레우코스 니카토르와 외교적인 교류를 통해 권력을 공고히 했다. 이 협상으로 그는 전투용 코끼리 300마리―그리고 강력한 최음제도!―를 얻는 대신 인도의 '자연스러운 국경'에 관한 그리스의 주장에 동의해주었다. 인도의 국경 확정은 20세기에 인도를 다스린 영국인에 이르기까지 인도를 정복하려 했던 모든 제국주의자의 목표였

⇧ '찬드라굽타의 일생을 다룬 유명한 만화책인 「아마르 치트라 카타」 시리즈.

다. 마침내 그리스와 협정을 맺어 인도의 국경은 힌두쿠시, 아프가니스탄 산
악지대, 발루치 사막으로 결정되었다. 이 거래에는 찬드라굽타와 그리스 공
주의 결혼도 포함되어 있었다. 따라서 그의 손자이자 인도 역사상 가장 위대
한 통치자라고 할 수 있는 아소카에게 그리스인의 피가 섞여 있을 가능성이
있다. 어쩌면 그리스어도 조금 할 수 있었는지 모른다.

우리가 아는 한 최초의 유럽인이 인도의 핵심부에 들어간 것도 이 협상 덕분이었다. 기원전 302년경 메가스테네스 대사가 이끄는 그리스 사절단이 갠지스평원을 찾았다. 메가스테네스는 인도에서 겪은 일에 관해 책을 썼지만 지금은 전해지지 않는다. 그러나 다른 저자들이 이 책의 일부를 인용한 문헌은 아직 남아 있다. 이 책은 외국인이 인도를 묘사한 최초의 자료이며, 인도의 사회 구조·관습·카스트제도·왕권에 관한 기록 중 시기를 추정할 수 있는 최초의 문헌이다. 이 책에 수록된 일화들은 고대 인도를 들여다볼 수 있는 매혹적인 창문 역할을 한다.

바빌론을 출발한 그리스 사절단은 오랜 여행 끝에 카이베르고개를 넘어 탁실라에서부터 펀자브를 가로지르는 옛 대로(그랜드트렁크로드의 조상)를 따라 이동했다. 도중에 이들은 베아스강에 마련된 알렉산드로스의 제단을 지났다. 그리스의 플루타르코스는 찬드라굽타가 나중에 알렉산드로스를 기리는 뜻에서 이곳에서 기도의식인 푸자를 올리곤 했다고 말한다.

그리스 사절단은 배를 타고 줌나강과 갠지스강을 내려가면서 카우삼비와 바라나시를 지나갔다. 후대의 모든 여행자와 마찬가지로 이들 역시 인도 시골의 비옥함과 아름다움에 대해 한마디씩 했을 것이다. 메가스테네스의 책에서 지금까지 전해져오는 구절들을 보면 알렉산드로스가 일찍이 변두리밖에 보지 못한 상태에서 폭력적으로 치고 들어갔던 낯선 세계로 그리스인이 놀란 표정을 지으며 발을 들여놓는 모습이 생생하게 묘사되어 있다. 그리스 사절단은 배를 타고 갠지스강을 내려가면서 "모든 인도인이 숭배하는 인도 최대의 강"을 직접 보았다. "이 강의 폭은 100스타디움(원래 올림피아 경기장 길이를 기준으로 한 거리 단위. 1스타디움은 약 185미터)이지만, 때로는 건너편 강둑이 보이지 않을 만큼 넓어지기도 한다."

찬드라굽타의 수도인 파탈리푸트라가 마침내 그리스 사절단의 시야에 들어왔다. 오늘날 비하르에 있는 파트나가 바로 이곳이다. 인구 150만 명의 이 번잡한 도시는 요즘의 관광책자에는 거의 언급되지 않지만 인도 역사에서 가장 중요하고 흥미로운 곳 중 하나다. 기원전 6세기에 세워진 이 도시는 기원후 4세기의 굽타 시대까지 인도 북부에서 가장 중요한 도시였으며, 그 뒤로 무굴제국을 거쳐 동인도회사와 독립운동 시기에도 마찬가지였다. 이 도시는 파란만장한 인도 역사를 목격한 산증인이다.

파트나: 인도 최초의 제국 도시

우리는 동틀 무렵에 콜렉터스 가트에서 파트나의 뱃사공이 젓는 배를 타고 출발한다. 강 상류의 부두인 콜렉터스 가트에는 영국인이 18세기부터 짓기 시작한 사무실 건물·별장·아편 창고 등이 있다. 오래전 그리스 사절단이 그랬던 것처럼 배를 타고 천천히 하류로 떠가면서 우리는 이른 아침부터 강에 나와 수영하는 사람들 옆을 지나쳐 떠오르는 태양을 향해 곧장 나아간다. 도시 옆을 흐르는 갠지스강이 거의 정동쪽을 향하고 있기 때문이다.

강에서 바라본 파트나는 여전히 나지막하고, 숲과 정원과 야자수가 여기저기 보인다. 강가에는 화려한 색이 칠해진 사원이 점점이 흩어져 있다. 힌두교 사원도 있고 이슬람교 사원도 있다. 중세에 파트나는 이슬람교의 중심지로 유명해졌으며, 지금도 수피즘 성인의 중요한 다르가(무덤)가 10여 개나 있다. 이 무덤들을 덮고 있는 양파 모양의 하얀 지붕이 강가에 점점이 보인다.

배는 곧 거대한 궁전 유적, 중세 무굴 제국의 요새, 수면을 향해 기울어진 고루(鼓樓), 무자비한 강물의 흐름 때문에 원래 자리에서 밀려난 거대한 성벽, 초콜릿색의 두꺼운 진흙으로 뒤덮여 허물어져가는 보루를 지난다. 해가 도시 위로 점점 떠오르자 마치 우리가 인도의 로마를 지나 천천히 떠가는 것 같은 기분이 든다.

강바닥의 퇴적물 때문에 수로는 점점 옛 성벽에서 멀어지고, 배는 수면 위로 약 6미터 지점에 넓게 펼쳐진 하얀 모래밭과 나란히 떠간다. 도시와 강물 사이의 강변에는 벽돌 가마의 굴뚝들이 탑처럼 우뚝 서 있다. 개중에는 새벽 공기 속으로 길게 연기를 내뿜는 것도 있다. 이 풍경 전체가 디스토피아 소설 같은 느낌을 풍기기 시작한다.

부두에는 나무로 만든 커다란 모래 바지선 세 척이 있는데, 선미의 거대한 방향타는 골격만 남았고 삼각돛은 거대하다. 여기저기 찢어지고 기운 자국이 있는 회색 돛이 적막한 공기 속에 힘없이 늘어져 있다. 그 옆에서 여자들이 불을 피워놓고 요리를 하고 있다. 밝은 사리를 입은 채 강에서 몸을 씻

⇧ 파트나의 여명. 배를 타고 갠지스강을 따라 내려가다보면 요새, 궁전, 사원 등의 폐허가 파노라마처럼 펼쳐지는 장관을 볼 수 있다.

으며 웃고 있는 여자도 있다. 우리는 낭창낭창 휘어지는 긴 대나무 막대에 깃
발이 매달려 펄럭이는 곳으로 들어가 배를 세우고 재빨리 강둑으로 올라가
사방으로 가지를 뻗은 나무 밑의 사원들을 지나간다. 시바의 사원과 원숭이
신인 하누만의 사원이다.

강둑에서부터 굴뚝들이 탑처럼 솟아 있는 벽돌 가마 구역을 지나 중세
에 선창이었던 곳까지는 약 100미터 거리다. 옛 선창은 빨간 벽돌로 지은 저
택과 낡은 사원이 줄지어 늘어선 가파른 언덕 위에 왕관처럼 올라앉아 있다.
옛날에 배를 대던 곳은 이제 고도가 높아져서 다 말라버렸고, 그 위에는 아름
다운 수피 사원이 서 있다. 예전에는 이곳에서 강의 아름다운 풍경을 내려다
볼 수 있었을 것이다. 우리는 인도 역사에서 거의 10세기 동안 커다란 역할
을 했으며, 델리 다음으로 큰 제국도시이기도 했던 이 도시 동쪽 끝의 옛 무
굴 타운과 영국 타운으로 들어간다.

불교 전승에 따르면, 파트나가 무역과 인구의 중심지 중 가장 위대한 곳
이 될 거라고 부처가 예언했다고 한다. 기원전 1세기에 『유가푸라나』의 저자
는 고대 인도에서 마우리아의 파트나야말로 도시생활의 결정체라고 보았다.
그는 이렇게 썼다.

"고귀한 현자 덕분에 갠지스강 남쪽의 가장 훌륭한 강둑에 사랑스러운
도시가 건립되어 사람과 꽃밭으로 가득 찰 것이다. 그 쾌적한 도시는 5,000년
동안 이어질 것이다."

찬드라굽타 마우리아의 수도는 갠지스강과 에라노보아스강—
Erranoboas는 손강의 고대 산스크리트어 이름으로 '황금 무장'이라는 뜻인
Hiranyabahu에서 유래했다—이 만나는 곳에 있다고 그리스인은 기록했다.
이 도시는 갠지스강을 따라 거의 16킬로미터나 뻗어 있었으며, 폭은 약 2.4킬
로미터, 둘레는 35킬로미터였다. 메가스테네스에 따르면, 이 도시에는 64개

⇧ 1825년경 파트나의 거리. 당시 이 도시는 중세에 세워진 방책을 울타리 삼아 고대에 비해 3분의 1 크기로 줄어들어 있었다. 그래도 영국인 측량사 프랜시스 뷰캐넌은 이 도시의 인구를 30만 명으로 추측했다.

의 문과 570개의 탑이 있었다. 이 숫자를 그대로 믿기가 어렵지만, 영국 식민지 시절인 1세기 전에 발견된 탑의 기단과 방책의 잔해를 보면 그의 이야기가 맞는 것 같다.

계절에 따른 강의 범람을 감안해서 방책은 주로 나무로 만들었으며, 강변을 따라 기둥을 박아 만든 거대한 울타리의 일부를 이루고 있다. 이 울타리는 갠지스강의 범람에 맞서 도시를 더욱 단단히 보호하기 위해 세운 것이다. 주요 성문은 바닥을 목재로 깐 널찍한 보행로를 따라 누벽을 통과하게 되어 있었으며, 손강에서 끌어온 물을 채운 외곽 도랑 위에는 다리가 놓였다. 폭이 182미터나 되는 손강은 그물처럼 얽혀있는 작은 운하에 물을 공급해주었다. 시내에는 구운 벽돌로 지은 거대한 건물들이 있었다. 돌과 나무로 기둥을 세우고, 회벽에 장식을 한 건물이었다.

"나는 동방의 훌륭한 도시를 보았다. 수사와 엑바타나에서 페르시아 궁전도 보았다. 하지만 이곳이야말로 세계 최고의 도시다." 메가스테네스는 이렇게 썼다.

멀리서 보면 정원, 나무, 관상용 숲, 공원, 동물원 등이 있는 도시 풍경이 거대한 놀이공원 같은 인상을 주었을지도 모른다. 쿠빌라이 칸의 마법세계인 재너두나 당나라 시인들이 찬양했던 시안(西安)의 모란과 벚꽃 정원처럼 말이다. 다시 말해서 이 아시아 도시가 왕족의 의식을 위한 공간으로 보일 수도 있다는 뜻이다. 오늘날의 번잡한 프롤레타리아 도시와는 거리가 먼 모습이다. 하지만 이 도시를 좀 더 자세히 들여다본 그리스인은―인도 관리는 이도시에 관해 그들에게 도무지 이해할 수 없는 이야기들을 잔뜩 들려주었다. 그중에는 외국인들에게 자랑하려고 일부러 부풀린 이야기도 틀림없이 섞여있었을 것이다― 파탈리푸트라가 사실은 거대한 군사기지임을 재빨리 알아차렸다.

남쪽 성벽 밖에는 나중에 영국군이 설치했던 것과 같은 종류의 거대한 숙영지가 있었다. 왕의 군대를 위한 반영구적인 병영이 있었다는 얘기다. 인도 관리들이 그리스 사절단에게 들려준 이야기에 따르면, 이곳에 4만 명이나되는 병사가 있다고 했다. 인도 관리는 인도의 병력 규모가 병사 40만 명에전투용 코끼리 3,000마리라고 주장했다.

왕의 거처인 궁전은 남쪽에 있는 커다란 직사각형 땅 위에 서 있었다. 그리고 궁전 주위에는 별도의 해자와 방어설비가 설치되었다. 이 궁전에서 찬드라굽타는 국사를 살피며, 혹시 반역하는 자가 없는지 항상 경계를 늦추지 않았다. 메가스테네스는 그가 "오로지 그에게만 충성하는" 여성 근위대에게 둘러싸여 "결코 낮에는 자는 법이 없었다"고 썼다. 하지만 "밤에도 그의목숨을 노리는 음모를 무위로 돌리기 위해 수시로 잠자리를 바꿔야 했다."

고대 인도 사회의 초상

○

후대 역사가의 저작에 인용된 일부 구절만 보더라도, 그리스인이 인도에서 받은 첫인상은 다른 역사 문헌—이를테면 코르테스가 멕시코에서 보낸 「편지」 같은 것—에 묘사된, 다른 세상과 처음 조우했을 때의 느낌과 비슷했음을 알 수 있다.

"인도에는 118개의 나라가 있다." 메가스테네스가 쓴 이 문장에는 놀라움이 담겨 있다. 그에게 이 정보를 알려준 사람들이 마우리아가 다스리는 작은 왕국들만 언급했는데도 이 정도였을 가능성이 높다. 그리스인이 이 나라의 규모와 이국적인 모습에 압도당한 것도 무리가 아니다. 그래서 때로 이들은 문자 그대로 거짓말 같은 동화 속 세상에 들어온 기분이 되기도 했다.

이들은 인도의 기후와 관습은 물론 심지어 인도인의 얼굴 특징에 대해서도 묘사했다. 코끼리 사냥과 호랑이, 목화와 벵골보리수에 관해 길게 여담을 늘어놓기도 했다. 그리스인은 인도인이 지중해 사람과 달리 식사를 사회적 의식으로 만들지 않은 것을 탐탁지 않게 생각했다. 지중해 지역에서 공동 식사는 예나 지금이나 종교적인 의식을 겸하고 있다. 메가스테네스는 이렇게 썼다.

"인도인은 하루 중 아무 때나 음식을 먹으며, 원한다면 심지어 혼자 먹기도 한다."

현대에 인도를 찾는 모든 사람과 마찬가지로 메가스테네스도 인도인이 '장신구를 사랑한다'는 것, 특히 황금과 보석 장신구를 사랑한다는 사실에 주목했다. 인도인은 또한 '밝은 색 면직물 옷'도 좋아했는데 그 색은 "그 무엇보다 밝았다." 메가스테네스는 "그들은 아름다움을 워낙 귀하게 여기기 때문에 외모를 아름답게 꾸미기 위해 최선을 다한다"고 덧붙였다. 하지만 그리스인이 특히 주목한 문화적인 특징은 인도인이 "무엇보다도 지혜가 우월함"을 인정한다는 점, 일상생활에서 소박함과 검소함과 '예의'와 '자기절제'를 강조한다는 점이었다. 하지만 이보다 더 놀라운 점이 있었다.

"일찍이 그 어떤 인도인도 침략전쟁을 위해 나라 밖으로 나간 적이 없다. 이들은 정의를 존중하기 때문이다."

그리스인은 문자를 사용했기 때문에 "모든 것이 기억으로 조절되는" 암기 위주의 사회인 인도에서 "문자가 보이지 않는다"는 점에 깜짝 놀랐다. 이처럼 문자가 사용되지 않았다는 점을 감안하면, 메가스테네스의 기록 중 찬드라굽타가 그토록 광대한 제국을 조직적으로 관리했다고 언급한 대목이 무엇보다 놀랍다. 공공사업·도로·물가·시장·항구 등을 감독하는 정부 부처와 군사·운송·해상 수송을 공동 관리하는 체제, 그리고 기억과 관습에 의해 유지되는 인도의 사회 질서에 관해 메가스테네스는 대단히 매혹적인 기록을 남겼다. 그의 저작은 사라졌지만, 그 저작 중에서 지금까지 살아남은 부분은 카스트 제도에 대해 이방인이 쓴 최초의 기록이다.

> 인도 국민은 일곱 개의 카스트로 나뉘어 있다. 첫 번째 카스트는 철학자들[브라만]로 구성되어 있다. 이들은 수적인 면에서 열세이지만, 위엄 면에서는 누구보다 두드러진다. 이들은 공적인 의무를 면제받지만, 대신 사람들의 부탁을 받고 삶과 죽음에 관련된 필수적인 의식을 수행한다. 이들이 신들에게 가장 많은 사랑을 받고 있으며, 영적인 세계와 관련된 문제에 가장 정통하다고 여겨지기 때문이다. 이들은 이런 의식을 수행하는 대가로 귀한 선물을 받고 특권을 누린다.

지리학자 스트라본의 기록에 따르면 메가스테네스는 다른 문헌에서 디오니소스—시바?—를 숭배하며 산속에 사는 브라만과 헤라클레스—크리슈나?—를 숭배하며 평원, 특히 마투라 일대에 사는 브라만에 대해 이야기했다. 그는 또한 매년 엄청난 규모로 열리는 모임에 관해서도 매혹적인 기록을 남겼으나 이 부분은 지금까지 그다지 주목받지 못했다. 이 모임은 해마다 1월 인도 북부에서 열렸으며, "모든 철학자[브라만과 성직자]가 왕의 성문 앞에 함께 모여" 의식을 거행하면서 시민법과 종교법의 이슈를 해결했다. 이 모임이 열릴 때면 왕이 대규모 하사품을 백성에게 내리곤 했는데, 중국인 승려였던 현장은 640년에 작성한 기록에서 이 모임이 오늘날의 알라하바드인 프라야그에서 "고대부터 죽 이어져왔다"고 썼다. 알라하바드에서는 지금도 매년 대규모 멜라가 열리고 있으며, 12년마다 지상 최대의 모임인 쿰브멜라가 열린다.

또한 메가스테네스는 인도 사회의 다른 계급에 대해서도 설명했다. 그는 인구의 대다수를 차지하는 농민에 대해 "토지세를 내고 수확량의 4분의 1을 바친다"고 썼다. 이 밖에 소치는 사람과 양치기·사냥꾼·덫 사냥꾼과 새잡이·장인(匠人)·수공업자·목공과 금속 기술자에 대해서도 언급했다. 메가스테네스의 기록에서 다섯 번째 카스트는 군인—크샤트리아—이었다. 수가 많은 이들은 평화 시에는 한가로운 삶을 즐기며, "전쟁에 대비해서 잘 정돈된 편제와 장비를 갖췄다. 코끼리와 전마(戰馬)도 아주 많았다."

메가스테네스는 또한 조선공을 갖춘 왕의 함대가 있었는데, 이 부대를 이끄는 '제1 제독'은 평화 시에 상업적인 목적으로 배를 출항시키곤 했다고 썼다. 고대 인도의 문헌에는 보통 카스트가 네 개의 집단으로 분류되어 있지만, 메가스테네스는 공무원—에포로스—을 별도의 집단으로 보았다. "이들의 임무는 인도에서 일어나는 모든 일을 조사해서 왕의 조정이나 행정장관에게 보고하는 것이다."

　메가스테네스는 일곱 번째 카스트도 언급했는데, 수적으로 가장 적은 이 카스트는 평의회 의원, 행정가, 지사·판사·군대 지휘관·수석 행정장관 등으로 구성되어 있었다. 메가스테네스는 카스트 규정에 대한 설명으로 글을 끝맺었다.

　"자신과 다른 카스트의 사람과 결혼하거나, 자신이 타고나지 않은 직업에 종사하는 것은 결코 허락되지 않는다. 병사는 농민이 될 수 없고, 장인은 철학자[브라만]가 될 수 없다."

　메가스테네스의 기록은 인도 사회와 카스트제도에 대해 이방인이 작성한 최초의 문헌이다. 그가 고대 문헌에 나오는 네 개의 기본 카스트(브라만·전사·상인·농민)를 일곱 개로 확장시켰다는 점이 흥미롭다. 사실 인도 남부의 브라만이 남긴 기록에는 카스트가 일곱 개로 되어 있다. 물론 그때도 지금과 마찬가지로 이 일곱 개의 카스트 외에 수천 개의 하위 카스트가 존재했을 것이다. 어쨌든 메가스테네스의 설명은 기본적으로 『아르타샤스트라』에 나와 있는 정보를 뒷받침한다. 최초의 『아르타샤스트라』는 찬드라굽타 시대에 만들어진 것으로 짐작된다.

　또 메가스테네스는 석기시대부터 이곳에 살았음이 분명한 토착 부족이 여러 지역에 흩어져 살고 있다고 말했다. 마우리아의 백성도 이들과 접촉한 적이 있는데, 개중에는 갠지스강의 발원지 근처인 히말라야 산속에서 사는 '야생의 인간'도 있었다. 오늘날에도 그런 부족이 많이 남아 있다. 메가스테네스가 외국인이었기 때문에 접촉하지 못했을 가능성이 있는 사람으로는 찬달라(불가촉천민)가 있다. 『아르타샤스트라』에는 이들이 언급되어 있다. 도시 외곽에 살던 이 사람들은 오염된 자로 여겨졌기 때문에 예를 들어 다른 카스트 사람이 쓰는 우물을 사용하는 것조차 금지되었다.

어떻게 이런 식의 차별이 시작되었는지는 지금도 논쟁의 대상이지만, 수천 년이 흘러 인도가 민주헌법을 제정하고 1980년대 이래로 불가촉천민이라는 계급을 없애기 위한 법률을 만들었는데도 이들에 대한 차별은 여전히 강력한 힘을 발휘하고 있다.

전체적으로 봤을 때 카스트 규정은 메가스테네스의 묘사만큼 엄격하지 않았다. 중세시대의 이슬람교도와 그보다 후대의 영국인 역시 카스트 내부에서 발생할 수 있는 분화와 여러 카스트 사이의 신분이동 가능성에 대해 메가스테네스 못지않게 잘못된 인식을 갖게 되었다. 그러나 카스트 제도의 핵심 원칙은 지금도 영향력을 발휘하고 있다. 인도의 일요일자 신문에 실리는 결혼 칼럼들이 좋은 예다.

⇧ '2001년의 쿰브멜라. 모든 축제 중 최고라 할 수 있는 이 축제가 지금의 형태를 갖춘 것은 영국 식민지 시절이었지만, 고대 그리스인이 묘사했던 '대규모 회의'가 이 축제의 전신이었을 가능성이 있다. 7세기에 중국인도 같은 장소에서 그런 회의를 보았다고 기록했다.

찬드라굽타의 전설

◯

찬드라굽타가 세운 도시의 흔적은 거의 남아 있지 않다. 하지만 이 도시의 북쪽 경계선 역할을 하던 갠지스강은 지금도 우기가 되면 폭이 8킬로미터나 될 만큼 불어나고, 도시가 있던 널찍한 땅도 그대로 남아 있다. 손강은 물길이 바뀌어서 지금은 상류로 32킬로미터 거슬러 올라간 지점에서 갠지스강과 만난다. 이곳이 역사적으로 매우 중요한 의미를 지니고 있는데도 발굴은 별로 이루어지지 않았다.

사실 겨우 1세기쯤 전에야 영국인 고고학자 로렌스 워델이 점점 부풀어 오르는 가슴을 억누르며 현대 도시의 기반 밑에 고대 파탈리푸트라의 유적이 남아 있다는 사실을 증명할 수 있었다. 발굴 결과 메가스테네스가 묘사했

⇧ 점성학적으로 144년 만에 가장 상서로운 순간을 맞아 신성한 강들의 합류점인 산감에서 목욕하기 위해 줄을 선 고행자들.

⇧ 2006년의 스라바나벨골라 축제. 전 세계에서 수백만 명의 자이나교도가 모여 거대한 바후발리 조각상의 머리에 대량의 코코넛밀크, 꿈꿈 가루, 사프란, 단사(丹砂)를 부었다.

던 나무 성벽도 고스란히 드러났다. 사라수(인도산 나왕의 일종) 줄기로 만들어진 이 성벽은 지금의 지면 아래 6미터 지점에서 발굴되었다. 메가스테네스가 묘사한 대규모 해자의 잔해도 그대로 남아 있었다. 이 해자는 손강의 옛 수로 중 하나였다. 이 수로의 폭은 180미터였으며, 어떤 지방에서는 이곳을 지금도 마하라지 칸다, 즉 '황제의 해자'라고 부르고 있었다.

찬드라굽타 자신과 관련해서는 구체적이고 놀라운 유적이 하나 살아남았다. 나무가 우거진, 시내의 아름다운 반도에 있는 카말다 자인 사원 내의 성소가 그것이다. 사원 옆에는 '연꽃 연못'이라는 아름다운 호수가 있는데, 지금도 어부들이 배를 타고 나가 철도에서 겨우 몇백 미터밖에 떨어지지 않은 수면에 그물을 던진다. 과수원이 늘어서 있는 호숫가는 점점 확장되어가는 도시 파트나에게 잠식당하고 있다. 하지만 아직은 그리스인의 묘사처럼 연못과 공원이 즐비한 도시 풍경을 상상하기가 어렵지 않다.

이 사원의 가장 큰 사당은 고대의 잔해들이 높게 쌓인 언덕 위에 있다. 금방이라도 부스러질 것 같은 벽돌 초석을 나무들이 둘러싼 모습이다. 계단을 오르면, 햇빛에 달궈진 단이 나타나고, 회칠한 그 단 꼭대기에 자그마한 성소가 있다. 관리인의 말에 따르면, 이 성소는 자이나교의 위대한 성인 티르탕카라 24명 중 한 명을 기리는 곳이 아니라 찬드라굽타 마우리아의 무니(구루)를 기리는 곳이다. 스툴라바드라라는 이름의 그 구루는 여기서 세상을 떠났다고 한다. 찬드라굽타의 제국도시에서 거의 잊히다시피 한 이 구석진 성소야말로 알렉산드로스 대왕 시대부터 지금까지 생생히 이어지는 전통과 진정한 유대감이 살아남은 곳인지도 모른다.

자이나교의 전승에는 찬드라굽타에 관한 많은 전설 중 가장 매혹적인 이야기가 포함되어 있다. 이 이야기에 따르면, 찬드라굽타는 선행과 정복으로 평생을 보낸 뒤 왕위에서 물러나 자이나교 승려가 되었다고 한다. 카말다 사원의 주지는 어느 황금빛 저녁에 파트나에서 호수가 굽어 보이는 곳에 앉아 내게 이야기를 들려주었다. 러시아워의 자동차 소음과 만원 통근 열차의 경적 소리가 멀리서 배경음처럼 들려왔다. 자이나교도가 지금도 간직하고 있는 이야기는 다음과 같다.

찬드라굽타가 재위 중 전성기를 누리고 있을 때 자이나교 스승이 그에게 권력의 한계에 대해 경고했다. 그러고 얼마 지나지 않아 무시무시한 기근이 일어나 수많은 사람이 목숨을 잃었다. 찬드라굽타는 호화롭게 치장한 코끼리, 광대한 궁전, 수를 헤아릴 수 없을 만큼 많은 근위대원을 지니고 있었으며 위풍당당하게 호랑이 사냥에 나서곤 했지만 기근 앞에서는 무력하기 짝이 없었다. 그가 금박으로 치장한 옥좌에 앉아 있는 동안 거리에서는 죽음의 냄새가 피어나고 탄식 소리가 점점 높아졌다. 결국 그는 자이나교 스승을 불러 구루로 삼았다.

찬드라굽타는 아들 빔비사라에게 왕위를 물려주고 넝마를 걸친 채 동냥 그릇만 들고 거리로 나서기로 했다. 그는 궁전의 시종과 가족에게 작별을 고하고 저 멀리 남쪽 데칸의 거친 바위산까지 이어지는 순례여행을 시작했다. 그는 자이나교의 가장 신성한 성지인 스라바나벨골라 동굴에서 금식을 하다 죽음을 맞았다.

스라바나벨골라는 지금도 중요한 순례여행지다. 2006년에 전 세계에서 온 수백만 명의 자이나교도가 이곳에 모여 12년마다 열리는 멜라를 벌이며 바후발리—찬드라굽타와 마찬가지로 왕위를 포기한 고대 자이나교 구루—의 거대한 조각상에 코코넛밀크, 꿈꿈 가루, 사프란, 단사(丹砂)를 몇 통씩 들이부었다. 바후발리는 자기 몸 주위에서 덩굴식물이 자라는데도 알몸으로 꼼짝도 않고 서서 명상에 빠진 모습이다. 그의 눈은 저 멀리 다른 세상을 바라보고 있다. 이 극적인 이미지를 통해 이 조각상은 인간 존재의 구속을 끊는 지식의 힘에 대한 고대 인도인의 믿음을 한눈에 보여준다.

이런 마술적인 풍경 사방에 온통 바위산이 흩어져 있다. 자이나교 고행자는 지금도 풍상에 깎인 바위에서 밥과 콩만으로 연명하며 구루들의 초상에 공물을 바친다. 위대한 찬드라굽타가 마지막 나날을 보낸 동굴을 가리키는 표지판이 한 바위산에 세워져 있다. 수백 년 동안 순례자들이 만진 탓에 동굴 입구가 매끈하다. 바닥에는 돌로 조각한 발 한 쌍이 반들반들하게 닳은 모습으로 놓여 있고, 여기저기 흩어진 쌀알과 히비스커스 꽃잎들이 따뜻한 바람에 들썩인다. 사나운 빛이 동굴 입구에서 마구 쏟아져 들어온다. 이곳이 바로 왕이 죽은 곳이다. 그의 몸은 뼈와 가죽만 남았지만, 그의 정신은 에메랄드빛 산 위를 떠다니고 있었다.

"찬드라굽타 마우리아는 이곳에 와서 모크샤[구원]를 얻었어요." 한 순례자가 말했다.

"찬드라굽타는 여기서 참회했죠. 참회할 때는 음식을 먹으면 안 돼요. 그래서 찬드라굽타가 죽은 거예요. 하지만 찬드라굽타는 모크샤를 얻었어요."

아소카와 이성의 지배

인도 역사상 최초의 정치 천재였던 찬드라굽타는 기원전 297년경에 세상을 떠났다. 그의 아들 빔비사라는 제국을 더욱 확장시켜 '적을 죽이는 자'라는 뜻의 이름값을 했다. 후대에 만들어진 타밀족의 전설 중에는 심지어 마우리아가 남쪽에 있는 촐라 왕국과 판디아 왕국을 공격했다는 이야기도 나온다. 빔비사라는 그리스와 외교적인 관계도 계속 유지했다. 전해지는 이야기에 따르면, 빔비사라가 무화과와 그리스 포도주, 그리스 수사학 교사를 사고 싶다고 시리아의 안티오쿠스에 부탁한 적이 있다고 한다. 안티오쿠스는 그에게 무화과와 포도주를 보내주면서 "안타깝게도 그리스 법에 교사 판매는 금지되어 있습니다"라는 메모를 함께 보냈다!

그런 빔비사라가 죽고 왕국은 한동안 권력투쟁을 겪었다. 그리고 기원전 268년 찬드라굽타의 손자인 아소카가 왕위에 올랐다. 아소카는 역사 속의 위인으로 그의 이야기는 서구의 아서 왕이나 카롤루스 대제의 이야기처럼 아시아 남부와 극동 전역에서 전설·민속극·교훈적인 설화 등의 형태로 계속 되풀이되고 있다.

전설에 따르면, 젊은 시절의 아소카는 볼품없고 매력 없는 외모에 피부도 형편없어서 아버지의 미움을 받았다고 한다. 하지만 그는 유능한 행정가였으므로 우자인의 총독이 되었다. 그곳에서 그는 비디샤 출신 상인의 아름다운 딸인 데비를 만나 사랑에 빠졌다. 두 사람은 자녀 둘을 두었지만, 두 사람이 결혼했다는 이야기는 어디에도 없다. 두 사람 사이의 두 아이, 즉 아들 마힌다와 딸 상가미타는 나중에 아소카가 실론으로 불교를 전파할 때 거기에 참여했다.

사실 실론의 불교도들은 데비도 불교도였다고 주장한다. 그들은 또한 데비가 부처의 가문 방계로서 비디샤로 이주했던 사키야 일족에 속한다고 주장한다. 부처와 데비의 관계에 관한 이런 이야기들이 허구인지 진실인지 지금으로서는 밝혀낼 길이 없다. 하지만 불교 전승은 아소카가 궁극적으로 불교를 받아들이는 데 데비가 커다란 영향을 미쳤다고 주장한다.

마침내 아소카가 즉위했을 때―이때 아소카는 아마 30대였을 것이다―데비는 파트나로 가지 않고 비디샤에 남았다. 어떤 사람은 신하들이 불교를 좋아하지 않았기 때문이라고 말한다. 하지만 그녀가 정식 아내가 아닌데다 사회적 지위가 낮았기 때문에 그냥 우자인에 머물렀을 가능성이 더 높다. 지

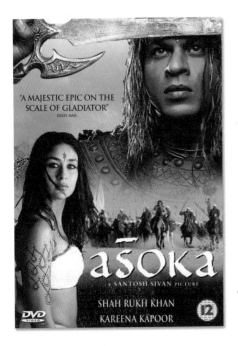

⇦ 20세기에 아소카의 업적이 재발견된 뒤 그를 주인공으로 한 소설·역사서·만화는 물론, 발리우드 영화까지 만들어졌다.

금까지 전해지는 이야기의 일부라도 진실이라면 그렇다는 말이다. 아소카는 왕이 된 뒤 여러 여자와 결혼했으며, 이들 중 신분이 높은 아산디미타가 왕비가 되었다.

선왕이 사망할 당시 아소카가 후계자로 정해져 있었던 것 같지는 않다. 선왕이 사망한 뒤 옥좌를 놓고 4년 동안 권력투쟁이 벌어졌다는 이야기도 전해진다. 후대의 전설 중에는 찬드라굽타의 구루였던 성인 아지비카가 빔비사라에게, 그의 아들 중 아소카가 가장 유능하다며 그가 위대한 왕이 될 거라고 예언했다는 이야기도 있다. 중국에서는 부처가 빔비사라의 꿈에 직접 나타나서 아소카가 왕이 되어 인도 전역을 통일할 거라고 예언했다는 이야기도 만들어졌다.

핵심적인 신하들 중 일부가 아소카를 빔비사라의 후계자로 지지했지만 그의 형제들은 반대했다. 후대의 전설에 따르면, 아소카는 형제들의 반란을 진압한 뒤 형제 99명을 죽이고 막내 한 명만 살려주었다고 한다. 이보다 덜 극적이지만 사실일 가능성은 더 높다고 할 수 있는 이야기에 따르면, 아소카가 이복형제 여섯 명을 사형에 처했다고 한다. 꾸며낸 이야기든 아니든, 후대에도 왕자들이 왕위를 놓고 서로 죽고 죽이는 투쟁을 벌였다는 점을 감안하면 이 이야기에는 확실히 개연성이 있다.

전설을 조금만 더 따라가보자. 불교도의 이야기에 따르면, 아소카는 즉위 초기에 쾌락을 추구하며 여러 해를 보냈기 때문에 카마소카라는 별명을 얻었다. 그의 이름을 살짝 변형시킨 이 별명은 대략 '욕망을 따르는 자'라는 뜻이었다. 심지어 '바람둥이 아소카'라고까지 해석할 수도 있었다. 이 쾌락의 시기 뒤에 찾아온 것은 지독한 폭력과 사악함의 시대였다. 그래서 사람들은 아소카를 '잔인한 자'라는 뜻의 칸다소카로 불렀다. 도덕적인 우화의 전형을 따르고 있는 이 불교도의 이야기는 아소카가 이 폭력의 시기를 거친 뒤에야 비로소 불교로 개종해서 경건한 생활을 하며 '정의로운 자', 즉 '신성한 법칙을 따르는 자'라는 뜻의 다마소카로 불리게 되었다고 전한다.

이런 이야기들이 후대의 불교도의 작품임에는 의심의 여지가 없다. 하지만 1~2세기에도 이미 비슷한 이야기들이 존재했다. 아소카의 잔인성에 관한 이야기는 오래 살아남아서 멀리까지 퍼져나갔다. 만약 이 이야기들이 일말의 진실도 없는 순수한 창작물이라면 참으로 놀라운 일이다. 젊었을 때 '심하게 사악'했던 아소카는 하렘의 여자 중 일부가 그에게 못생겼다고 말하자 이들을 사형에 처할 정도였다!

아소카왕에게 한 재상이 "위대한 왕이 되려면 잔인해야 하지만 왕이 직접 더러운 일을 하는 것은 꼴사나우므로 고문 담당관을 두어야 합니다"라고 조언했다는 이야기는 너무나 유명하다. 아소카는 이 조언에 따라 파트나의 감옥을 '지상의 지옥'으로 만들었다. 이곳에서는 고문 담당관이 악독하고 독창적인 고문기구들을 휘둘렀다.

지금도 계속 인구에 회자되고 있는 전설에 따르면, 이 끔찍한 일들이 일어난 곳은 파트나의 아감 우물이었다. 아소카는 이곳에 가서 직접 고문을 지켜보았으며, 자기만의 심문 방법을 만들어내기도 했다. 그런데 또 다른 이야기에 따르면 불교 승려가 이 '지옥'에서 고문을 당하면서도 꿈쩍도 하지 않는 것을 보고, 아소카가 거의 기적과도 같은 그 힘에 매혹당해 불교로 개종했다고 한다. 자이나교도 사이에 전해 내려오는 이야기에는 당연히 고문당한 사람이 자이나교 승려로 되어 있다.

이 모든 이야기 속에서 어떻게 역사적 사실을 가려낼 수 있을까? 역사가는 지독히 사악한 인물이던 아소카가 갑자기 착한 사람으로 변모했다는 이야기를 순전한 환상으로 본다. 알렉산드로스와 칭기즈칸에서부터 나폴레옹에 이르기까지 역사상 진정으로 위대한 통치자가 모두 그랬던 것처럼, 아소카도 세상을 떠난 뒤에 헤아릴 수 없이 많은 전설을 낳았다.

우리가 알 수 있는 것이라고는, 그의 아버지가 사망한 뒤 권력투쟁이 벌어졌을 가능성이 있으며 무굴제국의 일부 통치자가 그랬던 것처럼 아소카도 자신에게 반기를 든 형제 몇 명을 죽였을 가능성이 있다는 것뿐이다. 하지만 아소카가 즉위한 뒤 한동안은 과연 그가 어떤 통치자가 될지 전혀 짐작할 수 없었다. 그의 미래를 짐작할 수 있게 해준 것은 8년 뒤에 일어난 극적인 사건들이었다.

신생 제국이 모두 그렇듯이, 마우리아도 공격적이었다. 이 나라는 이웃 나라에게 공물을 요구했으며, 이 나라의 왕들은 호전적이어야 했다. 아소카의 할아버지와 아버지는 모두 정복자였다. 아소카도 즉위 초에는 이들의 발자취를 따라갔다.

　재위 8년째 되던 해에 그는 오늘날의 오리사 지역인 동쪽 해안의 칼링가 왕국—그리스 기록에 따르면, 아소카가 등장하기 한 세대 전만 해도 이 왕국은 보병 6만 명, 기병 1,000명, 코끼리 200마리를 동원할 수 있었다고 한다—을 공격했다. 시기는 대략 기원전 262~기원전 261년이었을 것이다. 우리가 이 이야기를 알게 된 것은 아소카 자신이 나중에 세운 석주에 자신의 「칙령」을 새긴 덕분이다. 하지만 그 지역에서 실제로 전쟁이 벌어졌다는 증거는 2006년에야 발견되었다. 당시 고고학자의 노력으로 극적인 사실들이 밝혀지면서 아소카와 관련된 가장 매혹적인 의문 하나를 해결할 수 있을지도 모른다는 희망이 생겼다. 그 의문이란 바로 이것이다. 인도 역사의 방향을 바꿔놓은 이 전투의 현장은 어디인가?

오리사와 칼링가 전쟁

콜카타 남쪽으로 480킬로미터쯤 떨어진 국립 고속도로에 밤이 찾아든다. 길은 가장 오래된 해안도로를 따라 벵골의 갠지스 계곡에서부터 인도의 남단까지 구불구불 이어진다. 이 길은 인도 역사에서 커다란 자리를 차지한 통로 중 하나이며, 인도를 여행하는 최고의 길 중 하나이기도 하다. 시간 여유가 있다면, 여러 날 동안 이 도로를 따라 이동하면서 예전에 그리스·로마·아라비아의 무역상이 자주 들렀던 나른한 시골 마을로 이어진 샛길을 탐험해볼 만하다. 길은 해안의 비옥한 충적토 평야와 나란히 달려간다. 동고츠의 푸른 산들이 정글 옷을 입고 그 뒤를 받치고 있다.

　오리사는 인도에서 풍경이 가장 매혹적인 곳 중 하나다. 파도로 다져진

⇧　어린이들을 위해 아소카의 칼링가 전투를 설명한 『아마르 치트라 카타』 시리즈

해안에는 길이가 80킬로미터나 되는 칠카 호수처럼 마술 같은 곳들이 있다. 섬들이 점점이 흩어진 이 호수들은 겨울이면 철새들로 붐빈다. 바닥이 평평한 배들이 대나무로 엮은 삼각돛을 단 채 호수를 종횡으로 가로지른다. 남쪽으로 더 내려가면 고대의 칼링가파트남이 있다. '칼링가의 항구'라는 뜻이다. 이 항구가 있는 곳은 안드라프라데시와 드라비다어 사용 지역에 인접한 남쪽 경계선이다.

　오늘날 이곳에는 손바닥만 한 해변과 영국인이 세운 등대밖에 없지만, 고대에는 오리사 사람이 여기서 타밀족·싱할라족·로마인 등과 교역을 했다. 바다를 똑바로 가로지르면 나오는 자바와 수마트라의 왕국들과의 교역도 여기서 이루어졌다. 19세기까지도 여기서 랑군을 오가는 증기선이 있을 정도였다. 칼링가는 고대에 여러 지역과 접촉한 왕국이었고, 오리사는 그 왕

국의 역사를 통틀어 지리적으로 뚜렷이 구분되는 하나의 지역으로서 자기만
의 문화와 정치적 역사를 지니고 있었다.

날이 점점 어두워지는 가운데 우리는 마하나디강을 건너 해안의 초록
색 평야지대로 들어간다. 우기에 범람한 물이 아직도 땅을 뒤덮고 있다. 우리
가 자이푸르라는 자그마한 시골마을에 닿기도 전에 밤이 되었다. 우리가 머
무르기로 한 자그마한 호텔에는 두르가 여신의 축제를 기념하기 위해 자그
마한 전구들이 폭포수처럼 매달려 있다. 거리에서는 주민이 축제를 즐기고,
밤늦게까지 불꽃이 쿵쿵거리며 마구 터진다. 그날 밤 나는 칼링가 전쟁에 관
해 아소카가 직접 남긴 글을 다시 읽었다.

"왕으로 봉해진 지 8년이 지나 데바남피야 피야다시 왕—'신들의 사랑
을 받는 자', 당시 사람들이 아소카를 부르던 이름—은 칼링가를 공격했다.
15만 명이 생포되었고, 10만 명이 전쟁에서 목숨을 잃었으며, 그 뒤에도 거
의 같은 수의 사람들이 죽었다."

남성 호르몬 냄새가 물씬 풍기는 전쟁의 바람이 휘몰아친 뒤에는 사상
자 점검이 이루어졌다. 칼링가는 완전히 분쇄되었다. 그러고는 위대한 순간,
전환점이 찾아왔다……

"칼링가를 무릎 꿇린 뒤 왕의 마음속에서 투쟁심 또는 갈등, 법—혹시
삶의 의미?—을 향한 갈망이 싹텄다. 정복에 대한 후회도 생겼다. 자유민을
정복한다는 것은 사람을 죽이고, 학살하고, 노예로 만든다는 뜻이다. 이제 왕
은 이런 일에서 고뇌를 느꼈다. 대단히 심각한 일이었다."(아소카 석주 XIII)

요즘 다르푸르에서 자행되고 있는 살상 행위나 이라크의 분파주의가
몰고 온 재앙을 생각해보면 아소카의 말은 현대에도 커다란 의미를 지니고
있다. 이때 아소카가 떠올린 생각, 즉 공격적인 전쟁은 잘못된 일이라는 생각
은 역사상 가장 위험한 사상 중 하나였다. 그는 석주에 새긴 말을 통해 인류

라는 공통의 유대가 우리 모두를 하나로 묶어주고 있음을 지적한다.

> 이곳에 사는 많은 사람, 즉 브라만·불교도를 비롯한 여러 종파의
> 신도, 가문의 수장은 모두 똑같은 인간적 가치관을 공유하고 있다.
> 부모에 대한 공경, 선한 기질, 노인 공경, 친구·지인·동반자·친척
> 에게—그리고 노예와 하인에게도— 친절과 확고한 애정을 보이는
> 것 등이 그것이다. 하지만 그들은 모두 사랑하는 사람들과 단절되
> 어 부상과 죽음에 시달릴 것이다. 이는 모든 사람이 겪는 비극이며,
> 왕에게는 절실한 문제다.

그래서 왕은 폭력을 포기하고 "오로지 설득만으로" 정복하기로 결심했
다. "왕은 모든 생명체를 위해 비폭력·자기 절제·초연함·행복을 바란다."

정치가들의 말을 액면 그대로 받아들이는 것은 당연히 안 될 일이지만,
아소카의 「칙령」은 너무나 인간적이고 색다르고 자기반성으로 가득 차 있어
서, 이것이 그의 목소리가 아니라고 보기 어렵다. 이 이야기는 오랜 세월 동
안 인도와 전 세계의 폭력적인 역사를 거치며 메아리처럼 계속 전해 내려와
서 마침내 간디의 독립운동에까지 이르렀다. 아소카의 석주에 새겨진 사자
는 현대 인도의 상징으로 채택되었으며, 그의 석주 꼭대기를 장식한 법륜은
인도 국기에서 힌두와 이슬람을 뜻하는 오렌지색 띠와 초록색 띠 사이의 —
평화를 상징하는— 하얀 띠 위에 자리 잡고 있다.

그렇다면 아소카의 운명을 뒤바꿔놓은 장소는 과연 어디였을까? 칼링
가 왕국의 영토는 갠지스강 입구에서 남쪽으로 480킬로미터 가까이 뻗어 있
었다. 전쟁은 넓은 지역에서 벌어졌음이 분명하다. 하지만 주요 전투는 틀림
없이 왕국의 중심지에서 벌어졌을 것이다. 당시 중심지는 두 곳이었다. 현재

사원이 있는 부바네스와르 근처와 인도 북쪽에서 강을 건너는 길목을 통제하던 북쪽의 자이푸르 근처. 오리사의 고고학자들이 극적인 발굴 성과를 거둔 곳이 바로 여기다.

칼링가 전투의 현장?

○

여명 속에서 우리는 브라마니강을 건너 구불구불한 시골길을 따라 바다를 향해 남쪽으로 방향을 튼다. 오래지 않아 둥근 산 세 개에 둘러싸인 부드럽고 아련한 초록색 들판이 나왔다. 뿔이 긴 소들이 밭에서 나무 쟁기를 끌고, 나무 바퀴가 달린 소달구지도 있다. 후대의 불교 순례자들은 아소카가 여기에 웅장한 사리탑 열 개를 세웠다고 말했다. 빅토리아 시대에 영국인 지역 관리들도 불교 조각품을 발견했다. 특히 '새벽의 산'인 우다야기리 근처에 조각품이 많았다. 최근에는 데브라지 프라단 박사가 들판을 굽어보는 높은 산의 능선에서 커다란 정사각형 사리탑의 기단을 찾아냈다. 그 근처에는 바위를 잘라서 만든 불교 조각상과 망자를 기리기 위한 자그마한 사리탑 수십 개가 있었다. 하지만 그보다 더 놀라운 것은 바위에 아소카라는 이름이 새겨져 있다는 사실이다.

"후대의 중국인 여행자들이 언급했던 아소카의 사리탑들이 바로 이것인 것 같습니다." 프라단 박사는 터질 듯 흥분한 표정으로 말한다.

"여기서 아주 중대한 것이 발견되었어요. 바로 우리 코앞에서. 예전의 발굴성과와 이 지역에 구전되는 전승을 따라 우리는 옛 『지명사전』에 라자나가르라고 기록된 작은 마을 주위의 들판을 조사했습니다. 라자나가르는 '울타리를 친 왕의 땅'이라는 뜻이죠. 바로 거기에 그것이 있었습니다."

'그것'을 못 보고 그냥 지나치기 십상이지만, 낮게 깔린 이른 아침 햇빛 속에서 뱀처럼 구불구불 논을 가로지르는 방어선이 눈에 들어온다. 문이 두 개인 성벽이 있고, 입구에 불쑥 튀어나온 보루들이 성벽을 보호하는 형상이다. 탑의 기단도 아홉 개나 있다. 전체적으로 봤을 때, 이 유적은 각 변의 길이가 1,200미터쯤 되는 불규칙한 정사각형 모양이다. 나무 밑에 폭이 12미터 넘는 벽돌 방어벽이 서 있다. 어떤 곳은 지금도 높이가 6미터나 된다.

"저 안의 밭에는 퇴적물이 8미터나 쌓여 있는 곳이 군데군데 있습니다. 한번 생각해보세요." 프라단 박사는 너무 흥분해서 숨도 제대로 쉬지 못할 정도다.

> 그다음에 결정적이 단서가 나왔습니다. 지금까지 우리는 성벽에서 시험 발굴을 한 번 했을 뿐인데 금방 성과가 있었죠. 이곳은 기원전 6세기에 세워져서 약 1,000년 동안 존속했습니다. 기원후 4세기부터 5세기까지도 이곳에는 여전히 사람이 살고 있었습니다. 사실은 지금도 사람이 살고 있어요. 규모는 줄어들었지만, 연꽃 연못 옆에 여전히 작은 마을이 있습니다. 광택이 나는 검은 공예품에는 토살리라는 이름이 새겨져 있죠. 칼링가의 수도 이름이 바로 토살리였음은 이미 알려진 사실입니다. 게다가 왕의 모습을 묘사한 테라코타도 발견되었어요. 귀걸이를 하고 터번을 두른 이 왕의 이름이 '라자아소카'라고 새겨져 있죠.

박사는 가장 중요한 발견을 마지막까지 남겨두었다. 오리사의 8월 더위 때문에 저장실이 오븐 속처럼 숨 막히는 곳으로 변해가던 무렵, 발굴 현장의 오두막으로 돌아온 박사는 부식된 금속 공예품이 잔뜩 들어 있는 비닐봉지를 풀었다. 봉지 안에는 마우리아 시대의 화살촉과 창촉이 가득했다. 박사는 그 물건을 이리저리 뒤집어보면서 생각에 잠긴 표정으로 고개를 끄덕였다.

"이 모든 것이 성벽 위의 아주 작은 구역, 넓이가 겨우 몇 제곱미터밖에 안 되는 곳에서 나온 겁니다. 틀림없이 화살이 눈보라처럼 휘몰아치는 전격전이 벌어졌을 거예요."

아소카의 개종과 삶의 법칙

○

아소카가 석주를 만든 시대로부터 전해지는 이야기들을 꿰어 맞춰보면, 그 뒤에 일어난 일을 어느 정도 복원할 수 있다. 그다음 해에 재위 10년째에 접어든 아소카는 순례여행에 나서 온 나라의 불교 성지를 찾아다니다가 부다가야의 보리수 밑에 이르렀다. 전설에 따르면, 아소카도 이곳을 자기만의 순례지로 삼았다. 그러나 이 보리수가 왕비인 티사라카와 그 사이에 운명적 불화를 일으키는 불씨가 되었다(151쪽 '꿈의 죽음' 참조).

한 전설에 따르면, 그는 구루에게 자신의 의문을 해결해달라고 부탁했다. 그러자 불교 승려인 우파굽타가 앞으로 나섰다. 그는 마투라의 향수 상인의 아들이었다. 당시 문헌들은 이 일에 대해 아무런 언급이 없고, 단지 부다가야에서 아소카가 가난한 사람에게 자선을 베풀었으며 "왕국에 어떻게 하면 선(善)을 심을 수 있을지"를 놓고 신하들과 의논했다는 말만 있을 뿐이다. 아소카의 마음속에는 그때까지 누구도 본 적이 없는 정치 질서가 형태를 잡아가고 있었다.

이것은 새로운 질서의 시작을 의미했다. 아소카는 대자(大慈)와 침착함이라는 불교 개념과 비폭력에 관한 자이나교 사상을 자기 개인의 도덕 기반

⇧ 인도의 국민회의당은 독립을 준비하면서
아소카의 사자상을 국장으로 선택했다.

⇨ 라우리야 난디가르. 기원전 3세기에 광택
을 낸 사암으로 만들어진 이 석주에는 아
소카의 「칙령」 일곱 건이 새겨져 있으며,
처음 세워졌을 때와 마찬가지로 사자상
이 고스란히 보존되어 있다. 이 석주 근처
에는 지름이 거의 150미터나 되는 거대한
사리탑 유적이 있다.

은 물론 정치 기반으로도 이용할 생각이었다. 그의 생각과 행동은 연달아 발표된 장황한 「칙령」의 형태로 기록되어 지금까지 살아남았다. 이 「칙령」은 처음에는 왕국 전역의 유명한 곳에 있는 바위들에 새겨졌지만, 나중에는 번쩍이는 거대한 돌기둥에 새겨졌다. 이미 서 있는 돌기둥에 「칙령」을 새긴 경우도 있고, 기둥을 새로 세운 경우도 있다. 지금까지 약 60개의 석주가 발견되었는데, 그중 20개는 놀랍게도 지난 50년 동안 발견된 것이다.

이 기둥이 세워지기 시작한 것은 아소카가 왕위에 오른 지 13년째 되던 기원전 258년경이었다. 첫 번째 석주는 "폭력이 아니라 법(dharma: 올바름)을 통한 정복"을 선언했다. 그 뒤로 16년 동안 25개의 석주가 세워졌다. 초창기의 석주는 범종교적이었지만 나중에 세워진 것들은 좀더 불교적인 색채를 띠었다. 아소카는 나이를 먹을수록 불교에 더욱 빠져들었던 것 같다. 하지만 그는 결코 공식적으로 개종하지 않았으며, 언제나 평신도로 머물러 있었다. 이 점에서 그는 마우리아 왕조의 전형적인 인물이었다. 마우리아 왕조 사람은 개인 성향이 어떻든, 이른바 국교를 정해서 밀어붙이는 데 전혀 관심이 없었다.

석주들은 벵골만에서부터 아프가니스탄의 칸다하르에 이르기까지, 파키스탄의 서북 변경주에서부터 인도 남쪽의 크리슈나강에 이르기까지 도처에서 발견된다. 아소카가 다스린 지역이 얼마나 넓었는지 짐작할 수 있는 대목이다. 할아버지의 왕국을 기반으로 세워진 아소카의 나라는 현대 인도의 영토를 대부분 아우르는 역사상 최초의 국가였다.

석주에는 아소카가 품었던 새로운 정치사상의 요점이 자세히 설명되어 있다. 이 새로운 정치사상에서 핵심 역할을 한 요소를 꼽는다면, 먼저 모든 생명은 신성하다는 사상이 있다. 이것은 자이나교의 사상이다. 왕은 자기방어를 위한 폭력은 포기하지 않았지만, 사형제는 폐지했다. 후대의 왕조 중 굽타 왕조를 비롯한 일부 왕조도 마찬가지였던 것 같다. 고대 인도에는 육식이 널리 퍼져 있었으므로, 왕은 육식을 완전히 금지하기보다는 제한하려고 했다. 아소카가 법을 통해 환경파괴도 막으려 했다는 점이 놀랍다.

"쓸데없이 숲을 파괴해서는 안 된다." 갠지스 돌고래에서부터 코뿔소는 물론 심지어 흰개미에 이르기까지 많은 생물의 보존을 규정한 부분도 있다.

또 다른 핵심 요소는 다른 종교의 믿음과 관습에 관용을 베풀고 공감해야 한다는 사상이다. 메가스테네스는 인도의 다양성을 이야기하면서 엄청난 수의 '왕국'이 있으며, 많은 종파가 폭력적인 불화를 일으키는 경우가 많다고 썼다. 아소카는 바로 이 문제에 관해 특별히 「칙령」(XII)을 내렸다. 백성이 이웃의 신앙을 헐뜯는 것을 반드시 삼가야 한다는 내용이었다.

"모든 종교가 결국은 같은 목표, 즉 자기절제와 순수한 정신을 지향하기 때문이다." 이렇게 해서 사람들은 외적으로는 서로 아무리 다를지라도 기본적인 면에서는 의견을 같이 했다.

"모든 무절제와 언어폭력을 주의 깊게 피해야 한다."

인도의 모든 통치자가 고대부터 줄곧 이 문제와 씨름했다는 사실에 대해 굳이 지적할 필요는 없을 것이다. 무굴제국의 가장 위대한 왕이라 일컬어지는 아크바르(1542~1605)에게도, 현대 인도의 헌법을 기초한 사람에게도 이것은 핵심적인 문제였다. 서로의 종교를 존중해야 한다는 사상은 지금도 전 세계에서 고통스러울 정도로 중요한 의미를 지니고 있다. 이런저런 종교들이 자기만이 절대적인 진리를 알고 있다고 주장하고, 다른 종교를 믿는 사람이 자신에게 종교적인 모욕을 가했다며 매일같이 살해 위협을 해대는 마당이니 말이다.

아소카의 「칙령」에는 훌륭한 통치를 위한 실용적인 아이디어도 포함되어 있다. 그중에는 시민과 여행자의 편의를 위한 규정도 있다. 마우리아 왕조는 도로 건설 기술이 뛰어났다. 그랜드트렁크로드의 기원이 마우리아 왕조까지 거슬러 올라간다고 여겨질 정도다.

파트나에서부터 룸비니까지 이어진 길에는 지금도 아소카 석주가 네 군데 서 있다. 메가스테네스는 마우리아에서 이 석주를 보고 깊은 인상을 받았다. 그는 다음과 같이 썼다.

"10스타디움마다 샛길과 거리를 알려주는 기둥들이 있다." 그로부터 50년 뒤 아소카는 다음과 같은 말을 남겼다.

"나는 사람과 짐승에게 그늘이 되어주라고 길에 벵골보리수를 심었다."

주요 대로 옆에는 우물을 팠고, 망고나무를 심어 숲을 조성했으며, 휴게소도 세웠다. 여행자가 물을 마실 수 있는 곳에는 이정표 역할을 하는 기둥이 서 있었다. 상인과 신앙심 깊은 여행자를 먹이고 재우고 돌보는 것은 지금도 널리 행해지는 인도의 오랜 전통이다. 예나 지금이나 인도에서는 상인과 여행자가 끊임없이 돌아다니고 있다.

물론 정부가 하겠다고 말하는 일과 실제로 하는 일, 정부의 이상과 그 이상을 실현하는 방법 사이에는 엄청난 차이가 있다. 아소카의 「칙령」들은 그의 나라가 우리 관점에서 볼 때 도덕을 대단히 강조하는 보모(保姆)국가였음을 시사한다. 이런 나라의 백성은 생각하고 싶은 대로 생각하고 믿고 싶은 대로 믿을 수 있지만, 행동은 반드시 국가의 명령을 따라야 한다. 아소카가 짐승의 생명도 신성하다는 사상뿐만 아니라 '노인 공경,' 식량 관련 법령, 제사 관련 법령, '여성의 도덕' 등을 실천에 옮기기 위해 할아버지 대에 확립된 갖가지 감시와 통제 시스템을 완화했을 것 같지는 않다.

위에서 언급한 관습적인 법령 중 일부가 현대 인도에까지 이어졌을 가능성이 높다. 카슈미르에서는 지난 세기까지도 다섯 명의 힌두 현자로 구성된 특별 법정이 있었다. 오랜 옛날, 어쩌면 아소카 시대 조상에게서 이 자리를 물려받은 현자들은 『힌두 경전』에 어긋나는 행위를 재판했다. 그리고 빅토리아 시대에 데칸고원에는 카스트 규칙에 어긋나는 행위만을 감독하는 권리를 조상 대대로 물려받은 브라만 관리들이 여러 곳에서 활동하고 있었다.

오늘날 인도에서 집회에 참석해본 사람이라면 마우리아의 아주 자그마한 특징 하나가 친숙하게 느껴질 것이다. 메가스테네스의 기록에 따르면, 왕이 거리를 따라 이동할 때 수행원은 밧줄을 펴서 군중이 앞으로 나오는 것을 막았다.

"그 밧줄을 넘어서는 사람은 사형에 처할 수 있었다." 비록 지금은 사형이 선고되지는 않지만, 그래도 사람들은 밧줄로 표시된 선을 지킨다.

세상에 법을 퍼뜨리다

◯

법을 퍼뜨리려는 아소카의 포부는 인도에만 국한되지 않았다. 「칙령」에 따르면, 그는 불교 사절을 간다라와 카슈미르에 파견했다. 히말라야 일대, 바다 건너의 스리랑카·태국·버마에도 보냈다. 하지만 그가 특히 관심을 기울인 것은 서구에 법을 퍼뜨리는 일이었다. 아소카는 다마락시타(그리스인으로 기록되어 있다)를 사절로 임명해 지금의 아프가니스탄과 파키스탄에 살던 요나(그리스인)에게 보냈다. 또 다른 사절은 지중해 지역으로 넘어갔다. 이집트·시리아·아나톨리아·키레네·에피루스·마케도니아의 그리스인 왕도 만났다. 알렉산드로스가 검을 들고 인더스계곡을 찾은 지 불과 3세대 만에, 인도는 사상 최초로 서구에 눈을 돌려 사절을 보내 법을 설교하고 우의와 형제애에 관한 아소카의 메시지를 퍼뜨렸다.

그리스 사절도 마우리아의 수도를 찾아왔다. 예를 들어 플리니우스에 따르면, 프톨레마이오스의 이집트에서 온 디오니시우스는 한동안 인도에 머무르며 "인도 왕국들의 힘과 광대한 자원을 상세하게 설명한" 책을 썼다. 서구의 문헌에서 이런 교류의 기록이 아직 하나도 발견되지 않은 것은 안타까운 일이다.

하지만 지리학자 스트라본이 들려준 흥미로운 이야기는 갠지스평원에서 지중해까지 가는 여행길이 얼마나 힘들었는지를 보여준다. 아소카는 이 길을 왕복하는 거리가 약 600요자, 즉 거의 8,000킬로미터나 된다고 말했다. 사절단이 시리아의 안티오크에 도착했을 때, 선물을 운반하던 하인 여덟 명은 허리에만 간단히 천을 두른 차림이었다.

"세 명만 살아남고 나머지는 긴 여행길에서 세상을 떠났다."

동방 세계를 향한 선교사업에 대해서는 분명한 기록이 없다. 아소카의 아들이 스리랑카로 가는 사절단을 이끌었다는 사실은 알려져 있다. 후대의 이야기에 따르면, 여러 사절단이 히말라야를 넘어 티베트와 타림분지뿐만 아니라 중국까지 갔다고 하지만 이것이 사실인지는 확실치 않다.

꿈의 죽음

아소카는 말년에 이르러 통제력을 잃은 듯한 징후를 드러냈다. 재위 마지막 10년 동안에는 새로운 「칙령」이 전혀 발표되지 않았다. 아소카가 죽기 전에 아들들에게 제국을 나눠주었음을 시사하는 기록도 있다. 재위 29년에 왕비 아산디미타가 세상을 떠났다. 그로부터 4년 뒤인 기원전 237년에 아소카는 지위가 낮은 비(妃)들 중 티사라카를 왕비로 삼았다. 그녀는 젊고 아름다웠으므로 아소카는 그녀의 매력에 무릎을 꿇었다. 후대의 불교 전설에서 그녀는 원래 아소카가 지었으나 기원전 1세기에 재건되어 지금까지 남아 있는 수천 개의 사리탑 중 가장 규모가 큰 산치. 이곳이 부처의 생애와 어떻게 관련되어 있는지는 밝혀지지 않았지만. 아소카는 근처의 비디샤 마을에 총독으로 있으면서 첫 번째 아내를 만났다.

사악한 왕비의 모습으로 등장한다. 서구의 동화에 나오는 못된 왕비만큼이나 사악하다. 아산디미타는 불교에 우호적인 좋은 왕비였던 반면, 티사라카는 악의적이고 오만하고 어리석은 사람으로 그려진다.

전설에 따르면, 2년 뒤 아소카가 부다가야의 보리수에 점점 더 애정을 쏟는 것에 질투를 느낀 티사라카는 마법의 약 또는 독약을 묻힌 가시로 이 신성한 나무를 찔러 치명적인 상처를 입힌다. 나무는 점점 시들어갔다(중국판 이야기에는 나무가 베인 것으로 되어 있다). 아소카는 절망에 빠져 나무가 죽지 않게 해달라고 기도를 드리며 열심히 예배를 올렸다. 현재 부다가야에서 이 나무의 관리를 맡고 있는 불교 승려는 내게 이렇게 말했다.

"아소카는 성수로 만든 제주(祭酒)와 1,000마리의 암말에게서 짠 젖을 나무에 부었습니다. 그러자 이미 죽었던 나무의 뿌리가 기적적으로 되살아났습니다."

오늘날 부다가야에 서 있는 보리수와 스리랑카에 있는 보리수를 비롯한 여러 보리수는 꺾꽂이를 통해 자라난 것이라고 한다. 어쨌든 원래의 보리수가 죽었음에는 의심의 여지가 거의 없다. 하지만 현대의 식물학자는 독약을 묻힌 가시로 나무를 긁어서 죽이는 것은 불가능하다고 말한다. 혹시 이 나무 이야기는 불교도들이 왕비를 비방하려고 만들어낸 허구가 아닐까?

이 사악한 왕비에 관한 최후의 전설은 더욱더 음울하다. 왕족 사이에 더 많은 불화가 있었음을 암시하는 대목도 있다. 이 이야기는 2세기부터 수집된, 아소카에 관한 이야기를 모은 놀라운 책 『아소카바다나』에 수록되어 있다. 이 전설의 내용은 다음과 같다.

아소카에게는 쿠날라라는 아들이 있었는데 뛰어난 미남인데다가 음악적인 재능과 노래 솜씨가 빼어났다. 특히 눈이 몹시 아름다워서 사람들의 마음을 사로잡았다. 하지만 그가 시력을 잃을 것이라는 신탁이 나왔다. 그의 계모인 사악한 왕비 티사라카는 그리스 신화 속의 파이드라와 히폴리투스처럼 쿠날라에게 푹 빠져 있었다. 왕자가 계모의 구애를 물리치자 왕비는 복수를 위해 그를 해칠 계획을 세웠다.

아소카가 병석에 눕자 왕비는 마법으로 그의 병을 고쳐준 대가로 옥새를 손에 넣는다. 그리고 왕의 이름으로 탁실라―쿠날라는 이곳에서 반란을 진압 중이었다―에 「편지」를 보내 그곳 총독에게 쿠날라를 장님으로 만든 뒤 죽이라고 명령했다. 총독은 젊은 왕자를 차마 죽이지는 못하고, 장님으로 만들라는 명령만 수행한다.

쿠날라는 이제 왕자의 지위를 잃고 부랑자가 되어 비나를 연주하고 노래를 부르며 걸어서 인도를 횡단한다. 그는 이름 없는 방랑자였다. 그런데 어느 날 늙고 약해진 왕 아소카가 파트나의 궁전 창가에서 그의 노래를 듣고 아들의 목소리임을 깨닫는다. 아소카는 그간의 사정을 모두 들은 뒤 사악한 왕비를 사형에 처한다.

과연 무엇이 진실일까? 아소카의 제국 내에서 수시로 반란이 일어났을 수도 있고, 아소카가 말년에 수많은 부인과 왕자 때문에 애를 먹었을 수도 있다. 하지만 당시 상황을 직접 보고 기록한 자료가 없다. 아소카가 발표한 「칙령」을 보면 아소카는 밤낮으로 일에 몰두했던 것 같다. '언제 어디서나' 그를 만날 수 있었다고 한다.

"나는 내 모든 작업의 최종적인 산물, 나의 노력, 내 사업의 결말에 결코 완전히 만족할 수 없다……. 그래도 나는 공공의 선을 위해 반드시 일해야 한다." 이 구절을 보니 에스코리알[마드리드 근교의 건축물]에서 한밤중에 「공문서」를 작성하는 펠리페 2세나 자크 루이 다비드가 그린 새벽 4시의 풍경 속의 나폴레옹이 생각난다.

아소카는 13년 동안 25건의 「칙령」을 발표했다. 그는 끊임없이 돌아다

넜으며, 갖가지 아이디어를 떠올려 신하에게 마구 쏟아놓았다. 내가 보기에 아소카는 너무 열심히 일하는 사람이었던 것 같다.

"가장 고귀한 사람도 가장 비천한 사람도 모두 본분을 다하게 하라." 아소카는 이렇게 명령했다. 어쩌면 그는 인간의 본성을 바꿀 수 있다는 믿음이 너무 강했던 건지도 모른다. 이것이 정치가로서는 치명적인 실수였을까? 그가 말년에 발표한 「칙령」에는 다음과 같은 구절이 있다.

"선행을 하라고 사람을 설득하는 일이 얼마나 어려운지 나는 이제야 깨닫는다."

아소카는 기원전 233년 또는 232년에 세상을 떠났다. 재위 37년, 나이는 72세 전후였다.

마지막 이야기가 하나 더 있다. 아소카는 죽으면서 재산을 모두 부처에게 바치고 싶었지만 신하와 아들들이 음모를 꾸며 그를 저지했다. 얼마 후 왕이 파트나에서 가장 총애하던 사원의 승려에게 관습적으로 선물을 하사하는 시기가 되었을 때, 죽음을 눈앞에 둔 아소카가 줄 수 있는 것은 자신에게 유일하게 남은 소유물인 망고 반 개뿐이었다.

"이제 말해보시오." 그는 대신들에게 말했다.

"이제 누가 지상의 주인이오?"

최고의 동화들이 으레 그렇듯이, 이 이야기도 완벽한 원을 그리며 원점으로 돌아온다. 하지만 그가 정말로 이처럼 모든 힘을 빼앗긴 채 절망 속에서 슬픈 죽음을 맞았을까? 불교 전설에 따르면, 지상에서 받는 고통은 모든 인간의 운명이므로 제아무리 위대한 아소카라도 자신의 몫을 견뎌야 했다. 하지만 그의 경우에는 고통이 훨씬 더 크게 느껴졌다. 왕으로서 찬란한 시절을 보낸 끝에 지독한 고통이 찾아온 탓이었다.

마우리아 제국은 아소카가 죽은 뒤 그리 오랫동안 살아남지 못했다. 이

제국의 종말은 수수께끼에 싸여 있지만, 인도 북서부와 박트리아의 그리스 왕국들이 다시 살아나면서 마우리아 왕조를 압도해버렸음이 분명하다. 불교가 인도 사회에서 이렇다 할 힘을 발휘할 수 없는 처지가 된 것은 이미 오래전의 일이다. 냉철하게 판단해보면, 아소카의 꿈이 장엄한 실패로 돌아가 자취를 감추면서 그의 「칙령」만 남았다고 할 수 있다. 칸다하르에서부터 벵골만에 이르기까지 세월의 풍상에 시달린 수많은 바위와 절벽에 새겨진 이 「칙령」은 수천 년이 흐른 뒤 먼 나라에서 온 젊은이들에 의해 해독되었다.

　하지만 아소카는 생각의 힘이 현실 속에서 작용하는 것을 우리 눈으로 직접 볼 수 있는, 역사 속의 위대한 순간을 창조했다. 마우리아 제국은 인도의 미래를 위한 초석을 놓았다. 갠지스평원에서 인도의 왕을 자처했던 통치자. 생각을 통해 정치의 도덕적 측면을 규정했던 통치자. 현대인의 입장에서는 과거의 사상을 현재와 연관시키지 않은 채 순수하게 그 사상에만 감탄할 수도 있다. 하지만 아소카의 법은 비록 불완전하게 시행되었다 하더라도 역사상 위대한 사상 중 하나였다. 「미국 독립선언서」나 『공산당선언』처럼 말이다.

　아소카의 「칙령」은 지상에서 인간이 영위하는 삶에 관해 가장 중요한 도덕적 질문을 던진다. '어떻게 하면 사람을 설득해서 선을 행하게 할 수 있는가?' 아소카의 「칙령」은 생각의 힘에 전적으로 의지하고 있다는 점에서 역사의 장을 가로지른 번개와 같다.

인도가 세계에 전파한 불교 유산

불교는 인도의 심장부에서 자취를 감췄다. 훈족·튀르크족·아프가니스탄족·몽골인, 다른 종교의 성상 파괴를 일삼는 이슬람교도, 그리고 불교를 적대시한 힌두교 브라만의 위세에 눌린 것이다. 불교는 15세기까지 남부에서 명맥을 유지했고, 벵골 동부에서는 현대까지 살아남았다. 오늘날 불교는 히말라야 지역과 라다크에서만 세력을 유지하고 있다.

하지만 인도의 많은 젊은이가 요즘 들어 불교의 가르침에 매력을 느끼고 있고, 많은 달리트(불가촉천민)가 카스트의 굴레에서 벗어나려고 불교로 개종하고 있기도 하다. 아소카가 다스리던 제국의 서부, 즉 불교가 위세를 떨치던 간다라에서는 불교가 이슬람의 물결에 휩쓸려 완전히 자취를 감췄다. 하지만 부처의 가르침은 인도아대륙 전역에 스며들어, 아크바르의 『전기』를 쓴 아불 파즐이 예리하게 지적했듯이 오늘날에도 "인도의 모든 사상세계에 뿌려져 있다."

부처의 사상은 전 세계에 엄청난 영향을 미쳤다. 고대에 부처가 서구에 미친 영향은 지금까지 사람들이 인정한 것보다 더 컸을 것이다. 예를 들어 그리스의 회의주의 철학자들은 자신들의 사상이 인도 철학자에게서 유래했다고 말했다. 이 인도 철학자는 불교도였음이 분명하다. 회의주의의 핵심 사상은 아타락시아(평정함)를 향한 탐색이다. 평정함이란 마음의 평화와 고요를 뜻하며, 아타락시아를 향한 탐색의 목적은 정신적 갈등과 고통을 없애는 것이었다. 철학자 피론은 "현명한 사람은 내면의 차분함 속에 머무른다"고 말했다. 회의주의자는 이성과 토론을 통해 인간적인 질병, 즉 자기중심적인 태도·경솔함·독단주의를 치료할 수 있다고 믿었다. 이러한 사상은 르네상스 시대에 유럽인의 사고에 심대한 영향을 미쳤다. 따라서 현대 서구철학 전반에도 영향을 미치게 되었다.

하지만 불교가 가장 커다란 영향력을 발휘한 곳은 중국과 동아시아다. 불교는 인도의 문화 수출품 중 최고의 성공작이었다. 지난 2,000년 동안 불교는 아시아 전역을 하나로 묶는 문화적 요인이었으며, 지금도 수억 명의 사람을 하나로 묶어주고 있다. 게다가 불교가 세력을 떨치는 데는 기독교나 이슬람교와 달리, 강제력이 동원되지 않았다.

21세기를 맞아 아시아가 다시 부상하고 식민지 시대의 문제들이 점점 가라앉으면서, 서구가 잠시 전성기를 누리기 훨씬 전부터 문화적으로 위대한 경지에 이르렀던 사람들이 불교를 통해 공유하고 있는 공통의 이상·관습·신념체계를 재발견하고 있다.

우리는 매일 도전과 맞부딪쳐야 하는 시대를 살고 있다. 그리고 2,500년 전 부처가 제기했던 삶의 고통이라는 문제는 지금도 사라지지 않았다. 사람에게 욕망과 소유를 부추기는 것들이 속속들이 퍼져 있고, 환경파괴와 생물 멸종과 지구온난화가 인간으로 인해 빚어진 일임이 밝혀지면서 오히려 상황이 더 복잡해졌을 뿐이다. 이 모든 분야에서 불교 사상은 처음 싹을 틔울 때만큼이나 중요한 의미를 지니고 있다.

부처는 최후의 순간에 이런 말을 남겼다.

"너희들 자신에게 빛이 되어라. 다른 빛은 찾지 마라. 결코 포기하지 마라."

3

문명의 성장: 세계와 만나다

크랑가노르의 바닷가에 밤이 내리고 있다. 케랄라 해안이 아주 가까이에 있어서인지 비 온 뒤 야자나무 숲에서 나는 신선한 향내가 여기까지 떠온다. 우리 배는 바다 항해가 가능한 36미터 규모의 우루다. 2,000년 전 홍해와 인도 사이를 부지런히 오갔던 로마의 배도 바로 이만 한 크기였다. 쿠달로르에서 출발한 우리 배에는 타밀어를 쓰는 선원들이 타고 있으며, 이 배는 시멘트 ·후추·향신료를 싣고 안다만제도, 구자라트의 시칼, 걸프 지역을 오가는 무역선이다. 바다에 나온 지 넉 달이나 됐기 때문에 선원들은 유서 깊은 항구인 두바이에 도착할 날을 고대하며 기

⇦ "인도에는 유명한 시장이 많다. 그곳으로 항해하기에는 7월이 좋다." 1세기에 그리스의 한 선원은 이렇게 썼다.
⇦⇧ 목재, 후추, 향신료를 싣고 케랄라 연안에 떠 있는 우루 배.

대에 부풀어 있다. 조타수는 카르다몸(생강과의 향신료)과 생강을 커피에 넣어 휘휘 젓고는 씹고 있던 빈랑 잎을 뱉더니 히죽 웃으며 말한다.

"거기 가면 자유로워질 수 있어요!"

무역은 문명의 핵심 요소 중 하나다. 문명은 무역을 통해 서로 접촉해서 자신의 사상을 남에게 전파하기도 하고 남의 사상을 시험해보기도 하면서 성장한다. 식민지 시대의 글과 역사 문헌 때문에 우리는 대개 인도에 대해 과거에 붙들려 시간이 멈춰버린 문명이라는 이미지를 갖고 있다. 하지만 사실 인도 문명은 지금까지 계속 다른 문명과 대화를 나누며 성장하고 변화해왔다. 인도 역사라는 거대한 물결은 위대한 토박이 왕조들을 낳았을 뿐만 아니라 위대한 외국인 통치자도 만들어냈다. 그리고 외부의 사상을 받아들이는 것은 인도인에게 항상 삶의 일부였다. 인도는 다른 문명과의 대화를 통해 수많은 위대한 발전을 이룩했다. 이러한 대화가 처음 시작된 것은 인도의 배가 걸프 지역과 교역에 나선 하라파 시대부터였다. 페르시아 제국과의 접촉은 기원전 500년부터 점점 더 빈번해졌지만, 지중해와 인도 반도 사이에 통상적인 뱃길이 열린 것은 기원전 마지막 몇백 년 동안의 일이었다.

지중해까지 향신료 무역로가 열리면서 로마와 인도 남부 여러 왕국 사이의 접촉이 활발해졌다. 그리고 실크로드의 발달은 중국·유럽·인도 사이의 접촉을 더욱 넓혀주었다. 서구는 하드리아누스 황제와 안토니네 황제들(로마 황제 안토니누스 피우스와 그의 양자인 마르쿠스 아우렐리우스를 가리키는 말. 이 두 사람이 재위했던 138~180년은 로마 제국의 번영기였다. 이 두 사람 외에 마르쿠스 아우렐리우스의 아들인 코모두스도 여기에 자주 포함된다)이 다스리던 시기였다. 역사가 에드워드 기번은 이때가 세계 역사상 가장 행복한 시기였다고 보았다. 그런데 믿기 어려운 이야기이지만, 이처럼 여러 문명이 서로 접촉하는 데 가장 커다란 동기를 제공한 것은 어떤 잡초의 열매, 즉 후추였다.

우리 배는 유서 깊은 항구인 뭄바이를 경유해 구자라트로 향하고 있다. 인도인은 적어도 기원전 3000년대부터 이 해안을 따라 걸프 지역으로 항해했다. 인도양의 항구들, 즉 오만에서부터 구자라트와 케랄라해안까지 점점이 늘어서서 다우선(인도양과 아라비아해에서 연안 무역을 하는 범선)을 받아들이던 아름다운 항구에서는, 세계 역사상 최초의 장거리 국제무역으로 발전해 인도양과 아라비아해를 하나로 묶고 동남아시아와 중국으로 가는 뱃길을 열었던 상업 활동의 분위기를 지금도 맛볼 수 있다.

이들은 지금도 옛날 기술을 사용한다. 코지코드 근처의 베이포르에 있는 조선소들은 1980년대에 거의 고사하다시피 했다. 인력과 기술이 돈을 좇아 걸프 지역으로 가버린 탓이었다. 하지만 최근 들어 과거의 조선술이 다시 활기를 띠기 시작했다. 역시 경제적인 이유 때문이다. 과거의 배들이 지금도 훌륭한 가치가 있다는 것. 조선소 사람들은 선주가 4년 만에 배 건조비용을

↑   베이포르의 조선소에서는 전통적인 건조기술이 사용된다.

회수할 수 있다고 자랑한다. 잘 만든 배의 수명은 40년이 넘는다.

　　여기 케랄라에서는 모필라, 즉 이슬람 무역상과 수공업자의 후손이 조선업에 많이 종사하고 있다. 이들은 이미 오래전에 귀화해서 인도 여성과 결혼해 중세에 자기들만의 길드를 만들었다. 하지만 이곳의 메스티리(조선술 장인)는 힌두교도다. 고쿨다스라고 불리는 그는 겨우 30대의 나이이지만, 그의 아버지와 조상들은 '500년 전부터' 배를 만드는 목수로 일했다.

　　그의 작업장은 마을 끝자락, 숲이 우거진 베이포르강 어귀의 창고와 잡화상들 뒤에 있다. 작업장 안으로 들어가니 나무로 지은 거대한 창고 밖에 목재 더미와 통나무 두 개가 쌓여 있다. 커다란 집 한 채 크기만 한 배의 골격 두 개가 등나무 지붕 밑에 솟아 있다. 울타리 너머로는 졸음을 불러오는 더위 속에서 뱃머리가 높은 밝은 색 여객선들이 강 건너편의 야자나무 숲속에 있는 개울을 빠져나와 강 위를 종횡으로 떠간다. 로마 시대에도 틀림없이 저런 풍경이 펼쳐졌을 것이다.

"우린 도면을 사용하지 않습니다. 이렇게 큰 배를 만들 때도 그래요." 고쿨다스가 말한다.

"우루를 만드는 과정에는 비밀 계산과 수학 원리가 많이 포함되어 있습니다. 모든 비밀은 아버지에게서 아들에게로 전달되죠. 그래서 우리가 설계도 하나 없이 이 일을 해낼 수 있는 겁니다. 이렇게 큰 배를 완벽하게 만들어내죠. 배의 곡선, 전체적인 모양, 구조 등은 우리 머릿속에서 나옵니다."

믿기 힘들지만, 이 졸음에 겨운 시골에서 고쿨다스는 길이가 51미터 이상이고 폭이 12미터나 되는 우루를 얼마 전에 완성했다. 높이는 3층집만 하고, 무게는 1,000톤이 넘으며, 화물 적재량은 1,500톤이나 되는 이 배는 걸프 지역과 구자라트 사이를 오가는 무역선으로 활약 중이다. 두바이나 시칼의 오래된 다우 조선소에서 물이 새지 않게 다시 틈새를 막는 작업이 끝나면, 이 배는 오랫동안 수명을 유지하면서 제작비의 몇 배나 되는 수익을 올려줄 것이다.

"작업 방식은 구식이어도 우린 고객의 불평을 들은 적이 없습니다." 고쿨다스가 말을 이었다.

"우리 배는 안정적이고 강하기 때문에 변화를 줄 필요가 없습니다."

이 배를 통해 고대에 해상 수송의 규모가 어느 정도였는지 짐작할 수 있다. 로마 시대에 홍해의 미오스 호르모스에서 출항하던 그리스와 로마의 대형 화물선은 매년 120척이나 되었다. 돛 다섯 개짜리 정크선들은 1949년 이후에도 남중국해에서 베트남과 자바를 오가며 무역을 했다. 1980년대 초에는 이 배들이 상하이 강에 폐선으로 버려지거나 주거용으로 사용되는 모습을 볼 수 있었다. 중세에 중국 무역을 지배했던 아라비아의 대형 다우선은 지금도 카라치와 두바이의 조선소에서 건조되고 있다. 하지만 요즘은 돛뿐만 아니라 엔진도 달려 있다는 점이 다르다. 현대 세계의 표면을 조금만 긁어

⇧　중세 문헌에 실린, 케랄라에서 후추를 수확하는 모습.

보면 과거의 방식들이 여전히 남아 있음을 알 수 있다. 특히 인도가 그렇다. 국지적인 지식이 끈질기게 남아 있는 이런 현상은 세계화의 반명제다.

　　베이포르의 작은 항구에 있는 방파제 옆에 커다란 우루 다섯 척이 떠 있다. 가장 큰 것은 투티코린에서 온 것인데, 이 배의 거대한 창고에서 크레인 한 대가 숨이 막힐 듯한 하얀 먼지구름을 일으키며 소다회 자루들을 하역하고 있다. 이 배에 하나뿐인 크고 뭉뚝한 마스트에는 삼각돛이 달려 있다. 이 배는 안다만제도로 떠날 예정이다. 얼굴이 햇볕에 검게 그을린 선장이 나쁜 물맛을 감추려고 향료를 잔뜩 넣은 차를 내게 권한다.

　　"우린 예멘·아덴·이라크·이란·소말리아 등지를 돌아다녔습니다." 그가 내게 말한다.

　　"여름에 남서풍이 불면 그런 지역에서 곧장 넘어올 수 있죠."

　　로마의 항해사들도 똑같은 방법을 썼다. 이 배가 후추를 운반한다는 점도 로마의 배들과 똑같다. 애당초 그리스인과 로마인을 이리로 꾀어낸 것이

⇧　1840년 갠지스강변의 향신료 시장. 로마 시대 이래로 지금까지 거의 똑같은 풍경이 펼쳐지고 있다.

바로 후추다. 참고로 후추를 뜻하는 영어 단어 pepper는 쌀을 뜻하는 rice와 마찬가지로 타밀어에서 유래했다. 후추 무역이 정점에 이르렀을 때는 테베레강(이탈리아 중부에 흐르는 강)가의 후추 창고에 몇 톤이나 되는 후추가 쌓여 있었다. 그 값은 엄청났다. 소(少) 플리니우스에 따르면, "아무리 낮춰 잡아도 인도 무역으로 인해 우리 제국에서 1년에 1억 세스테르티우스(고대 로마의 화폐단위)가 빠져나간다. 이건 가장 낮게 잡은 수치다. 우리가 사치품과 여자들에게 들이는 돈이 이 정도다."

　이 정도 액수라면 황금 10톤쯤에 해당한다. 아마 에스파냐에 있는 로마 제국의 금광에서 매년 산출되는 양과 비슷했을 것이다. 게다가 소 플리니우스는 육상무역을 제외한, 홍해를 통한 해상무역만 언급했을 가능성이 있다. 흥미로운 것은 인도가 지금도 세계 최대의 금 수입국이라는 점이다. 인도는 매년 90억 파운드 상당의 금을 수입한다. 예나 지금이나 두 지역 모두 중독에서 벗어나지 못한 것 같다.

로마인이 후추에 열광한 것은 당연히 음식 때문이었다. 문명의 역사가 곧 음식과 요리의 역사이기도 하다는 점을 이렇게 잘 보여주는 현상은 없다. 현재 영국에서 중요한 자리를 차지하고 있는 인도 요리는 아마 세계 최초의 국제적인 요리였을 것이다. 로마 제국의 유명 요리사였던 아피키우스는 유명한 요리책을 썼는데 거기 수록된 500가지 요리법—양념을 쳐서 요리한 홍학과 타조 카레에서부터 후추 열매를 채워 넣은 겨울잠쥐에 이르기까지 다양했다— 중 350가지에 인도 남부의 향신료와 후추가 사용되었다. 아피키우스의 『요리책』을 읽어보면, 로마 제국에서 상류층의 만찬에 참석하는 것은, 곧 혀가 돌이킬 수 없는 맹렬한 공격을 받을 위험을 무릅쓰는 일이었다는 생각이 든다.

소 플리니우스는 이 모든 일의 어리석음에 맹공을 퍼부었다.

"사람들이 후추에 이토록 집착하게 되었다니 믿을 수가 없다. 모양이 매력적인 음식도 있고, 고유의 맛이나 단맛이 매력적인 음식도 있다. 하지만 후추에는 얼얼한 느낌 외에는 추천할 만한 것이 전혀 없다. 우리는 도대체 무엇 때문에 먼 인도까지 가는 것인가! 이런 생각을 처음한 사람이 누구인가?"

고대의 인도양 안내서

로마인이 펴낸 『지리서』와 『지명사전』을 보면, 이들이 집착의 대상을 찾아 홍해를 지나 인도 서해안까지 여행하는 과정이 눈에 들어온다. 기원후 70년대와 80년대에 인도 무역에 나선 그리스 상인을 위한 안내서인 『에리트라이해 주항기』도 그런 책이다. 사실 내가 보기에는 이 책이야말로 모든 역사 문헌 중 가장 매혹적인 책이다. 홍해와 인도양에서 안 가본 곳이 없는 알렉산드리아의 늙은 선원인 히팔로스는 바람과 조류, 좋은 항구와 나쁜 항구, 물건을 사는 장소와 팔 물건에 관해 자세히 설명해놓았다.

나는 여러 해 동안 나일 계곡에서부터 사막 길을 따라 밤마다 야영을 해가며 이 책에 언급된 것들을 많이 찾아냈다. 베레니케나 아둘리스 같은 홍해의 무더운 항구에서 로마 시대의 도자기 더미를 뒤지기도 하고, 에리트레아(Eritrea)의 마사와에 있는 커피숍에서 풍향이 바뀌기를 기다리기도 하고, 천국을 연상시키는 예멘의 정박지 카나에서는 연한 진홍색 산호가 여기저기 흩어진 백사장에서 잠을 자기도 했다. 모두 『주항기』에 기록된 것들이다. 이 책의 책장에는 고대 세계의 이국적인 물건들이 둥둥 떠다닌다. 말라바트론(계피의 일종)과 감송·후추·정향·산호·안티몬·빨간색과 노란색의 웅황, 그 밖에 지중해 사람들이 탐내던 사치품인 코끼리 상아·질 좋은 면·중국산 비단·아르가리티드의 모슬린·마나르 만의 진주.

『주항기』에는 인도 서해안에 있는 항구 20곳의 이름이 나오지만, 가장 중요한 곳은 남쪽의 무지리스다. 소 플리니우스는 이곳을 인도 최초의 시장 *primum emporium Indiae*라고 했다. 히팔로스를 비롯해서 그리스의 여러 뱃사람이 홍해를 출발해 오랜 항해 끝에 육지에 처음 상륙하는 곳이 바로 이곳이었다. 최근 발견된, 2세기의 선주와 알렉산드리아 상인 사이의 계약 내용이 적힌 「파피루스 문서」를 보면 무지리스에서 무역이 어떻게 이루어졌는지 알 수 있다. 이 「문서」에는 여러 상인이 함께 항해에 나서면서 비용과 손실을 어떻게 분담했으며, 각자의 화물을 어떻게 실었는지 적혀 있다.

"무지리스에서 합의한 조건에 따라 대부금을 갚는다."

인도 쪽 기록을 살펴보면 타밀의 시에 이곳이 무치리파타남으로 기록되어 있다. 파타남은 남쪽 사투리로 '무역항'이라는 뜻이다. 당시 이곳은 부드러운 향내가 풍기고 많은 사람이 찾는 곳이었으며, 그리스 선원이 열대의

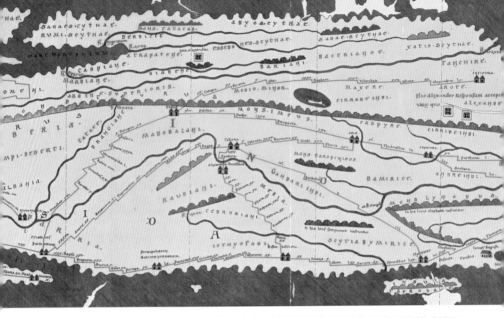

⇧ 포이팅거 지도. 로마의 세계를 묘사한 이 지도에는 케랄라의 무지리스 항구(오른쪽 아래)와 그곳에 있는 '아우구스투스 사원'이 표시되어 있다.

제피로스(서풍)라고 부르던 바람도 불어왔을 것이다. 태평하고 즐거운 삶을 추구하는 사람에게는 아마 천국 같은 곳이었을 것이다. 고향이 아닌데도 고향처럼 편안해서 그리스와 로마 출신의 정착민은 자기들의 신을 섬기는 사원까지 짓고 거기에 신격화된 황제 아우구스투스를 위한 특별한 공간도 마련했다. 따라서 영국령 콜카타는 서구 황제의 조각상을 세운 인도 최초의 도시가 결코 아니었다!

이 도시는 포이팅거 지도라는 로마의 아름다운 컬러 지도에도 표시되어 있지만 정확한 위치는 밝혀진 적이 없다. 무지리스가 코친 북쪽의 크랑가노르와 가까웠다는 사실은 이미 알려져 있다. 아마도 페리야르강일 가능성이 높은 커다란 강 입구에서 내륙으로 20스타드(약 3킬로미터) 거리에 있었다는 사실도 알려져 있다. 문제는 이 지역에서 강들의 물길이 자주 바뀐다는 점이다. 케랄라의 해안선도 자주 바뀌기로 악명이 높아서 모래톱이 해변으로 변하는가 하면 새로운 섬이 생겨나기도 한다. 그러다 세월이 흐르면 이 모두가 숲으로 뒤덮인 마른 땅이 되어 케랄라 후미에서 섬세한 무늬를 그리고 있는 석호들과 바다 사이의 장벽이 된다.

하지만 2005년 케랄라에서 온 고고학자들이 예상했던 지점에서 정확히 무지리스를 찾아냈다. 고요한 후미에서 내륙으로 6.5킬로미터쯤 들어간 곳이었다. 옛날에는 이곳이 페리야르강가였지만, 이 강은 로마 시대 이래 해안을 따라 3킬로미터쯤 위로 올라가버렸다. 중심부 언덕의 폭은 약 600미터이며, 야자나무·바나나·잭푸르트 숲이 그 위에 그늘을 드리우고 있다. 후추 덩굴도 꽃줄처럼 매달려 있다.

근처에서는 네로와 티베리우스의 동전이 발견되었다. 예비 발굴 결과, 이 언덕에 로마의 암포라(양쪽에 손잡이가 달린 단지)·토기 조각·지중해의 유리 장식품과 보석이 잔뜩 있음이 밝혀졌다. 언덕 꼭대기에는 아주 오래된 벽돌 사원이 서 있다. 이 동네 사람의 말에 따르면, 이 사원이 섬기는 여신은 '2,000세'나 됐다고 한다. 여신의 이름은 파타나 데비이며, 여신의 마을은 파타남이다. 그리스와 로마인이 무지리스라고 부르던 유명한 항구가 바로 이곳에 있었음이 틀림없다.

열린 항구, 케랄라

○

무지리스에는 부두와 창고가 있고, 아라비아인과 유대인 구역이 있었다. 이곳에는 외국의 다양한 문화가 몰려들었다. 고대의 『지명사전』과 『지리서』에 '지정 항구', 즉 지역 통치자와의 조약에 따라 항구로 지정된 곳으로 표시된, 홍해와 인도양의 로마 무역항과 비슷한 모습이었는지도 모른다. 무지리스는

⇦ 코친의 오래된 유대교회당. 유대인은 로마 시대에 향신료 무역을 위해 이라크를 출발해서 이곳을 처음 방문했을 것이다.

틀림없이 근처 야자나무 숲 사이로 펼쳐져 있었을 것이다. 영국이 전성기 때 인도인이 거주하는 '블랙' 타운과 영국인이 거주하는 '화이트' 타운을 조성한 모습과 비슷했을지도 모른다.

따라서 케랄라는 오래전부터 국제적인 지역이었다. 그렇다면 이 지역의 전통이 풍부한 것도 놀랄 일이 아니다. 케랄라는 이슬람교가 생겨나기 훨씬 전부터 아라비아와 무역을 시작했다. 인도 최초의 모스크는 크랑가노르 근처의, 낡았지만 예쁜 목조 기도관이라고 한다. 이곳의 이맘은 무함마드의 동반자였던 이슬람 상인이 이 모스크를 세웠다는 이야기를 들려준다. 이슬람 상인은 무함마드가 살아 있던 시절에도 이미 이곳에서 교역을 하고 있었다.

이곳의 유대인 마을은 로마 시대부터 있었다. 이 유대인은 바스라 근처

카락스를 출발해 배로 걸프만을 내려오면서 이라크의 여러 의식도 함께 가져왔다. 심지어 기원전 3000년대에 우르에서 발굴된 고대의 보드게임도 함께 전해졌다. 코친에서는 나이 많은 유대인 부인들이 최근까지도 이 게임을 하며 놀았다. 유대인이 남부 인도 사람과 향신료·의약품·염료 등을 교역한 기록은 중세까지 거슬러 올라간다. 게니자, 즉 구 카이로에 있던 유대교회당의 창고에서 살아남은, 무역상의 매혹적인「편지」를 통해 알 수 있는 사실이다. 19세기에 사순 일가처럼 바그다드에 거주하던 유대인은 구 코친의 '유대타운'에 향신료 창고를 건설했다. 무지리스 인근에는 지금도 소수의 인도 유대인이 살고 있다. 근처 첸다망갈람의 숲속에는 기둥이 늘어선 사랑스러운 유대교회당도 있다.

근동의 기독교인도 일찍부터 이곳 말라바르해안에 정착했다. 정확한 시기는 분명치 않다. 사도 도마가 인도에 기독교를 전파하기 위해 페리야르강에 도착한 시기는 기원후 50년경으로 알려져 있다. 도마가 도착한 자리에는 지금 하얗게 빛나는 시리아 기독교 성당이 서 있다. 가장 오래된 그리스 전승에 따르면, 도마가 펀자브의 탁실라에서 인도-그리스 궁정에 섰다고 돼 있다. 충분히 가능성 있는 얘기로 보인다.

무지리스는 기원후 1~2세기 또는 3세기까지 지중해 동부의 상인이 주로 무역을 하는 곳이었다. 따라서 『주항기』가 집필된 시기에 유대계 로마인 여행자가 페리야르강으로 왔다는 이야기에는 분명히 개연성이 있다. 로마의 향신료 무역이 절정에 이르렀을 때에는 수많은 유대인·기독교인·팔레스타인 출신의 아라비아인이 이 목가적인 곳에서 육지를 밟았을 것이다. 마르 토마(성 도마) 교회 옆에서 바람에 흔들리는 코코아 야자수 위로 저녁 기도 소리가 들려올 때면 정말로 그랬을 것이라고 믿고 싶어진다.

지금은 빨간색과 초록색으로 칠해진 여객선이 강어귀 양편의 선창을 오간다. 저녁 배가 도착했다. 강렬한 레몬색과 주홍색 사리를 입은 여인들이 장을 봐온 물건을 들고 부잔교로 뛰어내려 서둘러 집으로 향한다. 인도에서도 특히 이곳에 외국인이 정착하는 모습을 쉽게 그려볼 수 있다. 이들은 매년 서구에서 쏟아져 들어오는 선원들을 상대로 장사를 했을 것이다.

선원들은 이곳에서 고국의 물건들을 즐길 수 있었다. 아레초나 코스에서 들여온 포도주, 이탈리아제 올리브유, 반죽한 물고기 미끼—무지리스의 발굴현장 사방에서 발견되는 암포라에 담겨 수입됐을 것이다— 등등. 그리고 그 선원들 덕분에 인도의 토박이 신들과 서구의 신이 유쾌하게 뒤섞였을 것이다. 인도에서 상아로 제작된 락슈미 여신상이 폼페이까지 흘러가 기원후 79년의 화산폭발 때 땅에 묻히게 된 것도 그 덕분이었을까? 로마 시대 후기에 지어진 타밀의 「시」에는 그리스인이 용병과 상인은 물론 인도 남부에서 활약하는 조각가로도 등장한다. 이때부터 오랜 사랑이 시작되었다.

인도와 지중해 사이의 향신료 무역은 4세기까지 계속되다가 페르시아인의 손에 넘어갔다. 이슬람이 등장한 뒤인 7세기에는 아라비아인과 아라비아어를 쓰는 유대인이 주도권을 잡았다. 향신료 무역은 많은 것을 남겼다. 물질적인 흔적과 세상을 바라보는 시각, 이 두 가지 면에서 모두다. 코친, 티루치라팔리, 카루르의 고대 도박장 유적에서는 오래전부터 로마 동전이 발견되었다. 지금도 인도 남부에서는 결혼식 때 신부에게 자그마한 금화로 만든 목걸이를 준다. 트라야누스와 하드리아누스의 얼굴이 동전에 새겨져 있던 고대부터 전해온 풍습이다.

이보다 훨씬 더 호기심을 불러일으키는 유산도 있다. 기름 램프가 지중해에서 유래했다고 주장하는 인도 기록이 그것이다. 이 기록에는 '야바나[그리스]의 빛'이라는 말이 등장한다. 만약 이 주장이 사실이라면, 참으로 재미있는 일이다. 오늘날 인도 남부의 사원에서 가장 커다란 기쁨을 선사하는 물건 중 하나인 기름 램프가 추운 영국 북부에 있는 하드리아누스의 방벽(잉글랜드 북부의 동해안에서 서해안까지 이어져 있는 방벽)에서부터 온화한 무지리스에 이르기까지 로마의 수많은 유적지에서 발견된 소박한 테라코타 램프에서 유래했다니 말이다. 1세기에 팔레스타인에서 불을 밝힌 '현명한 처녀의 램프'가 오늘날 인도 남부 사람이 예배를 드릴 때에도 여전히 타오르고 있다.

마두라이: 남부 최초의 위대한 문명

이른 아침에 퀼론을 출발한 기차가 케랄라 해안에서 멀어져 숲이 우거진 서고츠의 산을 구불구불 달려서 동쪽으로 향한다. 텐카시 환승역에서 우리는 차로 바꿔 타고 북쪽으로 달려 스리빌리푸투르를 지나 마두라이 평원으로 들어선다. 비슈누 사원 정문의 장엄한 탑이 작은 도시 위로 76미터나 솟아 있다. 조각상으로 미어터질 지경인 이곳의 거대한 홀은 중세에 지어진 것으로 국민 「서사시」인 『마하바라타』의 여러 장면이 조각되어 있다. 케랄라에서 온 여행자는 이 사원에서 타밀의 고전 건축양식을 처음으로 접하게 된다. 이 건축양식은 고딕 성당이 유럽을 대표하듯이 인도 남부를 대표한다.

마르코 폴로는 1273년 이곳에서 두 달을 보내며 "세계에서 가장 고귀하고 찬란한 지역"이라고 생각했다. 더위가 본격적으로 시작되기 전인 이른 아침에 마두라이를 향해 가다보면 그가 이런 말을 한 이유를 알 수 있다. 하늘은 청명하고, 공기는 신선하다. 도시 상공이 안개에 부드럽게 덮여 있는 것을 제외하면, 무루간 신의 고향인 티루파라쿤람의 거대한 갈색 바위까지 시야가 탁 트여 있다. 산 위에 있는 무루간의 사원은 로마 시대 이래로 타밀의 「시」와 노래에서 찬양의 대상이다.

↩ '최후의 고전 문명'이라 불리던 곳의 가장 중요한 도시에 세워진 마두라이 사원. 이 건물은 대부분 16세기에 지어진 것이지만, 여신을 섬기는 사원은 철기시대 말부터 이미 이곳에 존재했다.

우리는 도시 외곽을 지나 숙소에 도착한다. 파수파티말라이(야생 짐승 언덕)의 숲 가장자리에 위치한 오래된 영국식 주택이다. 여기서 바이가이 평원 전체가 한눈에 내려다보인다. 장엄한 풍경이다. 마치 자연의 극장이 동쪽으로 80킬로미터쯤 떨어진 벵골만을 향해 푸른 안개 속으로 점점 넓어지는 듯하다. 우리는 케랄라 해안에서부터 인도 반도의 아래쪽을 횡단해온 셈이다.

이 평원은 판디아 문명의 심장부였다. 판디아 문명은 역사적으로 위대한 발자취를 남긴 타밀나두의 세 문명 중 가장 남쪽에 위치한 것으로, 로마인이 향신료를 구하려고 항해하던 시절에 인도 남부에서 가장 막강한 세력을 떨치고 있었다. 우리의 발아래에 펼쳐진 이 고대의 유명한 도시 중심부에 대사원 미낙시의 탑들이 서 있다.

마두라이는 인도에서 가장 매혹적인 곳 중 하나다. 타밀나두에서 마드라스에 이어 두 번째로 중요한 도시인 이곳은 현재 상업이 번창하고 있으며, 100만 명의 주민이 살고 있다. 오토릭샤들이 경적 소리로 불협화음을 빚어내며, 성난 호박벌처럼 사원 주위의 좁은 길에서 붕붕거린다. 오늘날 이 도시는 금 세공인과 재단사가 활동하는 수공업 구역과 활발한 상업 활동 덕분에 고대 못지않게 유명하다.

건물들이 사방에서 솟아나고 있지만, 이 현대적인 도시의 형태는 여전히 고대의 도시계획을 따르고 있으며, 주민은 전통적인 세시풍속을 지킨다. 사원을 중심으로 동심원을 그리고 있는 거리는 예전부터 항상 이 도시의 지형을 결정하는 요소였다. 이들의 역사는 최소한 로마 시대까지 거슬러 올라갈 것으로 짐작된다. 타밀 달력의 달 이름이 붙은 안쪽의 거리들은 이 도시가 처음 생겼을 때부터 존재했다. 이 도시는 『경전』을 바탕으로 계획되었다. 신성한 도시라는 개념은 고대의 것이며, 오늘날 대부분의 신성한 도시는 베이징의 쯔진청(紫禁城)처럼 박물관으로만 존재한다. 하지만 이곳 마두라이에서는 신성한 도시가 여전히 활기차게 살아 숨쉬고 있다.

이 도시의 중심부에는 대사원이 있다. 정문에는 거대한 탑이 서 있고 복도는 미로 같다. 내 경험으로 미루어보건대, 이 건물은 분위기만으로도 전 세계에 경쟁 상대가 거의 없을 것이다. 이곳은 시바 신의 사원이지만, 사실은 시바의 아내에게 봉헌된 것과 마찬가지다. 이 도시의 주민은 지금도 시바의 아내가 이 도시를 지켜주는 진짜 수호신이라고 생각한다. 이곳에서 시바의 아내는 '물고기 눈의 여신'이라는 뜻인 미낙시로 불린다. 십중팔구 이 남부 지방의 선사시대까지 한참 거슬러 올라가야 문화적·언어적 뿌리를 찾을 수 있는 대단히 고풍스러운 이름이다. 도시를 지켜주는 이 여신의 이름이 타밀의 「시」에 처음 언급된 시기는 로마 시대까지 거슬러 올라가지만, 그녀의 이름과 성격은 그보다 훨씬 이전인 청동기시대 또는 그 이전의 문화와 관련되어 있는 듯하다.

이곳의 문화는 수백 년에 걸쳐 성장했다. 이 문화의 배경을 조금이라도 알아보려면 인더스의 도시들이 사라진 직후까지 잠시 거슬러 올라가야 한다. 북부의 『리그 베다』 시기 말이다. 당시 이곳 남부에서는 탐브라파니강 입구의 마두라이에서 남쪽으로 80킬로미터 떨어진 해안의 판디아 왕국에서 최초의 문화가 싹을 틔웠다. 100여 년 전 이곳의 아디차날루르에서 실시된 발굴 결과 기원전 1000년 이전까지 거슬러 올라가는, 대규모 거석문화 거주지가 발견되었다. 이 거주지는 후대의 타밀 문화와 관련되어 있음이 분명했다. 특히 놀라웠던 것은 이곳 주민이 남성 신을 섬겼음을 보여주는 증거들이었다. 이 신의 상징은 이파리 모양의 날이 달린 창과 공작새였다. 이는 오늘날 타밀에서 가장 인기를 끄는 무루간 신, 즉 산들의 주인인 '붉은 신'과 매우 흡사하다. 심지어 신자들이 모종의 장치로 턱을 찔러 입을 고정시킨 흔적도 발견되었는데, 이 풍습은 지금도 살아 있다.

2005년에는 이곳에서 다시 발굴이 시작되어 환상적인 유적과 유물이 쏟아져 나왔다. 진흙 벽돌을 단단히 쌓은 뒤 겉에 돌을 입힌 담장, 도공들의 구역, 대장간, 구슬을 만들던 곳 등이 발견되었다. 60만 제곱미터가량 되는 거대한 묘지에서는 신분이 높은 사람의 무덤도 많이 발견되었다. 이때 새로 발견된 것들 중 가장 놀라운 것은 무덤에 부장품으로 묻힌 항아리 조각이었다. 이 조각에는 뿔 달린 사슴이 꼬리를 세운 모습, 악어, 벼 줄기 위에 앉은 학, 세워놓은 벼 한 다발, 키가 크고 호리호리한 여인이 손바닥을 펼친 모습 등이 아름답게 새겨져 있다. 아마도 지금까지 알려진 것 중 가장 오래된 남부의 예술 작품이 아닌가 싶다.

아디차날루르의 발굴 결과는 무루간 숭배처럼 지금까지 살아 있는 타밀의 전통 중 일부가 정말로 유구한 역사를 갖고 있음을 시사한다. 그렇다면 고대의 타밀 「시」에 언급되어 있을 뿐만 아니라 지금도 매년 200만 명을 마두라이로 불러들이는 황소 달리기 축제 또한 역사가 길다고 봐야 한다.

2006년에 고대 도시인 마야바람 근처의 코베리강에서 발견된, 인더스 문자로 네 개의 기호가 새겨진 봉헌용 돌도끼 날도 이러한 과거를 어렴풋이 시사하는 증거 중 하나다. 그 도끼가 지금의 자리에 묻힌 것은 철기시대이지만, 처음 만들어진 시기는 그보다 더 오래전일 것이다. 그 도끼가 어떻게 해서 코베리강까지 흘러왔는지는 분명치 않다. 인더스시대 이후에 흘러온 것일까? 이민자가 가져온 것일까, 아니면 교역을 통해 이곳으로 흘러온 것일까? 이 돌은 원래 북부에서 캔 것일까, 남부에서 캔 것일까? 이 도끼날은 남쪽 끝에서 지금도 명맥을 유지하고 있는 일부 씨족과 카스트의 구전 전승에 언급된, 고대에 이 지역과 북서부가 연결돼 있었다는 주장을 뒷받침해주는 증거인지도 모른다. 그런데 이런 구전 전승을 갖고 있는 집단 중에는 로마 시대의 시에 그 역사가 무려 48세대나 거슬러 올라간다고 언급된 곳(아디차날루르 근처에 살고 있는 집단)도 있다!

이 철기시대 문화는 기원전 마지막 몇 세기 동안 점점 발전해서 도시 문명이 되었으며, 기원전 3세기에 마우리아 제국과 접촉한 뒤에는 글자도 사용하기 시작했다. 역사 속에 남아 있는 남부의 세 왕국, 즉 촐라·판디아·팔라바는 이 시기에 아소카 황제의 「칙령」을 통해 역사 속에 등장한다.

하지만 메가스테네스는 기원전 3세기경에 이미 판디아 왕국에 관해 알고 있었다. 그는 이 왕국의 여신이 '헤라클레스의 딸'이며, 이 왕국의 군대는 전투용 코끼리 500마리, 기병 4,000명, 보병 12만 명—말도 안 되는 숫자다—규모라는 말을 들었다고 한다. 어쨌든 아소카의 「칙령」을 보면 이 세 왕국의 규모와 힘이 상당했음이 분명하다. 크리슈나강과, 군데군데 갈라진 황량한 데칸고원 너머에 있는 마우리아 제국이 이 세 왕국을 통합하는 것은 불가능한 일이었다. 이런 역사적 배경을 알고 나면 남부의 놀라운 문화적 지속성을 이해할 수 있다.

고대 타밀 왕국들과 서양의 만남

◯

그리스인은 기원전 1세기부터 판디아 왕국을 알고 있었다. 나중에는 마두라이가 프톨레마이오스의 세계 지도에도 등장한다. 한편 그리스 역시 타밀의 「시」에 등장한다. 타밀의 「시」들은 그리스인이 일종의 정착지 같은 곳에 사는 왕의 용병이며, 관광객처럼 멍청한 표정으로 거리를 돌아다닌다고 묘사

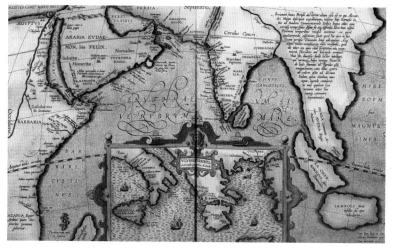

⇧ 기원전 2세기에 그리스의 역사가 폴리비오스는 "옛날에는 서로 멀리 떨어진 곳에서 발생한, 아무 관련 없는 사건들이 세계 역사를 구성했다. 하지만 이제부터 역사는 유기적인 존재가 된다. 유럽과 아프리카에서 일어나는 일이 아시아와 그리스에서 일어나는 일과 연결되어 있고, 모든 사건이 관련되어 하나의 목적에 이바지한다"고 썼다.

한다. '멍청한 mlecchas(외국인들)'이라는 것이다. 이곳에서 활동하던 그리스와 로마의 조각가를 언급한 부분도 있다. 이 도시뿐만 아니라 타밀나두 전역에서 발견된 수많은 로마 동전이 이런 풍경에 색채를 더해준다. 이 동전은 무지리스에서 보았던 것처럼 인도와 로마 제국이 상업적인 교류를 했다는 또 하나의 증거다. 기원전 21년, 아우구스투스의 재위 중에 판디아의 사절이 마두라이를 출발해 바닷길로 로마까지 갔다.

마두라이의 문화적 명성은 이 시기부터 시작된다. 전승에 따르면, 이 도시는 타밀 시인들의 산감(sangam), 즉 아카데미였다고 한다. 실제로 타밀 문학에는 이보다 훨씬 더 이른 시기, 즉 태곳적에도 산감이 여러 곳에 있었다는 전설이 있다. 하지만 로마 시대의 산감은 실제로 존재했던 곳이다.

이러한 시적인 전통은 기원전 2세기에 이미 언어학적인 분석의 대상이 되었다. 문법과 시학에 관한, 타밀 최고(最古)의 논문인 『톨카피얌』은 지금은 실전(失傳)되었지만 분명히 더 오래된 시가 존재했음을 전제로 삼고 있다. 이런 고대의 작품들 중 살아남은 것은 몇몇 구절에 불과한데, 그 중에는 서기 1세기부터 150명의 시인들이 지은 사랑과 전쟁에 관한 시 400편을 모은 『푸라나누루』도 있다. 이 작품은 구전을 토대로 남녀 시인들이 적은 것이다. 여기에는 여러 가지 사건·행동·전투에 관해 왕에게 바친 찬양의 시도 포함되어 있다.

원기왕성하고, 잔인하고, 생명을 사랑하는 이 작품들은 중세에 남부의 대중문화를 지배하게 된 타밀의 경건한 종교시와는 그 어조가 완전히 다르다. 비록 북부의 브라만 문화가 이미 영향을 미치기 시작한 뒤였지만, 고대 타밀 왕국에 관한 시인의 묘사를 통해 우리는 아리아인이 도래하기 전 인도의 문화가 어땠는지 어렴풋이 짐작할 수 있다. 로마 시대에 만들어진 타밀의 『시선집』에 전쟁에 관한 명시뿐만 아니라 사랑에 관한 명시 또한 포함되어 있는 것은 결코 우연이 아니다. 이 시들은 남녀관계를 심리 면에서 대단히 사실적으로 묘사하고 있으며, 성적인 표현도 노골적이다.

> 내 어머니가 당신 어머니에게 무엇이 될 수 있을까?
> 내 아버지가 당신 아버지에게 어떤 친척일까?
> 당신과 나는 어떻게 만났을까?
> 하지만 사랑 속에서 우리의 가슴은 붉은 땅과 퍼붓는 비처럼
> 뒤섞여 헤어질 수 없다.

고대 타밀 문학에서 또 하나 매혹적인 점은 마두라이라는 도시 자체가 시의 소재가 된다는 점이다. 마두라이는 화려함·풍요로움·사치스러움, 외국

과 접촉하는 곳이며, 사회적 자유와 성적인 자유를 누릴 수 있는 곳이다. 도시 생활은 물리적·문화적·정신적인 면에서 새 지평을 열어주었다.

시에는 북적거리는 시장·사원·토론장의 풍경을 묘사한 훌륭한 구절이 많다. 그리스 용병에 대한 언급, 타밀의 왕과 족장이 외제 포도주를 즐긴다는 이야기 등은 외국과 교류하는 것을 암시한다. 유명한 산감 시 「마두라이의 화관」은 판디아의 네둔젤리얀 왕이 다스리던 시절 마두라이의 눈부신 이미지를 묘사한다. 꽃향기, 버터 기름과 향내 때문에 몇 킬로미터나 떨어진 곳에서도 이 도시의 냄새를 맡을 수 있었다는 것이다.

"음식과 음료수를 파는 상점과 주택들 위에서 깃발이 유쾌하게 흩날리는 도시. 넓은 거리는 사람들의 강. 모든 종족이 시장에서 물건을 사고팔고, 유랑 악단과 음악가들의 음악에 맞춰 노래를 부른다."

이 시는 또한 사원 주위에 달콤한 케이크, 화관, 향내 나는 파우더, 빈랑 이파리 등을 파는 노점이 있다고 말한다. 공방에서 일하는 수공업자를 열거한 구절도 있다.

"조가비로 팔찌를 만드는 사람, 금 세공인, 포목상, 옷을 만드는 재단사, 구리 세공인, 꽃 파는 사람, 백단 상인, 화가, 방직공."

이런 구절들은 오늘날의 도시에도 적용될 수 있을 것이다. 마두라이는 이런 시들이 지어진 고대부터 지금까지 놀라울 정도로 지속성을 유지하고 있기 때문이다. 판디아 왕조도 나름대로 부침을 겪었지만, 영국이 1805년에 이 땅을 차지했을 때에도, 그리스-로마 시대에 이 땅을 다스리던 왕조의 먼 후손이 여전히 이곳을 다스리고 있었다.

사라진 고전 문명에 빛을 던지다

◯

타밀 문학은 서유럽의 그 어떤 문학 못지않게 풍요롭다. 타밀 문학보다 오래된 것은 그리스와 라틴 문학뿐이다. 하지만 로마 시대 말기와 중세 초기의 타밀 문학은 19세기까지 대부분 묻혀 있었다. 특히 자이나교도와 불교도가 쓴 작품 중 일부는 완전히 사라져버렸다. 인쇄술이 자리 잡고 서구식 교육이 전면에 나서게 되면서 야자수 이파리에 기록된 고대의 원고들이 유럽의 기독교식 기준에 따라 더 이상 아무 가치가 없다는 판결을 받은 탓이었다. 이 원고들은 파기되었다.

19세기 중반에 젊은 학생이었던 스와미나트 아이야르가 시장을 만나 고대의 고전 작품이 아직 남아 있음을 알게 된 뒤 사라진 작품을 되찾으려는 작업이 시작되었다. 아이야르는 『자서전』(1941)에서 자신이 그 뒤로 수십 년 동안 기차와 소달구지를 타고 인도 남부를 종횡무진 돌아다니면서 폐기되거나 불태워지기 직전인 고대의 야자수 이파리 원고들을 수집했다고 설명했다. 그는 쿰바코눔 같은 사원 도시 주위에서 원고를 찾아다니다가 전통이 여전히 살아 있는 사례들을 발견하고 깜짝 놀라기도 했다. 타밀의 자이나교도가 매년 고대의 「시」를 읽는 전통도 그중 하나다. 나도 타밀나두 시골의 소규모 자이나교 공동체 몇 군데에서 이 전통이 여전히 살아 있음을 발견하고 깜짝 놀란 적이 있다.

중세의 학자들이 가장 많은 찬사를 보냈던 다섯 편의 「서사시」 중 두 편은 여전히 실전된 상태이고, 한 편은 아직 타밀어에서 다른 언어로 번역되지 못했다. 하지만 고대의 시 대부분이 사라졌어도, 개인이 소장하고 있는 원고들이 계속 발견되고 있다. 나 역시 이번 다큐멘터리를 찍으면서 마두라이에서 접촉했던 타밀 학자에게서 새로운 원고를 발견했다는 전화를 받았다.

우리는 어느 눈부신 봄날, 미낙시 사원에서 만나기로 했다. 햇빛이 정문의 탑들을 비스듬히 비추고, 황금 지붕 위에서 반짝였다. 우리는 사원 사무실 근처의 작고 양지바른 뜰에 서 있는 인도멀구슬나무 밑에 앉았다. 시바콜룬두 박사가 도시 외곽 마을의 한 오래된 가문에서 나온 원고의 포장을 조심스레 벗겼다. 「실라파디카람」이라는 「서사시」를 18세기에 필사한 원고였다. 4세기 또는 5세기에 지어진 이 시의 일부는 마두라이를 배경으로 하고 있었다.

길고 가는 끈으로 만든 고리가 이파리들을 하나로 묶고 있었다. 글자는 뾰족한 금속으로 새긴 뒤 램프의 검댕으로 문질러 형태가 드러나게 한 것이었다. 「실라파디카람」은 셰익스피어의 로맨스 작품과 비슷하다. 사랑과 정열, 잘못 알려진 신분, 난파, 변화, 운명의 장난 등이 등장한다는 점에서 그러하다. 이 작품의 등장인물과 공간 배경에는 『주항기』 시대가 반영되어 있었다. 해외로 항해를 나가 큰돈을 벌어온 이야기, 대저택, 매혹적인 고급 창녀, 귀한 보석, 훌륭한 옷…….

이 작품에는 젊은 연인들이 등장한다. 선장의 딸인 카나키는 '황금 덩굴 같은 몸'을 지닌 여자이고, 상인의 아들인 코발란은 '무루간의 화신'이다. 데스데모나의 손수건처럼 이야기의 중심에 불길하게 자리한 사라진 발찌는 주인들에게 재앙을 몰고 온다.

이 이야기의 시대 배경은 국제무역이 막 시작되던 시기, '야바나의 멋진 배들이 거품을 일으키며' 타밀 해안 최대의 항구인 푸하르 또는 코베리파트남으로 오던 시기다. 오늘 아침, 밝은 색 고푸라(정문) 위로 해가 떠오르고 사원 깊숙이에서 종들이 울릴 때 시바콜룬두 박사는 현존하는 인도 최고(最古)의 고전 언어로 된 글을 읽기 시작했다.

위대하고 유명한 왕들이 부러워했도다

부유한 도시 푸하르의 바다 상인들이 지닌 엄청난 부를
외국에서 온 배와 카라반들이
진귀한 물건들과 다양한 상품들을 푸짐하게 쏟아냈지
이곳의 보물들은 전 세계에서 아무도 손대지 못할 것이다
포효하는 바다에 묶여
연꽃의 눈을 한 카나키와 그녀의 사랑하는 남편은 운이 좋았다
고귀한 출생, 아버지와 마찬가지로
말로 다 할 수 없는 부의 상속자……

이야기는 지금은 사라진 도시 코베리파트남과 마두라이를 오가며 펼쳐진다. 코베리파트남에는 사원들과 '높은 저택들'이 코베리강 입구에서 있었지만, 모두 바닷물에 씻겨 가거나 모래에 파묻혀버렸다. 현재 고고학자들은 무너진 건물 조각을 찾으려고 얕은 바다 속을 뒤지고 있다. 숲이 우거진 아름다운 길을 따라 들어간 곳에는 고대에 왕궁이 있던 자리에 빨간 벽돌로 된 기초만 남아 있다.

오래된 사원에서는 지금도 승려들이 도시가 바다 속으로 가라앉았다는 전설을 이야기한다. 플리니우스와 프톨레마이오스는 이 도시를 '엠포리온(교역하는 곳이라는 뜻) 코베리스'라고 불렀다. 타밀의 「서사시」들은 "도시 푸하르는 그 명성이 하늘과 맞먹고, 쾌락은 뱀의 세계와 맞먹는다"고 찬사를 바친다. 이

⇦ 뾰족하고 날카로운 물건으로 야자수 이파리를 긁어 글자를 쓴 뒤 램프의 검댕으로 문지른 것. 타밀의 학자인 시바콜룬두 박사가 고대의 문헌 제작법을 보여주기 위해 직접 글을 써주었다.

도시에는 배와 카라반이 가져온 외국 상품이 가득하다.

"히말라야의 금, 남쪽 바다의 진주, 벵골만의 빨간 산호, 갠지스와 코베리의 농산물, 실론의 곡식, 버마의 진귀한 사치품."

신세계: 중국과의 무역

타밀의 「시」, 그리스와 로마의 『지명사전』 「계약서」 『지리서』 등을 모두 합하면 인도가 세계를 향해 어떻게 문을 열었는지 큰 그림이 보인다. 하지만 『주항기』는 인도와 중국의 상업적 교류가 막 시작되는 시점에 관해서도 매혹적인 단서를 준다. 『주항기』에 따르면, 인도의 동해안을 따라 무역을 한 것은 바로 타밀 사람이었다. 이들은 통나무를 쪼개서 만든 뗏목을 타고 바다로 나갔다. 『주항기』의 저자는 타밀족의 땅에서 해안을 따라 오리사까지 북쪽으로 항해하는 모습을 다음과 같이 묘사한다.

> 해안이 동쪽으로 휘어지기 시작한다. 오른쪽은 바다, 왼쪽은 육지다. 그러다 결국 갠지스가 시야에 나타난다……. 인도 최대의 강인 갠지스는 나일강처럼 계절에 따라 수위가 높아진다. 이 강에 똑같은 이름의 중요한 무역기지가 있다. 갠지스시. 이곳을 통해 말라바트론(고전시대와 중세 문헌에서 계피와 비슷한 향기를 풍기는 식물 이파리, 또는 그 이파리로 만든 연고를 가리키던 말)·감송·배·'갠제틱'이라는 최고급 모슬린이 수출된다. 이 지역 너머에는 아주 광대한 내륙지방인 중국이라는 곳이 있는데, 이곳에서 생사(生絲)·견사(絹絲)·옷감이 육로로 들어온다.

그리스 선원이 육로를 통해 물건들이 중국으로 운송되는 곳이라고 언급했던 갠지스의 항구 이름이 탐루크였음을 최근의 발굴을 통해 밝혔다. 이 도시는 서벵골의 콜카타에서 남쪽으로 48킬로미터 떨어진 후글리강의 한 지류에 남아 있다. 지금은 진흙과 야자 숲에 뒤덮여 있지만, 인도 역사에서 망각 속으로 사라졌던 매혹적인 지역 중 한 곳임에는 틀림없다. 고대에 이곳은 탐랄립티라 불렀으며, 아소카 시대부터 항구가 번창했다.

2세기에 지리학자 프톨레마이오스도 언급했던 탐루크는 유명한 불교 도시이자 학문의 중심지가 되었다. 7세기에 인도를 여행한 현장이 이곳에 들렀을 때, 수도원이 무려 22곳이나 있었다. 인도와 중국의 기록들은 이곳이 중국으로 가는 길의 출발점으로서 가장 중요한 곳이었음을 보여준다. 이곳이 세 개의 중요한 무역로가 교차하는 지점에 자리 잡고 있기 때문이었다.

그 무역로 중 첫 번째 것은 우리가 방금 살펴본 바닷길, 즉 동해안을 따라 인도 남부와 스리랑카로 내려와서 아라비아해를 건너 서쪽으로 가는 길이었다. 나머지 두 개 무역로는 고대 사람이 중국으로 갈 때 이용하던 길이다. 벵골만을 건너 자바·수마트라·인도차이나로 가는 바닷길과, 인도 북부를 통해 히말라야를 넘어서 실크로드의 코탄으로 가는 육로다. 7세기에도 여전히 불교 도시로서 중요한 자리를 차지하고 있던 이 항구는, 중국의 『지명사전』과 「해도」에 15세기까지는 표시되어 있었다. 하지만 진흙 침전물이 자꾸 쌓이면서 중요성을 잃어버리고 동인도회사의 다이아몬드 항구와 콜카타에 차례로 자리를 내주었다.

이제 우리는 역사의 지렛대가 된 시점에 도달한 셈이다. '갠지스강 입구의 도시'는 새로운 세계 질서가 자리를 잡으려는 시점에 세계 무역로가 교차하는 지점이었다. 이곳은 『주항기』에서도 마지막으로 언급돼 있다. 이 책은 홍해에서부터 동아프리카의 잔지바르까지, 그리고 아라비아·걸프·인도 해

⇧ 실크로드의 곁길에 새겨진 부처의 설법 장면. 1세기부터 중국의 불교도들이 인도로 선교여행을 오기 시작한 것이 중국과 동아시아 역사에 커다란 영향을 미쳤다.

안에 이르기까지 모든 항구를 열거한 뒤에야 이 도시를 언급한다. 이곳에서 뻗어나가는 무역로는 당시 알려져 있지 않았다.

"이 중국이라는 곳은 닿기가 쉽지 않다." 『주항기』의 저자는 기원후 70년경 지중해 바닷가에 있는 단골 음식점에서 늙은 선원들과 함께 앉아 이렇게 결론짓는다. 플라톤이 말한 것처럼 그들이 앉은 모습이 '개구리 연못 주위를 둘러싼 개구리들' 같았을 것이다.

"거기서 사람이 오는 경우는 거의 없고, 그리로 가는 사람도 많지 않다."

그 너머의 땅에 대해서는 여행자들이 들려주는 유랑 상인에 관한 이야기뿐이었다. 그 상인은 물건을 지고 고갯길을 넘어 중국으로 갔다. '기억의 수도'인 알렉산드리아 출신 선원인 『주항기』의 저자는 수수께끼 같은 말로 이야기를 끝맺는다.

"이곳 너머의 땅—중국—은 겨울이 혹독하여, 추위가 심하고, 사람의 발길이 닿을 수 없는 지형이라 아직 가본 사람이 없다. 어쩌면 신들의 신성한 힘도 어느 정도 작용했을지도……."

기원후 70년대에 지리학에 대해 지닌 지식은 여기까지였다. 하지만 실크로드가 열리고 동양과 서양이 최초로 직접적인 접촉을 하게 되면서 이 지식은 놀라울 정도로 급속히 늘어갔다. 알렉산드리아에서 우리의 늙은 선원이 『주항기』에 마침표를 찍던 바로 그 순간, 멀리 동쪽에서는 인도 역사에 또다시 찬란한 새 장을 여는 사건이 펼쳐지고 있었다.

그것은 잃어버린 보물, 잊힌 제국, 개인적인 드라마가 등장하는 신기한 이야기다. 무굴이나 영국처럼 영향력을 발휘했을 가능성이 있지만, 오늘날에는 거의 알려지지 않은 제국의 이야기. 이 이야기는 인도에서 아주 멀리 떨어진 곳, 중국 국경 근처에서 시작된다. 한나라가 세운 최초의 장성 너머에 위치한 이곳에서는 중국인이 월지라고 부르던 부족이 전투에 져서 타는 듯이 뜨거운 타클라마칸사막을 돌아 서쪽으로 쫓겨 갔다. 거기에는 새로운 운명과 역사가 있었다.

쿠샨인의 기나긴 행군

◇

오늘날 우리는 인간적인 지리학에 익숙해서 국민국가의 경계선을 기준으로 머릿속에 지도를 그린다. 하지만 대부분의 인류 역사는 그렇게 흘러오지 않았다. 사람의 이동과 움직임은 물질이 흩어졌다가 다시 형성되는 모습과 비슷했다. 사람은 하나로 뭉쳤다가도 아주 먼 곳까지 퍼져나가곤 했다. 구세계의 중심에 서 있는 인도에서도 선사시대부터 현재까지 그런 움직임이 계속

되었다. 인도의 문화는 대개 변화에 저항하는 정적인 것으로 묘사되지만, 사실은 놀라울 정도로 유연하고 역동적이다.

인도 문명의 경계선은 오늘날 지도에 표시된 국경선을 한참 넘어선다. 드라비다·아리아·그리스·셀주크튀르크·아프가니스탄·몽골·무굴·영국……. 이들이 모두 많은 역할을 하며 새로운 언어·문화·음식·사상을 인도의 성체성이라는 틀 속으로 깊숙이 가져왔다. 인도 역사의 물결은 토착문화와 외래문화의 끊임없는 접촉으로 이루어졌다. 쿠샨인의 경우도 마찬가지다. 이들의 이야기는 인도의 기준으로도 거의 믿기 힘들 정도다.

이 이야기는 아시아 중앙의 신장에 자리 잡은 타클라마칸사막에서 시작된다. 타는 듯 뜨거운 투루판의 오아시스에 마치 손가락으로 긁은 것 같은 모습으로 침식된 화염산(Flaming Mountains)과 로프노르(중국 북서부에 있는 소금 호수)의 자갈밭이 있는 곳이다. 최근 이곳에서 기묘한 물건이 발견되었다. 얼굴에 백인종의 특징을 지닌 빨간 머리 종족의 미라였다.

불교도의 동굴에 보관된 이들의 문서를 통해 학자들은 이들이 인도유럽어족의 언어를 사용했음을 알 수 있었다. 이것은 산스크리트어·그리스어, 이밖에 서구의 여러 언어와 친척 관계인 이 거대한 어족의 언어 중 가장 동쪽에서 발견된 언어다. 이들이 사용했던 여러 이름 중에는 놀랍게도 오늘날 델리 남쪽의 줌나강 근처 브린다반, 즉 크리슈나의 도시에 사는 농부들의 기억 속에 아직 남아 있는 것이 하나 있다. 옛날 통치자들은 이곳의 토차리 틸라(토차리인의 언덕)에 가족사원을 세웠다. 이들의 힘이 절정에 이르러 중앙아시아에서 갠지스강에 이르는 넓은 영토를 다스릴 때였다. 현재 이들은 쿠샨왕조로 알려져 있다. 이 이름이 붙은 이유에 대해서는 곧 설명하겠다.

쿠샨인이 역사 속에 처음 등장하는 것은 중국 역사가의 「연대기」를 통해서다. 중국 역사가는 쿠샨인을 월지라고 부르면서 이들이 만리장성의 전신인, 진흙 벽돌로 쌓은 장성 너머의 황야에서 중국 변방을 위협한다고 기록했다. 이 장성의 잔해는 지금도 자위관(嘉峪關)에서부터 모래폭풍이 이는 타클라마칸사막까지 구불구불 이어져 있다. 이 중국 최초의 장성은 월지 같은 종족·유목민·이주민을 막기 위해 기원전 200년경 한나라가 세운 것이다.

중국의 기록 가운데는 배신으로 끝난 협상에 관한 끔찍한 전설이 남아 있다. 이 전설에 따르면, 중국인은 월지의 최고 수장을 죽여 그의 두개골로 잔을 만들었다고 한다. 중국의 공격을 받은 월지는 천막을 걷어 짐을 꾸리고 서쪽의 타림분지로 향했다. 티베트 위쪽에 있는 땅이다. 월지는 그곳에서 한동안 코탄을 다스리다가 기원전 160년대부터 기원전 120년대 사이에 더욱더 서쪽으로 이동해 중앙아시아와 박트리아로 갔다.

그로부터 1세기도 되지 않아 이들은 힌두쿠시 북쪽의 옥수스강 일대에서 강력한 세력으로 자리 잡았다. 당시 중국 기록에는 이들이 네 부족으로 나뉘어 있었으며, 모두 합해 90만 명에 이르렀다고 되어 있다. 이 네 부족 가운데 하나가 바로 쿠샨이라는 이름의 원조다. 중국 「연대기」에는 오늘날 쿠줄라 카드피세스로 알려진 왕이 언급돼 있다. 그는 쿠샨 왕조의 역사에서 중요한 의미를 지닌 최초의 왕이다. 그는 '대월지 부족들'을 하나로 통합한 뒤 카불계곡, 간다라(페샤와르의 옛 이름), 카슈미르를 침공했으며, 여든 살 때 세상을 떠났다. 아마도 기원후 80년경이었던 것 같다.

그 뒤 10~20년 동안 그의 아들 비마 탁토가 인도 북부를 쿠샨 왕조의 영토에 보탰다. 중국의 기록에는 "이때부터 월지가 지극히 부유해졌다"고 되어 있다. 이때쯤 서구의 기록에도 이들이 등장한다. 그리스 역사가들은 아프가니스탄 북부에서 페르시아와 그리스 제국들의 옛 영토 박트리아가 정체를 알 수 없는 외부인에게 무릎을 꿇었다고 기록했다. 이렇게 해서 1세기 후반, 즉 『주항기』가 지중해와 인도양 사이의 세계를 훌륭하게 묘사한 바로 그 시기에 쿠샨은 박트리아에서 힌두쿠시를 가로질러 간다라와 인도 북서부까지 세력을 떨치고 있었다. 비교적 짧은 시간에 세계적인 강대국이 되어 아시아에서 가장 중요한 육로 두 곳을 장악한 것이다.

아프가니스탄과 인더스계곡에 자리 잡은 쿠샨 왕조는 인도 문명과 인도-그리스 문명과 접촉하면서 문화적으로 커다란 변화를 겪기 시작했다. 이 지역에서 인도-그리스 왕국들은 오래전부터 다양한 언어를 사용했다. 심지어 그리스어와 산스크리트어로 동전을 주조할 정도였다. 쿠샨인은 그리스 문자와 언어를 채택해서 「명문(銘文)」과 동전에 사용했다. 그러다 2세기 초에 자기들만의 '아리아' 언어를 도입했지만 문자는 여전히 그리스 문자를 수정해서 사용했다.

오늘날 박트리아어로 알려져 있는 쿠샨인의 언어는 최근에야 해독되었다. 힌두쿠시 북쪽의 쿠샨 왕조 유적 발굴 현장에서 가죽·면직·나무에 적힌 「편지」와 「증서」 등, 다양한 「문서」와 「명문」이 새로 발견된 덕분이었다. 그 결과 쿠샨의 언어가 아프가니스탄 북부에서 이슬람 시대에 이르기까지 수백 년 동안 사용되었다는 사실 또한 밝혀졌다. 지금도 그 지역에서는 그리스어에서 유래한 몇몇 단어와 함께 박트리아어에서 유래한 많은 단어가 일상 회화에서 흔히 사용되고 있다.

쿠샨인은 한두 세대 만에 힌두쿠시와 카불계곡에서부터 카이베르고개를 통해 페샤와르로 내려와서 펀자브를 가로질러 인도 북부로 들어가 줌나 강 유역의 마투라까지 차지했다. 이 일이 정확히 언제 어떻게 이루어졌는지는 아직 밝혀지지 않았다. 쿠샨 왕조의 부상에 관한 중국 측 기록에 따르면, 쿠줄라 카드피세스의 아들이 이 정복전쟁을 이끌었으며, 정복이 끝난 뒤 "휘하의 장군에게 자기 대신 인도를 다스리는 임무를 맡겼다"고 한다. 이 왕은 비마 탁토임이 틀림없다. 그는 자신이 주조한 동전에 그리스어로 "왕 중의 왕, 위대한 구세주"라고 새기게 했다. 기원후 78년에 새로운 연호를 도입한 것도 비마일 가능성이 있다. 이 연호는 샤카 연호로 지금까지 살아남아 인도 신문의 제1면에 기독교 시대의 연호인 서기와 함께 나란히 실려 있다. 이것만 따진다면 쿠샨 왕조가 '인도의 왕'을 자처할 자격이 있다고 할 수 있다.

조각조각 흩어져 있던 이 놀라운 이야기가 하나로 모이게 된 것은 최근 박트리아 언어가 해독된 이후였다. 이제는 이 이야기 속에 현대의 고고학적 발견 중 가장 매혹적이고 훌륭한 성과를 일부 끼워 넣을 수 있게 되었다. 그중에서도 가장 놀라운 것은 제2차 세계대전 전야에 카불 북부의 바그람에서 발견되었다.

잊힌 제국의 보물

◯

차리카르 근처의 바그람. 예전에 소련이 아프가니스탄 저항군과 싸울 때 비행장으로 이용했던 거대한 활주로가, 이제는 탈레반과 싸우는 미군의 기지가 되었다. 거대한 헤라클레스 수송기가 천둥 같은 소리를 내며 밤낮으로 드나들고, F-116기도 고막을 찢어버릴 듯한 소리를 내며 하늘로 떠오른다. 활주로는 카불평원에 위치해 있는데, 여기서 북쪽을 바라보면 만년설을 머리에 인 힌두쿠시의 산들이 멀리 보인다.

갈색 진흙벽돌로 지은 주택—요새처럼 단단하게 지은 아프가니스탄의 전형적인 농가—이 점점 흩어져 있는 초록색 들판 너머에는 판지시르강을 향해 뚝 떨어지는 절벽 위에 건물이 솟아 있다. '압둘라의 성'이라고 불리는 곳이다. 이 요새의 폭은 약 270미터이며, 외곽 도시의 방어벽은 남쪽으로 거의 800미터나 더 내려가 있다. 알렉산드로스 대왕이 세운 그리스 도시가 있던 곳이 바로 여기다. 카프카스산맥 아래의 '알렉산드리아'였던 이곳은, 나중에 카피사로 불렸으며, 쿠샨 왕조의 여름 수도였다.

1937년 프랑스 고고학자들이 이곳에서 수많은 보물을 발견했다. 단일 유적지에서 발견된 보물의 양만 따지면 아프가니스탄 최대 규모였다. 머나먼 중국과 지중해에서 온 실크로드 물건이 훌륭하게 섞여 있는 이 유물의 연대는 2세기까지 거슬러 올라갔다. 인도에서 만들어진 상아 등받이 의자, 한나라에서 온 칠기, 알렉산드리아와 시리아에서 온 그리스 유리, 세계 7대 불가사의 중 하나인 알렉산드리아 파로스 섬의 등대를 그린 독특한 유리그림 등등. 헬레니즘의 영향을 받은 조각상과 은그릇, 치장 벽토 건물장식, 제우스가 가니메데스를 겁탈하는 장면과 큐피드 등 그리스 신화의 장면을 묘사한 작품도 있었다.

이처럼 여러 가지 특징이 뒤섞인 유물은 이 도시를 다스린 쿠샨 왕조의 통치자가 국제적인 성향을 지니고 있었음을 단적으로 보여준다. 이들이 통치하던 그 눈부신 시대에 아프가니스탄은 중앙아시아·인도·지중해를 연결하는 디딤돌 역할을 했다.

이 유적지가 쿠샨 왕조의 여름 수도였으므로, 1937년에 고고학자들이 발굴한 건물이 어쩌면 궁전 창고였을 가능성도 있다. 유물들이 놀라울 정도로 섬세하고 뛰어나다는 점을 감안하면, 전문가 수준의 예술적 감식안을 가진 사람의 소장품이거나 다른 나라의 외교관이 가져온 선물일 가능성도 있다. 이 유물을 보면 중국의 한나라와 하드리아누스 시대의 로마와 교류하던 쿠샨의 문화 수준이 매우 높았음을 생생히 알 수 있다.

당시는 고전시대의 모든 강대국이 외교적·상업적 교류를 하던 시절이었다. 쿠샨 제국은 동서를 오가는 육로와 해로가 교차하는 중간 지점에 있었다. 동서의 첫 만남은 이 시기에 중앙아시아의 실크로드에서 이루어졌다. 그리스와 로마의 카라반이 유럽과 중국의 중간 지점인 신장과 타지키스탄의 국경에 위치한 타슈쿠르간에서 중국인과 만난 것이다. 당시 황허강에서부터 하드리아누스의 방벽 사이의 땅은 대체로 평화로웠다. 그래서 역사가 에드워드 기번은 이 시기를 가리켜 '세계 역사상 가장 행복한 시기'라는 유명한 말을 남겼다.

인도 쿠샨 왕조의 가장 위대한 왕은 중국·몽골·티베트의 불교 전설 속에 지금도 살아 있다. 일본에서는 심지어 가장 유명한 만화책에 사악한 천재로 등장하기까지 했다. 스리랑카와 남아시아에서는 그를 불교의 네 기둥 중하나로 기억한다. 그의 사원과 그가 주조한 동전을 보면, 그가 이란의 불의신·헤라클레스·아테나도 숭배했음을 알 수 있는데도 말이다. 인도에서 그는 전제군주로 알려져 있으며, 유명한 종교극에도 등장한다. 하지만 그의 실체는 워낙 신비에 가려져 있기 때문에 최근까지도 우리는 그가 몇 세기 사람인지조차 확실히 알지 못했다. 그는 바로 카니슈카 대왕이다.

수르크 코탈, '붉은 길'

◇

카니슈카에 관한 중요한 「명문」들이 아프가니스탄에서 발굴되기 시작한 것은 1950년대부터였다. 1979년 러시아가 아프가니스탄을 침공한 후 이어진 전쟁과 파괴 속에서도 이 「명문」들은 살아남았다. 특히 내가 이곳을 마지막으로 다녀간 뒤 10년 동안 많은 성과가 있었다.

힌두쿠시 북쪽의 풀리 쿰리에서 몇 킬로미터 밖으로 나가면 널찍한 계곡이 나온다. 봄이면 고산지대에서 피어나는 꽃이 이곳을 뒤덮는다. 옥수스로 난 북쪽 도로는 이 계곡과 나란히 달린다. 왼쪽의 산 위에 있는 테라스들이 고대에 인위적으로 조성되었으며, 한때 왕의 화려한 성소가 이곳에 있었음을 모르는 여행자라면 아무 생각 없이 지나쳐버릴 것이다. 당시 이곳에는 사원도 있었다. 사원이 서 있는 마당은 포장이 되어 있었으며, 주랑 현관이 주위를 둘러쌌다. 계곡에서 이곳으로 올라오려면 다섯 개 층의 높은 계단을 올라야 했는데, 한 층을 오를 때마다 널찍한 테라스가 나왔다. 이곳에서 발굴된 쿠샨 제국 왕의 가족 사원은 아프가니스탄의 고고학 발굴 역사상 최고의 유적 중 하나다. 이 사원의 성소에는 무늬가 있는 쿠샨식 카프탄(터키 등지에서 입는, 소매가 긴 옷)을 입고 승마용 부츠를 신은 왕의 커다란 조각상이 있다. 바로 여기에 카니슈카가 직접 이 사원을 봉헌했다는 말이 새겨져 있다.

왕의 얼굴은 2001년 4월 카불 박물관에서 탈레반의 손에 박살이 났다. 정보부 장관이 당시 사실상의 국가수반이던 물라 오마르의 부추김으로 인간의 모습을 새긴 모든 작품을 가루로 만들어버리라는 명령을 내려 닷새 동안 난장판이 벌어졌을 때의 일이다. 박물관 입구의 대좌 위에 자랑스레 서 있던 카니슈카의 조각상도 흙먼지와 파편 더미로 변해버렸다. 하지만 이 작품과 거의 똑같은 등신대 초상화가 쿠샨의 또 다른 왕족 사원에 남아 있다. 인도 땅 깊숙한 곳 마투라에 있는 이 초상화는, 무너진 조각상과 똑같이 헐렁한 바지에 외투를 입고 의식용 막대와 브로드소드를 든 남자의 모습을 보여준다. 승마용 부츠도 똑같다. 그런데 그 부츠가 얼마나 대단한 물건인지! 크고 단단한 부츠를 보면, 왕이 로프노르의 자갈밭이나 파미르와 힌두쿠시의 바위산 비탈길을 걷는 모습이 눈앞에 떠오른다.

외국에서 들어온 인도의 다른 왕조들과 마찬가지로 쿠샨 왕조도 종교적으로는 특별한 제한을 두지 않았으며, 국교를 정할 생각도 없었다. 수르크코탈에서 나온 「명문」은 카니슈카의 조상이 이란의 신들을 숭배했음을 보여준다. 쿠샨 왕조의 조상이 나중에 간다라로 이동했을 때에는 그리스 신들이

⇦ 전형적인 중앙아시아식 외투를 입고 승마
용 부츠를 신은 카니슈카의 모습이 새겨
진 금화. 거친 성격도 살짝 드러나 있다고
봐도 될까?

숭배 목록에 덧붙여졌다. 카니슈카는 자신의 수호신으로 나나와 같은 바빌
로니아의 신과 함께 헬리오스·헤파이스토스·셀레네를 열거한다. 심지어 그
리스·이집트·바빌로니아의 신앙이 유쾌하게 결합된 세라피스의 이름도 등
장한다. 마하데오(시바)와 그의 아들 스칸다 같은 인도식 이름이 동전에 등
하는 것은 카니슈카의 아들인 후비슈카 대에 이르러서다. 카니슈카의 동전
중에는 부처가 토가를 입고 후광을 머리에 인 모습 밑에 '보도'라는 이름이
새겨진 것도 있다.

계곡을 지나 겨우 1.5킬로미터 남짓 되는 거리에 웅장한 계단과 함께 자
리 잡고 있는 이곳 수르크 코탈에는 같은 시기에 지어진 절의 폐허가 하나
있다. 물론 여기에도 기념비적인 조각상이 있다. 이런 점을 감안하면 수르크
코탈은 박트리아·페르시아·그리스의 예술이 처음으로 융합되기 시작한 장
소였다. 여기서 일어난 이러한 변화는 나중에 세계 예술사에서 중요한 위치
를 차지한 인도 북부의 간다라 미술로 이어졌다. 간다라 미술은 인도 예술의

기초를 놓는 역할도 했다.

수르크 코탈의 꼭대기에서 보면, 풀리 쿰리 평원의 멋진 풍경이 펼쳐진다. 카와크 고개 위로 고래등처럼 볼록 솟은 힌두쿠시의 봉우리도 멀리 보인다. 불행히도 지난 10년 동안 이 지역은 노략질로 황폐화되었다. 능선을 따라 의식용 계단과 함께 늘어선 훌륭한 테라스에는 움푹움푹 구덩이가 파이고, 그리스식 기둥이 세워진 사원이 있던 자리는 이제 어디인지 알아볼 수조차 없다. 기둥의 기단들도 한쪽에 팽개쳐졌다.

하지만 일단 이곳에 서면 수수께끼 같은 왕 카니슈카에 대해 생각하게 된다. 그가 동서양의 신들에게 관심을 가졌던 것, 불교를 지원한 일, 예술을 아낌없이 후원한 일, 로마의 금본위제를 채택한 경제적 기민함……. 그는 중국에 이르기까지 동방 세계 전체에 걸쳐 많은 전설을 남겼지만 실체는 그림자로 남아 있다. 아프가니스탄 산속의 수르크 코탈에서 그를 상상해보면, 활기차고 역동적이고 자신감 있고, 자기중심적인 남자가 진정한 팽창의 시대에 중심을 차지하고 서 있는 모습이 떠오른다.

카피르 성에서 발견된 유물

카니슈카의 생몰 연대는 오래전부터 논란의 대상이었다. 심지어 그가 몇 세기 사람인지도 분명치 않다. 3세기에 멸망할 때까지 이 땅을 다스렸던 카니슈카의 조상과 후손의 이름과 순서 또한 분명치 않기는 마찬가지다. 하지만 탈레반 전쟁 중이던 1993년에 발견된 「명문」 덕분에 지난 몇 년 사이에 이 수수께끼를 덮고 있던 베일이 걷혔다. 중앙아시아와 인도의 이 시기 역사를 혁명적으로 변화시킨 이 「명문」은 풀리 쿰리의 유서 깊은 시아파 가문 수장이자 이 지역 지사인 사예드 자파르의 땅에서 발견되었다.

기묘한 우연 덕분에 나는 1995년 겨울 아프가니스탄 북부로 가려고 힌두쿠시를 넘은 뒤 자파르의 집에 머물게 되었다. 그때 그가 「명문」이 새겨진 석비를 찍은 사진을 보여주었는데, 그 사진을 보니 「명문」이 그리스 글자를 이용한 박트리아어로 되어 있음을 금방 알 수 있었다. 하지만 그때만 해도 그 「명문」이 얼마나 중요한 자료인지는 아무도 모르고 있었다. 박트리아어가 아직 완전히 해독되지 않았을 때였기 때문이다. 자파르는 이 석비가 수르크 코탈에 있는 카니슈카의 사원에서 그리 멀지 않은 카피르성에서 나왔다고 말했다. 지난 몇 년 동안 이루어진 해독작업 결과, 이 「명문」은 인도의 고대사와 관련해 최근 발견된 유물 중에서 특히나 중요한 물건임이 밝혀졌다. 카니슈카를 단순히 쿠샨의 왕이 아니라, 인도의 황제로 묘사하고 있기 때문이다.

> 위대한 구원의 건축가인 쿠샨의 카니슈카. 올바른 분, 정의로운 분, 전제군주, 신, 예배를 받을 자격이 있는 분, 나나를 비롯한 모든 신에게서 왕의 자리를 얻으셨다. 왕은 첫 번째 해에 즉위하셨다…… 그리고 그리스어로 「칙령」을 발표하신 뒤 아리아어로 번역하셨다…… 첫 번째 해에 인도를 향해, 크샤트리아의 영토 전역을 향해 포고가 있었다…… 왕의 영토는 사케타시·카우삼비시·파트나시·스리캄파시까지 이르렀다…… 왕의 의지에 굴복한 모든 왕과 그 밖에 중요한 인물들에게까지, 왕은 인도 전체를 자신의 의지에 굴복시켰다.

이 「명문」에는 놀라울 정도로 많은 문화권의 신이 뒤섞여 있다. 메소포타미아의 나나와 움마, 조로아스터교의 지혜의 신 아후라마즈다, 이란의 신

⇧ 1990년대에 힌두쿠시 산맥 북쪽의 라바탁에서 발견된 이 「명문」은 박트리아어 해독에 중요한 역할을 했다. 그 결과 카니슈카의 가계도가 복원되었고, 그가 벵골에 이르기까지 인도를 정복한 이야기가 알려졌다.

인 스로샤르드와 나라사와 미르. 이들의 조각상이 모두 왕실 사원에 놓여 있었다. 이처럼 대단히 국제적인 다신교는 카니슈카와 그 아들이 만든 동전에도 반영되어 있다. 동전에도 역시 이란·그리스·인도·불교 등 다양한 문화권의 신이 새겨져 있는 것이다. 카피르성에서 나온 「명문」에 카니슈카의 조상 이름이 적혀 있다는 사실 또한 역사가에게는 몹시 중요하다.

> 증조부인 쿠줄라 카드피세스 왕을 위하여, 또한 조부인 비마 탁토 왕을 위하여, 또한 아버지인 비마 카드피세스 왕을 위하여, 또한 왕 중의 왕이자 신 일족의 후손인 카니슈카 왕 자신을 위하여…… 여기에 적힌 이 신들이 왕 중의 왕 카니슈카 쿠샨의 영원한 건강과 행운과 승리를 지켜주기를, 그리고 신의 아들[데바푸트라]이 첫 번째

해부터 1000번째 해까지 인도 전역을 다스리기를.

　이렇게 해서 우리는 쿠샨 왕조 왕들의 순서를 처음으로 알게 되었고, 카니슈카가 살았던 연대를 짐작할 수 있게 되었다. 카니슈카는 영국 북부에 거대한 장벽을 지은 하드리아누스와 같은 시대 사람이었으며, 안토니누스 피우스(하드리아누스의 뒤를 이은 로마 황제)와는 사절을 주고받았다. 카니슈카의 재위 기간은 120~150년경인데, 그의 첫 번째 해는 127년으로 짐작된다. 위의 「명문」은 그의 제국이 어디까지 뻗어 있었는지에 관해서도 극적인 증거를 새로 제공해준다. 카니슈카는 사케타(현재의 아요디아 시)에서부터 아소카의 옛 수도인 파트나를 지나 스리캄파에 이르기까지 갠지스평원 전역에서 '인도 백성들의 통치자'였다. 스리캄파는 비하르 남쪽 평원에서 아직 발굴되지 않은 바갈푸르의 거대한 언덕으로, 초기 불교 유물이 대량으로 발견된 바 있다.

　이 「명문」 덕분에 이제는 신장에 있는 실크로드의 도시 코탄에서부터 여름 수도 카피사 바그람이 있는 아프가니스탄을 지나 카이베르고개 너머에 있는 페샤와르의 봄 저택까지, 그리고 마투라에 겨울 저택이 있는 인도 평원으로 들어가서 벵골 근처의 갠지스강에 이르기까지 쿠샨 왕조의 영토를 지도에 그리는 것도 가능해졌다. 거의 4,800킬로미터에 이르는 광대한 영토다. 물론 이렇게 넓은 지역이 통일된 제국으로 뭉쳐 있었을 것이라고 보기는 어렵다. 각 지역마다 그곳을 다스리는 일족·제후·총독이 있어서 선물과 봉토를 통해 지배권을 유지하면서 인질을 잡아두고 공물을 받았을 것이라고 보아야 한다. 하지만 쿠샨의 영토는 인도 역사에서 무굴 제국에까지 이어졌으며, 나중에 인도와 파키스탄이 분리될 때에도 영향을 미쳤다.

페샤와르, '꽃의 도시'

◇

"아, 페샤와르, 푸루시푸라, 꽃의 도시여."

자후르 두라니는 눈을 반짝반짝 빛내며 이렇게 말한다. 우리가 처음 만난 것은 12년 전이다. 그때 우리는 카이베르에서부터 카피리스탄까지 알렉산드로스의 길을 따라가던 중이었는데, 페샤와르를 통과할 때 자후르의 도움을 받았다. 트위드 재킷과 비단 타이를 흠잡을 데 없이 차려입은 자후르는 열정적인 성격이며, 남을 도와주기를 좋아하고, 자신이 사는 지역에 대해 『백과사전』과 맞먹는 지식을 갖고 있고, 자신의 고향인 이 도시를 깊이 사랑하고 있다. 이 도시를 사랑한다는 점에서는 나도 마찬가지라는 사실을 밝혀야겠다. 페샤와르는 인도아대륙에서 틀림없이 최고의 곳 중 하나다.

"무굴 왕조의 창시자인 바부르는 이 도시의 푸르고 장엄한 정원들, 꽃과 과일이 그득해서 아름답고 비옥한 계곡을 아주 사랑했습니다. 물론 오늘날은 조금 달라졌지만요!"

자후르는 페샤와르의 유서 깊은 일족 출신이다. 그의 일족이 살던 집은 예전에 부하라와 사마르칸트의 상인이 살던 구역에 지금도 서 있다. 무굴 시대의 커다란 여관 근처, 구시가지 꼭대기에 있는 이 구역은 길이 토끼굴처럼 복잡하게 얽혀 있다. 이곳에 서 있는 궁전 같은 주택들은 나무로 정교하게 틀을 짜고, 발코니에는 조각을 새겼으며, 화려한 장식들이 넘쳐난다. 페샤와르 구시가지가 인도아대륙에서 가장 아름다운 곳으로 꼽히는 것은 바로 이런 주택 덕분이다. 자후르는 너무 늦기 전에 이 주택을 보존하려는 유네스코의 계획에 참여하고 있다.

햇볕을 듬뿍 받은 마당에 있던 우리는 18세기에 지어진 화려한 목조 모스크 앞에 잠시 걸음을 멈춘다. 비록 이 도시의 역사는 최소한 다리우스 대왕

때까지 거슬러 올라가지만, 자후르는 실크로드가 열리면서 이 도시의 운명이 진정으로 바뀌기 시작했다고 믿고 있다.

"저기 나무 조각 보이죠? 상감 세공이 보여요? 전부 낙타 등에 실려 부하라에서 들어온 겁니다. 전부 다! 여긴 수백 년 전부터 온갖 문화가 만화경처럼 모여 있는 곳이자 다양한 사람이 모여 사는 곳이었어요. 역사가 시작된 이래로 아프가니스탄의 산악지대에서 내려오는 방랑자에게 피난처가 되어주기도 했고요."

우리는 햇빛이 찬란한 날 카이베르고개를 내려왔다. 남부의 헬만드 지역과 칸다하르에서 갈등이 심화되고 있다는 소문이 점점 무성해지고 있는데도 아프가니스탄에서 내려오는 길이 열려 있었다. 이 고대의 도로는 카불에게 생명줄이나 다름없다. 그날도 연결식 화물차들이 국경을 넘으려고 장사진을 치고 대기하는 중이었다.

고갯길이 끝나는 지점에서 동쪽으로 페샤와르 평원이 펼쳐진다. 이곳의 옛 요새인 발라 히사르는 19킬로미터 떨어진 곳에 있다. 이곳에서는 1970년대에도 대규모 카라반이 낙타를 끌고 구불구불 고개를 내려와 평원으로 들어와서 페샤와르의 여관과 시장으로 향하는 광경을 볼 수 있었다.

우리는 키사 카와니 시장에서 잠시 차를 마시며 쉰다. 키사 카와니는 '이야기꾼들의 시장'이라는 뜻이다. 자후르는 여행자와 카라반이 만나 새로운 소식과 각자의 생각을 주고받고, 직업적인 이야기꾼이 상인과 행인의 넋을 빼놓던 그 옛날부터 이 이름이 쓰였다고 말한다.

"빅토리아 시대에 페샤와르를 담당한 영국인 관리 에드워드 허버트 경은 이곳을 가리켜 '중앙아시아의 피커딜리'라고 말했습니다."

이야기꾼은 이미 오래전에 사라졌지만, 거리는 여전히 활기차다. 색색의 과일 좌판과 사탕가게가 사람의 이목을 끌려고 경쟁을 벌인다. 길가의 식당은 정신이 멍해질 만큼 다양한 종류의 케밥, 구운 고기, 갓 구운 납작 빵을 판다. 차와 카르다몸의 향기가 백단 냄새, 향 냄새, 담배 냄새와 뒤섞여 허공을 가득 채우고, 좁은 골목길을 걷다보면 취사용 화덕과 김이 모락모락 나는 사모바르(러시아의 찻주전자)에서 올라온 구름이 우리를 둘러싼다.

우리는 피팔 만디로 향한다. 옷가지와 모직제품, 견과류와 건과를 파는 노점들 위로 늙은 인도보리수가 그늘을 드리우고 있는 곳이다. 이곳은 페샤와르의 민담에 나오는 아주 유명한 곳이다. 카니슈카가 부처의 탁발 그릇을 사원에 모셨다고 알려진 곳이기 때문이다. 전설에 따르면, 카니슈카의 코끼리가 그릇을 향해 절을 했다고 한다. 황제는 이 그릇을 옮길 수가 없어서 그 주위에 사원과 사리탑을 세웠다. 이 탁발 그릇은 5세기에 순례자들이 반드시 보아야 하는 물건이 되었으며, 가난한 사람들이 이 앞에서 예배를 드리며 꽃을 던지고 자신이 먹을 음식에 힌두식 축복을 받았다.

카니슈카는 또한 부처가 부다가야에서 깨달음을 얻을 때 앉아 있었던 보리수의 가지를 여기에 심었다고 한다. 이 나무도 불교 순례자가 들르는 곳이 되었는데, 중국에서 온 고대의 한 순례자는 이 나무의 "가지들이 사방으로 뻗어나가 이파리들이 하늘을 가렸다"고 말했다. 이 나무 밑에는 앉은 모습의 거대한 불상 네 개가 있었다. 이제 그 불상은 사라지고 없지만, 보리수는 여전히 번성하고 있다. 나무 등걸 주위에 가게들이 들어서서 긴 가지가 지붕을 뚫고 뻗어 있다. 인력거는 기세 좋게 길을 달려오고, 담요를 파는 상인은 소리 높여 손님을 부른다.

지금도 이곳 페샤와르에는 진정으로 중앙아시아다운 느낌이 배어 있다. 상인들은 알렉산드로스의 은화, 힌두의 신이 새겨진 동인도회사의 거대한 루피 동전, 빅토리아 여왕을 인도의 여황제로 묘사한 은화 등을 판다. 낡은 영국제 엔필드 라이플, 백러시아의 허약한 정권이 붕괴하기 전에 상트페

테르부르크의 황실 공장에서 도자기에 손으로 직접 그림을 그려 넣은 찻주전자도 팔리고 있다. 간단히 말해서, 고대와 현대의 전쟁이 남긴 역사의 당혹스러운 파편들을 이곳에서 볼 수 있다는 뜻이다.

지금은 쿠샨 왕조의 동전이 큰 화제가 되고 있다. 특히 토라보라 너머의 가르데즈 근처 산속에 많은 동전이 숨겨져 있다는 전설이 그렇다. 차를 마시는 동안 우리는 카니슈카의 동전과 은화를 구경한다. 아프가니스탄이 생명과 무기와 탄약을 블랙홀처럼 집어삼키는 곳이 아니라, 전 세계의 다양한 문화를 이어주는 다리 역할을 하던 평화로운 시절의 유물이다.

카니슈카의 사리탑

나는 자후르와 함께 택시를 타고 페샤와르의 라호르 성문을 나서는 중이다. 이번에도 가망이 없어 보이는 역사 탐색에 나선 참이다. 앞에서 보았듯이 카니슈카는 모든 종교를 지지했다. 아소카·찬드라굽타·하르샤·아크바르 대왕 등 인도의 다른 위대한 통치자와 무서울 정도로 닮은 모습이다. 아마 무엇보다도 무역에 중점을 둔 제국이었으므로 현실적이고 상업적인 이유들이 많은 영향을 미쳤을 것이다.

하지만 카니슈카는 불교의 기둥 중 하나로 기억되기도 했다. 이곳 페샤와르에 카니슈카는 약간 과장을 더해서 세계의 여덟 번째 불가사의라고 불러도 좋을 만한 건물을 지었다. 기단의 폭이 90미터나 되는 사리탑이었다. 중국의 순례자는 금속과 나무로 만든 거대한 우산 모양의 꼭대기 장식이 180미터 높이로 솟아 있다고 묘사했다. 만약 이 중국인 목격자의 말이 맞다면, 이 건물은 지금까지 지상에 건설된 최고의 건물이다. 중국인이 기록을 남긴 때로부터 250년이 흐른 뒤 승려 법현이 이곳을 찾아왔을 때에도 그 탑은 여전히 우뚝 서 있었다.

"여행자들이 여행 중에 본 모든 사리탑과 사원 가운데 엄숙한 아름다움과 장엄한 자태가, 이것과 비견될 만한 것은 하나도 없었다. 요즘 사람은 이것이 잠부드비파―'장미 사과 대륙', 인간이 거주하는 땅이라는 뜻―에서 가장 훌륭한 사리탑이라고 말한다."

후대에는 카니슈카의 사리탑 건설과 관련된 기적 이야기가 많이 생겨났다. 그중에서 중국과 티베트 전역의 전설에 거듭 등장하는 이야기에 따르면, 부처 자신이 이 탑이 세워질 것을 예견하고, 이 탑을 세우고 불교를 보호할 왕의 이름을 예언했다고 한다. 그리고 이 예언이 실현될 순간이 오자 마법의 아이가 카니슈카를 탑이 세워질 자리로 이끌었다.

⇧ 페샤와르 외곽에 위치한 카니슈카 사리탑 자리에 세워진 수피 사원. 불교·힌두교·이슬람교 유적이 층층이 쌓여 있다. 이곳에서 수피 사원이 가장 위쪽에 자리 잡고 있다.

이보다 더 자세한 이야기가 등장한 것은 640년대에 인도를 찾은, 또 다른 중국인 순례자의 입을 통해서였다. 저 유명한 현장이 바로 그 사람이다. 하지만 그의 이야기는 수수께끼를 더 어렵게 만들 뿐이다. 이 탑이 처음 세워지고 500년이 흐른 뒤 이 탑의 모습을 놀라울 정도로 정교하게 묘사한 현장의 글에는 원래 탑의 모습이 아니라 여러 차례의 화재·파괴·번개 등으로 손상된 뒤 재건된 탑의 모습이 반영되었을 가능성이 있다.

현장은 기단의 높이는 약 45미터, 돔의 높이는 약 120미터이며 그 위에 구리로 만든 우산 또는 원판 25개가 달린 금속 기둥과 등불을 넣을 수 있는 구조물이 있었다고 말한다. 그가 추정하는 탑의 전체 높이는 150~180미터다. 사리탑 밑에는 왕이 직접 부처의 유물을 안치했다. 그리고 넓은 마당 한편에 사원을 짓고, 거기에 작은 사리탑과 사당을 많이 만들었다. 현장이 찾았을 당시 사리탑 옆에는 약 30미터 높이의 커다란 보리수도 한 그루 있었다. 이 나무는 부다가야의 원래 보리수 가지에서 자라난 것이라고 한다.

만약 이런 이야기들이 사실이라면, 이 사리탑은 마천루의 시대가 오기 전에 세워진 최대의 건물이다. 이 탑의 높이는 솔즈베리 성당의 첨탑보다 높았으며, 심지어 고딕 성당 중에서 가장 높은 런던의 옛 세인트폴 성당보다도 높았다. 하지만 정말로 이게 가능한 일이었을까?

그랬을 것 같지 않다. 오늘날 세계 최대의 사리탑인 타이의 나콘파톰의 높이가 무려 125미터에 이르기는 한다. 이것은 고대의 탑을 19세기에 복원한 것이다. 고고학자들은 중국 순례자의 글에 담긴 단서를 바탕으로 1세기 전에 이 탑의 잔해를 찾기 시작했다. 프랑스의 실크로드 탐험가인 알프레드 푸셰가 이 탑이 있던 자리를 알아냈고, 이어서 영국인 고고학자가 1908~1909년에 이 탑의 기초를 찾아내 그 폭이 정말로 90미터 가까이 된다는 사실을 확인했다. 중국인이 기록한 크기와 대략 비슷한 셈이었다.

하지만 중국인이 주장한 것처럼 정말로 높이가 150~180미터에 이르렀을까? 당시 그토록 거대한 구조물을 세우고 그 위에 구리로 우산 모양의 장식까지 달 수 있는 기술이 존재했다고는 믿기 어렵다. 그런데 흥미로운 것은, 카니슈카의 명으로 탑을 건축하던 사람들이 우산 장식을 얹을 27미터 높이의 쇠기둥을 세우지 못해 애를 먹다가 사리탑의 네 귀퉁이에 발판을 지탱해주는 기둥과 원치를 설치한 뒤에야 성공했다는 이야기가 전해져온다는 점이다. 기술자들은 왕과 왕족이 지켜보는 가운데 이 거대한 쇠기둥을 세웠다. 사람들은 제주를 올리며 기도를 드렸고, 향에서 피어오른 연기가 구름처럼 소용돌이쳤다고 한다.

탑의 기단과 높이의 비례를 다른 대규모 사리탑들과 비교해보고, 여기에 깃발과 우산 장식의 높이까지 포함시키면 탑의 전체 높이가 120미터를 훌쩍 넘는 건 가능한 일이다. 그러니 이 탑이 고대 세계의 불가사의 중 하나로 이름을 올릴 수도 있었을 것이다. 중국인의 목격담이 과장되어 있다 하더라도, 당시 사람이 믿을 수 없을 만큼 커다란 포부와 기술력 및 예술적 감각을 지니고 있지 않았다면 이런 구조물은 상상조차 할 수 없었을 것이다.

이 탑이 있던 자리는 다시 망각 속에 묻혔다. 영국인 고고학자가 발굴을 시도한 지 100년이 흐른 지금의 상황이 그렇다. 당시 유적은 탁 트인 벌판과 묘지 한가운데에 있었다. 하지만 지난 20~30년 동안 페샤와르의 근교 마을이 점점 커지면서 이곳을 집어삼키고 말았다. 라호르 성문 밖에서 사람들에게 이곳의 옛 이름인 '샤지키데리(위대한 왕의 언덕)'를 대며 길을 물으면 다들 멍한 표정을 짓는다. 교통경찰도 마찬가지다. 우리가 길을 물어본 경찰관은 엉뚱한 길을 가르쳐주었다. 푸셰가 스케치한 지도를 보니 우리가 길을 제대로 찾았다는 생각이 든다.

마침내 거대한 묘지가 나타났지만 동네 사람에게 길을 묻는 것은 역시 소용없는 짓이다. 이제 그만 포기해야겠다는 생각을 하고 있을 때 아프가니스탄의 전통 모자를 쓰고 숄을 두른 남자가 다가온다. 그는 이곳의 역사에 대해 알고 있다며, 학창시절부터 사리탑의 전설에 매혹되었다고 말한다. 그는 200미터쯤 떨어진 곳에서 토끼굴처럼 다닥다닥 붙은 벽돌집을 머리에 인 산맥을 가리킨다.

"저곳이 여러분이 찾는 곳입니다. 라자 카니슈카의 사리탑이 있던 곳이죠. 우리 할아버지가 아이였을 때 영국인들이 저곳을 팠다고 하더군요. 여기서는 건물을 지을 때 고대의 벽돌을 많이 사용합니다. 조각상의 파편이 항상 발견되죠. 동전도요."

우리 앞에 수천 개의 무덤이 늘어서 있다. 밝은 색으로 반짝거리는 제물들이 산들바람에 날리고, 발치에 사당이 있는 커다란 보리수도 보인다. 이슬람교도가 죽은 자를 애도하며 의식을 치를 때 사용하는 장소라고 한다. 현장이 7세기에 사리탑의 발치에서 본 신성한 보리수를 생각해본다. 혹시 이나무가 그 나무의 후손은 아닐까?

자후르가 점점 흥분하기 시작한다. 어쩌면 우리의 탐험이 걱정했던 것만큼 희망이 없는 건 아닐지도 모른다. 안내인이 줄줄이 늘어선 무덤 사이로 우리를 이끈다. 마침내 유적지에 도착해보니 이곳이 아직도 예배에 사용되고 있는 모양이다. 인도아대륙에서는 아주 흔한 일이다. 우리는 무덤 사이를 지나 집들이 서 있는 곳으로 간다. 산기슭에서 벽돌과 회반죽으로 높이 지은 문을 통과하니 풀이 무성하고 담장이 둘러진 정원 안에 하얀색의 둥근 지붕을 인 수피 사원이 그림같이 서 있다. 눈가를 시커멓게 화장하고 머리카락은 헤나로 염색한, 이 사원의 관리인이 우리를 맞이하며 차를 내놓는다. 그는 이곳에서 50년 동안 일했다며, 무덤은 크와자 교단의 것으로, 아즈메르·파테푸르·델리 등지의 저 유명한 치스티스(Chistis) 팬인디언 사원과 관련되어 있다고 말한다. 수피 순례자들이 지금도 인도에서 이곳까지 찾아온다. 그는 우리와 함께 자리에 앉아 이야기를 시작한다.

> 독립 이전에 산 위의 저 집들에는 힌두교도만 살았습니다. 이곳은 힌두교도가 사는 구시가지였죠. 그때는 이미 힌두교 사원은 하나도 없었습니다. 옛날에는 있었는데 말이죠. 하지만 사람들은 아직 집에 자기가 섬기는 신을 모신 사당을 두고 있었습니다. 순례자도 여전히 먼 곳에서부터 찾아왔습니다. 델리에서 온 사람도 있을 정도였어요. 그들은 힌두식 멜라를 열곤 했습니다. 정확한 시기는 기억나지 않지만, 아마 여름이었을 겁니다.

1세기 전 푸셰가 여기서 힌두교 축제가 열렸다고 말한 것이 기억난다. 부처의 잉태를 축하하는 축제와 대략 비슷한 시기였다. 혹시 이 축제는 카니슈카 시대에 확립된 축제의 흔적이 아닐까? 이슬람에게 정복되어 이곳에서 불교의 시대가 끝날 때까지 그 축제가 계속된 걸까?

우리는 정원에 앉아 인도아대륙이 그동안 여러 제국의 흥망성쇠와 역사적 격변을 겪었는데도 사람들의 기억이 지속적으로 이어지고 있다는 사실에 다시 감탄한다. 역사를 탐색하다가 아무리 미약한 것이라도 과거와 현재를 연결해주는 살아 있는 고리를 우연히 발견하는 놀라운 순간을 우리는 다시 맞이하고 있다. 사원 관리인이 우리 잔에 다시 차를 채워주고 또 다른 이야기로 우리를 즐겁게 한다…….

마을의 평평한 지붕 위에서 아이들이 연을 날린다. 긴 줄에 매달린 연이 얼마나 높이 날아올랐는지 거의 보이지도 않을 정도다. 시선을 들어 보니 거대한 사리탑의 모습이 머릿속에 떠오른다. 거대한 사각형 기단이 5단으로 솟아 있고, 사방의 벽에는 부처의 생애를 묘사한 조각이 띠처럼 둘려 있다. 거대한 둥근 지붕이 보인다. 어떤 이야기에 따르면, 진주를 꿰매서 붙인 고운 그물이 여기에 걸려 있어서 햇빛이나 달빛을 받으면 반짝반짝 빛났다고 한다.

이 탑을 직접 본 사람들은, 둥근 지붕의 높이가 90미터이며, 색칠한 회반죽과 금박 장식이 반짝이고, 꼭대기에는 자그마한 뾰족탑이 화려하게 서 있었다고 주장한다. 후대의 예증과 소원을 빌기 위해 만든 탑 모형에도 이 뾰족탑이 포함되어 있다. 목조로 13층을 쌓아 올리고, 쇠기둥 위에 구리로 만든 우산 모양 장식을 얹었으며, 꼭대기에 매달린 거대한 깃발들이 바람 속에서 마치 용의 꼬리처럼 흔들리는 모습이다. 이 깃발들 중 하나는 중국 한나라의 황후가 보낸 선물로, 비단을 꿰매 만들었으며 길이가 90미터를 넘었다고 한다.

건물 전체의 모습은 우리가 보기에 지나치게 크고 화려한 모습이었을 것이다. 지나치게 번쩍이는 갖가지 색깔들, 광을 낸 구리, 색칠한 나무와 금박 장식, 여러 색이 한데 뒤섞인 비단 깃발 등이 모두 그렇다. 그래도 얼마나 굉장한 모습이었을까! 게다가 이 탑 주위에서 울려 퍼졌을 소리도 잊으면 안 된다. 수많은 예배용 종과 풍경이 딸랑이는 소리, 깃발들의 신비로운 속삭임, 사람이 와글와글 떠드는 소리……. 마치 거대한 음향실 같았을 것이다. 불교식 관악기 오케스트라라고나 할까.

사원을 떠나면서 자후르가 관리인과 악수하고 우리 안내인에게 자신의 명함을 준다. 묘지 끝에서 우리는 다시 돌아서서 마지막으로 한 번 더 그곳을 바라본다. 페샤와르의 평원 너머에서 탑을 바라보면 얼마나 굉장한 광경이 펼쳐졌을까. 중앙아시아에서부터 위험한 여행을 한 끝에 마침내 인더스 협곡을 내려오는 사람이나 카이베르고개를 넘는 사람에게 그 탑은 등대와 같았을 것이다. 이미 사라진 세계의 풍경이다.

황제의 보석함

○

"자, 여기입니다." 페샤와르 박물관 관리인이 낡은 유리상자에 열쇠를 넣어 돌리면서 말한다.

"아마 흥분하지 않고는 못 배기실 겁니다! 이제 곧 카니슈카를 직접 만지는 것 같은 느낌을 받으실 테니까요."

우리는 다시 박물관에 와 있다. 고전적인 기둥이 서 있고 니스를 바른 나무 바닥이 반짝이는 식민지 시대의 널찍한 건물이다. 우리가 이곳에 온 것은 쿠샨 왕조 시대의 간다라 미술품을 보기 위해서다. 세계에서 가장 놀라운 작품들 중 일부가 이곳에 있다. 외국인이 세운 왕조인 쿠샨 왕조는 이곳에서 부처를 표현하는 방식과 그의 이야기를 전하는 방식을 바꿔놓았다.

전시관 사방에는 광이 나는 검은 돌로 실물보다 훨씬 크게 만든 부처와 보리살타의 조각상들이 서 있다. 쿠샨 왕조 시대의 작품이지만 아무리 봐도 1970년대의 록스타들 같다. 긴 곱슬머리와 콧수염, 맨살이 드러난 근육질 가슴에 매달린 큼직한 장신구 때문이다. 쿠샨인이 불교의 모습을 아주 다르게 바꿔놓았다고 말해야 할 것 같다. 불교의 이념도 마찬가지다.

중국인 순례자에 따르면, 카니슈카가 페샤와르의 대 사리탑 기단에 부처의 신성한 유물을 직접 묻었다고 한다. 소량의 재가 들어 있는 함이었다. 카니슈카의 재위 첫해에 만들어진 이 함은 1908~1909년에 실시된 발굴 중에 카니슈카의 사리탑 아래 있던 자그마한 방에서 발견되었다. 그 안의 유골함에는 부처의 뼛조각 세 개가 들어 있었다. 이 뼛조각은 버마의 불교도에게 넘겨졌다가 지금은 만달레이에 보관되어 있다. 하지만 빈 함은 아직 이곳 박물관에 있다. 관리인이 그 상자를 꺼내 아주 조심스럽게 건네준다. 나는 가벼운 전율을 느낀다. 마치 이 함에 영적인 '방사능' 같은 것이 희미하게 남아 있

⇦ 간다라 미술. 쿠산 왕조 시대의 전형적인 불상. 그리스,
인도, 불교 양식이 섞여 있다.
⇨ 카니슈카의 대 사리탑 밑에서 발견된 이 함에는 부처의
재와 함께 자그마한 유골이 들어 있었다.

기라도 한 것 같다. 관리인이 말한다.

이것이 정말로 그 시대의 물건인지, 아니면 후대의 왕이 사리탑 밑
에 안치한 물건인지를 둘러싸고 오늘날 약간의 논란이 있습니다.
이 함을 만든 사람은 아제실라스라는 그리스식 이름의 예술가인 것
같은데―이 점에 대해서도 논란이 있습니다―, 그는 카니슈카의
사리탑 기단이 만들어지는 과정을 감독했으며, 여기 「문서」에도 직
접 서명했습니다. 「문서」에 새겨진 이름은 이렇습니다.
"종 아제실라스, 마하세나 사원 내 카니슈카 비하라[사당]의 작업
감독관."
하지만 이 글은 다르게 읽을 수도 있습니다.

함의 장식은 여러 문화를 절충했던 쿠샨인의 성향을 웅변처럼 증언한다. 직접적인 증거인 셈이다. 함 뚜껑에는 연꽃 위에 앉은 부처가 새겨져 있고, 힌두교에서 창조의 신인 브라마와 『리그 베다』에 나오는 옛 하늘신인 인드라가 부처에게 예배를 드리고 있다. 나는 함을 뒤집어본다. 광택이 없는 청동으로 마무리된 표면이 흠 하나 없이 매끈해서 마치 새것 같다. 뚜껑 가장자리에는 날아가는 기러기들의 모습이 빙 둘러 새겨져 있다. 날아가는 기러기는 불교에서 깨달음을 얻었다는 상징이다.

함 본체에는 쿠샨 왕이 돋을새김으로 새겨져 있는데, 십중팔구 카니슈카일 것이다. 그의 옆에는 이란의 태양신과 달신이 있다. 왕은 카불 박물관에서 탈레반의 손에 산산이 부서진 조각상과 마찬가지로 유목민이 신는 커다란 부츠에 두꺼운 외투를 입은 모습이다. 그의 모습이 생생하게 새겨진 동전에서도 그는 같은 차림이었다. 혹시 이 모습이 왕의 '승인'을 받아 대량 생산된 이미지가 아닐까?

함 측면에는 자리에 앉아 왕족의 숭배를 받는 부처의 모습을 묘사한 돋을새김이 두 개 있다. 귀여운 아기천사들이 떠받치고 있는 화환이 이 장면을 감싸고 있는데, 이는 전형적인 헬레니즘 양식이다. 이 함은 박물관 전시대의 아래쪽에 놓여 있는 아주 자그마한 유물이지만, 쿠샨 왕조의 상징으로는 완벽한 물건이다.

가장 행복했던 시절

도시의 가장 높은 곳에는 담으로 둘러싸인 무굴 시대의 거대한 여관인 고르쿠트리가 있다. 아크바르가 지은 이 여관은 주택들 위로 마치 요새처럼 우뚝

서 있다. 최근까지 이곳은 경찰서로 사용되었지만, 지금은 찻집을 갖춘 공원이 되었다. 마당 한편에는 깊은 직사각형 구덩이가 하나 있는데, 인도아대륙에서 최근에 실시된 가장 야심 찬 고고학 발굴 현장이다.

"인도아대륙에서 지속적으로 사람이 살았던 도시로는 아마 이곳의 역사가 가장 길지 않을까 생각합니다." 이흐산 알리 교수가 말한다. 우리는 흙을 거칠게 깎아서 만든 계단을 따라 조심스레 구덩이 안으로 내려간다. 구덩이의 깊이는 벌써 15미터가 넘는다. 학자들은 각각의 유물층에 주요 시대의 이름을 붙여놓았는데, 현재 쿠샨 왕조 시대까지 이른 상태다.

"보세요. 여러분 영국인들의 흔적이 벌써 60센티미터 밑에 묻혀 있습니다!" 교수가 미소를 지으며 말한다.

> 지난 2~3세기 동안의 거주 흔적은 약 2미터 높이의 층을 이루고 있습니다. 이 아래에는 아직 발굴하지 못한 층들이 있지만, 이곳이 인도아대륙에서 가장 오래된 도시라는 사실이 고고학적으로 증명된 듯싶습니다. 중요한 것은, 여러분도 볼 수 있듯이, 이곳에서 삶이 지속적으로 이어졌다는 점입니다. 그래서 고고학자들이 여기서 인간 사회의 모든 패턴을 볼 수 있는 굉장한 기회를 누리게 된 겁니다. 엄청나게 오랜 세월에 걸쳐 통치자와 왕조가 수없이 바뀌는 가운데 계속 이어진 사람들의 물질적인 삶을 볼 수 있게 된 거예요.

우리는 쿠샨 시대의 유물층 옆에 서 있다. 우리 머리 위에는 그 이후 시대의 역사가 펼쳐져 있고, 각 층마다 깔끔한 이름표가 붙어 있다. 굽타 왕조, 가즈나 왕조, 술탄 시대, 아프가니스탄 시대, 무굴 제국, 영국 식민지 시대. 쿠샨 제국은 120~150년경에 영토와 세력이 절정에 이르렀다. 로마에서는 안토

⇧ 페샤와르의 고르 쿠트리에 있는 거대한 발굴용 구덩이 안에서 이흐산 알리와 함께.

니네 황제들, 중국에서는 한나라 천자들이 왕위에 있을 때였다. 두 나라는 모두 자국에서 생산된 이국적인 물건을 인도와 스리랑카의 향신료·보석·화장품과 바꾸는 데 탐욕스럽게 달려들었다. 중앙아시아의 보석과 모피도 교역품목이었다. 실크로드의 정확히 중간 지점에 자리 잡은 쿠샨 제국은 이 기막힌 위치를 최대한 이용했음이 틀림없다. 중국의 한「연대기」에는 "월지는 인도 북부를 점령한 뒤 아주 부자가 되었다"고 적혀 있다.

　나는 이흐산 알리에게 그 시대의 문화가 그토록 국제적인 성격을 띠었을 거라고 생각하는 이유를 물었다.

　"간단합니다." 그가 말했다.

　"전쟁은 문명을 파괴하고, 평화는 문명을 번성시킵니다. 그러니 답은 평화죠."

상업과 불교의 전파

◇

저녁이 다가오면서 기온이 뚝 떨어져 갑자기 서늘한 기운이 느껴진다. 서북 변경주의 12월이다. 나는 고르 쿠트리 여관의 웅장한 정문 위에 서서 페샤와르 구시가지에 빽빽이 들어서 있는 목조 주택을 내려다본다. 지붕은 평평하고, 나무로 만든 발라카나 막이 드리워져 있다. 옛날에 함부로 나다닐 수 없었던 여자들은 그 막 뒤에서 은밀하게 움직였다.

도시 너머로 아프가니스탄 산악지대의 장관이 펼쳐진다. 달걀껍질 같은 하늘을 배경으로 카이베르고개가 선명하게 보인다. 맑은 겨울날의 빛 속에서 보니 마치 손으로 만질 수 있을 것처럼 가깝게 보인다. 여기에 와보면 인도아대륙의 역사에 대해 조금 알 것 같은 기분이 든다. 페샤와르가 왜 그토록 중요했는지, 인도 역사에서 수도 역할을 했던 여러 도시들이 왜 고개 끝자락에 위치한 이곳에 몰려 있었는지 알 수 있기 때문이다. 특히 쿠샨 왕조 때 이곳은 중앙아시아와 인도 평원을 잇는 핵심적인 연결고리였다.

평화가 만들어낸 최대의 문화적 산물은 동방 전역에 걸친 불교 전파다. 불교는 중국, 한국, 동남아시아를 거쳐 150년 뒤에는 마침내 일본에까지 이르렀다. 이것은 역사상 위대한 운동 중 하나였다. 중앙아시아로 가는 길목에서 있는 페샤와르는 이 정치적·종교적·상업적 활동의 핵심을 차지했다. 이곳에는 이미 불교 사원이 있었지만, 카니슈카가 불교를 지지하기로 결정하면서 완전히 차원이 다른 일들이 진행되기 시작했다.

라바탁과 수르크 코탈에서 발견된 동전과 「명문」은 쿠샨인이 이란의 종교적 믿음과 관습을 유지했음을 보여주지만, 다른 「명문」은 카니슈카와 그 후계자들이 불교를 보호했다는 증거를 푸짐하게 제공해준다. 불교의 이상은 상인계급에게 잘 맞았다. 그래서 처음에 불교는 쿠샨 상인을 통해 간다라와 카슈미르에서 파키스탄 북부의 산악지대를 거쳐 타림분지와 중국에까지 전파되었다. 우리는 불교의 윤리적 가르침을 알고 있지만, 고대인이 불교에서 발견한 상업적인 기풍이 어떤 것이었는지는 쉽사리 잊어버린다.

중국과 인도가 처음으로 공식적인 관계를 맺기 시작한 것은 쿠샨 왕조 때였다. 가섭마등은 페샤와르에서 중국으로 불교를 전파한 최초의 인물이라고 한다. 시기는 1세기였다. 2세기 쿠샨 제국의 승려였던 지루가참은 불교 『경전』을 중국어로 번역한 최초의 인물이 되었다. 그는 황허강 옆에 위치한 중국의 수도 뤄양(洛陽)에 번역국을 설치하기도 했다. 이들은 대승불교의 추종자였다. 오늘날에도 대다수의 불교도가 대승불교를 따르는데, 대승불교를 후원하고 전파한 사람이 바로 카니슈카였다. 그전에 아소카는 대승불교보다 더 엄격한 소승불교를 지지했다.

이 새로운 불교사조의 특징을 하나 꼽는다면, 부처의 기적 같은 삶과 성격을 강조한다는 점이다. 카니슈카가 불교예술과 문학을 후원하면서 이 점을 공식적으로 승인해주었던 것 같다. 이처럼 부처의 인간적인 면이 부각되면서 부처를 대표하는 이미지를 갖고 싶다는 욕망이 생겨났다. 그때까지만 해도 부처는 수레바퀴, 텅 빈 옥좌, 사람이 타지 않은 말, 발자국 등 상징으로만 묘사되었다. 따라서 오늘날 우리가 알고 있는 부처의 이미지, 즉 그리스식 토가를 입은 부처의 모습이 창조된 것은 바로 이곳 간다라에서였다. 카니슈카가 불교를 부활시키면서 간다라 미술이 함께 부상한 것은 쿠샨 문화의 영원한 유산이며, 동아시아에서 카니슈카가 여전히 불교의 세 번째 기둥으로 인식되는 이유다.

마법의 도시 마투라

◯

델리에서부터 새로운 고속도로를 따라 그랜드트렁크로드를 세 시간 동안 달리면 마투라가 나온다. 길에서 보면 동쪽 지평선에 아우랑제브의 모스크가 보인다. 덜 개방적이었던 후대의 기념물이다(354쪽의 '아우랑제브' 참조). 이곳은 인도인을 위한 순례자 센터. 관광버스들은 이곳을 그냥 지나쳐 아그라와 타지마할로 서둘러 달려간다. 이곳은 마법의 도시다. 옛날 어떤 여행자는 페샤와르에서 그랜드트렁크로드를 따라 내려오면서 "거리에는 원숭이들이 돌아다니고 강에는 신성한 거북이 있는 마투라에 이르러서야 비로소 힌두스탄의 진면목을 느낄 수 있다"고 말했다.

지금도 이곳은 인도의 신성한 일곱 도시 가운데 한 곳이며, 강가에는 사원 순례자를 위한 가게·호스텔 등이 늘어서서 아름다운 풍경을 연출하고 있다. 이곳은 크리슈나 숭배의 중심지다. 고대부터 그랬다. 도시 안에는 쿠샨 왕조 시대에 지어진 대규모 불교 사원과 자이나교 사원의 폐허 위에 헤아릴 수 없이 많은 사당이 자리를 잡고 있다. 고대에 이 도시를 감싸고 지켜주던 흙벽도 폭 1.5킬로미터, 남북으로 길이 약 3킬로미터 규모의 거대한 초승달 모양으로 여전히 남아 있다. 2,000년전 이 도시가 얼마나 크고 중요한 곳이었는지 짐작하게 해주는 증거다.

쿠샨인은 비마 탁토의 지휘 아래 1세기 말 마투라를 점령했다. 이 도시는 오래전부터 북서쪽 지방과 관련되어 있었다. 사실 아소카 시대 이후 1세기가 넘도록 그리스 왕조가 마투라를 다스렸으므로 또 다른 '아리아' 왕조의 등장이 주민에게는 그다지 큰 충격이 아니었을지도 모른다. 쿠샨인은 외곽의 방벽을 다시 손보고, 600미터 길이의 직사각형 요새를 내부에 세웠다. 이 요새의 네 귀퉁이에는 반원형 보루와 둥근 탑이 있었다. 그 당시 작성된 『하

⇧　브린다반의 사원에서 홀리 때 공연되는 크리슈나 연극.

⇧　마투라의 연극은 1세기의 「명문」에 기록되어 있다.

⇧　홀리 축제

리밤사』는 새로 재건한 도시의 모습을 다음과 같이 묘사한다.

"높은 방벽과 해자 뒤로 초승달 모양을 하고 있다. 훌륭한 계획에 따라 잘 지어졌으며, 부유하고, 국제적이고, 이방인이 우글거린다."

카니슈카와 그 후계자의 치세에 마투라는 "크고, 부유하고, 유익하고, 사람이 많고, 쉽게 자선을 구할 수 있는 곳"이 되었다고 『랄리타비스타라』는 말한다. 부처의 시대에 이곳이 '가난한 먼지투성이 마을'이어서 자선을 구하기가 어려웠다는 설명과는 대조적이다. 또 다른 기록에는 마투라가 "돈과 곡식이 넘쳐나고, 고귀하고 부유한 사람이 잔뜩 있는 최고의 도시, 지상의 완벽한 곳"이라고 묘사되어 있다. 마투라는 카피사 바그람, 페샤와르와 함께 쿠샨의 왕이 주로 거주하는 곳이자 겨울 수도가 되었다. 카피르 성에서 발견된 아프가니스탄 「명문」에 따르면, 카니슈카는 이곳에서 갠지스강을 따라 내려가는 원정길에 나서서 사케타(오늘날의 아요디아)·카우삼비·파트나·참파(지금의 바갈푸르)를 합병했다. 이제 그의 제국은 인도 문명의 심장부를 지배하고 있었다.

시각적인 혁명

◇

외래 왕조가 자신이 다스리는 땅을 더 깊이 이해하기 위해 토착 문화를 기록하고, 체계적으로 정리하고, 설명하려 하는 것은 흔히 있는 일이다. 영국과 무굴 제국도 대표적인 사례다. 인도 문화에는 후대의 전승에서 카니슈카와 관련된 것으로 묘사된 중요한 인물과 특징이 여럿 있다. 먼저 인도의 토착 의학인 아유르 베다의 '창시자'로 알려진 두 사람—이들의 연구는 구전을 통해 지금도 계승되고 있다— 중 의사 카라카, 또는 차라카는 카니슈카의 구루였다고 한다. 그는 또한 멀리 중국에서까지 전설에 등장하는 인물이 되었다.

이 시기에 고대 서사시 『라마야나』와 『마하바라타』의 개정판이 만들어졌을 가능성도 높다. 굽타 왕조·촐라 왕국·무굴 제국 시대에도 그랬으니까 말이다. 이 왕조들은 모두 '제국'의 서사시, '국민' 서사시에 커다란 관심을 품었다. 사실 새로운 증거들을 보면, 쿠샨 왕조 시대에 그때까지만 해도 신성한 언어로서 브라만의 전유물이었던 산스크리트어가 '고전적인' 문학 언어로 보급되기 시작했던 것 같다. 산스크리트어는 결국 남아시아에서 중세 서구의 라틴어와 같은 역할을 하게 되었다.

이 시기에 중요한 의미를 지닌 또 다른 지식인으로는 불교 스승인 아스바고시가 있다. 그는 시인이자 극작가였을 뿐만 아니라, 불교의 자타카(마법 같은 탄생 설화)를 모은 선집의 저자이기도 했다. 이 선집에 실린 이야기는 동아시아 전역에 전파되었으며 『아라비안 나이트』와 보카치오의 『데카메론』에도 영향을 미쳤다고 알려져 있다. 아스바고시의 희곡은 지금도 마투라에서 계속 이어지고 있는 기적극의 전통과 관련해서 특히 흥미를 끈다. 인도에서 극단의 존재를 보여주는 최초의 증거는 쿠샨 왕조 시대의 마투라에서 발견되었다. '여배우 집안' 출신의 고급 매춘부와 인도 북부 전역에서 활동하는 '마투라 출신 배우들'의 순회 극단이 언급된 「명문」이 바로 그것이다.

하지만 쿠샨 왕조 시대의 가장 매혹적인 산물은 아마도 마투라에서 발달한 미술일 것이다. 이 독특하고 국제적인 미술은 나중에 인도·동아시아·남아시아의 예술사 전반에 걸쳐 영향을 미쳤다. 쿠샨 왕조 시대에 쿠샨과 인도의 토착 전통, 그리고 불교와 그리스 양식이 결합된 간다라 미술을 원동력으로 인도 미술에 혁명이 일어났다.

이 새로운 미술의 특징으로는 삶에 대한 활기찬 감각, 잠시도 안주하지 않는 호기심, 다른 문화의 특징을 빌려올 줄 아는 절충주의를 꼽을 수 있다.

이 미술은 대중과의 소통이라는 목표를, 당시까지 등장했던 대부분의 다른 미술양식보다 잘 수행했기 때문에 인도 문화가 뿌리를 내린 모든 곳에서 널리 확산되었다. 이 미술—훌륭한 초상화도 포함—은 인본주의적이고 인간 중심적이었으며, 긴 이야기를 만들어냈고, 기술적인 실험에 흠뻑 빠졌다.

놀라운 발명품도 몇 가지 나왔다. 예를 들어, 인도의 종교 미술에서 팔과 머리가 많은 신을 묘사하는 전통도 마투라에서 시작된 듯하다. 이 전통은 브라만의 신들을 묘사하는 영원한 양식이 되었다. 때로는 특정한 미술 혁신이 워낙 유용해서 사람들이 사물을 보는 법까지 바꿔놓는 경우가 있다. 2세기에 인도 땅에서 그리스·인도·중앙아시아 양식이 만나 만들어낸 혁명적인 변화 역시 워낙 성공을 거두었기 때문에 인도아대륙의 각 지방은 이 새로운 미술양식을 자기들의 용도에 맞게 변형시켜 재빨리 받아들였다. 외향적이고 활기찬 당시의 분위기도 이런 추세에 자극이 되었다.

마투라의 박물관은 전 세계 어느 박물관과도 비교가 되지 않을 만큼 훌륭한 쿠샨 시대 조각품을 소장하고 있다. 그중에 유명한 카니슈카 조각상은 아프가니스탄의 수르크 코탈에서 나온 유명한 조각상과 매우 흡사하다. 이 지방 특유의 빨간 사암으로 만든 이 조각상은 줌나강 건너편의 마트에 있는, 수수께끼의 쿠샨 왕조 가족 사당에서 발견되었다. 이 유적지는 1세기 전 형편없는 솜씨로 발굴되었으며, 당시 이곳에서 무엇이 발견됐는지도 발표되지 않았다. 그런데도 이곳은 여전히 토차리 틸라(토차리인의 언덕)라고 불린다. 이는 쿠샨인이 인도로 오기 전, 이들의 옛 종족 이름에서 유래한 것이다. 같은 시기에 터번을 쓴 젊은 귀족의 모습과 흥청망청한 육체의 향연을 묘사한 작품들이 만들어진 것으로 보아, 2세기 중반 다민족 제국의 궁정 문화를 살짝 짐작할 수 있다. 당시 구세계는 하드리아누스의 장벽에서부터 황허강에 이르기까지 대체로 평화를 누리고 있었다.

세계경제의 시작

○

세계경제가 점차 형성되는 모습이 처음 포착되는 것도 바로 이 시기다. 쿠샨 왕조는 북서부에서 파산 지경에 이른 화폐제도를 물려받았지만, 곧 가치가 떨어진 은화와 구리 동전을 금화로 보충하기 시작했다. 무게를 기준으로 한 로마의 제도를 바탕으로 금화를 새로 도입한 것이다. 이 금화는 매우 널리 통용되었다. 디자인이 아름다운 이 금화는 쿠샨 왕조의 치적 중 가장 매혹적인 동시에 가장 뜻밖의 조치였으며 실용과 상징적 가치를 모두 지니고 있었다.

후대의 외래 왕조들, 예를 들어 무굴이나 영국과 마찬가지로 쿠샨 왕조도 대규모 상업 활동이 가능할 만큼 가치가 높은 화폐를 목표로 삼았다. 이제는 박트리아에서부터 갠지스 분지에 이르기까지 광대한 지역에서 도매업체를 운영하는 것이 가능해졌다. 또한 로마와 향신료 무역을 통해 남부로 흘러들어온 금괴와 은괴 중 일부가 북부로 흘러가서 쿠샨 왕조의 손에 화폐로 재탄생했을 가능성이 있다.

지난 20여 년 동안 경제사가는 복잡한 계산과 가설을 바탕으로 세계경제의 역사를 구축해내려고 애썼다. 1500년경부터는 이러한 계산의 신뢰성이 높아지기 시작한다. 하지만 쿠샨 왕조 시대의 경제 상황에 대해서는 널리 통용되던 화폐, 인구의 급격한 증가, 거주지 증가 같은 요소를 바탕으로 추측해야 하는 경우가 대부분이다. 그 결과 우리는 세계경제의 부상을 나타내는 여러 그래프의 출발점이 바로 이 시기임을 알 수 있게 되었다.

인도 인구의 추정치를 보면 당시 2억 5,000만이었던 전 세계 인구 중 7,500만 명이 인도아대륙에 살았음을 짐작할 수 있다. 그렇다면 인도 인구가 세계 인구의 4분의 1 이상이었다는 얘기다. 2007년 인도아대륙의 인구는 세계 인구의 5분의 1가량 된다. 쿠샨 왕조 시대의 인도 경제력을 국내총생산(한

해에 생산된 재화와 용역의 총가치) 기준으로 추정해보면, 전 세계 경제력의 거의 30퍼센트나 된다. 인도가 무역로의 중앙에 자리한 유라시아대륙에서 지배적인 위치를 점하고 있었기 때문에 로마나 한나라보다 더 높은 비중을 차지하게 된 것이다.

사실 인도는 1500년경까지 이처럼 우월한 지위를 유지했다. 그러나 유럽이 신세계를 정복해 아메리카 대륙 전체의 천연자원을 손에 넣게 되자 역사의 균형추가 아시아의 고대 문명을 떠나 멀어지기 시작했다.

카니슈카의 죽음

○

카니슈카의 치세도 쿠샨 왕조의 치세도 최근 아프가니스탄에서 발견된 「명문」에 새겨진 희망처럼 1,000년간 지속되지 못했음은 말할 필요도 없을 것이다. 카니슈카는 2세기 중반에 세상을 떠났지만, 그의 왕조는 인도에서 그 뒤로도 75년 동안 세력을 유지했다. 아프가니스탄에서는 더 오랫동안 힘을 잃지 않았다.

카니슈카가 어떻게 죽음을 맞았는지 알려주는 확실한 증거는 없다. 후대의 전설은 그의 죽음에 관해 환상적인 이야기를 들려준다. 이 전설에 따르면, 카니슈카는 세상의 4분의 3을 정복했지만 나머지 4분의 1을 정복하기 전에는 결코 편안히 쉴 수 없었다. 그는 대규모 군대를 끌어 모아 북부의 산악지대로 진군했다. 후족의 야만인이 흰 코끼리를 타고 선봉에 서서 군대를 이끌었다. 하지만 눈 덮인 정상에서 눈보라에 휘말리자 말(言)을 할 줄 아는 그의 마법 말(馬)조차 그에게 반항하고 나섰다. 결국 그는 회군했지만, 동포에게 암살당하고 말았다.

그의 죽음에 관해 기묘할 정도로 구체적으로 묘사한 중국 쪽 이야기도 있다. 어쩌면 그 이야기에 일말의 진실이 들어 있는지도 모른다. 그 이야기에 따르면, 그가 병석에 눕자 역적들이 베갯잇 또는 매트리스로 그를 질식시켜 살해했다고 한다. 이 마지막 이야기의 배경은 마투라인데, 고고학 연구 결과는 시 외곽의 가족 사당이 어느 시점에 고의로 파괴되었을 가능성을 시사한다. 누군가가 복수를 위해 저지른 일인 듯, 카니슈카의 조각상이 뒤집어지고 목이 잘렸다. 하지만 카니슈카가 마투라에서 암살당했다면, 인도 전승에 그 사건에 관한 언급이 한마디도 없다는 점이 더욱더 이상하다. 하지만 『마하바라타』의 최종판에는 쿠샨-토차리인에 관한 적대적인 의견이 적혀 있다. 이들이 고대 인도의 기사도를 지키지 않았으며 '끔찍하고 잔인한 행동'을 저질렀다는 것이다.

하지만 이런 의문에 빛을 던져주는 듯한 전설이 존재한다. 고대 이래로 연극이 꽃을 피운 마투라에서는 매년 비슈누의 화신인 크리슈나의 이야기를 다룬 연극이 시리즈로 공연된다. 크리슈나는 『마하바라타』에서 마투라의 토착 족장으로 등장한다. 30편이 넘는 연극으로 이루어진 이 시리즈가 현재의 형태로 발전한 것은 16세기로, 그때부터 모든 역할을 어린이들이 맡아 연기했다. 이 연극 시리즈의 핵심적인 테마는 마투라의 전제 군주인 크리슈나의 사악한 삼촌이다. 그는 결국 조카인 크리슈나의 손에 왕위에서 쫓겨난다. 칸스 또는 칸사로 알려진 그의 이름은 지금도 마투라 인근의 여러 언덕에 붙어 있다. 혹시 이것이 위대한 쿠샨 왕에 대한 백성들의 기억일까?

만약 그렇다면, 마지막 반전이 있다. 마투라의 북쪽 끝에는 강을 굽어보는 고대의 언덕이 폐허 속에 깊이 파묻혀 있다. 이곳에 어지럽게 흩어져 있는 것은 쿠샨 왕조 시대의 불상 파편이다. 오솔길을 따라 올라가면 노란색 집이 옹기종기 모여 있는 곳이 나온다.

시바의 화신인 고카르네시와르의 힌두식 사당도 있다. 문을 지나 안으로 들어가면 자그마한 안뜰과 대리석으로 바닥을 깐 방이 나온다. 안쪽의 성소에는 스트립라이트(여러 개의 전구를 늘어놓은 무대 조명용 설비)가 밝혀져 있고, 천장에서 돌아가는 선풍기가 우기 이전 47도에 달하는 마투라의 더위를 조금 식혀준다.

이곳에 모셔진 신상은 접시만큼이나 커다란 눈을 하고 옥좌 같은 곳에 앉아 있는 왕의 거대한 조각상이다. 그는 포도주 그릇과 포도를 들고 있으며, 머리에는 뾰족한 쿠샨 모자를 썼다. 꽃무늬가 있는 초록색 타일을 배경으로 커다란 놋쇠 삼지창을 들고 있는 그는 이곳에서 시바를 대신하고 있다. 그의 목에는 시든 금잔화 목걸이가 걸려 있고, 건장한 어깨는 자주색 가루로 덮여 있다. 그는 한때 쿠샨의 왕이었다. '신들의 아들'인 카니슈카는 자신이 죽음을 맞은 이 도시에서 지금도 숭배의 대상인 듯하다.

비록 서구에는 카니슈카의 전설이 사실상 알려져 있지 않은 것과 마찬가지지만 중국·몽골·티베트·일본에서는 지금도 살아 있다. 최근에는 일본 최대의 망가(성인용 만화) 작품에 카니슈카가 등장하기도 했다. 이 작품은 3,000만 부나 팔렸으며, 카툰과 영화의 형태로 유럽과 미국에도 팔려나갔다. 이 작품에서 카니슈카는 쿠샨의 위엄 있는 황제 가니슈카로 등장한다. 악마 제국의 수장인 그는 번개를 던질 수 있으며, 다른 생물을 심부름꾼으로 이용하고, 악마 병사들과 흑마법을 이용해서 전 세계를 정복한다! 동양의 불교 전설을 토대로 한 이 작품에서, 세계의 문을 열어 동양과 서양의 예술과 사상을 아프가니스탄과 인도로 들여온 왕이 이렇게 묘사되는 것이 기묘하다. 그는 로마의 하드리아누스에게 사절을 보내고, 중국에 포교승을 보낸 왕이었는데 말이다.

쿠샨 왕조의 유산

◯

정말 대단한 여행이었다. 우리는 쿠샨인의 발자취를 따라 메르브 오아시스를 출발해 힌두쿠시를 넘어 카불·페샤와르·마투라에 이르렀다. 이 여행을 통해 나는 쿠샨인의 이야기야말로 역사상 가장 매혹적인 이야기 중 하나라는 확신을 얻었다. 쿠샨 제국은 사산 왕조와 훈족이 차례로 압박을 가해오는 바람에 3세기에 무너졌지만 영원한 유산을 남겼다. 인도 북부의 역사에서 쿠샨 왕조는 고대 세계와 굽타 왕조의 위대한 시대(제4장 참조)를 잇는 연결고리이며, 후에 인도 문명에 나타난 핵심적인 특징 중 일부가 이미 이때부터 분명히 모습을 드러냈다.

⇧ 기원전 300년경 그리스인 메가스테네스는 크리슈나가 마투라 지역의 신이라고 기록했다.

4

중세 인도: 황금과 철의 시대

 갠지스평원의 자그마한 시골 도시인 아요디아의 고그라 다리에서 바라보는 석양. 하늘이 마치 녹아내린 것처럼 보인다. 진한 파란색의 거대한 몬순 구름 밑에서 붉은색이 섞인 황금빛하늘이 생생하게 빛난다. 찌는 듯한 날씨였지만 비가 내린 덕분에 공기 중에 다시 생기가 감돈다. 그래서인지 저녁 풍경이 찬란하기 그지없다. 우기가 다가오고 있기 때문에 부풀어 오른 강에서 바람을 맞아 철썩철썩 소리를 내는 물결이 여울을 타고 넘으며 수평선까지 넓게 퍼져나간다. 마치 내륙의 바다 같다. 오른쪽에는 탁 트인 벌판이 있고, 손짓하듯 몸을 흔드는 갈대밭에 둘러싸인 강둑도 보인다. 그 너머에는 이곳 사람이 장갈이라고 부르는 곳이 있다. 군데군데 무리지어 있는 나무와 석호 사이로 초가지붕이 언뜻언뜻 보이는 야생의 땅이다.

왼쪽의 다리 너머에는 색칠한 둥근 지붕과 도시의 고층건물이 보인다. 석양빛을 받아 빛나는 모스크·능·사원 등이 20~30개는 되는 것 같다. 강가에서 몸을 씻을 수 있게 만들어놓은 곳에는 순례자들이 여전히 잔뜩 몰려 마지막 목욕을 하거나, 옷의 물기를 쥐어짜거나, 해질녘의 기도를 드리고 있다. 이들 주위에서 오렌지색 깃발들이 탁탁 소리를 내며 펄럭인다. 햇빛이 살짝 더 어두워지며 하늘이 복숭아색으로 변한다. 이윽고 해가 모습을 감추자 하늘은 연한 파란색이 된다. 아름다운 광경이다. 순수한 흥분이 느껴진다. 이럴 때면 동화를 믿어도 될 것 같은 기분이 든다. 아니, 적어도 중세 시인이 람라지야, 즉 라마의 치세라는 황금시대가 지상에 펼쳐졌던 장소로 왜 이곳을 골랐는지 이해할 수 있을 것 같다.

하지만 황금시대라는 것은 문제가 많은 사항이다. 실제로는 결코 존재하지 않기 때문이다. 황금시대는 상상 속에만 존재하는 과거다. 어떤 목적을 위해 만들어진 문학적 창조물로서 창조적으로 읽힐 수도 있고, 파괴적으로 읽힐 수도 있다. 이런 이야기는 사실 과거보다 현재에 대해 더 많은 것을 알려준다고 해도 될 것이다. 그리고 우리가 상상하는 미래에 대해서도.

400년부터 1400년 사이, 그러니까 유럽식으로 표현하자면 로마의 멸망에서부터 르네상스 시대까지 인도 문명은 여러 지역에서 잇달아 눈부신 문화의 꽃을 피웠다. 하지만 이와 동시에 커다란 변화를 겪으며 폭력과 갈등으로 고통을 겪은 곳도 있었다. 이슬람을 믿는 튀르크족과 아프가니스탄 정복자의 등장으로 인도 북부는 새로운 길에 들어섰다. 이 길은 한참 뒤인 20세기 중반에 지상 최대의 이슬람 국가인 인도가 종교적인 이유로 분할되는 결과를 초래한다. 당시 인도에서 일어난 변화의 실상은 당대의 글에 분명히 묘사되어 있다.

10세기 말에 인도 북부(이슬람 지리학자들이 '힌두스탄'이라고 부르던 지역)는 '우상 숭배자'의 땅으로 여겨졌다. 오늘날 우리가 힌두교·불교·자이나교라고 부르는 인도의 토착 종교와 수많은 민간 신앙을 따르는 사람의 땅이라는 뜻이다. 하지만 중세에 인도 북부는 인구 면에서나 창의력 면에서나 세계적 수준의 이슬람 문명을 꽃피운다. 파키스탄과 방글라데시를 포함시킨다면, 인도아대륙은 지금도 이슬람 인구가 가장 많은 곳이다.

역사적으로 엄청난 영향을 미친 이 사건들은 지금도 인도 역사에 심대한 영향을 미치고 있다. 그렇다면 우리 여행의 다음 목적지는 현대 인도 문명의 핵심적인 특징 중 일부가 형성된 그 시기로 잡아야겠다. 이 시기에 인도 전역과 벵골, 오리사에서는 위대한 왕국들이 등장했다. 카주라호에서는 찬달라 왕국, 남부에서는 촐라 왕국도 등장했다. 이들은 비록 서로 다른 언어를 사용했지만 모두 인도의 '위대한 전통'에 속한다고 생각했으며, 종교적인 면에서도 똑같은 믿음을 공유한다고 믿었다. 이 믿음은 19세기부터 힌두교라고 불리고 있다.

북서부에서는 이슬람 왕국들이 세워졌다. 파키스탄이라는 현대 국가의 조상 격인 나라다. 이 시기에 불교는 서서히 쇠퇴해서 히말라야 지역과 벵골을 제외한 모든 곳에서 자취를 감춰버렸다. 창조와 파괴의 물결을 함께 몰고 온 이 역사의 거대한 해일 속에서 훨씬 더 다채로운 인도가 자라났다. 이 변화의 이야기는 5세기 로마 제국이 멸망하던 시기에 시작된다. 나는 이 이야기의 자취를 따라 먼저 인도에서 가장 유명한 도시 중 한 곳으로 향했다. 인도의 역사 하면 떠오르는 이름이자, 최근 인도의 한 저술가가 '인도의 그라운드 제로'라고 부른 곳이다.

라마의 도시 아요디아에서

○

이른 아침인데도 벌써 기온이 오르고 있다. 람 호텔은 아요디아의 신성한 구역 가장자리에 서 있다. 꾀죄죄하지만 친절한 곳이다. 식당에는 푸리·채소·자주색 양파 절임으로 구성된, 맛있는 채식 아침식사가 마련돼 있다. 신의 도시인 이곳에서는 고기·달걀·술이 허용되지 않는다.

위층에서는 깡마른 인부들이 허리에만 천을 두른 간단한 옷차림에 머리띠를 하고 벌써부터 쿵쾅거리며 내 방 건너편의 침실에서 분홍색 시멘트를 섞고 있다. 휴게실에는 정의로운 왕 라마를 그린 커다란 포스터와 대형 텔레비전 한 대가 나란히 벽에 붙어 있다. 라마는 각진 턱의 잘생긴 젊은 전사의 모습이다. 가슴은 드러냈고, 얼굴에는 아무런 근심걱정이 없으며, 눈은 영화배우 같고, 투구를 쓴 차림에 활을 들었다. 그의 옆에는 아내이자 이상적인 여인인 시타와 남동생 락슈만, 반은 인간이고 반은 원숭이의 모습으로 인도 전역에서 사랑받는 하누만이 있다. 전설에 따르면 하누만은 라마가 악마의 왕과 최후의 결전을 벌일 때 그의 목숨을 구해주었다고 한다.

인도에서는 1920년대부터 힌두 민족주의를 되살리려는 움직임이 시작되어 지난 20년 동안 절정에 이르렀다. 덕분에 적어도 인도 북부에서만은 라마가 최고 신의 자리를 차지하게 되었다. 그리고 아요디아는 그가 태어난 곳으로 여겨지고 있다.

정문을 나서서 오른쪽으로 방향을 틀면 도시전체가 한눈에 들어온다.

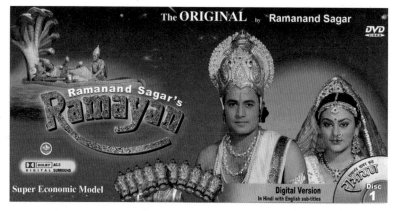

벌써 햇빛이 이글거리는 거리를 걷다보면 모퉁이에 있는 찻집을 지나게 된
다. 이 찻집에 살고 있는 소 한 마리가 손님들이 남긴 음식을 먹으려고 얼쩡
거린다. 몇 미터쯤 더 가면 경찰의 차단선이 나온다. 그 선 너머에는 이 도시
의 신성한 중심부가 강을 따라 펼쳐져 있다. 강을 따라 금방이라도 부서질 것
처럼 보이지만 너무나 멋진 대로와 골목이 1.5킬로미터쯤 뻗어 있다. 거기에
300개의 사원·호스텔·모스크·수피 사원 등이 미로처럼 자리 잡고 있다.

　비교적 차분한 그곳에서 2분쯤 더 걸어가니 기가 막힐 만큼 활기찬 풍
경이 나를 사로잡는다. 밤이나 낮이나 활기를 잃지 않는 이곳을 그냥 정처 없
이 돌아다니며 차를 마시는 것만으로도 환상적인 경험이 된다. 수많은 순례
자가 끝없는 물결처럼 이곳을 지나간다. 매년 수백만 명이나 된다. 모두 라마
의 이야기에 끌려 이곳을 찾는 사람들이다.

　계속 걷다보면 치장 벽토를 바른 저택과 사원의 전면에 온통 커다란 물
고기 장식이 붙어 있음을 알게 된다. 회반죽으로 만든 이 물고기의 비늘은 밝

은 파란색으로 칠해져 있다. 아요디아의 나와브(인도의 이슬람 귀족이나 명사를 부르는 존칭), 즉 과거에 아와드라고 불리던 사람들의 상징이다. 1722년에 이 곳을 다스리던 시아파 통치자들은 델리의 무굴 제국으로부터 사실상 독립을 얻어냈다.

그런데 묘한 것은, 아와디 문화가 전성기를 누리던 100년 중에도 이 시아파 지도자들이 이 땅을 다스릴 때 가장 많은 힌두교 사원들이 세워졌다는 점이다. 아와디 문화의 황혼기 모습은 사티야지트 레이의 걸작 영화 〈장기꾼〉(1977)에 잘 묘사되어 있다. 이 도시 최대의 힌두교 사원은 하누만을 섬기는 곳인데, 나와브가 건설비를 댔다. 이 시기 이후로 아요디아는 여러 번 부침을 겪었다. 1855년에는 분파주의자가 싸움을 벌인 적도 있다. 처음에는 시바와 비슈누의 추종자가 싸우더니, 그다음에는 이슬람교도와 힌두교도가 싸움을 벌였다.

하지만 전체적으로 봤을 때 지난 300년 동안 아요디아는 분파주의로 인한 갈등이 자주 일어나는 인도 북부에서 여러 종교가 공존하는 최고의 모범 사례였다. 하지만 1992년부터는 이 도시의 이름이 인도의 정치체제 자체를 위협하는 끔찍한 사건과 함께 연상되고 있다. 그해에 정치인의 사악한 분파주의 주장에 넘어간 수천 명의 힌두 근본주의자가 아요디아를 덮쳐서 무굴 시대의 모스크를 파괴했다. 그 모스크가 세워진 곳이 바로 라마가 탄생한 곳이라는 이유에서였다. 이 사건의 후유증으로 인도 북부 전역에서 폭동과 살인 사건이 발생했으며, 아요디아에 살던 많은 이슬람교도는 죽임을 당하거나 피난을 떠나야 했다. 그날 밤 인도 총리 나라싱하 라오는 텔레비전에 나와 다음과 같은 대국민 연설을 했다.

동포 여러분, 저는 우리 공화국 헌법의 기반이 된 제도, 원칙, 이상이 심각한 위협을 받고 있는 상황에서 오늘 저녁 여러분 앞에 나섰습니다……. 오늘 아요디아에서 일어난 일은 대단히 수치스러운 일인 동시에 모든 인도인이 근심해야 할 문제입니다……. 이것은 국가에 대한 배신이며, 모든 인도인이 함께 물려받은 유산으로서 신성하게 생각하는 모든 것에 맞서는 행위입니다……. 여러분 모두에게 호소합니다. 이 심각한 위기상황에서 평정과 평화와 화합을 유지해주십시오. 과거에 우리는 이런 상황을 많이 겪었지만 이겨냈습니다. 이번에도 그렇게 할 것입니다.

하누만의 사원 밖 좁은 길에서 순례자에게 물건을 파는 노점에는 사진과 카세트테이프가 잔뜩 쌓여 있고, 서점에는 『라마야나』가 높이 쌓여 있다. 저 유명한 기타 출판사 판은 6,500만 부라는 믿기 어려운 판매 부수를 기록했다. 오래전부터 인도 북부에서 대중문화의 기반이었던 라마 전설은 지난 100년 동안, 특히 1980년대 이후 힌두민족주의 운동이 부상하면서 거대한 의미를 지니게 되었다. 학자의 말에 따르면 라마는 원래 고대 「서사시」의 주인공이었지만, 그를 믿는 사람은 그가 비슈누의 화신이라고 생각한다. '불의가 판칠 때마다' 라마가 비슈누의 화신으로서 지상에 내려온다는 것이다. 신의 화신으로 유명한 또 다른 인물로 크리슈나가 있지만, 갠지스평원의 순례자를 위한 노점에는 부처뿐만 아니라 심지어 시아파 이맘인 후세인과 예수까지도 누군가의 화신으로 묘사한 그림들이 있다.

북부에서 라마의 이름은 중세부터 하나님과 동의어로 쓰였다. 하지만 그는 또한 이상적인 인간인 동시에 이상적인 왕이기도 하다. 인간이 어떻게 행동해야 하는지를 보여주는 모범인 것이다. 그의 이야기가 믿을 수 없을 만큼 인기를 누리고 있다는 사실은 1980년대 말에 텔레비전에서 방영된 블록

⇧ 라마와 시타의 결혼을 묘사한 18세기 그림. 두 사람은 이상적인 남편이자 아내였다. 하지만 위대한 이야기들이 항상 그렇듯, 종교적인 해석으로도 의미를 완전히 파악할 수 없는 우울한 비극이 두 사람의 이야기를 가득 채우고 있다.

버스터 드라마를 통해서도 증명되었다. 이 드라마의 내용은 사람들의 머릿속에서 점점 정설처럼 굳어져가고 있다. 아요디아의 모든 서점과 노점에서는 78부작인 이 드라마가 쩌렁쩌렁 울려 퍼진다.

　하지만 이 드라마가 거둔 놀라운 성공에도 불구하고, 그 후로 이 드라마가 대중의 머릿속에서 다른 수많은 이야기를 몰아내고 인도 역사의 핵심을 차지하게 된 것에 불안해하는 사람이 많다. 인도 역사를 묘사한 수많은 이야기 중에는 서로 모순되거나, 정통과 어긋나거나, 파괴적인 것도 있지만, 그런 이야기 역시 위대한 『라마야나』 전승의 일부다. 하지만 4차산업혁명 시대를 맞아 이야기가 계속 바뀌면서 인도의 과거를 바라보는 시선 역시 바뀌고 있다. 아요디아는 신화가 현대적인 은유로 번역되는 극장이다.

인도인의 영웅 이야기

◇

"아요디아의 땅은 거의 100만 년 전부터 신성한 곳이었습니다." 사원 주지가 내게 이렇게 말해준다. 몸이 건장하고 턱수염이 하얗게 센 그의 이마에는 비슈누 추종자의 노란 상징이 축축한 꿈꿈 가루로 그려져 있다. 소리굽쇠를 뒤집어놓은 모양이다. 사원 주지는 모스크가 파괴된 자리에 라마 사원을 세우자는 캠페인을 주도했다. 그는 팸플릿과 책이 잔뜩 쌓여 있는 비좁은 서재에 책상다리를 하고 앉아 있다. 방 안이 오븐 속처럼 뜨겁다. 벽에는 전설 속 장면을 그린 종교화가 걸려 있다. 보석이 박힌 왕관을 쓰고 눈가를 검게 칠한 신들과 여신들. 진홍색 사리를 입은 시타. 몬순이 시작되기 이전의 무더위 때문에 내 이마를 타고 땀방울이 흘러내리고, 내 셔츠는 땀으로 흠뻑 젖었지만 주지는 말을 계속한다.

우리는 아요디아가 최초의 인간인 마누의 손에 건설되었다고 생각합니다. 하지만 아요디아는 인간의 작품이므로 신들의 영원한 도시를 비슷하게 흉내낸 것에 불과합니다. 그래서 '정복할 수 없다'는 뜻의 이름이 붙은 겁니다. 아시다시피 인도에는 시간의 시작도 끝도 없습니다. 시간은 헤아릴 수 있는 것이 아닙니다. 현재와 과거를 구분하는 것은 그분께서 어디에나 스며들어 계신다는 믿음에 어긋납니다. 우리가 한순간이라고 부르는 것도 사실은 파괴할 수 없는 시간입니다······. 인도인의 눈이 있어야만 아요디아의 신성함을 볼 수 있습니다. 고대 인도의 깊이에 도달하는 데 유럽의 지식은 아무런 소용이 없습니다.

보잘것없는 역사가는 이런 확신 앞에서 조금 무기력해지는 기분이다. 하지만 중요한 것은 전통적인 브라만과 순례의 안내자들이 들려준 이야기가 여기서는 다른 시대를 배경으로 펼쳐진다는 점이다. 우리의 시대인 칼리 유가는 겨우 5,000년 전에 시작되었다. 『마하바라타』에 묘사된 대규모 전쟁이 끝난 뒤였다. 『라마야나』의 시대인 트레타 유가는 그보다 훨씬 전인 거의 100만 년 전까지 거슬러 올라간다.

하지만 이 이야기의 첫 부분에 관해 또 다른 시각이 존재한다. 이쪽 시각을 조사해보면 이 이야기가 신화와 민간설화에서 기원했을지도 모른다는 생각이 든다. 인도의 종교와 신화에서 라마라는 이름을 지닌 인물은 세 명이다. 라마는 크리슈나와 마찬가지로 '검은 피부 또는 어두운 피부의 사람'을 뜻하는 말이다. 세 명의 라마 중 한 명은 '쟁기를 지는 사람'이다. 한편 시타는 '밭고랑'이라는 뜻으로, 고대의 일부『경전』에서는 농업을 관장하는 여신의 이름으로 쓰이고 있다. 그런『경전』중 하나인『하리밤사』에서 그녀는 농부의 여신으로 등장한다.

이런 단서는 이 이야기가 아리아인의 도래 이전 원주민의 이야기에서 유래했음을 뜻하는 것이 아닐까? 어쨌든 지금까지 전해진 이야기가 기원전 마지막 몇백 년 동안에 구전으로 전해진 이야기와 음유시인의 이야기에서 생겨났음은 거의 확실하다. 이 이야기는 갠지스강과 줌나강 사이에 위치한 코살라라는 왕국의 어느 좁은 지역을 배경으로 하고 있다. 그런데 이 이야기의 배경이라고 지목된 장소에서는 기원전 600년 이후의 도자기밖에 나오지 않았다. 이는『마하바라타』유적에서 나온 유물보다 후대의 것이다(80쪽「사실과 허구를 분리하다」참조). 아시아 남부에는 이곳 주민이 주로 쓰는 20개의 언어로 수백 가지 버전의 라마 이야기가 존재하고 있다. 개중에는 매혹적이고 과격하게 내용이 바뀐 것들도 있지만, 가장 널리 받아들여지는 핵심적인

⇨ 라마와 원숭이 군대가 랑카를 포위한 모습을 그린 17세기 무굴 시대의 그림. 무굴 황제들은 『라마야나』에 커다란 관심을 갖고 있었기 때문에 이 이야기를 페르시아어로 번역하라고 명했다.

⇧ 불의 시험을 받는 시타. 지역에 따라 라마 이야기의 결말이 크게 달라지곤 한다.

줄거리만 간추리면 다음과 같다.

　　라마는 코살라의 왕자로서 갠지스평원에 있는 도시 아요디아에 살고 있다. 아버지의 왕국에서 부당하게 추방당한 그는 신실한 아내 시타, 남동생 락슈만과 함께 숲속에서 산다. 그런데 시타가 랑카(산스크리트어로 '섬'이라는 뜻)의 악마 왕인 라바나에게 납치당하면서 이 황금시절이 끝난다. 카리스마 넘치는 비극적인 반영웅(反英雄)인 라바나는 머리가 아주 뛰어나다. 그는 또 한 어떤 모습으로도 나타날 수 있으며—머리 10개에 팔이 20개 달린 모습이 가장 유명하다—, 신이나 악마나 정령도 그를 죽이지 못한다. 라바나는 지구를 황폐화하고 다르마(보편적인 도덕 법칙)를 지키는 훌륭한 브라만의 행동을 파괴한다. 라마는 그를 물리칠 운명을 타고난 인간이다.

　　현재 랑카는 스리랑카와 동일시되고 있지만, 원래 이 섬의 이름은 스리랑카가 아니었다. 따라서 처음 이 이야기를 만들어낸 시인들은 악마 왕이 사는 도시를 훨씬 가까운 곳으로 설정했을 가능성이 있다. 하지만 이곳은 지상에서 찾을 수 없는 상상 속의 도시였을 가능성이 훨씬 더 높다. 11세기 이슬람 역사가인 알 비루니는 "인도인에 따르면 랑카는 지상 30요자나 높이에 있으며, 랑카가 있다고 알려진 방향으로 항해를 떠났던 선원들도 전설과 일치하는 것을 하나도 보지 못했다"고 말했다.

호메로스의 『오디세이아』나 『아르고나우티카』의 경우가 그렇듯이, 신화 속의 장소는 수백 년 동안 지리학 지식이 늘어나면서 자꾸만 그 위치가 바뀌기 마련이다. 『라마야나』의 시간적 배경도 같은 이유로 결국 100만 년 전의 신화시대까지 밀려났다. 브라만에 따르면, 『마하바라타』는 '진짜' 역사가 시작되기 직전인 영웅시대에 '있었던' 일을 다룬 것이며, 『라마야나』는 '항상 존재하는 것들'을 다룬 작품이다. 이는 이 작품이 역사적인 연대기와 분리되었음을 뜻한다. 시대도 다르고, 패러다임도 다른 것이다. 이 이야기는 『일리아스』나 『마하바라타』 같은 '역사'가 아니다. 이런 신화에서는 상상 속의 지도가 계속 마법 같은 분위기를 유지하는 것이 최선이다.

추방당한 몸이지만 숲속에서 한가로운 전원생활을 하던 라마가 악마왕의 누이를 거부하자 악마들은 이것을 모욕으로 생각하고 분노한다. 시타의 미모에 사로잡힌 라바나는 황금 사슴으로 라마의 주의를 분산시키고는 나이 많은 성직자로 변장해서 시타를 납치한다. 긴 이야기를 짧게 줄여서 말하자면, 결국 라마는 랑카로 대규모 원정을 떠난다. 곧이어 벌어진 중대한 전투에서 라마는 신실한 원숭이 하누만의 결정적인 도움에 힘입어 라바나를 무찌른다. 시타도 되찾는다.

어떤 버전에서는 라마가 아요디아를 다스리며 영원히 행복하게 사는 것으로 되어 있지만, 그전에 시타는 라바나에게 정조를 훼손당했는지 확인하기 위한 시험을 거친다. 하지만 의미가 모호하고 거슬리는 「에필로그」에서 이 「서사시」에 드리워진 비극과 질투의 그림자가 모습을 드러낸다. 이 「에필로그」 중 일부는 후대에 덧붙여진 것일 수도 있다. 그래서 처음에는 인도의 텔레비전 연속극에 포함되지 않았다.

이 최후의 대단원은 위대한 신화의 힘을 모두 지니고 있다. 이야기 자체가 지닌 운명의 논리가 마침내 주인공에게 힘을 행사한다는 점에서 그렇다. 그리스 신화에서 헬레네가 결코 트로이에 간 적이 없다는 이야기가 아주 오래전부터 전해져 내려오듯이―그녀의 행동에 너무 문제가 많기 때문에 이런 의문을 제기하지 않고 그냥 지나칠 수가 없다―, 천상의 아내이며 '여성성의 보석이고 지구의 딸'(타밀의 위대한 시인 캄반이 시타를 묘사한 구절)인 시타의 경우도 마찬가지다. 시타의 정조에 관해 사람들이 계속 쑥덕거리자, 라마는 그녀를 추방한다. 시타는 현자 발미키(나중에 이 이야기를 글로 적은 사람)의 아슈람에서 혼자 아이들을 키운다.

그러고 나서 그녀가 자신을 의심하는 남편과 마지막으로 만날 때 땅이 열리면서 그녀를 집어 삼킨다. 어머니 지구가 그녀를 다시 데려간 것이다. 그리스 신화에서 신들이 메데이아를 다시 데려갔듯이. 이 두 신화를 전해준 이야기꾼은 이야기가 그냥 행복하게 끝나도록 내버려둘 수가 없었던 모양이다. 어두운 결말은 황금시대가 오로지 동화 속에만 존재한다는 경고인지도 모른다.

굽타 왕조와 라마 전설

◯

그럼 전설 속의 아요디아는 언제 어디에 있었을까? 그리고 이 이야기가 『마하바라타』와 함께 국민 「서사시」가 된 이유는 무엇일까? 오늘날의 아요디아에서 백만 년 전에 사라진 도시의 유적이 발견되었다는 이야기는 순례자를 안내하는 사람들의 단골 이야깃거리 중 하나다. 고그라 다리 옆의 목욕터에 가면 그런 이야기꾼에게 돈을 주고 얼마든지 이야기를 들을 수 있다. 예를 들어 엘리자베스 여왕 시대에 이곳을 방문했던 랠프 피치는 '흐르는 강물에 몸을 씻는 모든 인도인의 이름을 기록하는 브라만' 중에 그런 이야기꾼이 있다고 적었다.

우리 안내인은 몸집이 작고 새 같은 남자로 강둑 옆의 크고 오래된 나무 밑에 앉아 있다. 이마에는 비슈누의 추종자임을 나타내는 노란색 상징이 크게 그려져 있다. 그의 앞에 놓인 천 가방에는 고객 명단과 석판으로 인쇄한 낡은 『경전』이 들어 있다. 이 도시의 창건 신화는 14세기 문헌에 처음으로 등장했으며, 구전으로도 거의 똑같은 이야기가 전해지고 있다. 우리 안내인은 이렇게 말한다.

옛날, 옛날, 아주 오래전에 비크라마디티야라는 위대한 왕이 있었습니다. 어느 날 비크라마디티야는 사라유강을 따라 사냥을 하러 왔습니다. 그런데 왕이 탄 말이 낯선 목소리를 듣고 갑자기 멈춰 서더니 더 이상 앞으로 나아가려 하지 않았습니다. 왕은 그곳의 산속에서 정글을 뚫고 나아가다가 고대 도시의 폐허를 발견했습니다. 왕이 폐허를 치웠더니 리시(성직자 또는 속세와 인연을 끊은 사람)가 나타나 이곳이 바로 라마 님의 신성한 도시로 트레타 유가 때 존재했던 아요디아라고 말해주었습니다. 그러고 나서 리시는 사라져버렸습니다. 그래서 비크라마디티야는 이요디아를 발견했음을 선언하고 도시의 복원을 명령했습니다. 도시를 재건해서 라마의 치세를 되돌리려는 것이었습니다.

비크라마디티야는 인도의 중세 전설에서 중요한 인물이다. 지금도 인기를 끌고 있는 『비크람과 유령』이라는 연작 이야기가 한 예다. 역사적인 인물 중에는 이 이름을 지닌 사람이 많지만, 특히 고대의 두 왕이 이 이름을 사용했다. 그중에서도 5세기에 굽타 왕조의 왕이었던 스칸다굽타가 유명하다. 그는 침략자인 훈족에 맞서 승리를 거둔 뒤 스스로 비크라마디티야(용맹의 태양)라는 칭호를 붙였다.

하지만 스칸다굽타가 도시를 '복원'한 이야기에는 또 다른 흥미로운 이야기가 부차적으로 포함되어 있다. 당시 중국인 순례자들은 이 도시가 번창하고 있으며, 불교 사원 20곳에 승려가 5,000명이나 된다고 묘사했다. 하지만 당시 도시의 이름은 아요디아가 아니라 사케타였다. 고대 그리스인도 이 도시를 사케타로 알고 있었다. 따라서 5세기에 그때까지 불교 중심지였던 사케타가 신화 속 '난공불락의 도시'인 아요디아로 널리 선포된 셈이다.

굽타 왕조가 최고의 전성기를 구가하던 5세기에는 『마하바라타』와 『라마야나』의 시대까지 거슬러 올라가는 인도의 찬란한 과거를 의식적으로 부활시키려는 움직임이 일었다. 오랜 전통을 지닌 브라만의 종교는 모든 종교를 후원한 쿠샨 왕들처럼 특정 종교를 특별히 선호하지 않는 통치자 밑에서 불교가 인도 최고의 종교가 되자 빛을 잃었다. 하지만 4세기와 5세기에 굽타 왕조 치하에서 세상이 바뀌자, 과거의 희생적인 브라만 종교가 점점 발전해 현대 힌두교의 전신으로 형태를 갖추기 시작했다.

왕들은 전투에서 승리를 거뒀을 때 가장 찬사를 받았으며, 왕은 '인간의 형태를 한 신'이라는 새로운 교리가 등장했다. 알라하바드에 있는 아소카의 거대한 기둥(146쪽 사진 참조)에는 찬드라굽타 1세의 아들인 사무드라굽타를 신성한 왕으로 묘사한 새로운 「명문」이 새겨졌다.

"지상에 거주하시는 신, 순전히 인류가 지켜야 할 의식을 존중해야 하

⇦ 굽타 시대의 금화에는 왕들이 비슈누에 애착을 갖고 있음이 강조
된 경우가 많았다. 라마는 비슈누의 화신 중 하나다.

기 때문에 유한한 생명을 지니게 된 분."

왕의 신격화와 더불어 신이 지상에 화신을 보낸다는 이론이 등장했다. 신의 화신은 신화적인 생물이 아니라 역사적인 인물로 모습을 드러냈다. 이런 화신들 중 가장 인기를 끈 것이 바로 라마였다. 굽타 왕조 시대의 아름다운 금화들은 라마의 상징이 된 모습, 즉 투구를 쓰고 활을 든 모습으로 왕들을 묘사했다. 굽타의 왕들이 자신을 라마 같은 신의 화신으로 생각했다는 뜻이다.

이처럼 정치적인 신화가 만들어지는 가운데 오래된 도시 사케타를 「서사시」 속의 도시 아요디아로 인정하기 위한 무대가 마련되었다. 사케타를 전설의 도시로 묘사한 최초의 「명문」은 436년에 만들어졌다. 후대의 중국 자료들은 굽타 왕조의 궁정을 아요디아 지역(코살라)으로 옮긴 사람이 바로 스칸다굽타라고 전한다. 파라마르타(眞諦, 499~569: 인도의 불교학자로 『경전』을 한문으로 번역하는 데 힘을 기울였다)가 기록한 불교 승려 바수반두(世親)의 생애를 보면, 그때까지도 여전히 불교 중심지로 유명하던 사케타가 바로 굽타 왕조 가 옮겨 간 장소라고 구체적으로 언급돼 있다. 이곳에서 발견된 「비문」들도 사케타가 굽타 왕조 시대에 아요디아로 불리기 시작했음을 보여준다. 하지 만 이상한 것은, 아요디아 구시가지에서 발굴을 실시했을 때 굽타 왕조 시대 의 이렇다 할 유적이 전혀 발견되지 않았다는 점이다. 1992년 라마가 탄생한 자리라며 모스크가 파괴된 곳에서도 마찬가지였다.

어쩌면 굽타 왕조는 아서 왕과 원탁의 기사와 카멜롯의 신화를 이용한 영국의 튜더 왕가처럼 제국의 사상적 기반으로서 이 「서사시」에 관심이 있었 던 것인지도 모른다. 로마 제국에서 아우구스투스 치하의 시인들이 트로이 창건 신화를 이용했던 것처럼 말이다. 어쩌면 이들은 파트나와 우자인에 여 전히 수도를 둔 채 이 도시를 재건한 것인지도 모른다.

이상한 것은 굽타 왕조 자체에 대해서 알려진 것이 거의 없다는 점이다. 굽타 일족은 아마도 바라나시와 가지푸르 지역의 고그라강과 갠지스강 사이 의 평원 어딘가에서 왔을 것이다. 이들이 지배했던 5세기는 침략의 시대, 특 히 무시무시한 훈족의 침략이 있었던 시기였다. 갠지스평원의 왕들이 제국 의 기반이 될 「서사시」에 마음이 끌린 것은 충분히 이해할 수 있는 일이다. 이들은 자신이 아요디아의 신화적인 왕들의 모습으로 나타난 인도의 구세주 라고 생각했다. 그때부터 라마의 이야기는 인도 출신 왕들의 치세와 떼려야 뗄 수 없는 관계가 되었다. 튀르크족·아프가니스탄족·몽골·무굴은 물론 심 지어 —19세기에 바라나시에서 공연된 라마 연극에 묘사된 것처럼— 영국에 이르기까지, 사악하든 사악하지 않든 하여튼 외부인이 왕국을 위협할 때마 다 적극적으로 이용되었다.

수수께끼의 힌두 왕정

◯

우리는 갠지스평원에서 북쪽으로 이동하며 가지푸르에서 바라나시로 가는 중이다. 올해 더위와 비 속에서 갠지스평원을 이리저리 가로지른 것이 벌써 몇 번째인지 모른다. 이제 막 비트라에 들어섰다. 1890년대에 중요한 유물이 발견된 자그마한 마을이다. 나는 그때의 발굴 성과에 대해 한시라도 빨리 자세히 알아보고 싶다. 당시 유서 깊은 지주 가문이 보기 드문 구리 합금 인장을 영국인 지방장관에게 건넸다. 가문에서 가보로 간직해온 물건이었던 것 같다. 이 인장에는 굽타 왕조 왕들의 이름이 모친의 이름과 함께 차례대로 나열되어 있었다. 이 유물은 인도의 중세 역사를 밝히는 데 대단히 중요한 역할을 했다. 최근 발견된 카니슈카 「명문」이 쿠샨 왕조의 역사 연구에 중요한 것과 마찬가지다(201쪽 사진 참조).

이 인장은 굽타 왕조의 왕을 연구할 수 있는 열쇠를 제공해주었다. 그래서인지 이 일대가 그들의 고향이었다는 주장이 아주 그럴듯하게 들린다. 만약 그들의 뿌리가 정말로 이 근처 어디쯤에 있었다면, 그 인장은 고대로부터 지금까지 중요한 가문의 유산으로 전해져온 것일까? 러크나우 박물관에 전화를 걸었지만 아무 소득이 없었다. 유물이 발견된 장소를 기록해놓지도 않았고, 가문의 이름도 남아 있지 않았다.

여기 남아서 조사를 계속해볼까 하는 생각이 들지만, 우리는 계속 움직여야 한다. 백미러 속에서 점점 멀어지는 비트라를 보니, 풍요로운 인도 역사를 모두 파헤치려면 사람이 몇 번이나 거듭 태어나야 할 만큼 오랜 세월이 걸릴 것이라는 생각이 들 뿐이다. 역사가가 되려면 힌두식의 환생이 필수적이다!

하지만 굳이 다시 태어나지 않더라도, 굽타 왕조에 대한 연구는 사람을 어리둥절하게 만들기에 충분하다. 인도 역사에 등장하는 대부분의 위대한 왕조는 기념물을 남겼다. 델리에는 술탄 시대와 영국 식민지 시대의 유적이 남아 있고, 아그라에는 무굴 제국의 유적이 있다. 심지어 아소카가 세운 기둥과 석주들도 남아 있다. 연대기상으로 로마 시대 후기(300~550년경)에 존재했던 굽타 왕조는 벵골만에서부터 인더스강까지를 다스렸다고 되어 있다. 이 시대에는 수준이 뛰어나지만 서로 공통점이 없는 일련의 예술 작품들이 만들어졌다. 연극 대본과 시는 궁정사회의 세련미를 보여준다. 학문적으로도 놀라운 성과가 있었고, 뛰어난 수준의 조각상들도 만들어졌다. 사암으로 조각한 사르나트 불상과 견줄 만한 작품은 확실히 전 세계에 몇 점 되지 않는다.

델리의 국립 미술관이 소장하고 있는 테라코타 작품은 어찌나 표현이 뛰어난지, 세기말 파리에서 만들어진 작품이라 해도 될 것 같다. 이를테면 오귀스트 로댕의 스튜디오에서 제작된 축소모형 같다고나 할까. 동전 전시관에도 놀라울 정도로 활기차고 기술적으로 뛰어난 일련의 금화들이 소장되어 있다.

아잔타 석굴의 불교 그림에 나타난 덧없고 위태로운 아름다움은 또 어떤가? 그 그림 중 일부는 굽타 왕조 시대의 것으로 짐작된다. 쇠를 벼려서 용접한 6톤 무게의 기둥도 있다. 원래 비디샤의 산속에 있던 이 기둥은 노략질당해 지금은 델리의 쿠트브 미나르 단지에 서 있다. 세계 최초의 성 지침서는 말할 것도 없다. 서구는 1960년대가 되어서야 비로소 이런 책자를 만들어냈다.

하지만 굽타 왕조의 힘을 뒷받침해준 물질적 기반은 어디에 있는가? 몇 군데 소규모 사원을 제외하면, 이것이야말로 굽타 왕조의 유산이라고 할 만한 것이 없다. 궁전도 공공건물도 웅장한 사원도 없다. 석굴과 폐허가 된 사리탑이 있을 뿐이다. 굽타 왕조 시대의 일상생활, 제국의 행정, 사법 체계, 국내외 상업 활동에 관해서는 알려진 것이 사실상 하나도 없다. 왕들의 됨됨이

도 신비에 싸여 있다. 과장된 「찬미가」만 몇 편 남아 있을 뿐이다. 따라서 위대했다는 굽타 왕조는 우리에게 수수께끼만 남겨주었다.

황금시대?

○

굽타 왕조 시대가 황금시대였다는 주장을 내놓은 것은 묘하게도 인도인이 아니라 영국인이었다. 빈센트 스미스는 공무원이자 뛰어난 역사가였지만, 인도 문명의 여러 측면에 대해 근본적으로 공감하지 않았다. 인도를 바라보는 영국의 시선이 형성되는 데 일조한 식민지적 관점을 갖고 있었기 때문이다. 스미스는 인도인이 마우리아·굽타·무굴처럼 자비롭지만 단호했던 전체주의 제국 치하에서 질서 있는 삶을 누릴 때 가장 행복했다고 보았다. 영국도 그런 제국들과 마찬가지였다. 사실 영국인도 혈연상으로 아주 가까운 편은 아니지만 그래도 같은 아리아인에 속하지 않던가. 그렇다면 굽타 왕조는 대영제국의 건설자들이 모범으로 삼아 우러러볼 만한 제국주의자라고 할 수 있었다.

제국의 문을 연 사람은 찬드라굽타 1세(재위 320~335)였다. 지역 지주 집안 출신인 그는 자신의 힘으로 권좌에 올랐다. 그의 아내는 네팔까지 이르는 넓은 땅을 소유한, 비하르 파트나 지역 북부의 중요한 일족인 리차비의 공주였다. 리차비 일족과의 동맹이 워낙 중요했기 때문에 찬드라굽타의 아들인 사무드라굽타는 '리차비 딸의 아들'을 자처했다. 쿠샨 왕조가 부계를 중시했다면, 굽타 왕조는 자신을 만들어준 모계를 중시한 셈이다. 쿠샨 왕조와 마찬가지로 굽타 왕조의 등장도 새로운 시대의 시작을 알렸다. 그 기원이 된 것은 320년에 거행된 찬드라굽타의 대관식이었다. 이 대관식과 함께 새로운 시대가 시작되었다.

찬드라굽타는 자신이 고대 베다 시대의 복원자임을 증명하기 위해 말을 희생 제물로 바치는 베다의 의식(64쪽 참조)을 되살렸다. 중앙아시아에 기원을 둔 이 의식은 찬드라굽타가 만든 금화에도 새겨져 있다. 수십 년이 흐른 뒤 그의 손자는 그가 '오랫동안 잊혔던' 말 희생제를 되살린 위대한 인물이라는 찬사를 바쳤다. 굽타 왕조는 이처럼 베다 시대의 제도를 되살리려고 의식적으로 노력했다. 갠지스평원의 오랜 일족을 조상으로 둔 토착 왕조임을 강조하기 위해서였다.

⇧ 머리가 일곱 개인 뱀을 깔고 누운 비슈누. 굽타 시대의 이 훌륭한 조각상은 굽타의 왕들이 사랑했던 신을 묘사한 것이다.

제2대 왕인 사무드라굽타(380년에 사망, 그의 치세 때 작성된 기록이 정확하다면)는 인도 역사상 가장 위대한 정복자 중 한 명이었다. 그는 아소카의 알라하바드 석주에 찬사로 뒤범벅된 자신의 기록을 덧붙였다. 여기에는 그가 정복한 땅과 왕들의 이름이 포함되어 있다. 그는 변방에서 왕국을 다스리던 왕 14명, 정글의 추장 18명은 물론 심지어 남부의 왕도 13명이나 정복했다고 주장했다. 이렇게 정복을 마친 뒤 그는 차크라바르틴(만국의 통치자)을 자처했으며, 이때부터 인도 왕들이 새로운 성격을 띠기 시작했다.

"왕은 순전히 인류가 지켜야 할 의식을 존중해야 하기 때문에 유한한 생명을 지니게 되었을 뿐, 다른 면에서는 지상에 거주하시는 신이시다."

그의 아들인 찬드라굽타 2세(재위 380~413) 때 제국은 영토가 가장 넓었으며, 문화적으로도 뛰어난 수준에 도달했다. 제국이 가장 찬란했던 시기가 바로 이때다. 당시 제국의 영토는 카이베르고개부터 벵골에까지 이르렀다. 델리의 쇠기둥에는 찬드라굽타 2세에게 바친 시적인 찬미가가 새겨져 있다. 연기처럼 덧없는 분위기를 풍기는 "왕의 얼굴은 달처럼 아름답다…… 이제 왕은 하늘로 가셨지만 지상에 찬란한 영광을 남기셨다. 그래서 숲을 태우며 마구 날뛰던 불이 꺼진 뒤처럼 땅이 지금도 뜨겁게 빛을 발하고 있다. 왕은 벵골의 왕을 무찌르고, 인더스강의 일곱 개 입을 건너 적들을 패주시켰다. 그래서 남쪽 바다에서는 지금도 왕의 용맹한 산들바람이 풍기는 향내가 난다."

위대한 굽타 왕조는 467년경 스칸다굽타로 끝났지만, 이 왕조의 후손은 6세기 중반까지도 여전히 백성을 다스렸다.

굽타 제국을 방문했던 한 외국인이 생생한 기록을 남기지 않았더라면, 우리도 굽타 왕조에 대해 지금까지 이야기한 것 이상은 알아내지 못했을 것이다. 쇠기둥에 「명문」이 새겨진 해인 401년경 법현이라는 중국인 승려가 카라코룸을 내려와 펀자브를 찾았다. 불교 성지를 순례하기 위해서였다. 그는 찬드라굽타 2세의 재위 말기에 굽타 제국을 직접 눈으로 본 유일한 외국인 목격자가 되었다.

그의 기록에 따르면, 당시만 해도 여전히 불교가 번성하고 있었다.

"인도의 모든 지방에서 왕들은 불교의 법을 굳게 믿었다."

그는―불교도가 아니라 비슈누의 추종자인― 굽타 왕들이 오랜 전통에 따라 불교 사원을 방문했을 때의 이야기를 흥미진진하게 들려준다. 왕은 "머리를 드러낸 승려에게 공물을 바치고, 그들과 함께 바닥에 앉아 손수 음식을 나눠주었다. 부처님이 살아 계시던 시절 왕이 자선을 베풀 때 따르던 법칙과 방식이 지금까지 전해지고 있기 때문이다."

마투라 남쪽에서 이 중국인 승려는 갠지스강과 줌나강 사이에 있는 '아름답고 비옥한' 땅을 여행했다. 이곳은 메가스테네스부터 랠프 피치에 이르기까지 2,000년 동안 외국인에게 깊은 인상을 남긴 곳이다. 법현은 다음과 같이 기록했다.

여기서부터 남쪽 지방 전체는 중간 지대 또는 왕국이라고 불린다. 이곳에서는 추위와 더위가 훌륭하게 누그러져, 새하얀 서리도 눈도 내리지 않는다. 인구도 많고 다들 행복하다. 그들은 가구 등록을 하지 않아도 되고, 지방장관의 다스림을 받지도 않는다. 왕의 땅을 경작하는 사람만이 소출에 대한 세금을 납부할 의무가 있다. 떠나고 싶다면[땅을 떠난다는 뜻] 떠날 수도 있고, 머무르고 싶다면 머무를 수도 있다. 왕은 참수형도 신체적인 형벌도 없이 나라를 다스린다. 범죄자는 사건 정황에 따라 가볍거나 무거운 벌금을 물 뿐이다……. 왕의 근위대와 시종은 모두 월급을 받는다. 전국 어디서나 사람은 살아 있는 생물을 전혀 죽이지 않으며, 취하게 하는 음료를 마시지도 않고, 양파나 마늘도 먹지 않는다······. 유일한 예외는 찬달라다. 찬달라는 오염되었다는 인식 때문에 다른 사람들과 떨어져 사는 자들을 일컫는 말이다.

이런 찬미가를 읽을 때는 그 내용을 액면 그대로 받아들이면 안 된다. 위의 내용 중 일부는 사실 같지 않다. 술을 마시지 않는다는 말이 한 가지 예다. 또한 법현이 당시 나라를 다스리던 왕의 이름을 언급하지 않은 것도 이상하다. 하지만 그의 기록은 대부분 진실이다. 그가 나중에 기록한 내용 중 불가촉천민이 마을에 들어서기 전에 나무 막대를 쳐서 미리 알려야 했다는 이야기는 다른 자료에서도 확인된다. 고둥 껍데기가 동전과 함께 화폐로 사용되었다는 이야기, 특정한 음식이 금기시되었다는 이야기도 마찬가지다. 당시 왕국의 행정에 관한 법현의 설명은 놀라울 정도로 마우리아 왕조를 연상시킨다. 법현은 후에 더 남쪽으로 내려가 파트나까지 여행하면서 자신이 관찰한 사실을 보강했다.

"이 지방[마가다]의 도시와 마을은 인도에서 가장 훌륭하다. 주민은 부유하며, 선행과 정의를 앞다퉈 실천하고 있다."

특히 우리의 시선을 끄는 것은 굽타 파트나의 시민이─불교도·자이나교도·브라만을 막론하고─ 서로의 축제를 함께 즐기고, 서로의 스승들을 존경한다고 설명한 부분이다. 제2장에서 살펴본 것처럼, 인도 역사에는 종교를 둘러싼 갈등이 많았는데도 이런 식의 다원주의가 오래전부터 존재했으며 파트나를 비롯한 많은 곳에서 지금도 계속 전통이 이어지고 있다. 그렇다면 법현은 극히 일부만 조각조각 남아 있는 기록으로는 도저히 짐작할 수 없는, 잘 조직된 왕국과 '만국의 왕'을 자처했던 인도 왕을 들여다볼 수 있는 창문을 우리에게 열어주었다고 할 수 있다.

굽타 시대의 예술과 문학

◇

인도 역사의 위대한 시대들이 그렇듯이, 굽타 시대도 다원주의의 시대였다. 왕은 비슈누의 추종자였지만 다른 종교도 후원했다. 특히 불교는 중국인 순례자의 기록에 나타난 것처럼 왕의 후원으로 크게 꽃을 피웠다. 굽타 시대에 건설된 날란다의 사원은 세계 최초의 기숙사 대학을 갖추고 있었다. 이 대학은 극동과 페르시아에서까지 학생들이 찾아오는 세계적인 학교가 되었으며, 12세기까지 존속했다.

이 시대에는 또한 학문적으로도 중요한 발전이 이루어졌다. 천문학자이자 수학자인 아리아바타는 0의 개념을 정의하고, 지구가 자체적인 축을 중심으로 태양 주위를 돈다는 사실을 증명했다. 서구에서 코페르니쿠스와 갈릴레오가 같은 사실을 상세히 밝혀내기 1,000년 전의 일이었다. 그렇다면 세상의 모든 현상에 대한 호기심이야말로 이 시대의 상징이었던 것 같다. 또 다른 상징을 꼽는다면, 예술적인 창조, 특히 인간의 형태를 묘사한 작품들이 있다. 부처의 일생을 묘사한 아잔타 벽화 중 일부가 이 시대에 그려진 것이며, 인도 최고의 석상 중 일부도 굽타 시대에 만들어졌다. 특히 이름과 작품이 지금까지 전해지는 최초의 인도 예술가인 디나의 조각상들이 가장 눈에 띈다.

굽타 왕조는 또한 문학과 시도 후원했다. 후대의 전설에는 궁정의 '아홉 가지 보석'이 언급되어 있는데, 그 보석 중 하나인 칼리다사는 쿠마라굽타 왕의 궁정시인이었던 것 같다. 아우구스투스 카이사르 시대의 베르길리우스와 같은 역할을 한 셈이다. 그는 시·「서사시」·희곡을 지었는데, 그중 가장 유명한 작품은 매력적인 희곡인 『샤쿤탈라』다. 인도 연극에서 비극이라는 장르는 알려져 있지 않았던 것 같다. 혹시 업의 법칙이 비극의 가능성을 배제해버린 걸까? 이 작품은 『한여름 밤의 꿈』과 아주 조금이지만 닮은 구석이 있다. 왕

⇧　아잔타 석굴의 이 뛰어난 벽화는 굽타 시대의 세련된 문화를 생생히 엿보게 해준다.

이 숲의 요정을 사랑하는 것, 숲속에서 연인들이 쫓고 쫓기는 것, 궁정과 시
골의 대비, 동화 같은 분위기 등이 그렇다. 하지만 이 작품에서 가장 눈에 띄
는 것은 우자인이나 파트나 같은 굽타 시대의 도시에서 번성하던 궁정 문화
다. 이 작품은 당시의 궁정 문화에 자기성찰 측면이 있었음을 보여준다. 이
작품은 피란델로(1867~1936: 이탈리아의 극작가 겸 소설가)의 작품과 거의 흡사
한 분위기로 시작된다. 「프롤로그」에서 연출자와 주연 여배우가 그날 밤 공
연에 대해 이야기하는 부분이 그렇다.

　　"오늘 밤에는 아주 훌륭한 청중이 모였어요. 지식계층이고……. 정말로
안목이 있는 사람들이에요……. 그러니까 저 사람들에게 정말로 좋은 걸 내
놓아야 해요……. 당신이 연출하는데 문제가 생길 리 없어요." 배우가 이렇
게 말한다. 약간 비꼬는 기색이 있는 것 같기도 하다.

　　"안타까운 일이지만, 우리에게 아무리 재능이 있어도 안목 있는 사람들

의 갈채를 갈망한다는 점은 변하지 않아요…….” 연출자는 이렇게 대답한다.

지금까지 전해지는 칼리다사의 희곡 세 편과 서정시들—이를테면『쿠마라삼바바』와『라구밤사』—은 굽타 왕조의 왕들에게 찬사를 바친다. 셰익스피어의 역사극이 튜더 왕가의 군주에게 찬사를 바치는 것과 비슷하다. 칼리다사는 또한 그 당시의 왕에게 특별한 경의를 표한다. 역사의식을 토대로 궁정 학자들이 북부 왕조의 푸라나 문헌·신화·역사·계보 등을 모아서 편집하던 시대이니 그럴 만도 하다.『라구밤사』의 네 번째 작품은 신화적인 인물인 라마 왕을 찬란하게 묘사함으로써 현재 지상에서 그를 대표하는 왕의 영웅적인 행동에 찬사를 바친다. 알라하바드의 기둥에 기록된 실제 전투가 이렇게 해서 문학 작품으로 변모한다.

이처럼 역사를 신화로 변환하는 것은 굽타 왕들의 프로그램 중 일부였다. 고대 인도 전승에 등장하는 예전 왕들은 우주 질서가 계속 이어지게 하고, 브라만 사제의 충고대로『베다』의 희생제를 거행하거나 아소카처럼 불교나 자이나교 구루들이 내놓은 도덕적 질서를 제시하는 것을 자신의 임무로 보았다. 반면 굽타 왕조 시대에는 왕이라는 존재 자체가 담론의 중심을 차지했다. 굽타 왕은 지상에 사는 신으로서 전투에서 영웅적인 행위를 보여줄 뿐만 아니라 예술이 꽃을 피울 수 있는 궁정문화의 후원자로서 새로운 황금시대를 불러오는 존재로 여겨졌다. 이러한 왕의 이미지는 인도의 모든 후대 왕에게 모델이 되었다.

『카마수트라』: 성(性)과 삶

○

굽타 왕조의 문화 산물 중 가장 놀라운 작품이자 성에 집착하는 우리 시대 사람에게 가장 흥미로운 작품은 바로 『카마수트라』다. 기쁨·사랑·쾌락, 또는 섹스에 관한 논문 또는 주해서. 하지만 '카마'는 의인화한 사랑의 신이기도 하므로, 책 제목을 단순히 '큐피드의 책'이라고 번역할 수도 있다. 에로틱한 사랑에 관한 힌두 문헌 중 지금까지 남아 있는 최고(最古)의 자료인 이 책은 산스크리트어로 지어졌으며, 집필연대는 300~400년인 듯하다. 저자 바차야나 말라나가는 아소카의 수도였던 파트나에서 책을 썼을 가능성이 높다. 파트나는 쿠산 왕조와 굽타 왕조 시대에도 여전히 제국의 도시였다.

이 문헌은 도시적이며 국제적인 성격을 띠고 있다. 이 책이 겨냥하는 독자층이 나가라카, 즉 도시 남자들이기 때문이다. 이 책은 굽타 왕조 시대의 인도가 어떤 모습이었는지를 얼핏 보여주는 매혹적인 자료다. 당시의 관능적이고 쾌락적인 조각상에서도 같은 분위기가 배어나온다.

『카마수트라』의 저자는 이전의 저자들—고대의 성과학자들—이 남긴 작품들을 바탕으로 삼았다고 밝혔지만, 『카마수트라』 이전의 작품은 현재 남아 있지 않다. 이 책은 400년에 이미 다른 문헌에 인용되면서 하나의 상징이 되었으며, 중세까지 성과 사랑에 관한 글을 쓴 많은 인도 저술가에게 영향을 미쳤고, 성 연구의 기초가 되는 저작으로 권위를 인정받았다.

이 책은 또한 산스크리트어 작품뿐만 아니라 일상적인 언어로 된 에로틱한 시에 이르기까지 인도 문학에도 깊은 영향을 미쳤다. 칼리다사의 『쿠마라삼바바』(전쟁 신의 탄생)의 놀라운 에로티시즘이 좋은 예다. 이 작품은 연인들이 섹스를 통해 서로를 알아가며 성장하는 방식의 전형으로서, 시바와 파르바티의 정사를 묘사하는 데 제8권 전체를 할애했다. 심리학 이론가와 성 이론가를 대단히 의식하고 있는 이 작품은 『카마수트라』가 다룬 문제들 중 일부를 그대로 다뤘으며, 후대에 일부 인도인으로부터 성을 지나치게 노골적으로 묘사했다는 비판을 받았다.

⇦ 에로티시즘은 인도 예술에서 핵심적인 역할을 했다. 종
교적인 작품이든, 세속적인 작품이든 모두 마찬가지였
다. 최고(最古)의 위대한 문헌인 『카마수트라』는 4세기
에 지어졌을 가능성이 높다.

　　인도 문화는 행동·행위·기분·특징을 목록으로 정리하는 데 강박적으
로 집착한다. 그리고 『카마수트라』의 구성에는 이러한 숫자 게임이 반영되어
있다. 예를 들어 64가지 체위는 의학 문헌의 64가지 질병, 64가지 예술은 물
론, 심지어 시바의 '장난스러운 게임' 64가지도 연상시킨다. 이 책 전체를 감
싸고 있는 것도 역시 숫자다. 무려 10만 장(章)이나 된다는 원전—호르헤 루
이스 보르헤스가 창조한, 거울처럼 똑같은 세상에서 사라진 백과사전과 비
슷한 책—에서 인간의 행동을 다룬 부분 중 정수만 고르고 골라 『카마수트
라』를 썼다는 것이다. 인간의 성은 이토록 다양하다. 성애에 관한 진정한 지
침서라고 할 만한 서구 최초의 자료는 1960년대에 알렉스 컴포트가 발표한
책이라는 점에서 『카마수트라』는 놀라운 자료다. 하지만 이 책은 사람들이
생각하는 것처럼 오로지 성행위 체위만 다루고 있지는 않다.

　　이 책은 삶의 기술을 다루고 있다. 인간 심리 중 핵심적인 일면을 다룬
책인 것이다. 이 책에서 우리는 인도 문화와 서구 문화의 근본적인 차이를 알

수 있다. 카마는 인간 행동의 세 번째 기둥이다. 다른 두 기둥은 종교적 관습(마누의 법)과 『아르타샤스트라』에 등장하는 사회적인 법이다. 제2장에서 살펴보았듯이, 『아르타샤스트라』는 원래 마우리아 왕조 시절에 집대성되었으나 굽타 왕조 시대에 이르기까지 내용이 계속 확대되었다. 이 세 문헌은 모두 인간, 즉 인도인이 지닌 지식의 다양한 측면을 성문화하고 체계화하려는 굽타 시대의 경향을 대표한다. 굽타 왕조 시대 사람들에게 쾌락의 과학은 아르타(번영), 다르마(미덕)와 더불어 중요한 학문이었으며, 이 셋은 인생의 세 가지 목적이었다.

오랫동안 생명력을 유지하는 모든 문학 작품이 그렇듯이 『카마수트라』도 시대를 막론하고 항상 존재하는 관심사로 가득 차 있다. 성행위 자체를 다루는 부분에서도 이 책은 다양한 지역적 관습, 성과 관련된 폭력, 위험한 섹스—이 책의 범위를 넘어서는 행동들—에 관해 이야기한다. 이런 행동들은 열정을 고조시키지만 반드시 신중하게 사용해야 한다.

"지침서 영역은 사람의 욕구가 지닌 한계를 넘어서지 못하기 때문이다. 하지만 황홀경의 수레바퀴가 전속력으로 돌 때는 지침서도 질서도 없다."

안전한 섹스와 HIV의 위험에 관해 수많은 문제들이 제기되고 있는 우리 시대에도 딱 맞는 말이다. 사실 에이즈 문제가 점점 심각해지고 있는 오늘날의 인도에서, 이 고대 문헌은 매춘부를 위한 교육자료로 이용되고 있다.

일신교의 시각은 물론 다르다. 예를 들어 초기 기독교는 성애를 문제 삼았으며, 성행위 자체를 죄책감으로 포위해버렸다. 따라서 인도를 방문한 기독교인은 에로틱한 사원 조각상들을 역겹게 생각했으며, 신성한 건물에 그런 조각상을 새긴 것을 이해할 수 없다는 반응을 보였다. 요즘 카주라호를 찾는 관광객 사이에서도 흔히 볼 수 있는 반응이다. 하지만 마누의 법에는 다음과 같이 명시되어 있다.

"고기를 먹는 것, 술을 마시는 것, 섹스를 하는 것은 죄도 아니고 잘못도 아니다. 비록 그것들로부터 자유로울 때 행복을 얻을 수 있다 하더라도, 인간의 마음이 그것들에 끌리는 것은 자연스러운 일이기 때문이다."

인도인의 사고에서 핵심을 차지하고 있는 것은 절제가 아니다. 『카마수트라』는 인간의 행동이라는 전체 속에 성과 연애의 생리학과 심리학을 포함시킴으로써 철저히 현대적인 주제들을 다루고 있다.

이제 마지막으로 알랭 다니엘루의 이야기를 할 때가 되었다. 프랑스 출신의 위대한 인도학자인 그는 제2차 세계대전 이전에 시바를 숭배하는 사람들과 오랜 세월 함께 산 적이 있다. 그는 『카마수트라』가 지적으로 개방된 사회, 당대의 기준으로 봤을 때 자유로운 사회가 만들어낼 수 있는 전형적인 작품이라고 보았다. 바차야나는 '도시 남자들'뿐만 아니라 누구라도 쾌락의 삶을 살 수 있다고 말한다. 물론 이 책의 내용이 대중을 위한 것은 아니었다. 하지만 특권층이 아닌 사람 중에도 이 책을 읽거나 이 책에 관해 들어본 사람들이 있지 않았을까? 이 책이 정말로 부자·도시인·상인만을 위한 것이었을까? 오늘날의 남성 잡지처럼 환상을 채워주는 책이었을까?

동성 간의 섹스는 이 책에서 그다지 중요하게 다뤄지지 않는다. 동성애에 대한 처벌이 가볍게나마 존재했던 고대 사회에서는 당연한 일이라고 할 수 있다. 동성애보다 더 이슈가 되는 것은, 여성주의 관점에서 볼 때 이 책의 내용이 대부분 남성 편향적이라는 점이다. 하지만 이 점에 대해서도 역시 이 책이 4세기에 작성된 문헌임을 들어 반박할 수 있다. 게다가 이 책의 저자는 여성의 목소리를 직접 인용하며 이들의 말에 진지하게 귀 기울여야 한다고 충고할 뿐만 아니라, 여성의 성욕에 대해서도 대단히 현실적인 입장을 취할 때가 많다. 그가 여성 독자를 염두에 두었음도 은근히 암시되어 있다. 사실이 책의 제6권은 굽타 시대의 찬란함이 여전히 짙게 남아 있던 도시 파탈리푸트라에서, 가장 재능이 뛰어나고 박식한 고급 매춘부들의 의뢰로 집필되었다고 한다.

그렇다면 전체적으로 봤을 때 『카마수트라』는 인도 사회의 모습을 놀라울 정도로 생생히 보여주는 문헌이다. 이 책의 사실주의적인 묘사와 성적인 환상은, 영적인 구루들의 금욕적인 사색 못지않게 복잡한 성적인 명상이, 수 세기 동안 도달한 최고의 경지를 보여준다. 그렇다면 『카마수트라』는 『바가바드 기타』와 팔정도 못지않은 인도의 상징이라고 할 수 있다.

하르샤 대왕과 고대 세계의 종말

◯

굽타 시대는 계승권 다툼, 허약한 왕들, 외부의 침략으로 끝을 맺었다. 훈족의 공격이 다시 시작되면서 간다라와 인도 북서부의 많은 사원이 파괴되었지만, 7세기에는 차크라바르틴(만국의 통치자)에 의해 군주제가 복원되었다. 그가 바로 하르샤 왕이다. 그는 왕을 전사이자 수호자로 보는 굽타 시대의 왕정 스타일을 되살렸다.

당시 중국의 유명한 승려였던 현장이 인도에 대해 남긴 글이 지금까지 전해진다. 현장은 하르샤를 알고 있었으며, 그를 찬양했다. 현장은 630년대부터 640년대까지 17년 동안 인도에 머물렀기 때문에 그의 기록은 다른 어느 기록과도 견줄 수 없는 최고의 권위를 지니고 있다. 당시 인도 북부에서 최고의 도시는 갠지스강변의 유서 깊은 도시인 카나우지였다. 그리스와 로마의 지리학자도 이 도시를 알고 있을 정도였지만, 지금 이 도시는 6.5킬로미터 너비의 폐허로 변해 사람들의 기억에서 사라져버렸다.

마을이 점점이 흩어져 있는 이 폐허에서 가장 눈에 띄는 건물은 샤 이

브라힘이 그 이전 시대의 사원과 건물의 폐허 위에 지은 거대한 모스크다. 카나우지는 델리와 파트나의 뒤를 이어, 인도 북부의 위대한 제국 도시들 중 세 번째 자리를 차지했다. 페르시아의 한 지리학자가 남긴 기록에 따르면, 이 도시는 10세기까지 왕의 본거지였는데 "그 왕은 인도의 왕들 대부분이 복종하는 대왕으로서 전투용 코끼리 800마리와 기병 15만 명이라는 엄청난 규모의 군대를 동원할 수 있다고 한다." 이 정도면 하르샤의 힘이 어느 정도였는지 대충 짐작할 수 있을 것 같다.

찬드라굽타 2세가 음악적인 재능과 작곡 능력으로 찬사를 받았다면, 하르샤는 시인이자 극작가였다. 그가 쓴 희곡은 지금까지 남아 있다. 현장은 하르샤를 "덕스럽고 애국적이다. 모든 백성이 노래로 왕을 찬양한다"고 묘사했다. 그가 왕에게서 많은 후원을 받았으므로 열정적으로 왕을 찬양한 것을 이해할 만하다. 하르샤의 재상인 바나는 왕의 생애를 글로 남겼다. 속세의 인물을 다룬 인도 최초의 본격적인 『전기』인 이 책은 하르샤가 살해당한 왕의 남동생으로서 왕위에 오르는 극적인 장면으로 시작된다. 현장은 "그의 왕다운 외모와 태도가 뛰어난 군사적 재능과 함께 인정을 받았다. 그의 능력이 하늘과 땅을 감복시켰고, 신들과 인간이 모두 그의 정의감에 감탄했다"고 기록했다. 하르샤가 "인도의 주인이 된 뒤 그의 명성이 국경 너머 사방으로 퍼져나갔으며, 모든 백성이 왕의 덕을 숭상했다. 제국이 안정을 얻었으므로 백성도 평화를 누렸다."

이다음에는 인도 역사의 오랜 테마를 연상시키는 구절이 곧바로 뒤따른다. 바로 다른 누구도 아닌 아소카와 하르샤를 견주는 것이다. 현장은 일단 평화를 확립한 뒤 "하르샤가 공격적인 군사 원정에 종지부를 찍고 모든 무기를 창고에 넣기 시작했다. 왕은 종교적인 의무에 자신을 바치며 동물의 살육을 금했다……. 왕은 종교의 신성한 흔적이 남은 모든 곳에 상가라마(불교 사원)를 세웠다"고 기록했다.

하지만 이전 시대의 왕과 마찬가지로 하르샤 역시 특정 종교만 후원하지는 않았으며, 국교도 정하지 않았다. 종교적인 축제에서는 왕의 자선이라는 훌륭한 행위를 통해 모든 신앙이 하나로 어우러졌다. 현장은 "5년마다 하르샤는 대규모 회의를 열어 왕실 창고에서 남아도는 물건들을 나눠주는 자선을 행했다"고 기록했다. 642년 현장은 갠지스강과 줌나강이 합류하는 지점의 모래밭에서 이런 모임이 열리는 것을 직접 보았다.

"고대부터 지금까지 덕과 사랑을 갖춘 왕족과 귀족이 자선을 행하기 위해 모두 이곳으로 모였다. 현재의 왕인 하르샤도 이 관습에 따라 5년 동안 축적된 재산을 75일 동안 여기서 나눠주었다."

기원전 300년에 그리스인이 언급했던 '대규모 회합', 우리가 제2장에서 살펴본 그 모임이 바로 이것인지도 모른다. 또한 중세는 물론 현대에도 같은 장소에서 열리는 지상 최대의 종교 축제 쿰브멜라의 전신이 바로 이것일 수도 있다. 하지만 바라나시의 람릴라와 콜카타의 두르가푸자 등 오늘날까지 남아 있는 여러 전통들과 마찬가지로 쿰브 역시 영국 식민지 시절에 현재의 형태를 갖추게 되었다.

불교에서 하르샤는 아소카, 그리스의 메난드로스 왕, 카니슈카의 뒤를 잇는 네 번째이자 마지막 기둥이며, 그의 재위 시절에 이루어진 인도와 중국 사이의 지적인 교류는 인류 역사의 일부가 되었다. 현장은 646년 중국으로 돌아갔다. 그의 원고를 보관하기 위해 건설된 대안탑(大雁塔)은 지금도 시안에 서 있으며, 그의 마지막 안식처인 작은 절도 도시 외곽의 쾌적한 계곡 숲속에 여전히 자리 잡고 있다. 오래전 이 절의 주지가 내게 직접 들려준 이야기에 따르면 공산당 지도자 저우언라이의 특별 명령으로 살아남은 이 절의 서고에는 야자수 이파리에 스리랑카의 팔리어로 기록된 원고가 아직도 보관되어 있다.

서고 안에 서 있는 석비에는 등에 바랑을 메고 길을 밝히기 위해 등불을 손에 든 현장이 위험을 무릅쓰고 소중한 원고를 고국으로 가져오는 모습이 새겨져 있다. 그가 인도의 옛 친구들에게 거의 20년 동안 쓴 「편지」는 최근에야 비로소 빛을 보았다. 문명의 역사에서 가장 주목을 끄는 자료다. 그는 마가다의 왕에게 중국의 소식을 다음과 같이 전했다.

"당나라의 위대한 천자께서 차크라바르티 라자의 자비로 평안하게 나라를 다스리며 부처님의 가르침을 퍼뜨리고 있습니다. 천자께서는 심지어 『경전』의 번역본을 필사하여 보급하라 명하시고 직접 손을 들어 그 번역본의 「서문」까지 쓰셨습니다. 이웃 나라도 이 번역본을 공부하고 있습니다."

부다가야의 대각사 주지에게 보낸 「편지」 내용은 더욱더 감동적이다. 두 사람이 서로 대립하는 학파에 속해 있었기 때문이다.

우리가 헤어진 지 오랜 시간이 흘렀습니다. 그동안 저는 주지 스님을 우러러보는 마음이 더욱더 깊어졌을 뿐입니다……. 인도로 돌아가는 인편이 있어서 저의 안부를 전함과 동시에 감사의 뜻으로 자그마한 기념품을 하나 보냅니다. 주지 스님을 생각하는 저의 마음을 표현하기에는 턱없이 부족한 물건입니다. 주지 스님의 마음에 들지 모르겠습니다. 인도에서 돌아오는 길에 저는 인더스강에서 말한 마리 분량의 원고를 잃어버렸습니다. 이 「편지」와 함께 목록을 보내니 사본을 보내주시기 바랍니다. 그럼 이만 줄입니다.

현장 올림.

이슬람의 출현

역사의 동시성은 가끔 놀라울 정도다. 632년 여름 현장은 인도의 지혜를 찾기 위한 여행의 마지막 단계로 카슈미르에 머무르고 있었다. 당시 카슈미르에는 수백 개의 불교 사원이 있었다. 당시 불교는 중국·극동·동남아시아까지 선파되어 있었으므로, 조직을 갖춘 종교 중 최대의 추종자를 거느리고 있었다 해도 과언이 아니다. 그해 6월 저 멀리 서쪽의 메디나에서 예언자 무함마드가 추종자에게 "저 멀리 중국까지 가서라도 지식을 구하라"는 명령을 남기고 세상을 떠났다. 놀라운 새 시대가 이제 곧 문을 열 참이었다. 그로부터 1세기도 채 되지 않아 에스파냐에서부터 인더스계곡에 이르기까지 광대한 지역에 이슬람교가 퍼져나가 칼리프가 다스리는 나라가 세워졌다.

인도 역사에서 이슬람의 도래를 기록하는 데는 많은 어려움이 따른다. 특히 21세기의 국제 정치판에서 서로를 자극하는 말들이 난무하고 있는 것이 일을 더욱 어렵게 한다. 이슬람의 도래라는 주제는 인도의 정치·문화·교육 분야에서 오래전부터 위대하지만 서로 대립하는 두 가지 해석을 낳았다. 그중 하나는 독립운동의 중심 세력으로서 세속적인 인도인·이슬람교도·자유주의와 진보를 신봉하는 힌두교도의 지지를 받았던 국민회의당이 퍼뜨린 세속적인 해석이다. 그리고 나머지 하나는 강경파 근본주의자에서부터 중도파—영국이 남기고 간 편파적인 정치체제에 반발하는 사람도 여기에 속한다—에 이르기까지 다양한 교파의 힌두 민족주의자들이 주로 지지하는 종교적인 해석이다.

세속적인 해석은 인도가 이슬람교도에게 정복당했음을 인정하지만, 침략자들이 인도에 적응해서 인도인으로 바뀌었다고 주장한다. 이 이야기 속에서 개종은 대개 대화를 통해 이루어졌으며, 수백 년 동안 놀라운 교류와 상

⇧ 파키스탄의 물탄 근처에 있는 우치의 대사원 중 하나. 중세에 이슬람 문화의 중심지였던 이곳은 지금도 방랑하는 수피 수도사와 음악가들이 특히 축제 때 자주 들르는 곳이다.

호작용이 이루어져 인도 북부에서는 대다수의 힌두교도와 이슬람교도가 평화롭게 공존하는 인도-이슬람 문명이 생겨났다. 다시 말해서, 다양성 속에서 통일을 이룩하는 인도 역사의 특징이 또다시 되풀이되었다는 뜻이다.

반면 힌두 민족주의자는 이슬람의 도래가 외부의 침입과 단절을 의미한다고 주장한다. 외래 왕조들이 힌두교와는 근본적으로 어울릴 수 없는 일신교를 들고 왔으며, 이들이 인도의 여러 종교들을 용납하지 않았기 때문에 수 세기에 걸친 갈등이 시작되었고, 현대에 영국이 실행한 '분리해서 다스린다'는 전술이 이런 갈등을 더욱 악화시켰다는 것이다.

역사라는 것이 항상 그렇듯이 두 이야기 모두 어느 정도 진실을 담고 있다. 하지만 둘 다 현실을 왜곡하고 있는 것 또한 사실이다. 현실은 지역마다 각기 다른 양상을 띠었기 때문에 이 두 집단의 주장보다 훨씬 더 복잡했다. 하지만 대다수 인도인의 머릿속에는 이 두 가지 이야기가 공존하다가 때에 따라, 즉 평화로운 시기인지 힘든 시기인지에 따라, 둘 중 하나가 전면에 나서는 경향을 보인다. 특히 파렴치한 정치인이 선거에서 표를 얻으려고 갈등을 조장할 때가 많다.

하지만 누구도 반박할 수 없는 역사적 사실이 몇 가지 있다. 그중에서도 가장 중요한 것은 1947년에 종교의 차이로 인해 인도아대륙이 분할된 것이다. 우리가 어떤 주장을 펼친다 해도, 이것은 인도의 과거와 근본적으로 단절됨을 의미했다. 그리고 이런 사건이 벌어지게 된 뿌리는 역사를 한참 거슬러 올라간 곳에 있었다.

구세계의 중심에 있는 인도는 오래전부터 문화적·언어적으로 서구 및 중앙아시아와 연결되어 있었다. 이제 새로운 이주의 시대를 맞아 아라비아인·튀르크족·아프가니스탄족·몽골인이 인도 이야기에 등장한다. 이슬람은 7세기에 아라비아 상인을 통해 케랄라 해안에 처음 모습을 드러냈던 것 같다. 인도아대륙 최초의 모스크는 옛날 무지리스에 있던 로마인 정착지의 뒤를 이은 크랑가노르에 있었다고 한다. 남쪽에서는 이주자가 평화롭게 들어와서 오랜 세월에 걸쳐 인도 사회에 철저히 적용했다.

711년 인더스강 델타 지역의 사람이 신드를 공격하자 이슬람 정착민 중 일부가 지금의 파키스탄 남부로 옮겨갔다. 하지만 980년대에도 페르시아의 지리학자가 인도를 직접 다녀온 상인의 말을 근거로, 펀자브의 파키스탄쪽 지역 중심지인 라호르를 "우상을 숭배하는 사원들과 바자로 가득 찬" 순수한 힌두 도시로 묘사할 정도였다. 그는 이 도시 시민들이 "전적으로 이교도들이며 이슬람교도는 없다"고 기록했다.

이슬람을 믿는 튀르크족과 아프가니스탄 군대가 인도 북부의 힌두 왕국들을 향해 진군하기 시작한 것은 11세기 초의 일이었다. 중세의 이슬람 정복자들이 시작한 이 군사적인 습격으로 인도 북부의 문화는 영원히 지워지지 않을 영향을 받았다. 당시의 상황이 워낙 극적이기 때문에 역사상 최대의 문화적 변신이었다고 할 만하다. 그리고 이와 동시에 엄청나게 많은 인도인이 이슬람으로 개종했다.

역사가들은 이 현상을 아직 만족스럽게 설명하지 못하고 있다. 개종에 어느 정도 강압이 작용했음은 의심의 여지가 없지만, 하층 카스트를 억압하며 위계를 따지는 브라만교에 대한 반발과 민주 성향을 지닌 이슬람에 대한 호응도 역시 영향을 미쳤을 것이다. 하지만 이 위대한 역사적 변화의 문을 연 것은 폭력이었다.

가즈니의 마흐무드

○

아프가니스탄 동부의 가즈니. 다 부스러져가는 요새 주위로 먼지구름이 소용돌이치고, 타는 듯 뜨거운 여름 바람이 메마른 아프가니스탄고원에서 솟아난다. "진정으로 비참한 곳." 무굴 제국의 바부르는 이렇게 썼다.

"힌두스탄과 호라산[페르시아]을 차지한 왕들이 왜 이처럼 형편없는 곳을 수도로 삼았는지 나는 항상 놀라움을 금할 수 없다."

칸다하르로 가는 도로를 따라 카불 남쪽으로 몇 시간 거리인 이곳은 11세기에 광대한 이슬람 제국의 수도였다. 요즘은 안전을 위해 이곳에 단기간만 머무르는 것이 현명하다. 석판에 소용돌이처럼 생긴 고대 아라비아 문자가 새겨진 술탄 마흐무드의 무덤에서 터번을 쓴 아프가니스탄 노인들이 기도를 드리고 있다. 이곳에서 마흐무드는 여전히 이슬람의 최고 전성기를 주도했던 인물로 기억된다. 최근 분파 간의 갈등에서 그의 이름은 인도에 반감을 품은 집단과 지하드를 주장하는 집단의 깃발에 모두 등장했다. 심지어 파키스탄의 로켓에도 그의 이름이 새겨질 정도다.

마흐무드는 중세 인도에서 외국인이 인도를 정복한 뒤 이슬람을 퍼뜨리는 패턴을 정착시켰다. 열다섯 차례의 원정에서 그는 북부 전역의 도시와 사원을 약탈했다. 인도 역사에서 오늘날 마흐무드만큼 반감을 일으키는 인물은 없다. 아프가니스탄에서 그는 철학자 군주이자 이교도를 정복한 자로 기억되지만, 인도에서는 폭력적인 정복전쟁으로 인해 지금도 앙심의 대상이다. 잔혹함과 고도의 문명을 결합시킨 그의 방식은 르네상스 시대와 계몽시대 유럽의 특징이자 중세 이슬람의 특징이었다.

요즘 마흐무드에 관해 오가는 이야기 중에는 터무니없는 것이 많다. 11세기 인도의 폭력적인 에너지는 어떤 면에서 당시 서유럽의 왕조들이 벌인 전쟁, 예를 들어 노르만족·프랑크족·독일 오토 왕조의 살기 어린 분쟁과 전혀 다르지 않았다. 아프가니스탄과 튀르크족 통치자들은 인도 북부를 침략해서 도시와 사원을 약탈해 자기 군대를 먹이고 병사에게 상을 주었다. 인도 남부에서는 촐라 왕국이 이웃의 체라와 찰루키아를 상대로 같은 짓을 했다. 모두 똑같은 힌두교도였는데도 말이다.

이런 전쟁이 대개 그렇듯이, 전쟁의 목적은 약탈이었으며, 적이 섬기는 신의 성상을 몰수하는 것은 전리품을 챙기는 행위인 동시에 적에게 굴욕을 안기는 행위였다. 하지만 인도 북부에서 벌어진 전쟁에는 약탈이라는 목적 외에 이슬람의 이름도 동원되었다. 『쿠란』에는 종교를 강요해서는 안 된다고 되어 있지만, 중세의 이슬람 왕들은 이교도를 대상으로 전쟁을 벌일 명분을 『쿠란』에서 얼마든지 찾아냈다. 유럽인이 『성경』에서 전쟁의 명분을 찾아냈던 것과 똑같다. 마흐무드도 마찬가지였다. 하지만 그의 수행원 중에는 여전히 고위급 힌두교 인사들이 포함되어 있었다. 그의 휘하 장군인 틸라크가 좋은 예다.

마흐무드는 힌두교를 믿는 왕들을 자신에게 예속시키는 것만으로 만족했다. 그의 왕국에서 힌두교·불교·자이나교 사원이 공존하는 것도 가능했다. 따라서 마흐무드의 방식은 결코 철저히 성상을 파괴하는 식이 아니었다. 그에게 가장 중요한 목적은 개종도 성상 파괴도 아니고 오로지 약탈이었다. 하지만 마흐무드는 이교도를 무찌름으로써 노예 집안에서 태어나 칼리프의 위치에 오른 사람, 신자들의 동반자, 예언자 무함마드의 후계자로 자신을 광고할 수 있었다.

그는 이처럼 완전히 다른 여러 동기를 바탕으로 지위를 쌓았다. 펀자브의 중요한 기지 두 곳, 즉 유서 깊은 힌두교 도시인 물탄과 라호르에서 그는 인도 북부 평원으로 연달아 겨울 습격에 나섰다. 이것이 인도아대륙의 문화·언어·성향을 크게 바꿔놓은 역사적 변화의 서막이었다. 물탄의 한 노인은 내게 이렇게 말했다.

"과장처럼 들리겠지만, 파키스탄이라는 나라가 생기는 데 최초의 실마리를 만든 사람이 바로 마흐무드라고 해도 될 겁니다."

물탄의 마흐무드

○

파키스탄 펀자브 남부의 물탄. 12월이라는 계절에 어울리지 않는 비가 이 유서 깊은 도시를 두드리고 있다. 요새 위로 억수같이 쏟아진 비는 파란색 둥근 지붕을 이고 회색 안개 속에 인상적으로 버티고 서 있는 수피 사원의 바닥으로 흘러내린다. 오토릭샤들이 하람 성문 바깥쪽 거리에 호수처럼 고인 물 속을 조심스레 지나간다. 좁은 골목에 늘어선 상점 차일들이 물에 젖어 축 처져 있다.

이 도시는 9세기부터 이슬람의 통치를 받았지만, 그래도 처음에는 유명한 힌두교 도시라는 명성을 유지했다. 내가 좋아하는 역사가 중 한 명인 알리 알 마수디는 912년에 이슬람의 새로운 개척지에 속해 있던 이 도시를 방문해 순례사업이 이슬람 통치자의 보호 속에서 얼마나 번창하는지 묘사했다. 마흐무드가 등장하기 겨우 몇 년 전인 982년에 이 도시는 '유명한 우상이 있는 대도시'였다.

"힌두스탄 전역에서 온 순례자가 이곳을 찾는다. 이슬람 통치자의 대규모 숙영지는 이 힌두교 도시 외곽에 있다."

마흐무드는 아프가니스탄의 산속에 있는 가즈니를 수도로 삼았지만, 물탄도 펀자브에서 가장 중요한 기지가 되었다. 그는 이곳을 기점으로 삼아 마투라·바라나시·카나우지 등 인도 깊숙한 곳까지 약탈에 나섰다.

내가 묵고 있는 집의 주인인 가르데지 일가는 인도아대륙 북부에 이슬람이 처음 등장한 시기까지 거슬러 올라가는 가문 출신이다. 나는 1990년대에 알렉산드로스의 발자취를 따라 여행하면서 이 집에 묵은 적이 있다. 가르데지 일가는 고대의 『쿠란』과 시, 역사가 담긴 놀라운 원고를 소장하고 있다. 수피 신비주의자인 아미르 쿠스라우의 귀한 원고, 다라 시코가 페르시아어로 번역한 『바가바드 기타』, 니자미와 피르다우시의 「서사시」 등 이 원고에는 이슬람 인본주의 역사가 들어 있다. 피르다우시는 신세계의 부를 안겨주겠다는 약속에 이끌려 가즈나 왕조(아프가니스탄의 가즈니에서 일어난 튀르크계의 이슬람 왕조. 연대는 962~1186년. 마흐무드도 이 왕조의 왕이다)의 빛나는 궁전까지 온 페르시아 시인으로, 마흐무드를 위해 페르시아 왕들의 이야기인 『샤나메』를 썼다.

가르데지 일가는 이제 교외에 새로 지은 집들을 소유하고 있다. 오래전부터 가문의 소유였던 시내의 저택들은 성문 뒤의 좁은 골목길을 굽어보며 탑처럼 우뚝 솟아 있지만, 높은 벽돌담 안쪽에서 금방이라도 허물어질 듯하다. 집 안에는 남녀의 거처가 따로 마련되어 있다. 지붕 없이 하늘을 향해 탁트인 넓은 마당의 아치를 지나가면 이 일가의 조상이자 수피즘 신자였던 셰이크 유세프의 사당을 중심으로 조상들의 무덤이 모여 있다. 사당은 물탄의 고전적인 양식을 따라 파란색 타일로 치장되어 있다.

칼리프가 나라를 다스리던 시절까지 거슬러 올라가는 이 가문의 역사에는 예언자 무함마드의 시대부터 파키스탄이 건국할 때까지 이슬람이 세력을 넓혀온 역사가 그대로 반영되어 있다. 1954년에 제정된 파키스탄 헌법에는 가르데지 일가 사람의 서명이 들어 있을 정도다. 후르 가르데지가 더 자세한 이야기를 들려준다.

우리 조상은 첫 번째 세력 확장 때 바그다드에서 중앙아시아로 들어와 부하라까지 갔습니다. 그리고 11세기 후반에 마흐무드의 아들인 마수드를 섬기기 위해 가르데즈에서 물탄으로 왔죠. 하지만 우리는 지금도 가르데지라는 성을 쓰고 있습니다. 가르데즈는 가즈니 남동쪽의 자그마한 요새 마을이었는데, 주위를 둘러싼 산들이 겨울이면 눈으로 뒤덮였습니다. 바부르는 이곳을 그다지 중요하게 생각하지 않았습니다. 정원도 과수원도 없는 곳이었으니까요. 사과도 살구도 없는 곳이라면 어디든 그에게는 무용지물이었습니다!

가르데지 일가는 중세의 대이동에 휩쓸린 수많은 사람과 함께 이곳으로 왔다. 인도는 당시 지상에서 가장 부유한 곳 중 하나였다. 10세기 페르시아의 한 작가는 "북쪽 세계의 가장 훌륭한 나라. 문명의 온갖 쾌적함, 수많은 인구, 많은 왕들이 있는 곳. 수많은 도시가 그 안에 있다. 주민은 모두 우상을 섬긴다"고 썼다. 알 마수디 같은 사람의 글을 읽다보면, 인도가 외부인을 얼마나 매혹시켰는지 알 수 있다. 신세계를 정복하러 나선 에스파냐 사람처럼, 인도를 침략한 사람 중에도 인도의 문화에 유혹당한 사람이 있었다. 예를 들어, 알 마수디는 종교적인 차이에 매혹되었다.

"식견이 높고 판단력이 뛰어난 학사들이 고대 인도인은 특히 정의감과 지혜를 타고났다고 말한다."

힌두교의 『경전』을 언급하며 수학과 천문학 분야에서 인도인이 이룩한 성과를 열띤 어조로 이야기한 사람도 있다.

하지만 대다수 에스파냐 사람이 잉카와 아스텍의 종교를 포용하지 못했듯이, 인도의 토착종교를 포용하지 못한 사람들도 있었다. 이들은 인도의 종교를 악마의 우상숭배로 보았다. 근본주의 기독교와 이슬람교 문헌에서는 지금도 이런 견해를 찾아볼 수 있다.

마흐무드가 가장 악명 높은 습격을 감행한 것은 1023년이었다. 그는 인도양의 파도에 씻기며 구자라트의 카티아와르 해안에 서 있는 솜나트라는 부유한 순례지를 공격했다. 튀르크-페르시아계 역사가는 약탈이 마흐무드의 주요 목적이었다고 주장하지만, 그럼에도 또 다른 목적이 있었다는 이상한 이야기가 떠돌아다녔다. 설사 사실이 아니더라도 마흐무드가 자신을 합리화하기 위해 내놓았음직한 이 이야기는 당시 마흐무드와 그의 아들을 직접 알던 두 사람이 기록으로 남기지 않았다면 전혀 터무니없는 이야기로 무시되어버렸을 것이다.

이 이야기에 따르면, 솜나트의 링감(시바의 남근석)이 사실은 무함마드가 등장하기 이전에 메카에 있던 최후의 이교도 우상인 마나트인데, 이것이 인도로 몰래 옮겨져 솜나트에 자리 잡게 되었다는 것이다. 이 이야기의 출처는

"전사들과 무시무시한 코끼리를 인도 땅에서 모조리 없애버린" 원정에 마흐무드와 동행했던 역사가 파루키 시스타니다. 20년 뒤 궁정에서 활동하면서 원정에 참가했던 사람을 직접 만난 시인 가르데지도 역시 같은 이야기를 남겼다. 그렇다면 이 이야기는 원정 당시, 또는 그 직후부터 떠돌아다닌 셈이된다.

마흐무드는 물탄의 사열장에 5만 명의 병력을 소집했다. 코끼리는 1,200마리, 물을 운반할 낙타는 2만 마리였다. 그는 겨울에 남쪽으로 행군해서 타르 사막을 통과했다. 그리고 예전에 대상이 다니던 길을 따라 자이살메르를 지나 카티아와르까지 내려갔다. 격렬한 전투가 벌어진 뒤 마흐무드의 군대가 솜나트를 약탈하는 와중에 링감이 있던 유명한 사원도 약탈을 당한 뒤 불에 타버렸다.

시바의 링감이 어떤 운명을 맞았는지에 관해서는 다양한 이야기가 있지만, 모두 순전한 창작일 가능성도 있다. 마흐무드를 이슬람의 전사로 찬양하는 「편지」와 함께 이 링감을 바그다드의 칼리프에게 보냈다는 사람도 있고, 마흐무드가 그것을 가즈니로 가져와 산산조각 낸 뒤 모스크의 문턱 밑에 묻어 신자들이 기도하러 드나들 때 밟고 지나가게 했다는 사람도 있다.

그렇다면 1023년의 원정은, 적어도 당대의 가즈나 왕조 문헌에 묘사된 바에 따르면, 마나트를 파괴해서 무함마드가 미처 끝맺지 못한 일을 완수하려는 고귀한 목적을 지니고 있었다고 할 수 있다. 문헌에는 이것이 원정의 진정한 목적이라고 되어 있지만, 어쩌면 이 주장은 먼저 남을 공격해서 전쟁을 일으키는 것이 『쿠란』에 금지되어 있기 때문에 나중에 생각해낸 변명인지도 모른다. 마흐무드가 주조한 동전에는 이런 구절이 새겨져 있다.

"하나님은 한 분이시고, 무함마드는 하나님의 예언자이며, 마흐무드는 예언자의 동반자다."

튀르크족의 노예였던 그가 이렇게 높은 자리까지 오르다니.

인도 최초의 역사가

○

이러한 정복전쟁으로 인해 인더스계곡과 펀자브로 수많은 이주민이 홍수처럼 몰려들었다. 기업가·수피즘 신봉자·성자·용병 등이었다. 이 이주민 덕분에 과거의 선입견들이 도전을 받아 더 풍요로워지는 경우가 많았다. 당시 이주민 중에 알 비루니라는 사람이 있었다. 그는 과학자·천문학자·철학자인 동시에 인도의 가장 위대한 역사가였다. 알 비루니는 철저한 정통 수니파 신자였지만, 인도에 와서 인도의 사상에 엄청난 영향을 받았다. 인도가 이슬람 문명을 변화시켜 이슬람의 중심이 될 것임을 알려주는 징조였다.

인도와 이슬람의 담론에서 특히 흥미를 끄는 것은 시간에 대한 서로의 견해다. 알 비루니는 『성경』과 『쿠란』에 명시된 시간의 개념 속에서 성장했지만, 인도로 와서 산스크리트어와 인도 학문을 공부한 뒤에는 시간의 개념이 문화마다 다르고 역사와도 관련되어 있음을 깨달았다. 『성경』과 『쿠란』에 언급된 역사의 길이는 전적으로 말이 되지 않았다. 인도 사상가들이 생각하는 시간 주기—수십억 년—는 상상조차 할 수 없을 만큼 길었으며, 기독교와 이슬람교가 주장하는 창조의 개념은 별로 중요하지 않았다. 인도 사상가는 우주에서 한 시대가 끝나면 그 폐허에서 새 시대가 새롭게 시작된다는 이론을 갖고 있었기 때문이다.

시간 개념이 이처럼 달랐기 때문에 철학적인 사고의 내용도 필연적으로 달라졌다. 그래서 알 비루니가 읽은 문헌 중에는 심지어 다윈 이론의 초기 형태라 해도 될 만한 것까지 있었다. 그가 인도의 여러 종교를 바라보는 시각이 놀라울 만큼 독특했다는 점도 언급해야 할 것 같다. 예전의 이슬람 역사가들은 인도의 종교가 '책의 민족'―유대인과 기독교인. 『쿠란』에 따르면, 무함마드가 등장하기 이전에 하나님이 이들에게 『성경』을 내려주었다고 한다―의 종교와는 매우 다르다는 점을 알고 있었다. 비록 비슈누 추종자와 시바 추종자처럼 여러 분파가 각각 수천만 명 규모로 형성되어 서로 다른 신을 섬기고, 다른 『경전』을 읽고, 다른 의식을 거행하기는 했지만, 인도의 종교가 여러 신앙 체계가 서로 연결된 독특한 형태라는 사실도 알고 있었다.

산스크리트어를 배웠을 뿐만 아니라 힌두교 성직자에게도 자문을 구한 알 비루니는 인도의 근본적인 신앙이 이슬람교와 같으며, 우상숭배는 가난하고 단순한 사람을 돕기 위한 피상적인 일에 지나지 않는다고 단언했다. 이 놀라운 주장이 향후 이슬람-힌두교의 담론 패턴을 결정했다. 카비르와 다두 같은 중세의 수피즘 성자와 신비주의자에서부터 1640년대의 다라 시코와 비베카난다, 라빈드라나트 타고르, 지두 크리슈나무르티 같은 현대 사상가에 이르기까지 많은 사람이 이 패턴을 따랐다.

남부의 제국들

◇

마흐무드와 철학자 겸 과학자인 알 비루니는 이슬람과 인도의 첫 만남에서 서로 반대편에 놓인 양극을 상징한다. 하지만 이슬람과 인도의 만남은 역사의 동시성을 보여주는 또 다른 순간이기도 하다. 1010년 가즈나 왕조의 왕 마흐무드는 펀자브를 가로질러 가서 줌나강계곡을 공격해 구르를 약탈했고, 1011년에는 지금의 쿠룩셰트라 자리에 있던 훌륭한 고대도시 타네사르를 공격했다.

인도 북부의 역사에서 이 두 해는 커다란 비중을 차지하지만, 남부와 동부의 문명 중심지에는 이런 약탈의 손길이 닿지 않았다. 1010년에 열대의 남부에서도 한 황제가 몰디브와 스리랑카 정복을 기념하기 위해 인도 역사상 가장 웅장한 건물을 지었다. 마흐무드가 1017년 갠지스평원 깊숙한 곳까지 들어가 공격을 한 지 2년 뒤, 그 남부 황제의 아들—힌두교 신자이자 시바의 추종자—이 원정대를 이끌고 직선거리로 무려 1,600킬로미터가 넘는 거리를 진군해, 안드라와 오리사 해안을 따라 갠지스강까지 올라왔다. 벵골 주민은 가즈나 왕조의 마흐무드가 인더스계곡에서부터 이끌고 온 튀르크족 정복자와 맞닥뜨렸을 때와 마찬가지로, 남쪽 저 멀리에서 온 침략군을 보고 깜짝 놀랐을 것이다. 침략군이 사용하는 남쪽 언어 또한 이들에게는 낯선 것이었다.

10세기 후반 남쪽 끝에서는 서양과 중앙아시아의 여러 사건과는 전혀 상관없이 거대한 제국이 등장했다. 제3장에서 살펴보았듯이 촐라 왕국, 마두라이의 판디아 왕국, 칸치의 팔라바 왕국 등 남부의 위대한 왕국들은 아소카 시대에 이미 알려져 있었다. 촐라 왕국은 점점 강성해져서 10세기에는 남부에서 강력한 힘을 행사하는 강대국이 되어 13세기 후반까지 세력을 유지했다. 촐라 왕국은 11세기에 버마 연안의 안다만제도와 니코바르제도를 손에 넣었다. 이 두 곳은 지금도 인도의 영토로 남아 있다. 촐라 왕국은 또한 자바의 여러 지역을 점령했으며, 중국과 사절을 교환하고, 중국에 상인을 위한 정착지를 만들었다. 당시 위대한 문명을 이룩한 왕국 중 하나였던 촐라 왕국의 중심지는 인도 남부의 신성한 강인 코베리강 계곡과 삼각주 지역이었다. 이곳으로 가려면 코로만델 해안을 따라 인도 남쪽 끝까지 가야 한다. 이곳에 촐라 만달람, 즉 촐라의 땅이 있다.

탄자부르로 가는 길

○

나는 늦가을 몬순과 함께 탄자부르에 도착했다. 역 근처의 호텔 옥상에 서니 쪽빛 구름이 도시 위에 걸려 있고, 빗줄기 커튼이 축축하게 젖은 초록색 풍경을 가로질러 저 멀리 천둥소리가 울리는 곳으로 가고 있다.

탄자부르는 코베리 삼각주의 맨 꼭대기 꼭짓점 바로 아래에 위치해 있다. 여기서 40개의 물길이 뻗어나가 논에 물을 댄다. 이것이 인도 남부의 역사를 결정한 여러 왕조의 부의 기반이었다. 영국은 이곳이 대영제국의 영토 중에서도 가장 비옥한 곳이라고 보았다. 촐라 왕국의 황금시대가 종말을 고하던 무렵 이곳에 온 마르코 폴로는 "지상에서 가장 풍요로운 곳"이라고 기록했다. 도시 위로 라자라자 대왕의 사원이 거대한 피라미드 모양으로 우뚝 솟아 있다. 1010년에 완공된 이 사원은 10세기부터 13세기까지 인도 남부를 지배하며 스리랑카와 갠지스강까지 군대를 보냈던 촐라 제국의 상징이다.

촐라 왕국은 예술과 문화에서 눈부신 업적을 남겼다. 고대 아테네와 자주 비교될 정도다. 촐라 왕국의 문화, 즉 타밀 문화는 먼 과거에 뿌리를 두고, 지상의 그 어떤 문명 못지않게 표현력이 풍부한 음악·춤·시·조각을 낳았다. 세월이 흐르면서 작품들이 부식되고, 식민지 시대와 현대에 많은 파괴 행위가 자행되었음에도 문화는 지금도 살아 있다. 전통적인 문명의 일부가 되는 것이 어떤 느낌인지 알고 싶다면 인도 남부에 가보면 된다. 코베리 삼각주는 이곳의 비옥한 심장부이고, 탄자부르는 제국의 수도다.

촐라 왕국의 창시자는 아디티아였다. 그가 세운 왕조의 역사를 거슬러 올라가보면, 로마 시대 이전까지 이른다. 앞에서 보았듯이, 아소카의 「칙령」에 촐라 왕국이 언급되어 있다. 871년부터 907년까지 나라를 다스린 아디티아는 왕국의 기반을 튼튼하게 다졌다. 왕실 「명문」에는 시적인 말로 그를 묘

⇧ 탄자부르, 1010년의 대사원은 중세시대의 해자 안쪽에 있다. 해자에 붙은 신성한 시바강가 저수지에는 자그마한 사당이 딸려 있다. 이 사당은 7세기부터 이미 유명했다.

사한 구절이 나온다.

"코끼리가 출몰하는 사히아 산맥에서부터 잠시도 쉬지 않는 파도의 주름 위에서 달빛이 노니는 바다에 이르기까지, 코베리강둑을 따라 시바에게 바치는 훌륭한 석조 사원들을 지었다."

하지만 10세기 중반까지도 촐라 왕국은 여전히 자그마했으며, 이웃나라와의 갈등에서 헤어나지 못했다. 왕국의 세력 팽창을 설계한 사람은 985년에 즉위한 아룰몰리였다. 나중에 라자라자(왕 중의 왕)라는 이름으로 알려진 사람이다. 그는 자신감이 점점 커지자 몰디브와 스리랑카 북부 등 새로운 땅을 정복하기 위해 해군을 파견했다. 그의 아들인 라젠드라는 갠지스강까지 군대를 보냈으며, 중국 송나라와 캄보디아로 가는 해상무역로를 보호하기 위해 말라카 해협과 자바의 여러 지역을 점령했다. 라자라자는 강력한 행정력과 강대한 군대를 갖춘 국가를 창조했다. 덕분에 촐라 왕국은 3세기 동안 남부를 지배하며 타밀 문화와 종교에 오늘날까지 전해지는 흔적을 남겼다.

라자라자의 생애에는 신화처럼 비현실적인 구석이 섞여 있다. 그는 어렸을 때 적의 침략으로 왕조가 무너지는 것을 경험했다. 그의 종조부(從祖父)는 죽을 때까지 금식을 하는 종교적 자살을 단행했는데, 이때 라자라자는 아직 아이였을 가능성이 높다. 라자라자의 형은 궁정 내의 암투 와중에 암살당했고, 그 뒤를 이어 아버지도 수수께끼의 죽음을 맞았다. 역사가 닐라칸타 사스트리는 "혹시 가슴이 아파서 죽은 걸까?" 하고 말하기도 했다. 라자라자의 어머니는 아버지의 시신을 태우는 장작불에 몸을 던져 관습에 따른 자살을 했다. 라자라자의 부모는 나중에 라자라자의 누이 쿤다비의 의뢰로 제작된 청동상의 「명문」에서 거의 신적인 존재로 격상되었다.

이렇게 파란만장한 사건이 이어진 뒤, 아직 어린 왕자였던 라자라자 대신 그의 삼촌—『햄릿』〈라이온킹〉과 비슷—이 왕위를 이어받았다. 일부 타밀 역사가들은 그를 '사악한 삼촌'으로 본다. 라자라자는 "백성이 제발 왕위에 올라 칼리 시대의 어둠을 물리쳐달라고 간청"했는데도 백성의 요구를 거부했다. "그는 왕국을 차지할 생각이 전혀 없었다. 삼촌이 통치자의 자리를 탐내는 한⋯⋯."

고대와 중세에 인도 여러 왕국의 왕위계승 과정과 마찬가지로 촐라 왕국에서도 왕족 사이에 암투가 벌어졌던 것 같지만, 이 이야기는 그 사실을 감추고 있다. 라자라자의 삼촌은 궁정 내의 파벌을 달래기 위해, 그리고 "그가 지상에 내려온 비슈누임을 증명하는⋯⋯ 특정한 표식이 그의 몸에서 발견"—이 부분에서는 라마 이야기의 흔적이 엿보인다—되었기 때문에 그를 후계자로 지명했다. 이렇게 해서 그는 왕세자가 되었고, 삼촌은 "지상을 다스리는 짐을 졌다."

유배 생활을 할 때의 라마와 마찬가지로 냉정함을 잃지 않은 젊은 왕세자는 조용히 때를 기다렸다. 마침내 때가 왔을 때, 그는 현실 문제를 다루는 비범한 재능, 냉혹함, 자신을 홍보하는 뛰어난 감각을 드러냈다. 그의 이러한 능력은 인도 남부의 문화·정치·종교에 오랫동안 영향을 미쳤다.

라자라자가 섬기는 신―타밀족의 표현으로는 그의 가문이 섬기던 신, 즉 쿨란데바라고 한다―은 시바였다. 하지만 인도의 위대한 통치자가 모두 그랬듯이, 그도 다른 종교를 열성적으로 후원하며 왕국 최대의 항구인 나가파티남에 사원과 거대한 절을 지어 동방의 순례자를 맞아들였다. 이 사원과 절은 16세기까지도 아시아 순례자를 맞이했으며, 1860년대에 이르러서야 파괴되었다. 라자라자는 심지어 자신의 치세와 정복의 역사는 물론 무엇보다도 자신을 기념하기 위해 탄자부르에 세운 시바 사원의 벽에 불교 조각상을 새기는 것까지 허용했다.

탄자부르에 있는 라자라자의 사원은 오늘날 세계 문화유산으로 지정되었으며, 지금도 사원으로서 활발히 기능을 발휘하고 있다. 세월의 흔적이 새겨진 붉은 사암 고푸라, 즉 정문 탑들은 이곳에 발을 들여놓는 것 자체가 일종의 의식임을 선포한다. 싹이 튼 것 같은 장식과 뿔처럼 솟은 용마루 때문에 탑이 마치 석화된 이국적인 식물처럼 보인다.

이 사원은 라자라자 대왕의 이름을 따 라자라제스바람(라자라자의 주님)이라 불리며, 벽이란 벽에는 모두 라자라자의 승리와 기부 내역을 알리는 「명문」이 길게 새겨져 있다. 왕족과 궁정 대신도 라자라자의 본을 따라 청동상·비품·촛대·가구 등을 푸짐하게 기부했다. 하지만 기부자 중에서도 가장 눈에 띄는 것은 라자라자의 왕비 10명이 아니라 그가 '사랑하던 누나' 쿤다비다. 라자라자는 누나와 이례적으로 가까웠던 듯하다. 쿤다비는 모든 「명문」에서 동생의 왕비들보다 윗자리를 차지하고 있으며, 라자라자는 후에 누나의 딸과 결혼했다. 뿐만 아니라 자기 딸에게 누나의 이름을 지어주기도 했다.

⇧　탄자부르 대사원의 성소로 통하는 화려한 출입구(고푸라) 중 하나.

　　웅장한 정문 진입로는 우아하고 널찍한 경내로 이어진다. 소란스럽고 북적거리는 시내를 지나온 탓인지 이곳의 분위기가 눈이 튀어나올 만큼 놀랍다. 가로 360미터, 세로 240미터 규모인 이곳은 기둥이 있는 회랑으로 완전히 둘러싸여 있으며, 12미터 높이의 웅장한 화강암 담을 따라 징두리판벽과 벽기둥들이 늘어서 있다. 시바의 황소인 난디의 모습을 새긴 자그마한 조각상이 담 위에 줄줄이 늘어서 있어, 아름답지만 금욕적이고 고전적인 분위기에 활기를 더해준다. 담 너머에서 안을 들여다보듯 고개를 숙인 코코아 야자수 가지들은 따스한 바람에 장난스럽게 헝클어지고, 순례자들은 레몬색, 진홍색, 황금색 등 눈부신 색깔의 사리를 입고 무리를 지어 사원 주위를 돈다.

　　사원 마당은 왕실의 의식이 펼쳐지는 극장 같은 곳이었다. 이토록 오래된 건물이 완벽하게 보존되어 여전히 활발하게 기능을 수행하는 곳은 아마 전 세계에 몇 군데 되지 않을 것이다. 마당 중앙에는 웅장한 단 위에 가장 중요한 사당이 서 있다. 피라미드 모양의 거대한 비마나(탑)도 66미터 높이로 솟아 있다. 1010년에 완공되었을 당시 이 탑은 인도에서 가장 높은 건축물이었다.

이 탑의 완공을 축하하는 대축제에서는 왕실 최고의 극단이 왕과 사원의 이야기를 다룬 악극을 특별히 공연했다. 안타깝게도 이 악극의 대본은 실전되었지만, 오늘날의 축제를 위해 세운 천막이 바람에 펄럭이는 가운데 눈부신 햇빛을 받으며 마당에 앉아 라자라자가 군주 겸 극작가의 역할을 수행하는 모습을 상상해보니 기분이 좋다. 연출가이자 군주, 검사이자 시인-철학자로서 그가 공연 직전에 자신을 찬양하는 대사를 어떻게 읊어야 하는지 배우에게 마지막 지시를 내린다. "그는 운명의 여신을 아내로 삼고, 위대한 대지의 여신을 정부로 삼을 정도다."

비마나의 기단에는 검과 방패를 든 도시의 파괴자로 시바를 묘사한 자그마한 조각상이 죽 둘러져 있다. 「명문」에는 전투에서 공을 세운 촐라 왕국의 부대 30개가 등장한다. 출입문 옆에는 라자라자와 그의 구루인 카루부르 데바르의 모습이 조각되어 있다. 계단을 올라가면 조명이 흐릿한 홀을 통해 내부의 성소로 갈 수 있다. 웅대하기 그지없는 이 홀을 떠받치고 있는 것은 사각형의 튼튼한 화강암 기둥들이다.

마침내 사당 안으로 들어가면, 머리가 일곱 개나 달린 뱀을 묘사한 거대한 청동상을 배경으로 3.6미터 길이의 검은 링감이 거대한 단 위에 서 있다. 시바의 상징이다. 이 링감의 이름은 '라자라자의 주님'이다. 새벽마다 사람들은 이 번쩍이는 화강암 링감에 우유를 부은 뒤 물로 씻고, 황금빛 금잔화를 엮어 만든 긴 꽃줄과 윤기 나는 하얀색 면 스커트를 둘러준다. 타밀나두의 관습에 따라 지금도 라자라자의 생일이 되면 그를 기리는 특별한 예식이 치러진다. 왕이 대단히 개인적인 이유로 이 사원을 지었음을 감안하면, 죽은 뒤

이 사당에 자신의 재를 묻을 생각까지 했는지도 모른다.

왕이 의도했던 대로 이 사원의 규모만 봐도 엄청나게 웅장한 느낌이 든다. 순례자들은 마지막 문을 통과한 뒤 햇볕이 내리쬐는 광대한 마당을 걸어서 가로지른다. 이렇게 탁 트인 하늘 아래를 걸어 어두운 '자궁 같은 방'에 이르는 것이다. 하지만 라자라자의 시대가 남긴 흔적 중 가장 아름답고, 가장 은밀하고, 가장 덧없는 것은 오랫동안 대중이 볼 수 없게 숨겨져 있었다. 사당 벽 안의 좁은 통로에는 훨씬 더 이전 시대의 벽화들이 있다. 지하에서 비를 맞아 훼손된 17세기의 그림들 밑에서 1930년대에 찾아낸 것이다. 거의 살아남지 못한 촐라 왕국의 그림들 중에서도 여기 벽화 속에 드러난 솜씨는 거의 마술적이다.

⇦ 라자라자 대왕과 그의 구루인 카루부르 데바르. 대사원의 사당 안에 숨겨진 촐라 왕국의 그림 중 하나다.

이 벽화는 진정한 프레스코 기법(덜 마른 회반죽 위에 그림을 그린다)으로 제작되었으며, 여기에 묘사된 이미지들은 이미 사라진 촐라 제국의 모습을 살짝 엿볼 수 있는 놀라운 기회를 제공해준다. 무엇보다 놀라운 것은 기가 막힌 섬세함과 군국주의 분위기가 묘하게 뒤섞여 있다는 점이다. 촐라 제국은 거의 포스트모더니즘에 가까운 의식과 성적인 솔직함이 담긴 사랑의 시들을 낳았지만, 이와 동시에 잔혹하기 짝이 없는 전투의 찬가도 양산했다. 적의 사원을 약탈하고, 반역자의 머리가 코끼리의 발에 밟혀 멜론처럼 으스러지는 장면이 등장하는 작품들이다.

무엇보다 잔혹한 것은 패전국 왕실 여자들의 신체를 훼손하는 장면이다. 한 작품에는 전쟁에 패한 왕의 어머니가 이런 일을 당한 걸로 되어 있고, 또 다른 작품에는 '공작새처럼 사랑스러운' 왕의 아내가 이런 운명을 맞았다고 되어 있다. 마이소르 지역에서 벌어진 전쟁에서 정복당한 나라의 여자들은 "허리띠가 헐거워지거나 카스트를 박탈당했다." 다시 말해서 강간당했다는 뜻이다. 어떤 외국 사절에게 여자 옷을 입혀 모욕을 준 다음 노도 없는 배에 태워 물에 떠내려 보냈다는 이야기도 기괴하다.

이런 이야기들을 보면 중세에 인도 북부에서 튀르크족 술탄과 힌두교를 믿는 라자 사이에 벌어진 비슷한 전쟁들을 다른 시각에서 보아야 할 것 같기도 하다. 이런 전쟁에서는 종교적인 우상을 파괴하려는 행위의 일환으로 사원이 약탈당했는데, 힌두교의 성상에 대한 이슬람의 적의가 작용했음은 의심의 여지가 없지만 정복자의 복수 충동 또한 과소평가해서는 안 된다. 중세의 서구와 마찬가지로 신하와 백성이 충성을 맹세한 군주를 버리는 것은 곧 종교적인 서약을 깨는 행위였다.

따라서 촐라 제국 시대는 피와 꽃의 시대였다. 그러고 보니 이 시대와 묘하게 비슷했던 다른 시대, 다른 나라가 생각난다. 봉건시대의 일본 정도?

⇧ 대사원의 성소 내부. 승려에게서 이곳에 들어가도 좋다는 엄청난 특권을 허락받은 덕분에 우리는 1010년에 라자라
자가 직접 봉헌한 시바 링감에서 치러진 아름다운 의식을 이렇게 촬영할 수 있었다.

혹시 아스텍도? 이 대사원의 통로에 설치된 불빛 속에서 그 시대의 얼굴을 응시하다보면 마치 흐릿한 연기 속의 이미지처럼 부드럽게 번진 선들이 점차 눈에 들어온다. 군청색, 녹색, 석회 같은 하얀색, 램프의 그을음 같은 검은색, 노란색, 빨간 황토색.

라자라자의 모습을 놀라울 정도로 생생하게 그린 초상화도 있다. 입술은 풍만하고 피부는 황금색이다. 오늘날 영양상태가 좋은 타밀의 부유한 정치가나 발리우드의 스타처럼 살짝 살이 찐 것 같기도 하다. 그는 고개를 살짝 기울인 채 흰 턱수염을 기른 구루 겸 계관시인 카루부르 데바르와 긴히 이야기를 나누고 있다. 이 두 사람과 가까운 벽에는 시바가 있다. 이번에도 그는 전사의 모습이다. 악마의 도시를 파괴하는 자. 그는 눈이 튀어나올 만큼 분노로 가득 차 있으며, 철필 자국들이 저속 촬영한 사진 속의 헤드라이트 선처럼 그의 주위에서 소용돌이친다.

여기에도 왕족이 가문의 신을 모시는 광경이 연출되어 있다. 둥그런 불의 고리 안에서 춤추는 시바의 흐릿한 모습. 마치 사진 음화에서처럼 보석들이 희미하게 빛나고, 그의 뒤편에는 그가 우주의 춤을 추었던 '의식(意識)의 홀' 치담바람의 성소를 나타내는 활 모양 지붕이 있다.

신적인 동시에 인간적인 이 춤은 이 사원과 촐라 왕국 문화에서 신의 춤이자 일종의 예술 형태로서 핵심적인 자리를 차지하고 있다. 프레스코 벽화에는 춤추는 아가씨들이 있다. 허리띠, 팔찌, 발찌, 정교한 머리장식을 빼면 아무것도 걸치지 않은 매력적인 아가씨들이다.

위층 통로의 장식은 1014년에 왕이 세상을 떠날 때 아직 완성되지 않은 상태였다. 바라타 나티아라는 춤의 108가지 동작을 고대 문헌인 『나티아샤스트라』에 묘사된 순서 그대로 정확하게 묘사한 조각이 줄지어 늘어서 있다.

라자라자가 이 사원에 바친 850명—하인·무용가·음악가·북 치는 사람·가수·회계사·양산 든 사람·램프에 불 붙이는 사람·물 긷는 사람·도공·세탁부·이발사·점성술사·재단사·목수·금 세공인— 가운데 400명이 1010년에 출라나두 전역에서 선발된 여자 무용수였다. 이들은 사당과 인접한 거리에 살았으며, 외벽의 「명문」에 이름과 주소, 출신지가 모두 새겨졌다. 이들은 모두 신과 왕에게 봉사하는 삶에 몸을 바친 사람이었으므로 고용조건, 급료, 임무, 연금, 죽음과 관련된 권리 등 모든 정보가 공개되었다. 다음의 구절이 전형적인 예다.

"남쪽 거리, 남쪽 열. 80번지. 이름은 셍굴람. 파치칠 마을 티루 메랄리 사원 출신."

79번지에 사는 아가씨 솔람은 또 어떤가? 정보가 어찌나 자세하고 상세한지, 역사가라면 그 정보를 추적해보고 싶은 충동을 이기기 어렵다.

제국의 도시 탄자부르에서

○

저녁이 다가오고 있다. 비는 그쳤고, 따뜻한 햇볕이 버스 정류장을 비스듬히 비춘다. 나는 인력거를 타고 구시가지로 간다. 이 시기에 제작된 「비문」이 아주 많은데도, 이 위대한 제국 도시를 묘사한 글은 어디에도 없다. 이 도시의 상태나 설계에 관한 정보도 없다. 이 도시는 8세기 초에 탄자푸리라는 신도시로 처음 등장해 9세기 중반에 촐라 왕국의 수도가 되면서 방어가 강화되었다. 이 도시는 오늘날의 탄자부르 북쪽에 위치한 베나르강둑에 있었으며, 탄자부르의 주님이라는 신을 섬기는 자그마한 사원이 지금도 남아 있다. 10세기 후반에 라자라자가 널찍한 거리와 시장이 있는 새로운 도시를 건설했고, 그의 누나 쿤다비는 병원 한 곳을 헌정했다.

하지만 이 도시가 오늘날과 같은 모습을 갖추게 된 것은 16세기부터 17세기의 일인 듯하다. 라자라자의 수도가 지금의 도시와 같은 자리에 있었는지는 아직 증명되지 않았다. 해자가 있는 현재의 도시 외곽에 라자라자의 수도가 있었을 것이라고 보는 사람이 많지만, 난 잘 모르겠다. 이제 또다시 현장답사를 나갈 때가 된 것 같다.

나는 영국 군사 참관인이 18세기에 작성한 지도를 가지고 있다. 카르나타카 전쟁(1746~1763) 때 "정확한 조사를 통해 작성된" 지도다. 이 지도에는 영국과 프랑스가 전쟁을 벌이던 그 시기에 이 도시가 서 있던 장소가 나와 있다. 당시 두 제국주의 국가의 군대는 인도 남부 전역에서 파괴를 자행해 엄청난 혼란과 인명 손실을 초래했다. 이 지도는 워낙 상세해서 포병대의 조준선과 프랑스군대의 공격지점까지 표시되어 있을 정도다. 물론 근대화 이전의 도로, 골목, 사원도 표시되어 있다.

방어벽 안쪽에서 네 개의 널찍한 도로가 모여 광장을 이루고, 그 주위에는 좁은 골목이 토끼굴처럼 얽혀 있었다. 이것이 촐라 왕국 시대의 「명문」에 언급된 네 개의 대로일까? 나는 인력거에서 내려 궁전 담장 밑의 좁은 골목으로 뛰어든다. 지금은 자전거 보관소로 쓰이는 중세의 사원이 금방 눈에 들어온다. 축제 때 차일을 받치던 기둥들이 쓰레기 더미 속에서 지금도 우뚝 솟아 있다.

구시가지 중심부를 향해 더 가면 세상의 시선이 닿지 않는 빽빽한 주택가가 나온다. 걸어서만 갈 수 있는 곳이다. 오늘날의 서쪽 거리 한가운데에는 촐라 시대의 「명문」이 새겨진 커다란 사원이 있고, 그 근처에 돌로 선을 그어 놓은 길들이 뻗어 있다. 그중 일부는 의도적으로 계획된 주택가처럼 보인다. 각 구획마다 골목으로 들어가는 입구가 따로 있다. 나는 남쪽 거리로 접어든다. 춤추는 아가씨들이 살았을지도 모르는 곳이다. 10세기의 번지수는 전혀 도움이 되지 않는다.

"옛날 번지를 찾는 거예요, 새 번지를 찾는 거예요?" 어떤 상점 주인이 자기 가게 문틀을 가리키며 묻는다. 두 개의 번지수가 모두 적혀 있다. 말할 필요도 없이, 둘 다 내가 찾는 번지가 아니다. 나는 남쪽 거리에서 콘크리트로 새로 지은 쇼핑몰 옆의 좁은 길로 정처 없이 들어간다. 자그마한 아치를 통과하니 좁은 마당이 나온다. 한편에는 인쇄소가 있고, 다른 편에는 낡은 가족 사원이 있다. 인쇄소에서는 주인이 차를 끓이고 있다. 낡은 금속활자판에는 먼지가 쌓였다.

"이젠 컴퓨터를 사용하거든요." 주인이 말한다. 우리는 인쇄소 앞 계단에 앉는다. 마당 건너편에서는 허리에 천을 두른 노인이 의식의 불꽃을 들고 종을 울린다.

"내가 말해줄 수 있는 건 이 거리에서 구전으로 내려오는 이야기뿐이에요." 인쇄소 주인이 말한다.

"우리 집안은 탄자부르 토박이인데, 여기 사람은 이 거리가 라자라자의

⇦ 타밀의 전통적인 '아그라하람(브라만들만 살수 있는 거리 또는 마을―옮긴이)'에 자리 잡은주택의 내부. 유서 깊은 문화를 지닌 남부의한가한 한때를 엿볼 수 있다.

도시 안에 있었다고들 말하죠. 왕의 시종은 저쪽 편에 살았고, 가수와 무용수 아가씨들은 이쪽 편에 살았다고요. 옛날 내 이웃들의 사원을 좀 보세요. 적어도 600년은 됐을 겁니다. 이것이 옛 탄자부르의 전형적인 모습이에요.”

나는 계단에 앉아 차를 마신다. 마지막 햇빛이 사원 지붕을 건드리고, 러시아워의 자동차 소음이 골목길 끝에서 시끄럽게 울리고, 장을 보러 나온 사람은 서둘러 집으로 돌아간다. 지금 내 눈앞의 광경은 당연히 켜켜이 쌓인 세월의 산물이다. 촐라, 나야크, 마라타, 영국······. 하지만 내 마음의 눈은 10세기의 위대한 타밀 문헌에 묘사된 장면을 보고 있다.

“도시에서 사람들이 내는 소리가 마치 대양의 소음 같다······. 거리에는 무지개의 일곱 색깔이 모두 있다······. 깃발이 펄럭이고, 테라스에는 파란색 물동이가 있고, 물탱크는 고급 매춘부의 가슴만큼이나 깊다. 남녀 모두 신들의 도시처럼 아름다운 옷을 차려입었다.”

자이나교도가 지은 시의 한 구절이다. 그는 도시에 관한 타밀의 전통적인 묘사에서 영향을 받았지만, 그래도 이 작품에는 10세기의 분위기가 풍긴다. 그때는 “열매가 잘 익은 나무에 새들이 모여들 듯이 18가지 말을 사용하는 사람들이 이곳에 모이던” 시대였다. 「시바카신타마니」라는 제목의 이 시는 도시의 모습을 이렇게 묘사한다.

> 도시[내부]는 여러 섬의 물건들로 가득 차 있다······. 시장이 있는 거리는 길고 널찍하며, 물건들이 아름답게 진열되어 보물들이 반짝인다. 창고에는 귀한 사치품이 꽉꽉 들어차 있다······. 일곱 가지 카스트의 사람들이 워낙 많고, 워낙 가까이 살고 있기 때문에 서로 부딪히는 어깨에서 어깨로 꿈꿈 가루가 옮겨다닌다. 사람의 목소리가 들리지만 그 언어를 이해할 수 없다······. 요리를 하려고 피운 수많

은 불꽃의 연기가 거리를 질주하며 태양을 가린다. 축제가 끝나면 손님들은 거리에 쌓인 화환을 넘어가야 한다. 색색의 가루로 빨갛게 변하고, 꽃잎이 흩어진 웅덩이들을 지나서.

라자라자 시대의 탄자부르는 이런 모습이었을 것이다.

고대에서 중세로

○

중세에 인도 문화는 여러 분야에서 눈부신 꽃을 피웠다. 우리가 이번 장에서 잠깐 살펴본 것들 외에도 카주라호, 오리사, 구자라트의 건축 또한 언급할 가치가 있다. 아잔타, 엘로라, 카를레의 동굴사원, 아부산의 자이나교 사원, 벵골의 불교 건축물 등도 마찬가지다. 벵골에서는 8세기부터 13세기 사이에 팔라 왕국이 지금은 방글라데시 영토인 소마푸라의 대학 등 훌륭한 건축물들을 남겼다.

인도는 하나의 국가로 통일된 적이 없었지만, 지금까지 살펴본 수백 년의 세월 동안 인도아대륙이 세계에서 가장 풍요롭고 가장 인구가 많은 곳이었다 해도 될 것이다. 물론 인도 사회는 위계구조와 카스트의 지배를 받았기 때문에 여러 부족민과 불가촉천민은 폭력적으로 억압당한 반면, 엘리트는 자기들만의 특권과 신앙을 유지하는 데 엄청난 자원을 쏟아부었다. 대중은 자기들이 생산한 잉여가치를 함께 누리지 못하는 경우가 대부분이었지만, 이들의 문화는 많은 장점을 지니고 있었다. 그중에서도 특히 눈에 띄는 것이 종교적 다원주의다.

물론 불관용은 특정 문명의 독점물이 아니므로 힌두교를 믿는 왕들이

티루반나말라이. 카르티카이 축제를 찍은 사진. 타밀의 산속에 있는 이 고대 사원은 7세기에 성자들의 찬사를 받았으며, 나중에는 라자라자가 직접 하사품을 내리기도 했다.

중세에 불교도와 자이나교도를 광적으로 탄압한 사례를 쉽게 찾을 수 있다. 심지어 자신과 종파가 다른 힌두교도까지 탄압한 왕도 있다. 하지만 전체적인 추세를 살핀다면, 인도의 외래 왕조들은 국교를 정할 생각이 전혀 없었다. 비록 일부 토착 왕조들은 국교를 정했지만—마우리아 왕조는 자이나교와 불교, 굽타 왕조는 비슈누 숭배, 촐라 왕국은 시바 숭배—, 생각이 깨인 인도 통치자들은 여전히 다른 종교를 적극적으로 후원했다. 그러므로 인도 문화를 이해하는 열쇠가 있다면, 그것은 바로 다원주의다.

남부에서는 유서 깊은 토착 왕국들이 세계적인 사건의 영향을 받지 않고 14세기 초까지 자기만의 길을 걸었다. 북부에서는 고대 후기와 중세 초기의 강대국들이 11세기와 12세기에 여러 차례 타격을 입은 끝에 1192년 델리 술탄국이 세워지면서 수백 년에 걸쳐 아프가니스탄족·튀르크족·무굴 왕조의 지배를 받는 시대가 시작되었다. 이 왕조들의 일부 왕은 이슬람교를 적극적으로 전파했다. 하지만 적응과 조화가 잘 이루어졌음을 앞으로 보게 될 것이다.

위대한 여행자 이븐 바투타는 당시의 상황을 분명하게 보여주는 일화를 전한다. 몇 번이나 되풀이해서 인용된 이 이야기에 따르면, 1330년대에는 힌두교 성직자는 물론 이슬람교 성직자도 시바와 파르바티의 우주적 결혼을 표현한 마술적이고 에로틱한 조각들이 있는 카주라호의 사원을 배척하지 않았다고 한다. 이들은 인도인이 잠시도 멈추지 않는, 지혜를 얻기 위한 탐색을 통해 모두 하나가 되었다.

내가 이번 장의 첫머리에 언급한 라마 이야기는 중세에 은유로 변해 인도 특유의 경험을 의미하게 되었다. 인도 역사의 변화하는 물결을 바라볼 수 있는 렌즈가 되었다고 할 수도 있다. 라마 이야기는 300가지가 넘는다고 하는데, 개중에는 줄거리가 근본적으로 개작된 것도 있다. 타밀어·마라티어·

텔루구어·벵골어·북부의 공통어인 힌디어 등 언어도 다양하다.

케랄라에서 오래전부터 배를 만들던 카스트인 모필라 사이에 떠도는 이슬람식 라마 이야기도 있다. '술탄 람'이 열대 기후인 인도 남부의 이슬람 지역에서 확고히 자리를 잡았다는 내용이다. 심지어 타밀의 『라마야나』를 모델로 삼은 '예언자의 일생'이라는 이야기도 타밀에 존재한다.

이렇게 해서 라마 이야기는 인도 역사의 일부가 되었다. 모든 소집단은 물론 모든 종교가 함께 인용할 수 있는 공통의 뿌리가 된 것이다. 인도의 위대한 창조물이 모두 그렇듯이, 이 이야기도 모든 곳에 속하게 되었다. 인도 대법원의 저명한 판사이자 이슬람교도인 한 인사는 다음과 같이 표현했다.

> 나라 전체가 람잔마부미, 즉 라마의 고국이다. 하지만 람잔마스탄, 즉 출생지는 수백 년 동안 슈리 라마를 마리아다 푸르쇼트람, 즉 곧음·성실성·품위·순수한 인간성의 이상으로 삼아 사랑하고, 존경하고, 숭배해온 모든 사람의 마음속에 있다.

5

이성의 통치: 위대한 무굴 제국

대형 요새 발라 히사르의 나무가 봄과 여름 내내 카불평원을
가로질러 불어오는 북풍에 흔들린다. 벌거벗은 갈색 산 위에
갈지자로 뻗은 카불성벽은 원래 5세기에 훈족의 침략을 막기
위해 세워졌다. 그 뒤로 많은 침략자들이 카불을 공격했
다. 칭기즈칸·티무르·무굴·페르시아·영국.

카불은 지금도 전쟁 중이며, 싸움이 헬만드
지역까지 번져나가고 있다. 하지만 16세기 초
에 이곳에서 마련된 새로운 인도 침공 계획은
인도아대륙의 역사에 커다란 영향을 미쳤다.

탈레반과 첫 번째 전쟁이 벌어지던 1990년
대 중반에 내가 이곳을 찾았을 때, 카불 시내는 폐

허가 되어 있었다. 전기도 가로등도 없고, 밤이면 부서진 도시에 삐죽삐죽 솟아 있는 폐허 더미와 어두운 그림자 사이로 가끔 자동차 헤드라이트 불빛이 지나가곤 했다. 2001년에 탈레반 정권이 쫓겨난 뒤 국제무역이 다시 시작되었고 지금은 사방에서 새로운 건물이 올라가고 있다. 그러나 남쪽에서는 아직도 전쟁의 포화 소리가 들린다. 지난 사반세기 동안 끊임없이 이어진 전쟁 때문에 주민이 이리저리 흩어지면서 산 위에까지 판자촌이 들어섰다. 아프가니스탄 노인 중 아무나 붙들고 물어보면 지금 지저분한 마을이 들어선 그곳이 1960년대 말만 해도 천국 같은 곳이었다고 말해줄 것이다. 시인 피터 리바이는 이곳을 '천사 왕의 빛의 정원'이라고 표현할 정도였다.

바부르, 무굴 제국 최초의 왕

1526년부터 1857년까지 인도 북부를 다스린 무굴 왕조의 창시자 바부르의 무덤은 한때 아름다운 풍경을 자랑하던 계곡에 있다. 시내 중심부에서 조금만 걸어가면 되는 곳이다. 그 길을 걷다보면 아프가니스탄의 역사 속에 얼마나 다양한 이야기가 숨어 있는지 알게 된다. 오늘날에는 아프가니스탄을 이슬람 근본주의의 온상으로 생각하기 쉽지만, 그보다 더 풍요로웠던 또 다른 역사의 흔적이 사방에 퍼져 있다. 이 지역은 인도아대륙에 밀려온 역사의 물결을 직접 목격했다. 앞에서 이미 살펴보았듯이, 아프가니스탄은 언제나 인도 역사의 일부였기 때문이다.

청동기 말기 이후로 카불계곡은 『리그 베다』의 땅에 속했다. 서력기원이 시작된 후 수백 년 동안은 불교 문화의 위대한 중심지였으며, 600년부터 10세기까지는 힌두교를 믿는 샤들이 이곳을 다스렸다. 사실 1980년대의 내전과 소련 침공 이전까지도 이곳에는 여전히 25만 명 가까이 되는 힌두교도가 살면서 주로 상인·수공업자, 전통적인 '유나니'(그리스-로마) 의술을 펼치는 의사로 활약했다. 지금은 주민이 수백 가구밖에 남아 있지 않지만, 이 계곡에는 힌두교도·불교도·이슬람교도들이 예배를 위해 찾아오던 과거의 증거들이 남아 있다. 계곡 남쪽 끝에는 쿠샨 왕조 시대의 사리탑 잔해가 있고, 오래된 이슬람 공동묘지는 7세기에 카불을 찾았던 최초의 이슬람 선교사를 기념하기 위해 조성된 곳이다. 소련 침공 전에는 이곳에 힌두교 사원도 있었다. 하지만 애석하게도 뽕나무 숲에서 소풍을 즐기던 평화로운 나날은 과거지사가 되었다. 적어도 지금은 그렇다.

하지만 모든 유적 중에서도 가장 많은 생각을 일깨우는 곳은 바로 바부르 정원이다. 전설적인 무굴의 지도자 바부르가 묻힌 곳. 그의 사연은 놀랍기 그지없다. 페르가나에서 태어나 코젠트의 타지크 시에서 왕으로 선포된 그는 칭기즈칸과 티무르의 직계 후손이었다. 그는 1504년에 카불을 정복한 뒤 이곳을 발판 삼아 1525년에 인도 공격에 나섰다. 당시 인도는 공교롭게도 아프간 출신인 로디 왕조의 술탄이 다스리고 있었다. 바부르의 대담하고 모험적인 시도는 성공을 거뒀다.

그가 창건한 무굴 왕조의 왕들은 세계에서 가장 위대하고 가장 매혹적인 통치자들이다. 하지만 바부르는 결코 카불을 잊지 않았다. 『회고록』에서 그는 덥고 먼지가 많은 인도의 기후에 대해 불평을 늘어놓았다. "정이 가는 곳이 거의 없고…… 좋은 멜론도 없다." 그가 진심으로 사랑한 곳은 바로 카불이었다.

"기후가 더할 나위 없이 좋고, 커다란 호수와 세 개의 초원을 굽어보는 곳. 초원이 초록색으로 물들면 대단히 아름답다."

바부르는 특히 20년 동안 살았던 계곡을 좋아했다. 고도 때문에 이곳의 여름 기후는 최고였으며, 포도와 올리브를 비롯한 갖가지 과일나무가 잘 자랐다. 바부르 정원은 1504년부터 1528년 사이에 건설되어 그 뒤로 줄곧 카불 시민의 사랑을 받고 있다. 무덤에 새겨진 글은 바부르가 직접 한 말이다.

"지상에 낙원이 있다면 바로 여기다. 바로 여기다. 바로 여기다!"

바부르는 초록색 계곡과 과수원이 있고, 고래 등처럼 솟은 갈색 산에는 줄무늬처럼 눈이 쌓인 이 소박한 풍경 속에 있을 때 가장 편안하다고 말한다. 부하라 메르프와 사마르칸트의 대상 숙소와 시장도 역시 편안한 곳이었다. 바부르는 끝내 인도어를 제대로 익히지 못했지만, 무갈리스탄의 튀르크족 방언인 차가타이어를 썼다. 무갈리스탄은 발카시 호수를 향해 뻗은 시르

다리야강 북쪽의 땅이다. 바부르는 찌는 듯이 더운 인도의 평원에서 마지막까지도 중앙아시아의 너른 하늘, 봄비가 내린 뒤 꽃들이 점점이 피어나는 사마르칸트의 자줏빛 사막을 그리워했다.

40년 전 '히피 트레일(1960년대와 1970년대에 주로 히피들이 유럽에서 육로로 아시아 여행에 나섰던 것을 가리키는 말)' 시대에 이곳은 여전히 웅장한 치나르 나무가 있고 허공에는 들장미와 재스민 향기가 감도는 기분 좋은 곳이었다. 그 이후로 아프가니스탄이 겪은 재앙은 최고의 이슬람 유적조차 쓸어가버렸다. 수십 년 동안 이어진 관리 소홀, 25년간의 전쟁, 수년간의 가뭄으로 수로가 말라붙어 모든 나무와 식물이 죽어버렸고, 자꾸만 세력을 넓히는 판자촌이 폐허를 집어삼켰다. 지금은 재건 작업이 한창이다. 정원과 공원에도 나무와 꽃을 다시 심을 예정이므로 어쩌면 무굴 시대처럼 낙원의 모습을 되찾을지도 모른다. 바미안 석불의 파괴에서부터 카불 박물관 파괴에 이르기까지 지난 30년 동안 아프가니스탄이 겪은 수많은 비극과 마찬가지로 지금의 재건 노력 또한 잃어버린 과거를 되찾기 위한 것이다.

하지만 바부르 정원은 단순히 인도 역사의 한 장만 차지하고 있는 것이 아니다. 이곳은 인도의 정수라고 할 수 있는 문명의 상징이기도 하다. 아그라 남쪽 돌푸르의 정원이 바부르가 인도에서 통치자로서 실행한 최초의 행위에 가깝다면, 바부르 정원은 인도아대륙에 들어선 최초의 무굴식 정원이었다. 이후 바부르의 후손은 스리나가르에 웅장한 정원들을 만들었다.

카슈미르의 달 호수를 굽어보는 이 정원들은 오늘날 지하드 투사의 그림자 속에서 찾는 사람 없이 시들어가고 있다. 타지마할에서 줌나강 방향에 있는 달빛 정원도 무굴의 왕들이 세운 것이다. 이 정원은 최근에 재발견되었다. 카불에 있는 바부르 정원은 이 모든 정원의 바탕이 된 최초의 모델이었다. 바부르는 나지막한 계단 모양으로 정리한 땅에 사각형 정원을 연달아 배치했으며, 팔각형과 원형 분수를 만들고, 무굴인이 사랑했던 치나르 나무를 심어 그늘을 만들었다.

지금은 계단식 산허리는 다 사라졌지만, 평원을 가로질러 아프가니스

⇧　무굴 황제 바부르. 중앙아시아의 코젠트에서 인도의 정복자 바부르는 여전히 시인으로 기억되고 있다.

탄 중부의 산악지대까지 바라다보이는 아름다운 풍경은 여전하다. 산악지대의 긴 능선에는 여름에도 솔기처럼 눈이 덮여 있다. 한때 장엄한 사이프러스 나무가 늘어서 있던 산길을 걸어 올라가면 1646년에 샤 자한이 힌두쿠시 산맥 너머 옥수스 평원에 있는 '도시들의 어머니' 발흐를 점령한 기념으로 세운 아름다운 대리석 모스크가 나온다.

바부르의 무덤은 그 모스크 위쪽에 계단식으로 정리한 땅에 자리 잡고 있다. 바부르는 아그라에서 세상을 떠났지만 이 정원을 너무나 사랑한 나머지 자신의 시신을 이리로 가져와서 묻어달라고 부탁했다. 하지만 전쟁과 시민 소요 때문에 9년이 지난 뒤에야 비로소 아프가니스탄족 출신인 그의 충실한 아내 비비 무바리카 유수프자이가 그를 이리로 데려올 수 있었다.

바부르는 자기 무덤에 아무것도 덮지 말라고 분명히 요구했다. 빗줄기와 햇살이 자기 무덤을 두드리고, 눈이 담요처럼 무덤을 덮기를 바란다는 것이었다. 무덤에 야생화가 자라는 것도 좋다고 했다. 사람들은 그의 이러한 소망을 존중해주었다. 지금 그의 무덤에 서 있는 자그마한 묘비는 17세기에 그의 증손자인 자한기르가 세운 것이다. 그리고 1930년대에 들어서야 비로소 지금처럼 무덤에 대리석 상판이 덮이고, 무덤을 덮는 자그마한 누각이 세워졌다. 하지만 현재 진행 중인 복원 계획에 따르면, 이 상판과 누각이 제거되어 바부르의 무덤이 곧 자연의 풍상에 다시 노출될 예정이다.

바부르가 인도 북부에 세운 제국은 궁극적으로 인도 문화와 이슬람 문화를 통합한 위대한 제국이 되었으며, 비록 짧은 기간이나마 모든 종교를 포용했다. 이 제국을 다스린 이슬람 황제들은 불상을 폭격으로 부수는 대신 불교도와 대화를 나눴으며, 자기 침실에 성모마리아의 그림을 걸고, 힌두교도를 우상숭배자로 배척하는 대신 힌두교『경전』을 번역했다. 무굴 시대는 오늘날 인도 북부를 상징하는 이미지가 되었으며, 무굴 제국이 성취한 것들은 지금도 많은 사람을 매혹시키고 있다. 하지만 무굴 제국의 이야기에서 흥미로운 부분은 이것뿐만이 아니다. 이 이야기 속에는 과거 이슬람 세계가 도달할 수도 있었던 모습, 그리고 어쩌면 지금도 도달할 수 있는 모습을 가리키는 징조들이 포함되어 있다.

파니파트 전투

1526년 봄, 무굴 군대는 마구를 절그럭거리며 카불에서 내려와 아톡에서 인더스강을 건너 그랜드트렁크로드를 행군했다. 군대는 펀자브를 건넌 뒤 줌나강을 따라 남쪽으로 방향을 틀어 초원 지대로 들어섰다. 말들은 대포를 끌었다. 인도에서 전투에 대포가 사용된 것은 이때가 처음이었다.

바부르는 인도아대륙을 차지하려고 벌써 다섯 번째로 원정에 나선 길이었다. 이번이 마지막이었다. 이제 마흔세 살이 된 그는 어려서부터 전쟁에 단련된 반백의 베테랑이었으며, 모계 쪽으로는 칭기즈칸, 부계 쪽으로는 티무르의 후손이었다.

힌두스탄은 광대하고 인구가 많은 왕국이며, 비옥한 땅이지만 낯선 나라다. 우리 왕국에 비하면 그곳은 다른 세상이다. 그곳의 산, 강, 숲, 황야, 마을과 여러 지방들, 동식물, 사람과 언어는 물론 심지어 비와 바람까지도 완전히 다르다. 일단 인더스강을 건너고 나면 땅, 물, 나무, 돌, 사람, 부족, 예의와 관습이 모두 힌두스탄 양식으로 바뀐다. 이 사람들은 한계를 모른다……. 그리고 힌두스탄 사람들 대부분이 이교도다.

하지만 바부르의 적은 힌두교도가 아니라 이슬람교도인 델리의 술탄 이브라힘 로디였다. 결정적인 싸움이 벌어진 날은 1526년 4월 20일 금요일. 인도 북부의 초원에서 더위가 기승을 부리는 때였다. 이 시기에는 기온이 섭씨 45도 이상까지 올라갈 수 있다. 바부르는 수적으로 우세한 이브라힘 술탄의 군대를 상대해야 했다. 소문에 따르면 이브라힘은 무려 10만 명이나 되는 병력을 동원할 수 있다고 했다. 바부르가 동원한 군대의 10배에 육박하는 숫자였다.

전투가 벌어진 곳은 그랜드트렁크로드에 있는 유서 깊은 도시 파니파트였다. 델리에서 북쪽으로 약 88킬로미터 떨어진 곳이다. 인도 역사상 중요한 전투가 많이 벌어졌던 길고 좁은 지역에 위치한 파니파트 역시 전설적인 도시로서 『마하바라타』에 따르면 판다바 일족과 카우라바 일족이 이 땅을 놓고 서로 싸웠다고 한다.

바부르는 성벽으로 둘러싸인 도시와 그 근교에 자기 부대의 우익을 배치하고, 옛날에는 줌나강이 흘렀지만 지금은 물이 다 말라버린 수로에 좌익을 배치했다. 그리고 쓰러진 나무와 곁가지로 수로의 방책을 강화했다. 그는 또한 고향에서부터 가져온 것과 이 지역 주민에게서 징발한 것을 합쳐 모두 700대나 되는 수레를 끈으로 묶어 연결했다. 그리고 군데군데 틈을 만들어 병사들이 그 틈으로 화승총을 쏜 뒤 방탄 방패(이동식 방패) 뒤에서 총을 재장전할 수 있게 했다. 기병대가 급습할 수 있게 폭이 45~90미터나 되는 큰 구멍도 여러 개 만들어두었다. 특히 바부르가 전황을 바꿔놓을 결정적인 공격을 할 예정인 양편 날개에 그런 구멍들이 많이 배치되었다.

바부르가 이 전투에서 이긴 것은 강인한 성격, 대담성, 포병대 덕분이었다. 바부르가 파악한 바에 따르면 아프가니스탄족 사망자가 무려 1만 6,000명에 이르렀고, 술탄도 초원에 높이 쌓인 전사자들 틈에 섞여 있었다.

술탄의 시체를 찾아낸 무굴인은 술탄의 머리를 잘라 바부르에게 가져갔다.

"너희들의 용맹을 치하하노라."

바부르는 으스스한 표정으로 이렇게 말하며 피범벅이 된 술탄의 머리를 들어올렸다. 불운한 술탄 이브라힘의 시신은 이 지역의 전통에 따라 자그마한 사원에 안치되었는데, 오늘날 이 사원은 분주한 도심의 버스 정류장 뒤에 있다.

바부르는 델리로 진군했다. 하지만 파니파트를 떠나기 전에 전투가 벌어졌던 자리에 감사의 뜻으로 모스크를 세우라는 명령을 내렸다. 지금도 남아 있는 이 모스크는 인도 최초의 무굴 시대 건축물이다. 현대의 산업화 물결로 파니파트가 크게 확대되면서 빛을 잃어버린 이 모스크는 전투 현장이 굽어보이는 나지막한 언덕에 서 있다. 찾기가 쉽지 않아서 주민에게 물어보아야 한다. 그러다보면 누군가가 카불리 바그 마스지드(카불정원의 모스크)로 가는 길을 알려줄 것이다.

따스한 갈색 벽돌과 빨간색 사암 석판으로 자그맣게 지은 이 아름다운 건물은 무굴인이 차르 바그라고 부르던 곳, 즉 장식용 연못이 있고 네 구역으로 나눠진 정원에 자리 잡고 있다. 바부르는 이 정원을 통해 인도에 중앙아시아식 정원을 소개했다. 지금도 이곳에 가면 그의 개성이 어느 곳보다 더 강하게 느껴지는 듯하다. 바부르의 아들인 후마윤이 나중에 증축한 부분과 손자인 아크바르가 지은 아름다운 출입구는 바부르의 가문이 이곳에 애정을 갖고 있었음을 보여주는 증거다.

바부르는 전투가 끝난 뒤 화요일에 델리에 이르렀다.

"우리가 니자무딘에 이르렀을 때 나는 그곳을 두루 돌아보았고, 우리는 도시 바로 맞은편의 줌나강변에서 숙영했다."

니자무딘은 지금도 모든 델리 시민이 가장 좋아하는 수피 사원이다. 이

↑ 파니파트 모스크. 델리 북쪽 평원에 자리 잡은 이곳은 '카불정원'으로 불린다. 무굴 제국의 기초가 된 전투의 현장
이 굽어 보인다.

곳으로 통하는 좁은 골목에는 정육점, 차를 파는 노점, 순례자를 위한 포장
노점 등이 늘어서 있다. 대리석으로 장식한 사원 마당에는 새벽부터 어스름
무렵까지 사람들이 북적거린다. 공동체의 관용이라는 측면에서 이곳은 델리
에서 가장 사랑스러운 곳 중 하나다.

"니자무딘을 돌아본 뒤 나는 숙영지로 돌아가 배에 올라서 술을 조금
마셨다."

바부르의 말이다.

이즈음에 바부르는 자신의 삶과 전체적인 역사를 되돌아보게 되었다.
그는 『회고록』에 이렇게 썼다. "나는 카불을 차지한 910년[1504~1505]부터
힌두스탄을 탐냈다."

이때가 전환점이었음을 그는 잘 알고 있었다. 네 번에 걸친 원정이 실패
로 끝난 뒤 그는 다섯 번째 원정에서 마침내 성공을 거뒀다.

예언자의 시대로부터 힌두스탄 땅[북부와 델리를 의미. 그는 이슬람 세계의 궤도 밖에 존재하는 남부의 위대한 왕들에 대해서도 알고 있었다]을 지배하고 다스린 위대한 무슬림 샤는 오로지 세 명뿐이었다. 나는 힌두스탄을 정복한 세 번째 위대한 샤다. 첫 번째는 가즈니의 마흐무드였고, 두 번째는 술탄 시아부딘 구리로 그는 노예와 추종자를 데리고 이 왕국을 오랫동안 다스렸다. 나는 세 번째다. 하지만 나의 업적은 그들과 비교할 수 없는 수준이다. 우리가 처음 베라[인더스강 유역에 있는 곳]에 갔을 때 우리 병력은 1,500명, 기껏해야 2,000명이었다. 우리가 술탄 이브라힘을 물리치고 힌두스탄 땅을 점령한 다섯 번째에 나는 그 어느 때보다 규모가 큰 대군을 거느렸지만, 그래도 명부에 기재된 사람은 1만 2,000명에 불과했다.

위의 글은 역사를 움직인 위대한 인물이 직접 쓴 위대한 『자서전』중 하나인 바부르의 『회고록』에서 인용한 것이다. 솔직하고 친밀하며 어느 한쪽으로 치우치지 않은 느낌이 드는 이 『회고록』은 이슬람 문헌 가운데 최초의 『자서전』중 하나다. 최근까지는 이슬람 문화권의 유일한 진짜 『자서전』이기도 했다. 대화·「편지」·시·「칙령」, 역사적 사실과 지리에 관한 상세한 기록으로 가득 찬 이 『회고록』에는 특히 자연계에 대한 깊은 호기심이 드러나 있으며, 동식물에 대한 풍요로운 관찰 기록도 포함되어 있다. 바부르는 계속 말을 타고 이동하며 숙영지에서 잠을 자는 거친 삶을 살았지만 삶 속의 작은 것들을 놓치지 않았다.

특히 과일에 관심이 많았다. 그의 관찰에 따르면, 부하라의 서양자두는 '견줄 만한 것이 없는' 수준이었고, 카불의 대황은 '뛰어난 품질'이었으며, 카불의 포도는 '최고'였다. 나수크의 멜론에 대해서는 "노란 껍질이 가죽장갑처럼 부드러운 이 멜론은 놀라울 정도로 맛이 있다. 그 무엇과도 비교가 되지 않는다"고 썼다. 바부르는 자신의 결점·질병·종기·지나친 음주 등도 기록으로 남겼다. 그래서 그는 인간적인 개성을 지닌 인물이 되었다. 행동을 좋아하는 지도자로서 그는 단호히 잔인한 명령을 내리기도 했다. 그런 내용이 담긴 전형적인 구절을 하나 예로 들면 다음과 같다.

"나는 산 채로 요리사의 살갗을 벗기고, 독을 감지하기 위해 미리 맛보는 자를 조각내고, 여자들 중 한 명은 코끼리가 짓밟게 하고, 나머지는 총으로 쏘라고 명령했다."

바부르는 대승을 거둔 뒤 델리에서 연출된 매력적인 장면을 묘사한다. 그의 병사들이 불만을 품은 듯한 징후가 있었다. 알렉산드로스 대왕의 군대가 베아스강에 이르렀을 때를 연상시키는 대목이다. 질병과 더위로 인해 죽어가는 병사들이 점점 늘면서 인도를 증오하고 카불의 정원을 그리는 마음 또한 강해졌다.

"많은 병사가 병들어 죽어가기 시작했다. 바람에 병이 실려 오기라도 한 것처럼. 위대한 전사와 장군 대부분이 낙담하게 된 이유가 바로 이것이다."

이들은 힌두스탄에 머무르고 싶지 않았기 때문에 이곳을 뜰 준비를 한다. 이때가 결정적인 순간이었다.

> 나이와 경험이 많은 지도자가 그런 말을 한다면 그것은 잘못이 아니다. 그런 사람은 결정이 내려졌을 때 신중함과 경솔함, 선과 악을 구분할 수 있는 분별력과 머리를 지니고 있기 때문이다. 그런 사람은 모든 것을 직접 고려하며, 일단 결정이 내려진 뒤에는 이미 한 말을 한없이 반복하는 것이 부질없는 짓임을 잘 알고 있다. 그러나

이들은 만약 내가 불이나 물속을 통과하게 된다면, 나와 함께 그 속으로 들어가서 함께 나올 사람, 내가 어디에 가든 내 곁에 있어줄 사람, 내게 불리한 말을 하지 않을 사람일 것이라고 나는 생각했다.

그래서 바부르는 같은 시기에 에스파냐의 프란시스코 피사로가 남아메리카에서 자기 부하들에게 했던 것처럼 신하들에게 말한다. 두 사람 모두 모든 것을 걸고 도박을 할 준비가 된 사람이 눈앞의 대륙을 손에 넣게 될 것임을 알고 있다. 바부르는 인도 북부의 초원에서 5월 중순의 더위 속에 서 있는 휘하 장군에게 단도직입적으로 말했다.

나는 통치와 정복에는 거기에 맞는 도구와 정복이 필요하다고 말했다. 충실한 신하와 영토가 없으면 왕도 없다. 몇 년 동안 우리는 어려움을 겪으며 먼 거리를 가로질러 우리 자신과 병사를 전쟁과 전투의 위험 속에 내던졌다. 신의 은총으로 우리는 수많은 적을 물리치고 광대한 땅을 차지했다. 그토록 많은 대가를 치르고 얻은 이 모든 것을 왜 지금 던져버리려 하는가? 우리가 카불로 돌아가 계속 가난한 생활을 해야 하겠는가?

대부분의 병사가 바부르를 따라 진군을 계속했다. 하지만 바부르는 고향에 대한 그리움을 한시도 잊어본 적이 없었다. 그의 후손도 중앙아시아의 고향에 관한 꿈을 오랫동안 가꾸고 키웠다. 심지어 그곳에서 전투를 벌이는 무분별한 짓을 저지르기도 했다. 하지만 조상이 살던 페르가나 주위의 땅은 결국 먼 기억 속의 존재가 되고 말았다. 이들이 한때 그토록 그리워했던 티무르드의 전설적인 수도 사마르칸트의 과수원도 망각 속에 묻혔다. 바부르의 후손은 인도인이 된 것이다.

바부르의 유산

티무르나 투클루크와 마찬가지로 바부르는 침략자였고, 그의 일생을 좌우한 힘은 폭력이었다. 시크교의 『경전』에서 구루인 나나크는 그가 죽음의 전령이었으며, "힌두스탄을 공포에 몰아넣었다"고 말하면서 그의 군대가 힌두스탄의 여자들을 겁탈했다고 비난한다.

반면 무굴 제국의 기록에는 바부르가 전쟁 때 민간인을 보호하기 위해 많은 애를 썼으며, 심지어 밭이 망가진 농부에게 보상을 해준 적도 있다고 나와 있다. 하지만 바부르는 그 시대의 산물이었다. 그리고 그 시대에 왕의 역할 중에는 공포를 불러일으키는 것도 포함되어 있었다.

오늘날 그의 유산이 무엇인지를 놓고 특히 힌두 민족주의자 사이에서 많은 논란이 벌어지고 있다. 이들은 무굴 제국을 인도의 적으로 본다. 바부르가 때로 지하드를 연상시키는 말을 한 것이 사실이기는 하다. 비록 병사의 사기가 떨어질 때에만 그런 것 같지만 말이다.

그는 또한 『쿠란』의 명령에 따라 자신에게 저항하는 이교도에게 자비를 베풀지 않았다. 하지만 그 이전과 이후의 침략자가 그랬듯이 바부르도 힌두교 사원을 파괴했을까? 아요디아의 모스크가 파괴된 힌두교 사원 위에 세워졌는지는 아직도 분명히 밝혀지지 않았지만, 정복자들이 그런 짓을 한 것은 사실이다. 그리고 바부르가 여느 침략자들과 달랐는지 그렇지 않았는지도 우리는 알 수 없다. 1528년 그가 찬데리를 포위했을 때 이교도를 죽인 일과 수백 명이 집단 자살한 일—바부르는 그들이 "지옥으로 갔다"고 말했다—을

⇦ 바부르와 아들 후마윤, 그리고 두 사람의 조
상이자 '세계의 정복자'인 티무르. 시작은 미
미했으나 가문의 혈통에 대한 자부심 덕분에
이들은 역사 의식을 가질 수 있었다.

잔혹하게 묘사한 것이 좋은 예다. 바부르는 눈 하나 깜짝하지 않고 이교도를
죽였다. 아크바르 대왕이 '우상숭배자'를 죽여 그들의 두개골로 기둥을 세웠
을 때와 똑같다. 감히 말하건대, 그런 일들은 당시에 벌어진 전쟁의 전형적인
특징이었다.

어떤 도시가 공격에 저항하면, 침략자가 무자비한 처벌을 가하는 경우
가 많았다. 하지만 바부르는 머리가 좋은 사람이었으므로 적과 화해하는 것
이 미래를 위한 길임을 깨달았다. 이것이 바로 인도 역사의 핵심적인 특징이
다. 시크교 문헌에는 또한 바부르가 죽기 전에 구루인 나나크의 축복을 받았
다고 되어 있다. 그의 내면에서 뭔가가 변한 걸까? 그가 파니파트 전투에서

부터 죽음의 순간에 이르기까지 3년 반 동안 인도에 관해 뭔가 중요한 점을 깨달은 걸까?

바부르의 죽음을 둘러싼 이야기는 신화적인 분위기를 풍긴다. 그의 아들 후마윤이 병석에 누웠는데, 모든 의사들이 회복할 가망이 없다며 포기했다. 바부르는 인도인이 가장 귀하게 여기는 것을 신에게 바치며 사랑하는 사람의 목숨 대신 그것을 받아달라고 기도한다는 얘기를 듣고는 곧장 자기도 그렇게 하겠다고 말했다. 귀족들은 그가 고어누 다이아몬드를 신에게 바칠 거라고 생각했다.

하지만 바부르는 "신에게 돌멩이를 바칠 수는 없다"면서 어떤 신비주의 수도승과 상의를 했다. 그 뒤 아들이 누워 있는 병상 주위를 세 바퀴 돌고는 아들의 목숨 대신 자신의 목숨을 내놓았다. 후마윤은 기적적으로 회복했고, 바부르는 날이 갈수록 병색이 짙어졌다. 그는 1530년 12월 26일에 세상을 떠났다.

그런데 그가 세상을 떠나기 전에 후마윤에게 비밀 「유언장」을 남겼다는 이야기가 떠돌았다. 그 비밀 「유언장」은 지금 전하지 않지만, 1920년대에 그 「유언장」을 찍은 사진이 인도 중부의 한 도서관에 아직 남아 있다. 그것이 진짜 「유언장」이었을까? 만약 그렇다면, 그 「유언장」은 현재 인도에서 벌어지고 있는 문화적, 정치적 싸움에서 중요한 증인이 될 것이다.

그 「유언장」에 따르면, 바부르는 마지막 숨을 몰아쉬면서 후마윤에게 종교적인 선입견을 품지 말고, 모든 종교의 예배 장소를 파괴하지 말라고 말했다고 한다.

"폭정과 박해라는 칼보다 사랑과 애정이라는 칼이 이슬람교를 가르치는 데 더 유용할 수 있기" 때문이었다. 그때나 지금이나 훌륭한 충고다.

애석하게도 그 「유언장」은 19세기에 위조된 물건임이 거의 확실하다.

지금도 논란이 벌어지고 있기는 하지만 말이다. 그래도 그「유언장」은 인도 역사는 물론 세계 역사 속에서도 가장 놀라운 인물 중 하나인 바부르의 손자 아크바르 대왕의 치세 동안 벌어진 놀라운 사건들로 우리를 이끌어준다.

아크바르의 생애

◯

"물론 그의 별자리를 보면 모든 것을 알 수 있죠."

조드푸르의 궁정 점성술사가 종이를 섞더니 펜으로 아름답게 그린 도표를 뽑아든다. '아크바르 씨'를 위해 도표를 그려달라는 내 요청을 받고 그가 직접 그린 것이다. 그는 심지어 아크바르가 태어난 파키스탄 우마르코트의 낡은 집에 살고 있는 가족에게 전화를 걸기까지 했다. 그 집은 후마윤이 인도에서 쫓겨난 뒤 그의 아내가 아크바르를 임신한 몸으로 피신한 곳이었다. 이 집에 사는 가족은 지금도 힌두교도이며, 조드푸르 왕가와도 여전히 연이 닿아 있다. 사실 그 가족은 아크바르의 출생에 관해 신드어로 쓴 개인 기록을 지금도 소장하고 있다.

1530년대에 후마윤은 샤 셰르가 이끄는 아프가니스탄족에게 쫓겨났다. 그 뒤로 그는 이란에서 샤의 곤혹스러운 손님으로 10년을 보냈다. 1542년에 아들이 태어났을 때에도 그는 여전히 망명객의 몸이었다.

당시에는 바부르가 세운 무굴 왕조가 후마윤 이후로도 계속 이어질 가망은 거의 없어 보였을 것이다. 어느 모로 보나 무굴 왕조는 인도 역사에서 잠시 나타났다 사라지는 점 같은 존재이며, 무굴 왕조가 사라지더라도 슬퍼할 사람은 없을 것 같았다.

하지만 점성술사들은 책력에서 인도 역사상 위대한 왕이 나타날 것이

⇧　아크바르 대왕. "과거에 우리는 부끄럽게도 많은 힌두교도에게 우리 조상의 믿음을 강요했다. 이제는 모순으로 가
　　 득 찬 이 소란스러운 세상에서 어느 한 종교의 독특한 진실만을 주장하는 것이 현명하지 못하다는 사실을 분명히
　　 알겠다. 현명한 사람은 정의를 안내인으로 삼아 모두에게서 배운다. 어쩌면 이렇게 해야 우리가 열쇠를 잃어버린
　　 문을 다시 열 수 있을지도 모른다."

라고 예언했다. 사실 아크바르는 1542년 10월 15일 일요일 새벽 2시에 태어났으나, 그가 상서로운 시간에 태어난 것처럼 보이게 하려고 생년월일과 시간을 조작했다는 이야기가 후대에 나오기도 했다. 어쨌든 점성술사의 예언은 나중에 정확하게 실현되었다.

사실 변조된 것은 아크바르의 생년월일과 시간뿐만이 아니라는 이야기도 있었다. 후마윤의 아내인 하민다 바누는 그때까지 딸만 낳았다. 그래서 우마르코트의 아내가 자기와 동시에 아들을 낳자 그 아이를 자기 아이와 바꿔치기 했다는 것이다. 그렇다면 아크바르는 원래 힌두교도로 태어났다는 뜻이 된다!

힌두교도와 이슬람교도 모두에게 이 이야기는 아크바르의 생애를 설명할 수 있는, 유일한 합리적 방법인지도 모른다. 이 두 종교는 모두 운명과 별들의 영향을 믿는다. 그런데 아크바르의 생애는 너무나 굉장해서 그의 존재를 미리 알려주는 징조가 없었다고 보기가 어렵다.

아크바르가 왕국을 손에 넣다

아크바르는 열세 살 때 왕으로 선포되었다. 아버지인 후마윤이 델리의 서재 계단에서 떨어져 부상을 입고 세상을 떠난 뒤였다. 하지만 그는 왕국이 없는 왕이었다. 궁전이 있는 칼라나우르는 라비강 동쪽의 푸른 들판 한가운데에 있는 아름다운 시골길가에 자리 잡고 있었다. 오늘날 암리차르의 북쪽, 인도와 파키스탄 국경 바로 안쪽이다. 아크바르는 항상 이 시절을 잊지 않고 나중에도 이곳을 찾았다. 지금도 이곳에는 옥좌가 놓여 있던 단이 남아 있다. 자그마한 관목 숲과 옹기종기 모여 있는 농가 옆에 벽으로 둘러싸인 작은 공간

⇧ 암리차르의 '황금 사원' 아크바르는 처음에 시크교도와 분쟁을 빚었지만, 나중에는 그들에게 땅을 주어 훌륭한 사원을 짓게 했다.

이 바로 그 단이 있는 곳이다.

내가 그곳에 도착해보니 남자아이들이 크리켓 경기를 하고 있다. 어린 아크바르 왕자와 같은 나이인 이들은 역시 아크바르 왕자처럼 활기가 넘치고, 수다스럽고, 호기심 많고, 발랄하다. 차이가 있다면, 아크바르는 아프가니스탄부족 사람 틈에서 자랐다는 점이다. 카불에서 살던 이들은 불굴의 전사였으며, 강인함은 전설적이었다. 영국이 카불에서 재앙을 겪은 19세기나 오늘날에도 마찬가지다. 1990년대에 북부 동맹 출신의 무역상과 무장 경비원들과 함께 걸어서 힌두쿠시 산맥을 넘던 도중, 나는 그 전사들을 잠깐 직접 만나볼 기회가 있었다. 그들은 불편함을 참고 견뎠으며, 대단히 실용적이고 현실적이었다. 종교적인 감수성은 발달해 있었지만 성직자의 헛소리는 좋아하지 않았다.

아크바르는 이런 사람들 틈에서 자라며 읽고 쓰기를 결코 배우지 못했다. 그는 학교에 무단결석을 일삼으며 끝내 글을 깨우치지 못했지만, 그보다 더 실용적인 재주를 익혔다. 남들과는 다른 시각에서 생각하는 능력, 여러 가지 사실을 연결시키는 능력도 함께 터득했다. 그의 별자리 운세에 나와 있는 대로—조드푸르의 궁정 점성술사의 주장에 따르면 그렇다는 얘기다—, 그는 뛰어난 머리, 환상적인 기억력, —오늘날 경영 전문가들의 표현대로— '틀 밖에서' 사고하는 놀라운 능력을 지니고 있었다.

오늘날에도 유연성과 상상력이 부족한 사람들 때문에 재앙이 일어나는 것을 보면, 아크바르의 지도력이 현대 세계를 이끄는 대부분의 지도자보다 훨씬 앞섰음이 분명하다. 물론 아크바르는 현실 세계에서 살아남는 법을 배우며 성장한 인물이었다.

칼라나우르에서 거행된 즉위식은 그에게 왕위계승권이 있음을 확인하는 절차에 불과했다. 아크바르가 물려받을 왕국이 없었기 때문이다. 선왕이 세상을 떠난 뒤에도 여전히 충성을 바치던 군부 지도자는 카불과 칸다하르, 펀자브 일부, 델리 시를 장악하고 있었다. 아크바르의 적은 샤 무하마드 아딜을 위해 싸우는 아프가니스탄족 군대, 즉 예전에 그의 아버지를 쫓아냈던 바로 그 세력이었다.

델리 아래쪽 줌나강변의 커다란 요새 추나르를 거점으로 한 그 부대는 힌두교도인 헤무의 지휘 하에 강력한 힘을 발휘했으며, 전투용 코끼리도 1,500마리나 보유하고 있었다. 헤무는 무굴인을 영원히 쫓아버릴 목적으로 델리를 점령했다. 하지만 아크바르는 모든 것을 걸고 공격을 감행해 11월 5일에 파니파트에서 헤무와 맞붙었다. 바부르가 30년 전 승리를 거둔 바로 그곳이었다. 싸움은 무굴인에게 불리하게 진행되었지만, 헤무의 눈에 우연히 화살이 명중하면서 전세가 바뀌었다. 그는 아크바르의 손에 목이 잘렸다.

아크바르는 열다섯 살이 될 때까지 다른 적들도 물리치고 '힌두스탄'을 장악했다. 운명의 여신은 용감한 자를 좋아하는 법이다.

종교의 진리를 구하다

○

물론 여기서 놀랍기 그지없는 아크바르의 재위 40년간의 일을 모두 살펴볼 수는 없다. 그는 구자라트와 벵골까지 제국의 영토를 넓히고 카불을 다스렸다. 마우리아 왕조 이후 그 어떤 왕조보다 광대한 제국을 구축한 것이다. 젊은 아크바르는 또한 통치와 행정에도 대단한 재능을 보였다. 하지만 오래지 않아 몹시 심각한 문제가 드러났다. 아크바르의 『전기』를 쓴 아불 파즐은 특유의 단도직입적인 말투로 다음과 같이 지적했다.

황제는 힌두교도와 이슬람교도 사이의 광신적인 증오에 대해 알고 있었다. 하지만 황제는 이 증오가 서로에 대한 무지에서 생겨났다고 확신했다. 그래서 이 깨인 군주는 무지를 몰아내기 위해 각 종교의 신자들이 서로의 『경전』을 볼 수 있게 하려고 했다. 이 방법을 통해 그는 힌두교의 일부 관습과 미신이 『경전』의 내용과는 상관없음을 힌두교도에게 보여주고, 이슬람교도에게는 [예를 들어] 세계의 역사가 겨우 7,000년밖에 안 된다고 주장하는 것이 어리석은 일임을 설득하고 싶어했다.

광신적인 증오에 관한 아불 파즐의 묘사는 액면 그대로 받아들여야 한다. 많은 이슬람 통치자와 귀족이 고압적인 자세로 다른 종교에 관용을 베풀지 않았기 때문에 뿌리 깊은 불화가 발생했다. 이슬람교도는 토착 종교를 적대하고, 이슬람교도가 아닌 사람에게 과도한 세금을 물리고, 개종을 강요했다. 아크바르는 후대에 살만 루시디가 지적한 것처럼 종교가 '인도의 피 속에 든 독'이 될 위험이 있음을 알아보았다. 아크바르가 생각해낸 해법은 화해를 향해 나아가는 것이었다. 그는 힌두교도에게 증오의 대상이던 세금을 폐지하고, 여러 종교가 품고 있는 종교적 믿음, 특히 자기의 종교가 보편 타당성을 지니고 있다는 주장의 근거를 대담하게 파헤치기 시작했다.

모든 종교의 핵심은 아주 간단했다. 많은 종교가 독특한 비전을 주장하고, 일부 종교는 절대적인 진리를 알고 있다고 주장한다. 하지만 인도에서 조금이라도 종교를 경험해본다면, 그 어떤 종교도 절대적인 진리를 소유할 수 없음을 분명히 알 수 있었다. 종교의 이름으로 자행되는 폭력과 강제 개종은 문명사회에서 있을 수 없는 일이었다. 단순히 도덕적인 측면에서만 그런 것이 아니었다. 국가를 통치하는 사람의 입장에서 볼 때, 종교적인 분열은 사회의 안정과 구조를 위협하고, 제국의 안정을 무너뜨렸다.

"정의와 이성을 우리의 지침으로 삼아야 한다."

아크바르는 이렇게 말했다. 그는 이미 수니파와 시아파 학자와 의견을 나누고 있었는데, 이들이 순식간에 화를 내는 모습, 서로의 주장을 반박하며 주먹질을 하는 모습, 서로의 주장에 대답을 내놓지 못하는 모습을 보고 충격을 받았다.

아크바르의 『전기』에서 행간에 담긴 의미를 읽으려 애쓰다보면, 혹시 그가 모든 종교의 주장을 의심하게 된 것은 아닌가 하는 생각이 들 정도다. 사실 그의 측근 중에는 그가 이슬람교를 버리고 카피르(불신자)가 되었다고 생각한 사람들이 있었다. 그가 실제로 불신자가 되었을 가능성은 높지 않지만, 그래도 종교적 평화를 위해 노력하는 과정에서 이슬람교를 비롯한 모든 종교가 어떤 모습이어야 하는지에 관한 생각이 바뀌었음은 분명하다.

아크바르는 힌두교·이슬람교·기독교·자이나교·조로아스터교(파르시) 등 제국 내에 존재하는 모든 종교의 대표자와 이야기를 나누기로 했다. 목요일의 세미나에서 이들은 종교적인 믿음의 기본적인 전제에 관해 토론했다. 각각의 종교에서 선(善)이란 무엇인가? 악(惡)이란 무엇인가? 이들은 또한 도저히 믿을 수 없는 이야기들, 예를 들어 우주가 겨우 몇 천 년 전에 창조되었다는 기독교와 이슬람교의 믿음(아크바르는 이 주장이 우스꽝스럽다는 결론을 내렸다) 같은 것에 대해서도 곰곰이 생각해보았다.

불교의 경우는 흥미롭다. 불교는 영국이 18세기 말과 19세기 초에 불교역사를 복원해서 부처가 직접 들렀거나 살았던 장소를 찾아낼 때까지 인도 대부분의 지역에서 사라진 거나 마찬가지였다. 물론 히말라야산기슭의 라다크, 네팔, 부탄 같은 곳은 지금과 마찬가지로 그때도 여전히 불교를 믿고 있었다.

불교는 인도에서 완전히 자취를 감춘 적이 한 번도 없다. 따라서 아크바르의 신하도 비교적 쉽게 불교도와 접촉할 수 있었다. 아크바르의『전기』를 쓴 아불 파즐은 불교가 인도에서 발생해 전 세계로 퍼져나갔음을 알고 있었다. 르네상스 시대에 유럽인이 고대 그리스의 고전을 되살렸듯이, 무굴의 르네상스 시대를 이끈 학자도 불교를 공부하면서 불교 사상이 인도의 사상 속에 스며들어 있음을 깨달았다.

비록 커다란 영향을 미치지는 못했을지언정, 아불 파즐에 따르면, 불교 신자도 토론에 참가했다고 한다. '스라마나'(불교도)가 '브라마나'(힌두교 브라만) 못지않게 활약했다는 것이다. 인도에서는 그 어느 것도 완전히 사라지는 법이 없다.

빛의 왕국

◯

인도의 여러 사상이 느닷없이 나타난 것은 아니다. 15세기와 16세기에 인도의 신비주의자—이들 중 일부는 오늘날까지 살아 있는 종파들을 창시했다—는 이미 종교의 통합에 관해 깊이 생각하고 있었다. 카비르·다두·미라바이 등이 이들이다. 특히 시크교를 창시한 구루 나나크가 가장 유명하다. 카비르는 이슬람교를 믿는 방직공으로, 하나님께 바친 이름은 람이었다. 그는 이슬람교와 힌두교가 서로 형제라고 가르쳤다. 그리고 힌두교의 신성한 실, 기독교의 십자가, 이슬람교의 카바(메카에 있는 신성한 사원) 등 물건을 신성시하는 모든 행위를 비난했다.

하지만 아크바르 휘하의 엘리트는 이슬람 문화에서 의미 깊은 영향을 받았다. 아크바르가 어렸을 때, 이란의 문화가 무굴 궁정으로 홍수처럼 쏟아져 들어왔다. 그래서 위대한 학자와 예술가들이 철학·건축·예술·그림 등에 관한 인도인의 생각을 바꿔놓았다. 예를 들어 아크바르는 어렸을 때 정통파 이슬람교도와 달리 그림과 성상을 싫어해야 한다는 교육을 받지 않았다. 그는 이렇게 말했다.

"그림을 싫어하는 사람이 많지만 나는 그런 사람을 싫어한다. 내가 보기에는 만약 화가가 생명을 주시는 분인 신을 생각한다면, 지식을 증진시키는 결과를 낳을 것 같다."

무굴 제국에 영향을 미친 요소는 많지만, 무굴 제국이 특유의 통합을 일 귀낼 수 있었던 것은 힌두교를 바탕으로 한 토착 예술과 사상에 이란의 영향이 덧붙여진 결과였다. 아크바르의 시대에 핵심 각료 18명 중 11명은 이란 출신, 세 명은 중앙아시아 출신, 네 명은 인도 출신—힌두교인 두 명과 이슬람교도 두 명—이었다는 사실에서 이점이 분명히 드러난다.

아크바르가 종교에 관용과 후원을 베푸는 정책을 실시한 데에는 이란 출신 각료의 영향이 컸다. 이슬람 세계의 위대한 문명, 즉 오스만 제국·이란·무굴 제국은 모두 사상·과학·기술 면에서 서구식 계몽주의의 가장자리에서 흔들리고 있었다. 이란 문화도 이념적인 혼란을 겪으며 이슬람 철학에 대해 다시 생각해보는 매혹적인 측면을 내보이고 있었다. 아크바르는 20대 후반—1571년경부터—에 이런 새로운 사상의 영향을 많이 받았다. 특히 수라와르디—1191년 사망— 학파의 영향이 컸다.

'빛의 철학'이라 불리는 수라와르디의 사상에서 『쿠란』은 문자 그대로 해석되지 않고—예나 지금이나 문자 그대로 해석하는 경향이 널리 퍼져 있다—, 심오하고 우화적으로 해석된다. 예를 들어 태양은 '빛 중의 빛'(신)의 상징이라는 식이다. 수라와르디의 사상은 범신론자에게 특히 매력적이었다. 수라와르디는 과거부터 존재하던 다양한 사상의 영향을 받았다고 말했다.

"이슬람 이전에도 지혜가 있었다"는 것이다. 그는 엠페도클레스·피타고라스·플라톤·조로아스터 등 이슬람 이전의 많은 사상가들이 진정한 현자에게 활기를 주는 '영원한 천국'의 일원이라고 주장했다. 지금도 이란에 생생히 살아 있는 이 '조명학파' 사상은 산스크리트 전통과 여러 면에서 일치하는 빛의 신비주의로, 아크바르의 궁정에 커다란 영향을 미쳤다.

"누구든 지혜를 알고 빛 중의 빛을 끊임없이 찬양하며 섬기는 사람에게 그들은 왕의 빛을 주고, 신의 번개와 밝은 빛을 주어 권위와 국가라는 옷을 입혀준다."

종교 토론회

1570년대에 30대에 접어든 아크바르는 영적인 진리를 찾기 위한 실험을 시작했다. 그는 어려서부터 정통 수니파 교육을 받았으며, 1572년까지도 시아파를 박해하는 피르만(판결)을 내렸다. 하지만 이제는 수피즘 철학자인 이븐 아라비의 '존재의 통합'에 관심을 갖게 되었다. 이븐 아라비는 자신의 주장에 합리적인 근거가 없다고 스스로 말했지만, 신성한 현실의 일부가 아닌 것은 모두 환상이라는 주장을 통해 정통파에게 강력한 도전장을 던졌다.

이 주장을 접한 아크바르는 모든 종교가 똑같이 환상이므로 진정한 평화를 추구하는 국가라면 모든 종교에 관용을 베풀어야 한다는 생각에 이르렀다. 그는 자신이 영적인 존재에게 특별히 선택받은 '시대의 통치자'이며, 특히 꼭 필요한 종교법의 중재자라고 생각했다. 그래서 모든 종교의 지도자와 토론회를 열게 되었다. 1580년까지 그는 모든 종교에 관용을 베풀 뿐만 아니라, 종교적으로 어떤 주장을 지닌 사람이든 모두 자신을 만날 수 있는 동

⇦ 아크바르와 예수회 신부들. 아크바르가 전 세
계 여러 종교의 대표자들과 회의를 열었을
때의 모습을 엿볼 수 있다.

등한 권리를 부여하는 정책을 준비했다.

일부 유럽인은 경악을 금치 못했다. 예를 들어 예수회의 안토니오 몬세
라테는 혐오스럽다는 반응을 보였다.

"모든 사람에게 자기만의 종교를 따라도 된다고 허용하는 꼴이니, 그는
자신이 사실상 모든 종교를 침해하고 있다는 사실에 별로 개의치 않는 모양
이다."

하지만 아크바르의 측근들은 아크바르의 주장에서 눈부신 제국의 상징을 보았다.

"왕은 신에게서 뿜어져 나오는 빛이자 태양이 내뿜는 빛으로서, 우주를 밝히는 존재, 완벽을 논한 책의 현신, 모든 미덕의 저장소다. 현대적인 표현으로는 그것을 신성한 빛(*farr-i-izidi*)이라고 부른다. 고대인은 그것을 세상을 밝히는 빛(*kaihan-khurira*)이라고 불렀다."

아크바르의 아들 자한기르는 나중에 아버지의 신념을 돌이켜보면서 신하에게 "신의 빛의 현신인 발광체[해와 달]를 기리라"고 명했다. 이것이 정통파 이슬람교와 거리가 먼 주장이라는 사실은 말할 필요도 없다. 이것은 고대 이란에 뿌리를 둔 주장이라서 힌두교의 믿음 및 의식과 흡사하다. 여기서 힌두교 의식이란, 매일 아침 떠오르는 해를 향해 기야트리 기도문을 외며 하루를 시작하는 것을 말한다.

아크바르는 힌두교 성지인 프라야그—이곳이 오늘날 알라하바드라고 불리는 것은 아크바르 때문이다—를 찾아 힌두교 신화에서 창조의 현장인 갠지스강과 줌나강의 신성한 합류 지점에서 새벽 의식을 거행하기까지 했다. 16세기에 종교 문제와 관련하여 동서양을 막론하고 통치자가 할 수 있었던 최대한의 행동을 보여준 것이다. 사실 오늘날의 정치 지도자나 종교 지도자도 이렇게까지 하기는 어려울 것 같다.

이성의 통치

우리는 무굴 제국의 문화를 전형적인 인도 문화로 생각하지만, 무굴 제국이 인도 전역을 다스리지는 않았다는 점을 반드시 기억해야 한다. 아불 파즐의 책에는 이들이 인도 전체를 염두에 둔 것처럼 그려져 있지만 말이다. 인도아대륙에는 이들이 장악하지 못한 지역이 많았으며, 16세기 중반부터 갖가지 저항운동이 끊이지 않았다. 아크바르가 실시한 종교개혁의 더 포괄적인 배경으로는 바로 이런 전쟁 상태를 꼽을 수 있다.

그는 "정복자는 결코 멈추면 안 된다"고 말했다. 그리고 실제로도 세상을 떠나기 전해까지 전쟁을 계속했다. 따라서 그의 종교 사상, 그가 계획한 융합주의는 단순한 개인적인 변덕이 아니었다. 영국의 일부 제국주의 역사가는 그의 행동이 개인적인 변덕이라며 코웃음을 쳤다. 우리는 그의 종교개혁을 토지세 개혁, 공무원 개편, 이슬람교도와 힌두교도가 법 앞에서 평등해야 한다는 주장—인도가 독립한 뒤에도 이 주장은 아직 완전히 현실화되지 못했다— 등 그의 다른 면과 비교해보아야 한다. 이처럼 그의 행정개혁과 종교개혁을 비교해보면, 종교에 관한 그의 사상이 유럽의 계몽주의 사상과 비슷하게 합리적인 근거를 갖고 있음을 알 수 있다.

르네상스 시대 유럽에서는 그 어떤 통치자도, 심지어 총명한 엘리자베스 1세조차 아크바르처럼 이성의 통치를 이룩하려고 일관되게 노력하지 못했다. 그때보다 더 계몽되었다는 우리 시대에도 종교적인 근본주의가 강력히 재부상하는 현실을 보면, 아크바르의 사상은 아직도 때를 만나지 못했다고 말해야 할 것 같다.

엘리자베스 1세의 사절

아크바르 시대의 역사 중에서 매혹적인 일화를 하나 꼽는다면, 1585년에 엘리자베스 1세의 사절이 아크바르를 찾아온 일을 들 수 있다. 영국과 인도의 관계가 시작된 지점이 바로 이때다. 여왕의 사절은 랠프 피치라는 상인이었는데, 그는 "신의 은총으로 믿음을 수호하는 엘리자베스가 아무도 대적할 수 없는 캄바야의 강대한 군주 젤랄딘 에체바르 왕에게" 보내는 「편지」를 지참하고 아크바르를 찾아왔다.

여왕의 「편지」는 전통적인 외교적 수사와는 약간 다르게 읽힌다는 점에서 매우 흥미롭다. 이 「편지」에는 엘리자베스 여왕과 신하가 인도를 오가는 무역상으로부터 이미 아크바르에 관한 이야기를 조금 들었음이 드러나 있다.

"황제 폐하의 인간적인 측면에 관한 놀라운 보고가 세상의 끝에 자리한 이곳까지 도달했습니다."

인간적인 측면 운운한 여왕의 말은 옳은 것이었다. 아크바르가 온갖 결점에도 불구하고 역사상 가장 매혹적인 인물 중 한 명이자, 당대 최고의 통치자 중 한 명이 된 것은 바로 이 인간적인 측면 덕분이기 때문이다. 엘리자베스 여왕은 이어 영국인이 여행을 좋아한다는 말을 늘어놓는다. 작은 섬에 살고 있기 때문에 "과인의 신민은 세상의 아주 먼 곳까지 가보고 싶어합니다."

여왕은 바로 그 때문에 자신이 "서로 우호적으로 상품을 주고받을 수 있지 않을까" 하는 희망을 품고 "예의를 갖춰 솔직하고 대담하게" 아크바르의 문을 두드리게 되었다고 말한다.

공교롭게도 아크바르는 마침 이때 중요한 군사 원정을 준비하던 중이라 영국의 사절을 만날 시간이 없었다. 특히 여왕의 사절이 정식 대사가 아니라 보잘것없는 상인이니 더욱 그러했다. 아크바르가 다스리는 백성은 1억 명이 넘었다. 이에 비해 엘리자베스의 잉글랜드는 인구가 300만 명으로 데칸고원의 작은 왕국 수준에 불과했다……. 어쩌면 이것이 바로 시대의 척도였는지도 모른다. 거의 50년에 가까운 재위기 동안 아크바르는 인도를 강대국의 반열에 올려놓았다. 당시 영국은 엘리자베스 여왕이 「편지」에서 지적했듯이 세상 끝에 자리 잡고 있었다. 하지만 후에 인도와 영국은 운명에 의해 하나로 묶였다. 아크바르도 엘리자베스도 그런 날이 올 줄은 꿈에도 짐작하지 못했을 것이다.

무굴 국가

과연 어디서 무엇이 잘못된 것일까? 아크바르가 세상을 떠난 뒤 이성의 시대가 오지 않은 이유가 무엇일까? 물론 제국이 무능한 통치자, 과소비와 사치, 해서는 안 되는 전쟁—무굴 제국은 이 모든 일을 겪었다— 때문에 길을 잃어버린 것이 이때가 처음도 아니고 마지막도 아니다. 통치자의 성격도 나름대로 중요한 역할을 한다. 무굴의 황제들은 모두 자기만의 악마를 품고 있었으며, 몇몇은 그 악마들 때문에 무너져내렸다. 자한기르의 악마는 술과 아

⇦ 아크바르의 아들 자한기르.

편, 자한의 악마는 식탐과 걷잡을 수 없는 성충동—그는 무절제하고 난잡한 여성 편력 때문에 심지어 근친상간을 저질렀다는 비난까지 받았다—이었다. 아우랑제브의 악마는 방향이 조금 달랐다. 강경한 종교적 근본주의.

무굴 황제들은 또한 인도 땅 안의 다른 세력과 끊임없이 싸움을 벌였다. 인도가 아직 세계의 2대 강국 중 하나이던 이 시기에 이 끝없는 싸움은 인도 사회와 경제에 심각한 영향을 미쳤다. 하지만 이런 문제들이 곪아 터질 지경이 된 것은, 무굴 제국이 데칸고원의 여러 왕과 끊임없이 싸움을 벌이던 아우랑제브의 오랜 재위기간이었다.

17세기 중반까지 무굴 제국의 궁정은 세계에서 가장 찬란한 곳 중 하나였다. 다양한 종교를 포용하고 국제적이던 이곳에서 문학·음악·그림이 꽃을 피웠으며, 아그라·델리·라호르·파테푸르에는 위풍당당한 궁전과 모스크가 건설되었다. 하지만 빈부격차가 극심했다. 귀족은 하렘과 정원이 갖춰진 성에서 많은 하인을 거느리고 살았다. 당시 귀족이 살던 웅장한 별장이 지금도 인도 북부의 풍경 속에 점점이 흩어져 있다. 어떤 방문객의 말처럼 무굴의 궁정은 "엄청난 사치와 절대권력"의 세계였다.

영국이 등장하기 이전인 이 시기의 인도 경제는 흔히 황금시대로 일컬어진다. 당시 통치 후반기에 이른 무굴 제국은 인도의 농업뿐만 아니라 제조업도 육성했다. 하지만 새로운 연구 결과에 따르면 중세에 아마도 세계 최대 규모였을 인도의 국내총생산이 급격히 감소해서 18세기에는 유럽보다 낮아졌을 가능성이 높다. 인도의 지배계층은 유럽 귀족의 수준을 훌쩍 뛰어넘는 사치스러운 생활을 즐겼다. 인도의 산업 중에서 궁정과 연결된 부문은 유럽이 감히 따라잡을 수 없는 사치품을 생산했다. 인도의 도시도 대개 유럽의 도시보다 컸다. 예를 들어 아크바르 시대에 런던 인구는 20만 명이었던 반면, 아그라의 인구는 75만 명에 육박했다.

하지만 무굴 제국의 경제가 번창할 수 있었던 것은 나라가 백성을 고도로 착취한 덕분이었다. 토지세만 해도 총 소출량의 3분의 1에 이르렀다. 무굴 제국의 왕실과 귀족이 거둬들인 수입은 전체 국가소득의 15~20퍼센트에 이르렀을 것으로 짐작된다. 유럽 기준으로 보면, 백성의 부담이 대단히 높았던 셈이다.

백성이 이처럼 허리가 휘청거리는 세금을 받아들인 데에는 서열이 확실한 카스트 제도가 시골 사람의 삶을 철두철미하게 지배한 것이 어느 정도 영향을 미쳤을 것이다. 1620년대에 인도를 방문한 어떤 사람은 "평민이 철저히 예속되어 가난하게 살고 있다. 그야말로 궁핍 그 자체다. 노동자의 자식은 아버지의 직업을 물려받는 것 외에 다른 길이 없고, 다른 카스트 사람과 결혼할 수도 없다"고 말했다.

이것이 17세기 인도 북부의 현실이었다. 어쩌면 바로 이 때문에 유럽인이 18세기에 인도 여러 지역을 그토록 쉽사리 식민지로 삼을 수 있었던 것인지도 모른다. 하지만 이런 상황에서도 인도 문명은 믿을 수 없을 만큼 활짝 꽃을 피웠다. 세계에서 비슷한 사례를 찾아보기가 힘들 정도다. 특히 아크바르의 손자인 자한은 문화의 최대 후원자였다. 그의 시대에 무굴 제국의 건축은 델리, 아그라, 샬리마르 정원, 라호르에 있는 자한의 아버지 자한기르의 무덤에서 정점에 이르렀다. 하지만 최고봉은 뭐니 뭐니 해도 역시 타지마할이다.

자한과 타지마할

◇

"높이 솟은 둥근 지붕과 장엄하기 그지없는 건물이 창조되었다." 무하마드

⇧　자한과 뭄타즈.

↑　자한이 뭄타즈를 기리며 세운 영원한 기념물 타지마할. 이 건물에 숨어 있는 상징적인 언어를 설명하는 새로운 이
　　론들이 나오고 있다.

카즈위니 파드샤나마는 1630년대 초에 이런 글을 남겼다.

　　"세월의 눈은 에나멜을 칠해놓은 듯한 푸른 하늘의 아홉 개 궁륭 밑에
서 이런 것을 본 적이 없으며, 시간의 귀는 과거 그 어느 때에도 이런 것에 대
해 들어본 적이 없다……. 이것은 앞으로도 오랫동안 걸작으로 남아 모든 인
류에게 더욱더 커다란 놀라움을 안겨줄 것이다."

　　우리 숙소는 자한이 세운 바자의 좁은 골목에 있다. 지붕 테라스에서 보
면, 친숙한 둥근 지붕이 다른 지붕들 위로 솟아 있다. 하얀 대리석 피부가 분
홍빛 석양 속에서 발갛게 물들어 있다. 관광책자에는 흔히 줌나강을 굽어보
는 천상의 건물 같은 분위기의 사진이 실려 있지만, 이렇게 색다른 시각에서
바라보니 타지마할이 도시 풍경을 배경으로 서 있는 것이 보인다.

숙소 지붕 아래를 내려다보면 17세기 초에 울타리를 둘러 조성한, 타지 마할 외곽의 마을과 마당들이 보인다. 바자, 대상의 숙소, 장인의 공방, 하인이 기거하는 집. 전체적인 설계의 일부인 이 마을은 울타리를 두른 여러 개의 직사각형 구획들 중 첫 번째 것이다. 사람들은 이 구획들을 통과하며 점차 속세를 벗어나 낙원의 정원, 즉 무덤 자체에 도달하게 된다.

동틀 무렵 크림처럼 하얀 대리석 둥근 지붕이 서늘하고, 부드럽고, 반투명하게 보인다. 이 지붕은 하루 종일 여러 번 색깔을 바꿀 것이다. 무굴의 시인들은 이 둥근 지붕을 이른 새벽이나 구름에 견주었다.

"하늘의 한 조각. 새벽의 밝은 얼굴 같은 색…… 전혀 대리석 같지 않구나. 그 반투명한 모습에 눈이 구름으로 착각할 듯하다."

이건 단순한 과장이 아니다. 대리석은 빛을 투과시키고 굴절시키기 때문에 대기의 변화에 따라 시시각각 모습이 변한다. 1836년에 이곳을 찾은 한 영국인은 "건축의 미학이 흠 하나 없이 한자리에 모여 완전한 조화를 이루고 있다는 차분한 확신 속에서 마음이 평온해지는 듯했다"고 썼다.

타지마할의 이야기는 샤 자한이 가장 사랑하던 아내 뭄타즈의 죽음으로 시작된다. 슬픔에 빠진 샤 자한은 아내를 위해 영원한 기념물을 짓기로 했다. 낙원에서 아내가 살고 있는 집을 지상에 구현한 무덤을 만들기로 한 것이다. 이 기념물을 세울 자리로 줌나강가의 땅을 고른 그는 암베르의 힌두교 지도자에게서 이 땅을 사들이려고 많은 애를 쓴 끝에 아그라의 저택 네 채를 주고 땅을 손에 넣었다. 이 땅이 그에게 왜 그토록 중요했는지는 곧 살펴볼 것이다. 1632년에 공사가 시작되었을 때, 인부들이 가장 먼저 한 일은 나무를 심는 것이었다. 그래야 10여 년 뒤 건물이 완공되었을 때 나무가 어느 정도 자라 있을 테니 말이다.

세계에서 가장 유명한 건물 중 하나인 타지마할에 대해서는 이미 모든 것이 밝혀져서 새로운 사실 같은 것은 거의 남아 있지 않을 거라는 생각이 들지도 모른다. 하지만 이 건물의 탄생에 관한 매혹적인 이론들이 최근에 새로 선을 보였다. 타지마할의 설계에는 처음부터 과거 무굴 제국의 정원 양식이 영향을 미쳤다. 특히 낙원의 정원을 무덤에 맞게 변형시킨 낙원의 여덟 정자가 그렇다. 비잔틴과 고전시대의 지중해는 물론 심지어 고대 근동에서도 이와 비슷한 건물을 많이 찾아볼 수 있다.

하지만 이 건물에는 힌두교와 불교의 숫자 상징도 영향을 미쳤다. 건축가들이 숫자의 상징을 낙원에 관한 이슬람 전승과 결합시킨 것이다. 중세의 이슬람 전승에서 낙원은 적어도 일곱 개 층으로 이루어져 있다. 여덟 개 층으로 묘사한 자료도 많다. 특히 유명한 신비주의자인 이븐 아라비는 1230년경에 지은 『메카의 계시』에서 낙원이 세 개의 정원으로 이루어져 있으며, 세 번째 정원은 여덟 개 구역으로 나뉘어 여덟 개의 문이 달려 있다고 묘사했다.

이처럼 낙원에 정자가 있다는 생각은 오래전부터 무굴 제국의 예술에 등장했다. 델리에 있는 후마윤의 무덤에도 이 생각이 반영되어 있을 정도다. 그런데 재미있는 것은 브라만테, 미켈란젤로, 팔라디오 등 르네상스 시대 예술가도 이런 숫자 상징에 관심이 있었다는 점이다.

자한이 고용한 건축가들은 여기에 이슬람 세계 최대 규모의 『경전』「명문」을 덧붙였다. 『쿠란』의 구절을 인용한 25개의 「명문」을 만들기로 한 것이다. 아예 수라(章) 전체를 통째로 인용한 「명문」도 14개나 된다. 이 「명문」들은 정문, 영묘, 모스크에 새겨져 있다. 붉은 사암 띠가 액자처럼 둘러싼 하얀 직사각형 대리석 판에 우아한 검은 대리석 상감으로 글을 썼으며, 정문 아치 위에는 꽃무늬를 장식해 생기를 더했다.

「명문」의 테마는 이 건물이 무덤이라는 사실과 연결되어 있다. 종말론적인 내용, 즉 심판의 날과 관련된 내용을 담고 있는 것이다. 이 건물에 새겨진 모든 구절은 심판의 날, 신의 자비, 신자에게 약속된 낙원을 이야기한다. 사실 타지마할에 관한 새로운 이론 중 하나는 이 건물을 심판의 날에 하나님이 앉을 옥좌의 상징적인 복제품으로 보고 있다. 특히 이븐 아라비가 그린 신비주의 그림 속의 옥좌를 본떴다는 것이다. 그는 『메카의 계시』에도 이 그림을 실었다. 어쩌면 이 그림은 지나치게 도식적인 것인지도 모른다. 하지만 어쨌든 타지마할의 설계 전체를 보면 대단히 지적인 인물이 낙원의 뭄타즈를 위해—그리고 궁극적으로는 자한 자신을 위해— 준비된 집으로서 이 무덤을 구상했음을 알 수 있다.

낙원의 정원

○

저녁 어스름이 영묘 기단 위로 내리면서 더위가 한풀 꺾이고, 마지막 방문객이 떠나간다. 영묘 안의 적막한 공기 속에서 누군가의 외침과 함께 저 유명한 메아리가 들린다. 이 세상의 것 같지 않은 으스스한 소리. 놀랍게도 그 음악적인 소리가 거의 30초 동안이나 무덤 안에 울린다. 이 무덤을 지은 건축가는 어느 것도 소홀히 하지 않았다. 심지어 소리조차 영원을 표현하는 데 이용했다. 영국인 저술가 윌리엄 슬리먼은 1836년에 다음과 같이 말했다.

"마치 소리가 하늘에서 내려온 것처럼, 천사들의 호흡처럼 느껴진다. 눈으로 건물을 볼 때의 느낌과 귀로 그 소리를 들을 때의 느낌이 똑같다……. 천상의 소리였다. 천상의 감정을 만들어내는 소리."

강 상류에서 아그라 위로 해가 지고 있다. 줌나강둑의 화장터에서 피어오른 연기가 나무 사이를 떠돈다. 새떼가 지저귀며 날아오른다.

우리는 배를 타고 강으로 나가 무굴 시대에 지어진 작은 탑이 있는 곳으로 간다. 많이 무너져 내린 이 둥근 지붕의 탑은 또 다른 놀라운 사실을 알려준다. 전설에 따르면, 자한은 자신의 무덤으로 검은 타지마할을 세울 계획이었다고 한다. 강 건너편의 타지마할을 거울처럼 본뜬 건물이었다. 하지만 연구 결과 이 신화는 거짓임이 이미 밝혀졌다. 자한은 처음부터 아내와 같은 무덤에 묻힐 생각이었다.

하지만 강 건너편에 직사각형의 타지마할 경내를 거울처럼 본뜬 구조물이 있기는 하다. 낙원의 정원. 여긴 처음부터 그렇게 계획된 곳이었다. 이곳에 가려면 건축가들이 자한의 명을 받아 꾸며놓은 달빛 정원으로 가야 한다. 금욕적인 타지마할 마당과는 대조적으로 섬세하고 관능적인 쾌락이 가득한 곳이다. 위대한 무굴의 왕은 장식이 화려한 정자에 앉아 있곤 했다. 정자에 딸린 거대한 팔각형 연못에는 달과 타지마할의 모습이 마치 꿈처럼 비쳤다. 영묘에 새겨진 『쿠란』 구절들 그대로다.

"그들의 보상은 주님과 함께 있다. 개울이 흐르는 영원한 행복의 정원."(제98장)

"그늘을 드리우는 나뭇가지들이 머리 위에 펼쳐지고 손을 뻗으면 닿을 곳에 과일이 주렁주렁 매달린 가운데 그들은 타는 듯한 더위도 살을 에는 추위도 느끼지 못한 채 침상에서 쉴 것이다."(제76장)

지은 지 몇 년 되지 않아 홍수를 겪은 이 정원은 300년 동안 망각 속에 묻혀 있었다. 하지만 영국인 화가 윌리엄 대니얼과 토머스 대니얼이 1789년에 그린 스케치 덕분에 1990년대에 정원 전체를 다시 찾아낼 수 있었다. 그 후로 진행된 발굴 결과 이 정원에서 어떤 식물이 자라고 있었는지 밝혀졌고, 사람들은 이제 밤이 되면 진한 향내를 풍기는 나무와 꽃을 다시 심는 중이다. 아그라의 오염된 공기와 소음, 관광객으로 미어터지는 타지마할의 마당과는 거리를 두고 자리 잡은 이 정원은 샤 자한과 그의 명령을 수행한 건축가들이 무엇을 의도했는지 잠시나마 느낄 수 있는 드문 장소들 중 한 곳이다.

　이 웅장한 설계에는 강도 포함된다. 인도인이 수백 년 동안 신성한 강으로 사랑했던 과거 모습에 비하면 오늘날의 줌나강은 그림자에 불과하다는 사실이 안타깝다. 여름이면 줌나강은 흐르지 않고 고여 있는 연못들 사이를 찔끔찔끔 흐르는 작은 개울로 줄어든다. 그리고 델리를 지난 뒤에는 이 강이 히말라야의 줌노트리 얼음밭에서부터 시작되었음을 도저히 알 수 없게 된다. 지구온난화와 더불어 빙하에서 발원한 인도의 모든 강이 어느 한 계절에만 반짝 흐르는 수준으로 점점 줄어들고 있는 마당이니 줌나강이 과연 예전의 모습을 회복할 수 있을까?

　오늘날에는 왕의 배가 요새에서부터 정원까지 널찍한 강을 떠가던 모습을 그저 상상 속에서만 그려볼 수 있을 뿐이다. 배가 정원에 도착하면 샤는 계단을 올라가 자신의 정자에 앉아 석양과 달빛에 의지해 아내의 무덤을 바라보며 커다란 팔각형 연못에 은은히 비치는 그 천상의 모습을 감상했다. 『쿠란』의 구절처럼 '전능하신 하나님이 존재하시는 가운데 강가의 정원에서' 시간을 보낸 것이다.

　자한의 허영심, 자만심, 과대망상을 비난할 수는 있을 것이다. 그래도 그의 건물이 내는 효과는 환상적이라고 해도 될 만큼 강렬하다. 특히 그가 아그라에서 아들의 손에 잡혀 황금 감옥에 갇힌 채 강 하류 쪽의 그 장엄한 무덤을 바라보며 종말을 맞았음을 생각하면 더욱 그렇다. 그곳에서 그는 항상 무덤을 볼 수 있었지만, 결코 가볼 수는 없었다.

다라 시코와 두 대양의 만남

◇

유럽과의 무역은 더디게 성장했다. 유럽이 인도를 식민지로 삼을 가능성은 아직 그림자도 보이지 않았다. 자한은 1657년에야 비로소 영국에 최초의 무역 허가장을 발행해주었다. 하지만 그해에 벌어진 운명적인 사건으로 인해 무굴 제국은 갈기갈기 찢기기 시작했다. 이 사건은 인도에서 그 무엇과도 견줄 수 없는 의미를 지녔을 뿐만 아니라 세계 다른 지역에도 영향을 미쳤다.

아크바르가 세상을 떠난 지 겨우 50년가량 흘렀을 때, 증손자들은 그의 유산을 놓고 싸움을 벌였다. 그 싸움의 여파는 오늘날 우리에게까지 미치고 있다. 세계 최대의 이슬람 문명국가인 무굴 제국은 인도 이슬람이 과연 어떤 길로 나아가야 하는지를 놓고 고민에 빠져 있었다. 아크바르, 자한기르, 자한은 모두 힌두교도를 차별하는 법을 철폐하고, 저명한 산스크리트 학자들을 고용하고, 힌두 브라만과 요기들을 궁정으로 초대하고, 인도의 종교 문헌을 페르시아의 이슬람교도도 접할 수 있게 대규모 번역 사업을 시작했다.

자한의 맏아들인 다라 시코는 이보다 한 걸음 더 나아갔다. 그는 수피즘 철학자인 이븐 아라비처럼 이슬람 세계의 급진적인 인물들에게 감화되었을 뿐만 아니라, 힌두교 『경전』에도 푹 빠져 있었다. 하지만 그의 동생인 아우랑제브는 법리주의자와 수피즘 정통파 밑에서 교육을 받았다. 이들은 카슈미르와 벵골에서 힌두교도를 개종시키는 데 커다란 진척을 이룩했으며, 다른 종교를 포용하려는 실험들을 '비이슬람적'이라고 생각했다. 이들의 이러한 반감은 내전으로 이어졌고, (전국적으로) 정통파가 승리를 거뒀다.

힌두교와 이슬람교의 『경전』을 모두 배운 다라는 『쿠란』의 계시(제56장)를 자신의 근거로 삼았다. 예언자 무함마드보다 앞서서 하나님이 모든 인류를 위한 전령들을 보냈으며, 그들에게 『경전』도 주었다는 내용이다. 힌두교

『경전』—예를 들어『바가바드 기타』—에도 신이 역사를 통틀어 '불의가 번성할 때마다' 전령들을 보냈다고 되어 있다. 그렇다면 모든 종교의 핵심은 신께서 보내주신 것이 아닌가?

다라는 다른 종교에서 교훈을 배우는 것이 모든 이슬람교도의 도덕적 의무라고 주장했다.『쿠란』제56장의 '숨은『경전』'은 바로『우파니샤드』이며, 이것이 바로 일신교의 원래 고갱이라는 주장도 펼쳤다. 그렇다면 인도의 지혜는 인류가 만들어낸 최초의 영적인 비전이었다. 다라는 바라나시 출신 학자들의 도움을 얻어『기타』와『베다』찬가 중 일부, 그리고『우파니샤드』를 페르시아어로 번역해 '위대한 비밀'이라는 제목을 붙였다.

그는 자신이『쿠란』의 계시를 깎아내리려는 것이 아니라 의미를 명확히 밝히기 위해 번역을 한다고 항상 주장했다. 정치적 동기보다는 개인적 동기에서 번역을 하는 것이며, "두 집단의 평범한 사람에게 뭔가 중대한 영향을 미칠 생각은 없다"는 것이다. 그가 이런 생각을 하게 된 경위는 힌두교 신비주의에 관한 논문인『요가 바시스타』의「서문」에 밝혀져 있다. 그는 인도의 전설적인 일곱 현자 중 한 명이자 이 책의 저자인 바시스타와 이 책이 바쳐진 라마가 등장하는 꿈을 꾼 뒤 이 책을 번역하라는 명령을 내렸다면서,「서문」에서 꿈의 내용을 설명했다.

나는 당연히 두 사람에게 끌렸다. 바시스타는 나를 아주 친절히 대하며 등을 두드려 주었다. 그는 라마에게 내가 자기 형제라고 말했다. 우리 둘 다 진실을 찾고 있다는 것이 그 이유였다. 그가 라마에게 나를 포옹하라고 하자, 라마는 넘치는 사랑으로 나를 안아주었다. 그러고 나서 그가 라마에게 음식을 조금 주었고, 나도 그 음식을 받아먹었다. 이 환영을 본 뒤 그 책을 새로 번역해야겠다는 욕망

무굴 문명.

⇧ 후마윤의 무덤.

⇧ 파테푸르 시크리.

⇩ 아그라의 궁전.

이 점점 강해졌다.

다라의 번역 원고는 파키스탄의 라호르와 물탄, 러크나우의 오래된 이슬람 가문들의 서고에 지금도 보관되어 있다. 1801년 파리에서 라틴어로 번역된 다라의 『우파니샤드』 번역본은 19세기 초에 유럽이 인도를 발견하는 데 중대한 역할을 했다. 또한 이 책을 통해 힌두교 신비주의가 서구로 흘러들어와 시인 윌리엄 블레이크, 철학자 아르투르 쇼펜하우어 등 많은 사람들에게 영향을 미쳤다.

물론 위대한 군주의 그러한 노력에 정치적 의도가 전혀 없었다고 보기는 어렵다. 칸다하르 원정을 마친 뒤인 1653년 10월 라호르에서 다라는 비슈누를 숭배하는 위대한 힌두교 은둔자 바바 랄을 공개적으로 만났다. 이 만남이 어찌나 유명했던지 무굴의 세밀화 화가들이 그림으로 남길 정도였다. 두 사람은 라호르 일대의 여러 궁전, 정원, 사냥용 오두막에서 아흐레 동안 일곱 번 만났다.

이들의 대화 주제는 힌두교 『경전』의 전문 용어, 페르시아 신비주의 저작들, 비슈누의 현신에 관한 이론, 『라마야나』에 대한 매혹적이고 상징적인 주석 등 다양했다. 바바 랄은 『라마야나』에서 '시타는 사실 법이자 순수한 정의'라고 주장했다. 두 사람의 만남은 아크바르의 세미나만큼 공식적이지는 않았지만, 인도의 독립과 분할—상호 간의 이해 부족이 원인이다— 이후 60년이 흐른 지금 두 사람의 만남을 살펴다보면 여기에 들어 있는 화해의 씨앗에 눈길이 머문다. 이슬람교와 힌두교의 만남을 다룬 대단히 매혹적인 자료인 두 사람의 대화는 힌두어로 진행되었지만, 펀자브 출신인 다라의 브라만 비서가 이를 페르시아어로 해석해서 글로 기록했다.

"힌두 세계의 우상숭배에 대해 궁금한 것이 있소." 다라가 말했다.

⇦ 다라 시코, 힌두교와 이슬람으로 '두 대양
의 합류'를 보여주려 했으나 실패한, 인도
르네상스 군주.

"그것을 명령한 사람이 누구요?"

"그 관습은 정신을 집중하기 위한 방편으로 시작된 것입니다." 바바 랄
이 대답했다.

"사물의 진정한 현실을 이해하는 사람이라면 그런 외적인 물건이 전혀
필요하지 않습니다. 결혼 전의 어린 소녀는 인형을 가지고 놀지만, 결혼한 뒤
에는 인형을 뒤로 밀어놓는 것과 같습니다. 우상숭배도 마찬가지입니다. 고
갱이를 모르는 사람은 외적인 물건에 애착을 갖지만, 고갱이를 알고 나면 외
적인 것을 넘어섭니다."

다라는 이런 탐색을 통해 비교종교학 논문을 썼다. 이 글에서 그는 수피
즘 신비주의와 힌두교 신비주의의 전문용어들을 통해 이 두 가지가 동일한
것임을 증명하려고 했다. 그는 이 두 신앙이 '같은 머리통의 머리카락'과 같

지만 '반대의 극과 같아서 사람들이 아름다움과 신성을 얻는 수단으로 작동해야 하는데도 그 기능을 다하지 못하고 있다'고 생각했다. 독자가 몇 명이나 되었는지는 모르겠지만, 당대에는 획기적인 글이었다. 각 종교 간의 대화와 다른 문화에 대한 지식이 점점 시급하고 중요한 일로 대두되고 있는 오늘날에도 마찬가지다. 다라는 이 책에서 여러 종교 사이의 거리를 이으려는 놀라운 시도에 대해 직접 설명한다.

> 나는 힌두교 식자들과 터놓고 이야기를 나눴지만, 어휘상의 몇 가지 차이점을 제외하고는 신을 이해하고 알아가는 방식에서 이들 사이에 차이점을 전혀 찾지 못했다. 이들과의 대화를 바탕으로 나는 두 종교의 교의를 비교해서 하나로 모으고, 진실을 추구하는 사람에게 절대적으로 필요하고 소중한 지식을 지닌 사람을 하나로 결합시키려는 작업을 시작했다. 마침내 두 집단에 속하는 난해한 학문과 진실에 관한 글을 써서 '두 대양의 합류'라는 제목을 붙였다.

다라의 파멸

영웅적이지만 비현실적인 이 작업으로 인해 다라는 왕관과 목숨을 잃었다. 왕실, 집권계층, 이슬람 정통파에게 다라와 같은 혼합주의 성향이 잘 받아들여지지 않았다는 점은 말할 필요도 없을 것이다. 이슬람 정통파는 『쿠란』의 메시지가 그 자체로서 완벽하기 때문에 그 무엇도 더하거나 뺄 수 없다고 생각했다.

다라의 동생인 아우랑제브는 다라가 카피르(무신론자)가 되었다는 결론을 내리고 법률가들을 부추겨서, 힌두교와 이슬람교가 '쌍둥이'라고 주장한 그를 변절자로 선포하게 했다. 이 포고령에는 다라가 "법을 벗어나 하나님의 종교를 타락시키고 이단과 이교도의 무리에 합류했다"고 되어 있었다. 두 형제의 불화는 인도 역사에 자주 나타나는 계승권 분쟁에서 절정에 이르렀다. 인도 역사에는 형제자매가 왕위를 둘러싸고 야만적이고 잔인한 싸움을 벌인 사례가 많다.

두 형제의 싸움은 셰익스피어 비극처럼 냉혹하고 무정하게 펼쳐졌다. 자한은 1657년에 병석에 누웠다. 그가 이미 세상을 떠났다는 소문이 널리 퍼진 가운데 그의 네 아들은 싸움을 시작했다. 막내인 무라드는 아우랑제브에게 잡혀 죽임을 당했고, 둘째 슈자는 망명지에서 의문의 죽음을 맞았다. 이제 남은 사람은 다라와 아우랑제브뿐이었다.

1658년 5월 아그라 근처에서 전투에 패한 다라는 그랜드트렁크로드를 따라 펀자브로 도망쳤다. 이때 그의 나이 마흔세 살이었다. 그는 햄릿처럼 쉽게 결단을 내리지 못하고 흔들리다가 아내와 자식들이 자기보다 먼저 죽임을 당하는 것을 보게 될지도 모른다는 두려움에 사로잡혀, 지지 세력을 모아 다시 군대를 일으키려 했다. 우다이푸르 궁전 서고에 보관된 「편지」를 보면 그의 절박한 상황이 잘 드러나 있다. 그의 아내인 나디라 바누가 보낸 고뇌에 찬 「편지」도 있다. 그녀는 예전의 동맹에게 지지를 간청하며 상징적인 제스처로 자신의 모유를 보내기도 했다.

다라는 도시 남쪽의 울퉁불퉁한 바위산 사이, 널찍한 계곡에 자리 잡은 아지메르를 최후의 보루로 삼았다. 아지메르는 그의 증조부가 사랑한 사원이었다. 결전이 벌어진 날짜는 1659년 3월 15일. 다라는 비록 군인이 아니었지만 산 위의 좋은 자리를 확보했다. 포병대는 니콜라오 마누치라는 유럽인 포병장교에게 맡겼다. 마누치는 이날의 극적이고 감동적인 상황을 나중에

글로 남겼다. 처음에는 전투가 잘 풀렸지만, 다라의 부하가 그를 배신하고 적에게 산을 넘는 길을 알려주었다. 테르모필라이의 길처럼 이 길도 다라 진영의 후방으로 통했다. 마지막 희망이 사라진 다라는 신드로 다시 도망쳤다. 이제 그를 따르는 사람은 병이 깊은 아내를 포함한 핵심 지지자와 소규모 기병대밖에 없었다.

'삶보다는 죽음에 더 가까워진' 다라는 휘장을 친 수레에 아내를 태우고 칸다하르를 통해 이란으로 도망치려 했다. 일행은 달빛 속에서 횃불을 켜 들고 물도 없고 길도 없는 염소(鹽沼)들을 통과해 쿠치 습지를 가로질렀다. 그들을 추적하는 아우랑제브의 병사는 사냥꾼 특유의 흥분에 휩싸여 의기양양하게 사냥감을 압박했다.

다라는 인더스강을 건넜지만 발루치 부족이 그의 물건을 강탈하고 그

⇦ 아우랑제브. 분파적인 싸움에 타고난 머리와 재능을 낭비하고, 결국 비극적인 최후를 맞은 인물이다.

에게 폭력을 휘둘렀다. 그의 아내의 몸에서는 생기가 썰물처럼 빠져나가고 있었다. 마침내 6월 6일에 일행은 예전에 가신이었던 아프가니스탄족 출신 말리크 지완의 성에 이르렀다. 성은 볼란 고개 입구 아래쪽으로 약 14킬로미터 거리에 있는 시비 근처 다다르에 있었다. 다라의 아내는 여기서 숨을 거뒀다.

다라는 '밝은 세계가 어두워지고, 판단력과 신중함이라는 기둥들이 한꺼번에 흔들리며 무너지는' 느낌이었다. 그는 적들이 다가오고 있음을 알면서도 이틀 동안 장례식을 치른 뒤 휘하 장교에게 기병 70명을 이끌고 아내가 생전에 요청한 대로 라호르에 있는 미안 미르의 무덤까지 아내의 시신을 운구하라고 지시했다. 미안 미르는 그녀가 가장 좋아하던 성자다. 이제 다라 일행은 불길하고 우울한 분위기에 휩싸여 있었다. 다음 날 다라는 소수의 가신과 아들을 데리고 이란으로 갈 준비를 하던 중, 자신을 받아준 성주에게 체포되어 적에게 넘겨졌다.

아우랑제브의 진영에서는 다라를 죽일 것인지 아니면 국사범으로 감금할 것인지를 놓고 약간의 갑론을박이 벌어졌다. 델리로 호송된 다라는 8월 29일 더러운 옷에 싸구려 터번을 쓴 차림으로 '지저분하고 늙은 암컷 코끼리' 등의 가마에 태워졌다. 검을 뺀 노예가 그와 동행했다. 그가 이런 모습으로 델리의 상업 중심지인 찬드니 초우크를 지나가는 동안 구경꾼은 눈물을 흘리며 울부짖었다.

아우랑제브와 그의 신하는 백성이 이처럼 슬퍼하는 것에 깜짝 놀라 그날 밤 다라를 죽여야 한다는 결정을 내렸다. 왕실의 다른 사람도 이 결정을 지지했다. 다라의 누이인 라우샨드라 역시 다른 사람들과 마찬가지로 '그를 더 이상 살려두는 것은 법에 어긋난다'고 생각했다.

후마윤의 무덤 근처 주택에서 벌어진 살인 장면은 더할 나위 없이 비극적이었다. 살인자들이 들이닥쳤을 때 다라는 감방에서 아들과 함께 렌즈콩을 요리하고 있었다. 아들은 아버지의 무릎을 붙들고 매달렸고, 다라는 몸에 감추고 있던 작은 칼로 싸우려 했다. 적들은 다라를 죽여 머리를 잘라서 그의 동생에게 보냈다.

"나는 살았을 때도 변절자의 얼굴을 보고 싶지 않았고, 지금도 보지 않을 것이다."

아우랑제브는 이렇게 말했다. 다음 날 다라의 시신은 코끼리 등에 실려 시장 이곳저곳에서 전시되었다. 다라가 죽었음을 백성들에게 보여주기 위해서였다. 다라의 머리는 아버지 자한에게 보내졌다. 자한은 아우랑제브에게 잡혀 타지마할을 굽어보는 황금 감옥에 갇혀 있었다. 자한은 탁자 위에 놓인 아들의 머리를 보고 기절했고, 그 서슬에 앞니가 부러졌다. 다라의 아들인 셀림 왕자는 아편을 섞은 음료수를 억지로 마신 뒤 목이 졸려 죽었다.

잃어버린 꿈? 지금까지 살아 있는 유산?

위대한 무굴 황제들이 국가를 위해 자신의 사상을 실천하기가 힘들었던 것 같기도 하다. 사실 아크바르와 다라는 귀족만이 공감할 수 있는 난해한 지식과 엘리트에게 휘둘렸다. 다라는 대다수 백성에게는 관심이 없다고 분명히 말했다. 어쨌든 예나 지금이나 정책을 주도하는 것은 엘리트다. 무굴 황제들이 생각을 실천에 옮겼더라면 역사의 길이 달라졌을지도 모른다. 요즘 인구에 회자되는 '문명의 충돌'이나 '테러와의 전쟁'을 생각하면, 참으로 흥미로운 일이다.

우선, 세계에서 가장 강력하고 인구가 많은 이슬람 문명국가가 르네상스 국가에서 이슬람 계몽주의 국가로 발전했을지도 모른다. 현대적인 과학과 기술을 사용하는 수준까지 이르렀을 수도 있다. 무굴인은 과학과 기술에 별다른 관심이 없었지만 아크바르는 특별한 관심을 내보였다. 예를 들어 18세기에 탄자부르의 남부 궁정에서 과학과 기술이 특징으로 자리를 잡을 수도 있다. 남부 궁정은 당시 의학·광학·해부학·수술에 관한 서구 문헌들을 수입했다.

둘째, 인도 엘리트들이 믿던 힌두교—일반 백성 수준의 종교와는 다른 개념—가 일신교의 잠재력을 좀 더 발휘하는 쪽으로 발전했을지 모른다. 19세기에 영국과 기독교의 영향을 받아 실제로 이런 변화를 겪었다.

셋째, 인도의 이슬람이 과거의 불교처럼 인도 종교에 완전히 흡수되었을지도 모른다. 하지만 이런 일이 벌어지지 않았기 때문에 인도 독립 후 60년이 흐른 지금 인도가 경제대국으로 빠르게 부상하고 있는데도 여전히 역사를 둘러싼 싸움이 벌어지고 있다. 바부르는 모스크를 짓고 아우랑제브는 사원을 파괴한 것과 같은 상황이 지금도 벌어지고 있는 것이다. 수용과 이해를 위한 위대한 투쟁은 지금도 진행 중이다.

아우랑제브

무굴의 여섯 번째 왕 아우랑제브는 마흔 살에 제국의 절대권자가 되어 거의 50년 동안 나라를 다스렸다. 오늘날 인도 역사에서 아우랑제브보다 더 많은 논란과 증오의 대상이 되는 인물은 거의 없다. 1658년부터 1707년에 이르는 오랜 통치기간에 그는 샤리아 법을 시행하고, 아크바르가 1562년에 폐지했던 비이슬람교도에 대한 세금을 부활시키고, 문화교류를 통한 정치적 융합을 모조리 거부하고, 여러 차례에 걸친 강제 개종을 승인했다.

통치자로서 그는 분명히 아무도 넘볼 수 없는 자질을 몇 가지 지니고 있었다. 데칸·구자라트·발흐 등지의 지사로서 오랫동안 쌓은 경험이 도움이 되었을 뿐만 아니라, 그는 다라와 달리 전사였다. 그는 아버지가 항상 다라를 편애했다고 생각했다. 금욕적이고, 독실하고, 자제심이 강한 그는 아편, 술, 여자를 즐기지 않았다.

하지만 지금 돌이켜 생각해보면 그의 오랜 재위기간은 인도에게 재앙이었다. 그는 데칸과 아프가니스탄에 수차례 원정을 나가느라 제국의 자원을 탕진했으며, 선왕들이 기지와 회유로 이룩한 것들을 무위로 돌렸다. 마라타족―그들의 영웅인 위대한 시바지가 반란을 이끌었다―·라지푸트족·시크교도 등은 잦은 반란을 일으켰다.

아우랑제브는 시크교의 제9대 구루를 고문해 죽임으로써, 많은 인도인의 기억 속에 힌두교에 관한 그의 부정적인 태도를 아프게 새겨놓았다. 아우랑제브는 심지어 음악과 주류제조를 불법화하고, 디왈리(힌두교의 주요 축제 중 하나)를 금지하려고 시도하기까지 했다. 그가 과거의 역사를 돌아보며 이런 식으로는 인도를 다스릴 수 없음을 깨달았더라면 좋았을 것이다.

어쩌면 아우랑제브는 아흔 살이 가까워질 무렵 자신이 행한 모든 일의 목적이 무엇인지 더 이상 이해할 수 없는 지경에 이르렀던 것 같기도 하다.

"나는 혼자 와서 이방인으로 떠난다. 내가 누군지, 지금껏 무엇을 하고 있었는지 모르겠다." 죽음을 앞둔 노인이 된 아우랑제브는 1707년 2월에 아들에게 이렇게 고백했다.

"나는 무서운 죄를 지었다. 어떤 처벌이 날 기다리고 있을지 모르겠구나."

그가 다른 종교를 박해한 일도 자신의 죄에 포함시켰는지는 분명하지 않다. 쿨다바드에서 하늘을 향해 열려 있는 그의 소박한 무덤은 지금도 정성스레 손질되고 있으며, 이슬람교의 탁발수도사들이 방랑길에 이곳에 들르곤

⇧　후글리강에서 콜카타로 향하는 영국 배들.

⇧　물담배를 피우는 영국 동인도회사 직원. 초창기에는 많은 직원이 붉은 재킷을 벗고 옷차림과 사고방식을 모두 현지화했다.

한다.

아우랑제브는 무엇보다도 인도 분할로 이어진 현대의 문제들이 등장할 길을 닦아놓았다. 드물게 찾아오는 여유 시간에 경건한 자세로 순례용 모자를 짜고, 학자처럼 단단한 필체로 『쿠란』을 베끼느라 그는 인도의 통치자로서 최고의 기회를 잃어버렸다. 로마의 시인 루크레티우스의 시 구절 그대로다. "종교가 인간을 몰아가는 사악함의 봉우리가 정말 높구나(*tantum religio potuit suadere malorum*)."

동인도회사: 다국적기업의 조상

◯

콜카타 아래쪽의 후글리강. 동이 튼 직후. 벌써 기온이 올라가기 시작한 가운데 우리는 숲이 우거진 강둑을 미끄러지듯 지나친다. 선박 수리소, 공장, 창고 등이 강둑에 점점이 늘어서 있다. 1585년에 엘리자베스 1세는 '양국이 우호적으로 상품을 주고받는 날이 오기를 바란다'며 아크바르에게 「편지」를 보냈다. 동인도회사는 바로 그 목적을 내세워 1601년에 설립인가를 받았다. 이 개인 회사가 세계 역사상 최대 규모의 제국으로 탈바꿈한 과정 그 자체가 수많은 반전으로 이루어진 굉장한 이야기다. 앞으로 보겠지만, 제국이란 '순간적으로 멍하니 방심하고 있을 때' 얻어진다는 오랜 농담에는 정말로 일말의 진실이 들어 있다.

하지만 핵심 요인은 따로 있었다. 인도 북부를 찾았던 다른 제국들, 즉 그리스·사카·쿠샨·튀르크족·몽골·아프가니스탄·무굴 제국은 북서쪽에서 카이베르고개를 넘어 육로로 들어왔다. 영국은 자그마한 나라였다. 하지만 무역국이었으며 궁극적으로 해군력을 키워 바다를 장악하게 되었다. 인도 해안에 산재한 항구와 공장은 뭄바이·콜카타·마드라스 등 대규모 화물 집산지로 성장했다. 또한 궁극적으로 인도아대륙을 둘러싼 '강철의 고리'를 형성했다.

남부와 벵골의 주요 분쟁지역에서는 폭력으로 세력의 판도가 바뀌었지만, 동인도회사 초창기에는 인도의 허락, 인도와의 동반자 관계, 돈을 벌기 위한 공모 관계가 중요한 역할을 했다. 인도가 단일국가가 아니라는 점도 물론 중요했다. 인도에는 수많은 국가와 지역이 있었다. 인도아대륙에서 무굴 제국의 영토에 포함된 지역이 그리 많지 않았기 때문에 영국이 여러 지역을 분열시킨 뒤 다스리는 전략을 펴기가 수월했다.

영국은 샤 자한의 허가를 얻어 1657년부터 벵골에서 무역을 시작했다. 갠지스강의 지류인 후글리강 유역에는 방직공장을 지었다. 영국은 각 마을의 노련한 방직 기술자·염색공·세탁부 수십만 명이 베틀로 생산한 물건을 가공해 다양한 종류의 천을 대량으로 수출했다. 아시아와 영국의 지역 특징을 고려해서 각각의 시장에 맞게 짠 다양한 디자인의 천이었다. 18세기에 제작된 천 샘플 중 일부가 지금까지 살아남아 여러 곳에 소장되어 있다. 물론 오늘날에도 손으로 직접 그림을 그리거나 판화기법을 이용해 다양한 색의 놀라운 디자인이 만들어지고 있다.

영국은 1765년에 무굴 제국과 조약을 맺어 벵골을 통치할 권리를 얻었다. 하지만 무엇보다 중요한 것은 바로 세금징수권이 생겼다는 점이었다. 이 조약은 현대 다국적기업의 조상이라 할 수 있는 동인도회사가 일개 개인회사에 불과한 존재인데도 궁극적으로 거대한 제국을 다스리며 생사여탈권을 휘두르게 된 믿을 수 없는 변화의 첫 단계였다.

새로운 시대의 여명

○

인도의 무굴 왕조는 전쟁으로 시작해서 전쟁으로 끝났다. 하지만 문학, 음악, 시로 시작해서 끝났다고 할 수도 있다. 무굴 제국 최고의 왕들은 세계의 어느 통치자보다 뛰어난 미학 감각을 지니고 있었다. 심지어 보이티우스의 책을 번역하고, 신대륙 정복자인 사르미엔토 데 감보아와 라틴어로 대화를 나누고, 셰익스피어 연극을 비평가의 눈으로 지켜볼 만큼 총명했던 엘리자베스 튜더보다도 뛰어났다.

겨우 몇십 년 만에 인도의 통치자와 예술가들은 도시·사원·정원에서부터 세상에서 가장 작은 터번 핀에 이르기까지 인간이 창조한 모든 물건들을 조화시키려 애쓰는 놀라운 예술 양식을 만들어냈다. 왕들은 실용적이고, 엄격하고, 단호하게 처신해야 했다. 하지만 문화 덕분에 몽상에 빠질 수도 있었다.

제국에 대한 바부르의 야망, 유토피아를 세우려 했던 아크바르의 꿈, 타지마할에 틀어박혀 신비주의자처럼 은둔했던 자한, 산스크리트어 문헌을 번역한 다라의 박식함을 생각해보라. 무대 뒤에서는 윤리보다 악착스러운 이윤추구를 우선시하는 실용적이고 총명한 영국인이 기회를 노리고 있었다. 그리고 이들이 생각하는 이성의 시대는 인도인이 생각하는 것과 많이 달랐다.

6

자유와 해방

나는 알라하바드의 자그마한 호텔 테라스에 나와 앉아 있다. 한때 이 도시를 나지막한 건물들이 늘어선 매력적인 곳으로 만들어주었지만 지금은 몇 채 남아 있지 않은 영국식 방갈로 중 한 곳이다. 예전에 이 도시는 '인도의 옥스퍼드' 또는 '인도의 오븐'으로 불렸다. 차와 과일 케이크가 탁자 위에 놓여 있다. 이 호텔의 주인들은 파르시다. 이들은 영국이 이곳을 다스리던 시절 중요한 역할을 했다. 최초의 사진가와 최초의 자동차 판매상도 파르시였고, 최초의 인도 출신 변호사·치과의사·의사 중에도 파르시가 포함되어 있었다. 이 호텔의 주인들은 자와할랄 네루의 딸

⇦ 최대의 도시 뭄바이. 1857년에 최초의 독립전쟁이 벌어진 곳이자, 인도의 경제성장을 상징적으로 보여주는 곳이다.
⇧ 세포이 항쟁 이후 파괴의 현장을 찍은 펠릭스 비토의 사진.

인디라와 결혼한 페로즈 간디의 친척이다. 인디라의 집안도 역시 알라하바드 출신이다.

호텔은 구세계의 빛바랜 느낌을 다소 풍기지만, 나는 시빌라인스(예전의 유럽인 구역)에 새로 들어선 매끈한 국제적 호텔보다 이곳이 더 좋다. 비록 그곳에는 에어컨, 호화로운 바, 무선 인터넷이 갖춰져 있다는 점이 매력이지만 말이다. 호텔 앞쪽의 정원에는 낡은 우물과 점점 세력을 넓혀가는 인도보리수가 있다. 긴 하루를 보낸 뒤 가만히 앉아서, 깃에 풀을 빳빳하게 먹인 가운을 입고 대기 중인 인력거를 향해 서둘러 달려가는 수많은 변호사를 지켜보기에 좋은 곳이다.

알라하바드—마크 트웨인은 '신의 마을'이라고 훌륭하게 번역했다—는 이 책에서 이미 여러 번 등장했다. 이 도시에 지금의 이름을 지어준 사람은 아크바르 황제인데, 그는 1575년에 이곳에서 자신의 새로운 종교를 선포했다(326쪽 「빛의 왕국」 참조). 갠지스와 줌나강이 합류하는 성스러운 지점인 산감에 그는 거대한 요새를 지었다. 무굴 시대에 지어진 최고의 요새 네 곳 가운데 한 곳이었다. 나머지 세 곳은 델리·아그라·라호르다. 인도 역사에서 이곳이 얼마나 굉장한 역할을 수행했는지 모른다.

고대에 힌두교 성지 프라야그였던 이곳에서는 쿰브멜라 축제가 벌어진다. 2001년 이 축제는 하룻밤에 2,500만 명의 순례자들을 불러들여, 지구상

↓ 동인도회사의 지배가 종말을 맞은 1858년 총독부의 모습.

에서 지금까지 벌어졌던 다른 대규모 행사들을 무색하게 만들었다. 이곳은
또한 『마하바라타』에 나오는 인도의 성지 순례 코스 중 마지막 장소다. 힌두
교도는 지금도 이곳을 '성지 중의 왕'이라고 부른다. 무굴 시대의 요새 안에
는 아소카의 「칙령」, 사무드라굽타와 자한기르의 「명문」이 새겨져 있는 유명
한 돌기둥이 있다. 지구의 신화적 중심지인 이곳에서는 실제 역사보다 상징
적인 의미가 더 풍요롭게 빛난다.

영국인은 1857년에 발생한 세포이 항쟁을 강력히 진압하고 인도의 통
치자가 된 뒤에도 이러한 역사적 의미에 각별히 신경을 썼다. 캐닝 경이 동인
도회사의 지배가 끝나고 빅토리아 여왕이 파견한 총독의 시대가 시작되었음
을 선포한 곳은 아소카 석주에서 겨우 몇 미터 떨어진 외곽 성채였다. 이날
행사를 '인도의 마그나카르타' 선포로 보고 축하하는 자리가 민토 공원의 자
그마한 정원에 마련되었다. 하지만 이런 행사가 벌어지기에 앞서 잔인한 폭
력이 먼저 행사되었다. 깔끔한 대로에 가로수가 늘어서고, 공원, 스포츠클럽,
잘 정돈된 숙영지 등이 들어선 시빌라인스 자리에는 원래 인도인 마을 여덟
개가 자리 잡고 있었다. 하지만 이 마을들은 복수에 나선 사람들의 손에 완전
히 파괴되었고, '깜둥이'여자와 아이들은 '사악하기 짝이 없는 불순분자들'과
함께 목숨을 잃었다.

그 뒤로 30년 만에 이 도시는 막 태동한 해방 운동의 중심지가 되었다.
이 도시에 잘 어울리는 일이었다. 식민지 인도에서 가장 중요한 고등법원이
있던 알라하바드는 법률가의 도시였으며, 인도의 초대 총리인 자와할랄 네
루를 포함해서 인도에 자유를 되찾아준 사람들은 모두 영국에서 교육받은
법률가였다.

카슈미르의 유서 깊은 브라만 가문의 네루는 알라하바드 출신이었다.
네루의 아버지 모틸랄이 소유했던 집이 지금도 이 도시의 유럽 구역에 서 있

다. 이 널찍한 집은 런던에서 칙선변호사가 된 부유한 변호사에게 잘 어울린다. 이 집 주위에는 지금도 영국과 관련된 장소가 많이 있다. 고딕 양식의 회랑이 있는 대학과 스테인드글라스로 장식된 아름다운 성공회 교회. 시빌라인스의 쇼핑가에는 휠러스 서점과 신고전주의 양식의 그림 궁전이 있다. 바네츠 제과점도 잊으면 안 된다. 지금은 하시 호텔로 바뀐 이곳은 크로이던에서 콜카타로 가는 임페리얼 비행기에 다과를 공급했다. 알라하바드는 임페리얼 항공의 중간기착지였다.

모틸랄이 활동하던 시절에는 머지않아 인도의 상징적인 총독이 된 작가 러디어드 키플링이 이곳의 영자신문인 「파이어니어」에서 일했다. 존 머리가 『안내서』에서 "인도인의 열망에 솜씨 좋게 반대했다"고 간단히 평가해버린 「파이어니어」는 이미 오래전에 러크나우로 옮겨갔으며, 신문사 건물— 네루의 집에서 겨우 몇 미터 떨어진 곳에 붉은 벽돌로 지은 방갈로—은 내가 2006년 여름에 이곳을 방문한 뒤로 철거되었다. 알라하바드의 건축 붐에 이 건물도 희생된 것이다.

하지만 키플링이 살던 집은 아직 남아 있다. 잡초가 웃자란 이 집 정원에는 뼈가 앙상한 소 한 마리와 몽구스 한 마리가 살고 있다. 현재 이 집에 살고 있는 사람은 여든의 나이에도 원기왕성한, 두르가라는 언론인이다. 그녀는 1943년에 「올 인디아 라디오」에서 처음 일을 시작해 독립운동의 마지막 과정을 취재했다. 그녀는 맑은 눈빛으로 나를 바라보며 이렇게 말했다.

"영국이 떠나는 걸 보게 돼서 기뻤어요. 자유를 원하지 않는 민족이 어디 있겠어요?"

여기 알라하바드에서 나는 우리 집안의 내력을 아프게 의식한다. 나는 웬만한 영국 도시보다 이 도시에 대해 더 많이 알고 있는 것 같다. 나는 제2차 세계대전이 끝난 뒤 영국에서 태어났으므로 처음에는 깨닫지 못했지만,

식민주의는 분명히 내게도 영향을 미쳤다. 1950년대와 1960년대에 가정과 학교에서 우리는 장밋빛으로 채색된 대영제국의 역사를 배웠다. 거기에는 가죽을 닦는 비누 냄새와 증기기관차가 뿜어내는 연기 냄새가 배어있었다. 에드워드 엘가가 지휘봉을 잡고 만들어낸 대영제국의 역사는 소설·텔레비전·영화를 통해 우리에게 향수(鄕愁)에 흠뻑 젖은 식민지 시절을 보여주었다.

하지만 아무리 멋있게 꾸며도 제국주의는 역시 제국주의다. 인도의 경제는 전형적인 식민지 체제로 전환되어 원료를 수출하고 완성품을 수입했다. 인도의 천연자원은 약탈당했고, 자신이 우월한 민족이라고 생각한 지배자는 인도 국민을 아이처럼 다뤘다. 요즘 일부 영국 역사가는 식민주의가 진보의 불을 밝혀준, 좋은 것이었다고 주장한다.

분명히 말하지만 나는 그런 주장에 찬성하지 않는다. 아시아·아프리카·아메리카 대륙을 35년 넘게 돌아다니며 현장을 직접 목격한 덕분에 나는 남다른 시각을 갖게 되었으며, 제국주의가 대체로 파괴적인 영향을 미쳤다는 확신을 얻었다. 유럽의 제국들이 역사적으로 엄청난 힘을 발휘했을 뿐만 아니라 개중에는 분명히 창조적인 영향을 미친 경우도 많았음이 분명하지만, 지구상의 대다수 사람에게 제국주의 시대는 격변의 시대였으며, 이 시기를 무사히 통과한 토착문화는 거의 없었다. 인도처럼 위대하고 유연한 문명만이 자신의 것을 지키는 동시에 자신에게 유용한 외부의 것을 수용해 자신의 모습을 계속 유지할 수 있었다.

18세기에 동인도회사가 권력을 잡은 때로부터 1947년에 인도가 독립하기까지 영국이 인도를 통치한 기간은 대략 200년으로 쿠샨 시대와 비슷하지만 무굴 시대보다는 짧다. 영국 식민지 시대는 길고도 고통스러웠다. 화려함과 비참함, 자부심과 탐욕, 무굴 시대 못지않게 놀랍고—나는 오히려 그때보다 더 놀랍다고 말하고 싶다— 환상적인 문화적인 융합이 이 시대의 역사를 가득 채우고 있다.

18세기의 개방적인 풍조 덕분에 많은 사람이 서로 생각을 교류했다. 찰스 '힌두' 스튜어트 장군은 콜카타에서 매일 갠지스강물에 목욕을 했으며, 영국인 부인들에게 사리를 입으라고 권유하고, 최초의 인도 예술품 수집가가 되었다. 스튜어트는 또한 세포이 부대에서 원주민의 관습을 허용해주어야 한다고 주장하는 놀라운 선견지명을 발휘했다. 그는 『힌두인을 위한 변호』에서 유럽 선교사를 가차 없이 비난하고, 힌두교를 찬양했다. 성직자들을 문명 사회의 유용한 목적에 걸맞게 올바르고 도덕적인 사람으로 기르는 데 기독교의 도움이 거의 필요하지 않은 종교가 바로 힌두교라는 것이었다.

⇦ 영국령 인도의 초대 벵골 총독인 워런 헤이스팅스. 영국이 인도의 과거를 '발견'하는 데 중요한 역할을 한 헤이스팅스는 논란의 여지가 많아서 재평가가 필요한 인물이다.

　　이런 '백인 무굴인'은 지식인 사이에도 존재했다. 예를 들어 윌리엄 존스, 제임스 프린셉, 프랜시스 뷰캐넌 등은 고대 인도 역사의 재발견을 주도했다. 초대 벵골 총독이었던 워런 헤이스팅스도 잊으면 안 된다. 그는 인도의 토착 언어들을 알고 있었으며, 벵골의 학문 발전에 커다란 역할을 했다. 이러한 문화교류 덕분에 다양한 언어를 바탕으로 화려하게 꽃을 피운 벵골 문명은 벵골의 개혁가이자 박식가인 램 로이를 낳았다. 그는 1833년에 '대양이 합류하는 곳'을 찾기 위해 배를 타고 리버풀로 항해했다.

　　오늘날 오리엔탈리즘이라는 말은 잡다한 곳에 남용되고 있다. 식민지 시대에는 지식이 억압의 도구가 될 수 있는 것이 사실이지만 18세기 말부터 20세기 초 사이에 영국과 벵골은 위대한 문화교류를 실천했으며, 그 교류는 지금도 결코 끝나지 않았다.

하지만 영국과 인도의 관계가 계속 이런 식으로 발전하지는 못했다. 제국주의 이데올로기와 제국의 요구가 너무 강했던 탓이다. 18세기에 두 나라가 우연히 사랑에 빠졌다면, 19세기에는 서로 관계가 멀어졌고, 20세기에는 엄청난 비극과 비용을 감수하며 이혼에 이르렀다고 할 수 있다. 하지만 다행히도 우리 시대에는 두 나라의 후손이 서로 친구가 되어 새로운 관계를 쌓고 있다.

동인도회사와 1857년의 반란

○

동인도회사의 역사는 현대 다국적기업을 기분 나쁠 정도로 연상시킨다. 천연자원을 거래하고, 경제적 개입과 사병(私兵)과 대리전쟁을 통해 새로운 영향력을 확보한다는 점에서 그렇다. 영국이 승리를 거둔 것은 인도의 내부 분열, 북부에서 무굴의 힘이 쇠퇴한 것, 바다를 장악한 영국의 해군력 덕분이었다. 과거의 정복자들은 카이베르고개와 서북 변경주를 통해 인도로 들어왔지만, 영국은 해안을 따라 영향력을 넓히며 콜카타·마드라스·뭄바이에 요새화된 무역항을 건설해 식민통치를 위한 첫 기지로 삼았다.

영국은 또한 군사력의 도움도 받았다. 비록 처음에는 병력이 얼마 되지 않았지만 말이다. 유럽인 2,200명과 비슷한 숫자의 인도인들로 구성된 군대는 1757년에 벵골의 플라시에서 벵골의 마지막 나와브를 상대로 결정적인 승리를 거뒀다. 나와브 역시 프랑스 동인도회사가 파견한 소규모 부대의 도움을 받았지만 소용없었다.

남부의 완디와시에서도 비슷한 규모의 군대가 승리를 거뒀다. 이 지역은 1740년대부터 1760년대 사이에 영국과 프랑스가 세계적인 대결의 일환으로 싸움을 벌인 곳이다. 1765년에 델리에서는 무굴의 샤 알람이 벵골의 디완, 즉 세금징수권을 공식적으로 영국에 넘겨주었다. 엘리자베스 여왕 시대에 투기적인 상업적 모험으로 벌인 일이 새로운 단계에 접어든 것이다.

남부에서는 프랑스와 벌인 대결도 곧 절정에 이르렀다. 1760년대부터 1799년 사이에 영국은 마이소르의 이슬람 통치자들과 네 차례에 걸쳐 전쟁을 치렀다. 이 이슬람 통치자들은 프랑스와 동맹을 맺고 있었지만, 1799년 세링가파탐의 섬 요새가 포위되고 술탄 티푸는 목숨을 잃었다. 이 전투에서 동인도회사가 동원한 병력은 5만 명으로 유럽의 대규모 군대와 맞먹었다.

동인도회사는 이제 투자를 점점 늘리기 시작했고, 그 후로 몇 년 동안 수익이 천문학적으로 불어났다. 영국 의회에 제출된 회계「보고서」를 보면, 1794년에 800만 파운드 이상이던 수입이 1803년에 1,350만 파운드로 늘었음을 알 수 있다. 이 금액은 오늘날의 가치로 7억 5,000만 파운드에 해당한다. 현재 영국 국립도서관이 소장하고 있는 동인도회사의 방대한 문서에는 이 회사의 시각이 어떻게 변해갔는지가 드러나 있다. 티푸에게 승리를 거둔 뒤 리처드 웰즐리 벵골 총독(그의 형제가 나중에 워털루에서 승리를 거뒀다)은 다음과 같이 썼다.

> 세링가파탐에서 나는 동인도회사를 위해 완전한 통치권을 행사함으로써 혹시 우리의 이익에 반하는 도당이 결성될 경우 언제라도 힌두스탄의 중심부를 흔들 수 있는 힘의 중심으로 삼을 것이다. 이 합의에서 영국의 이익을 위해 도출될 가능성이 높은 여러 이점을

The coming-on of the MONSOONS;—or—The Retreat from SERINGAPATAM.

⇧ 길레이가 그린 정치풍자 만화. 1791년에 영국이 세링가파탐에서 철수하는 모습을 묘사했다. 영국은 나중에 다시 돌아와 앙갚음을 했다.

　　여기서 상세히 설명하지는 않겠다. 그 이점이 너무 뻔히 보여서 상세한 설명이 전혀 필요없기 때문이다.

　　오래지 않아 인도는 영국 화가들의 그림에서 순종적인 자세로 대영제국에 자신의 보물을 바치는 알몸의 흑인 여성으로 묘사되었다. 영국은 기회가 있을 때마다 조금씩 인도를 정복했다. 처음부터 치밀한 계획을 세워서 장기적인 목표를 정한 것은 아니었다. 인도를 정복하기 위해 영국 납세자의 세금이 쓰인 적도 없었다. 용병들이 지역별로 위협적인 세력을 하나씩 물리쳤기 때문이다. 1830년대에 작성된 동인도회사의 「문서」에는 이 회사가 섬유 무역에서 땅의 소유로 방향을 바꿨음이 드러난다.

식민지 계획 또한 이 시기에 새로이 이데올로기적인 성격을 띠게 되었다. 매콜리 경이 1835년에 인도의 교육에 관해 발표한 「포고문」에 이 점이 잘 드러나 있다. 정부의 공용어를 페르시아어에서 영어로 바꾼다는 것이 이 「포고문」의 내용이다. 이런 변화와 함께 기독교를 널리 퍼뜨리는 것이 바람직하다는 주장이 강조되기 시작했다. 이때부터 영국은 인도를 지배하면서 돈을 버는 것뿐만 아니라 인도를 변화시키는 것 또한 중요한 목표로 삼았다.

이처럼 내정간섭을 일삼는 영국의 태도와 점점 강해지는 기독교적 색채가 제국주의 시대에 식민지에서 벌어진 가장 위대한 봉기인 1857년 반란의 배경이 되었다. 처음에는 영국이 힌두교의 종교적 관습을 존중해주지 않는 것에 반발한 군인들의 반란이었지만, 이것이 순식간에 외세 통치에 반발하는 봉기로 번져나가면서 이슬람 지하드주의자조차 일시적으로 힌두교도와 손을 잡았다.

그랜드트렁크로드를 따라 벵골에서부터 펀자브까지 봉기가 들불처럼 번져나가자 영국의 지배권이 불안해졌다. 하지만 결국은 행운과 담력과 무자비함을 지닌 영국이 우세를 점했다. 이 전쟁에서 양편 모두 끔찍하기 짝이 없는 폭력 행위와 야만적인 보복을 자행했다. 힌두교도와 이슬람교도 모두 델리의 늙은 무굴 황제 샤 바하두르에게 충성을 약속했지만, 황제는 전쟁에서 패한 뒤 버마로 망명했다. 그의 아들들은 무자비하게 보복을 자행한 영국인의 손에 살해되었다.

영국은 나중에 이 전쟁을 묘사하면서 화려한 색채를 덧붙여 마치 느닷없이 봉기가 일어난 것처럼 꾸몄다. 하지만 사실은 50여 년 전부터 영국에 대항하는 반란이 많이 있었다. 그중에서도 유명한 것은 1806년 남부에서 반란군이 술탄 티푸의 아들을 왕으로 옹립한 벨로르 폭동이다. 1857년의 봉기는 무굴 제국이 지배하던 델리와 세련된 문화를 파괴했으며, 백성 또한 비참한 지경으로 내몰려 수많은 성인 남자가 학살당했다.

하지만 이 봉기가 영국 지배층에게 커다란 충격을 안겼기 때문에, 258년이라는 긴 역사를 지닌 동인도회사가 사라지는 계기가 되었다. 이 봉기의 여파로 영국 의회가 인도를 직접 통치하기로 결정한 것이다. 언제나 전통을 존중하던 초대 총독 캐닝 경은 1858년 11월 1일 신성한 강의 합류점이 굽어보이는 알라하바드의 아크바르 요새 외곽의 성벽에서 빅토리아 여왕의 「포고문」을 읽었다. 인도가 이제부터 서구의 세속적인 법을 새로 배워야 한다는 내용이었다.

영국의 통치와 식민지의 지식

○

영국의 식민지 계획 중심에는 인도를 영국의 세계무역 시스템의 중심지로 이용한다는 발상이 있었다. 하지만 이처럼 광대하고 다양한 나라를 다스리려면 영국의 문화적 이상을 받아들여 제국주의 사업에 동참할 인도인 식자층이 필요했다.

이 목적을 달성하기 위해 영국은 이념적인 면과 실용적인 면에서 모두 현대성이라는 개념을 구축하기 시작했다. 시간·공간·지리·카스트·종교·이 모든 것이 제국의 '우월한' 지식·과학·윤리에 의해 다시 정의되어야 했다. 이는 물리적인 지도와 정신적인 지도를 새로 작성하는 작업이었다. 예를 들어 세계에서 가장 높은 산에 이름을 빌려준 조지 에베레스트 경은 인도아대륙을 한 치도 빠뜨리지 않고 측량하는 대사업을 벌였다. 그는 거추장스러

⇧ 무굴의 마지막 황제인 샤 바하두르. 1857년에 세포이 항쟁의 주동자들이 그에게 충성을 맹세했다. 그는 버마로 망명했으며, 오늘날에도 미얀매(구 버마)에 있는 그의 무덤에는 사람들이 찾아와 기도를 드린다.

운 경위의(經緯儀)를 끌고 타밀의 높다란 사원 출입문까지 올라갔고, 여러 겹으로 접을 수 있는 거대한 금속 측량막대를 쇠달구지에 싣고 터벅터벅 편자브를 가로질렀다.

영국 사법체계가 인도에 도입된 것도 대단히 중요한 사건이었다. 힌두교와 이슬람교의 법을 성문화한 것, 인도 사회의 관습법이 카스트제도를 바탕으로 하고 있으므로 카스트를 상세히 규정한 것도 역시 의미심장했다. 쿠샨 왕조나 무굴 왕조와 마찬가지로 영국 역시 신민을 움직이는 방법을 알고 싶어했다.

인도의 전통적인 종교 관습이나 관행을 대하는 태도 또한 훨씬 더 분명해졌다. 예를 들어, 영국인들은 '미신'을 상대로 전쟁을 벌이는 것을 기독교인의 의무로 보았으며, 조혼풍습이나 피의 희생제나 수티(남편의 장례식에서 아내가 남편의 시신을 태우는 불속에 스스로 몸을 던져 죽는 풍습) 같은 오랜 관습을 심하게 억압했다. 영국의 이런 조치들이 정당할 때도 있었지만, 오리사에서 곤드족의 문화를 공격했을 때처럼 사람들의 정체성과 응집력만 무너뜨리는 것으로 끝날 때도 있었다.

18세기에 '힌두' 스튜어트 같은 사람들에게 매혹과 찬탄의 대상이었던 힌두교에 대해서도 일각에서는 험담을 늘어놓으며 미신이자 '타락한 페티시즘'이라고 깎아내렸다. 사실 영국의 복음주의자는 힌두교에 대해 적극적인 반대 운동에 나섰다. 다소 오해의 소지가 있는 '힌두이즘'이라는 용어가 인도의 종교를 설명하는 일반적인 단어로 쓰이게 된 것도 이 무렵이었다. 이 단어는 인도 종교도 기독교나 이슬람교처럼 하나의 세계종교라는 생각이 19세기에 점점 자라난 것과 관련되어 있다.

기독교 학자들은 『바가바드 기타』나 타밀의 『티루바사감』 같은 문헌을 기독교식으로 해석해서 힌두교 사상 속에서 일신교 또는 일원론의 흔적을 찾으려 했다. 예나 지금이나 이런 발상 속에 일말의 진실이 있는 것은 사실이지만, 시바 추종자와 비슈누 추종자들이 중세에 가르침을 위해 만든 위대한 문헌들은 인도 종교가 별도의 위대한 신과 『경전』·의식·종말론을 지닌 별도의 신앙체계임을 증명하는 데에도 얼마든지 이용될 수 있다.

따라서 현대 힌두이즘은 어느 정도는 식민지 지배자의 창조물이자 식민지배에 대한 반응으로 생겨난 것이라고 할 수 있다. 힌두교 개혁가들은 힌두교를 기독교화하려는 노력을 전면으로 끌어내서 인도의 교육받은 엘리트를 식민지 지배자와 연결해주는 다리를 만들었다. 벵골의 위대한 철학자이자 민족주의자인 스와미 비베카난다가 1893년에 시카고에서 열린 세계 종교의회의 스타로 부상했을 때, 현대적인 의미의 힌두이즘 시대가 도래했다.

영국의 식민지 계획에는 인도의 지배계층을 영국식으로 교육시키는 것도 포함되어 있었다. 그러면 이들이 인도 문화를 영국식 용어로 인도의 대중에게 해석해줄 것이라는 계산에서였다. 이 계획에서 흥미로운 점은 영국 문학을 공부하는 것이 영국에서 제도화되기도 전에 인도에서 먼저 제도화되었다는 점이다.

하지만 교과서로 사용될 작품을 선택하는 데에는 당시의 분위기가 반영되어 이상적인 남성상에 관한 식민주의 사상으로 가득 찬 작품들이 선정되었다. 권력에 대해 회의적인 입장을 취한 셰익스피어의 작품은 포함되지 않았다. 그런데 얄궂게도 인도의 급진주의자가 셰익스피어를 해방의 도구로 보고 고맙게 받아들이는 상황이 연출되었다. 마이클 마드수단 다타는 1865년에 힌두교와 앵글로색슨을 다룬 눈부신 글에서 다음과 같이 주장했다.

"영국은 반드시 떠나야 하지만, 셰익스피어는 남겨두고 떠나라!"

⇧ 해가 지지 않는다던 대영제국. 하지만 영국이 인도를 소유하게 되면서 영국의 무역망은 변화를 겪었다.

인도라는 개념

◇

영국의 제국주의 프로젝트 중 일부는 인도라는 개념 자체와 관련되어 있었다. 이는 독립국 인도의 미래와 관련해서 매우 중요한 사실이다. 이 책에서 지금까지 죽 살펴보았듯이, 인도는 역사상 어느 시기에도 하나의 통일된 국가로 존재한 적이 없다. 비록 아소카는 저 멀리 남쪽의 크리슈나강까지 자신의 영토가 뻗어 있다고 주장했고, 쿠산 왕조, 굽타 왕조, 무굴 왕조 모두 인도 북부에서 아프가니스탄과 벵골 사이의 넓은 지역을 지배했지만 말이다.

인도를 정치적인 통일체로 보는 개념을 처음으로 생각해낸 것은 바로 영국인이었다. 인도를 마음속에 품은 생각 속의 존재가 아니라 실제로 존재하는 나라로 본 것이다.

윈스턴 처칠—그는 젊었을 때 파탄인[파키스탄 서북부에 사는 아프가니스탄족]들 틈에서 무모한 모험을 한 적이 있다—은 "인도라는 것은 존재하지 않는다"는 유명한 말을 했다. 하지만 수백 년 동안 인도를 지켜본 많은 사람의 생각은 달랐다. 이들에게 인도는 비록 부족·언어·종교가 다양하지만 통일된 문명이었다. 10세기에 알 비루니는 히말라야에서 코모린곶 사이의 모든 땅을 인도 문명으로 보았다.

14세기의 시인 아미르 쿠스라우(튀르크족 출신의 인도 이슬람교도)는 조국 인도에 대한 사랑을 감동적으로 설명하면서, 신드어, 펀자브어, 벵골어를 사용하는 사람뿐만 아니라 타밀어·텔루구어·칸나다어를 쓰는 사람도 모두 이 '지상 낙원'의 주민이라고 말했다. 아크바르의 『전기』를 쓴 아불 파즐의 글에서도 비슷한 생각을 찾을 수 있다. 무굴 제국은 인도아대륙 남부까지 영토를 확장한 적이 한 번도 없는데도 말이다.

그렇다면 인도를 광범위한 문화적 통일체로 보는 시각이 오래전부터 강하게 존재했던 셈이다. 영국도 이런 시각을 굳히는 데 중요한 기여를 했다. 식민지 시대에 영국에서 발간된 모든 인도 안내서에 실린 인도 지도를 보면, 버마에서부터 발루치스탄까지, 부탄에서 케랄라까지의 땅이 분홍색으로 칠해져 있고, 바다·카이베르고개·히말라야산맥·동쪽 정글이 자연적인 경계선을 형성하고 있다.

그러나 그 분홍색 영역에 존재한 것은 역사상 가장 독창적이고 적응력이 뛰어난 제국들이다. 그들이 거대한 조각보처럼 느슨하게 연결되어 지구상의 인구 중 거의 4분의 1을 포용하고 있다.

이 지도에서 다양한 색으로 표시되어 있는 것은 무려 675개나 되는 봉

건적인 독립 왕국들이다. '11문 이상의 예포로 인사를 받을 자격이 있는' 라 자들이 다스리는 나라는 이중 73개국이었다. 이 왕국들 중 히데라바드와 카 슈미르는 각각 유럽의 큰 나라와 맞먹는 크기다.

　　이것이 바로 인도의 다양성에 대처하는 영국의 해법이었다. 정치적으로 믿을 수 없을 만큼 교묘한 술수를 부린 것이다. 이 방법이 어찌나 절묘했는지 이 지도 속의 나라가 사람들의 머릿속에만 존재한 것이 아니라 실제로 이 땅 에 존재했다는 사실을 믿기 어려울 정도다. 하지만 이것이 바로 인도였다.

최고의 보석

○

놀랍게도 영국은 제국으로서 최고의 정점에 올랐을 때에도 겨우 5만 명의 병력과 25만 명의 행정가만으로 지상에서 인구가 가장 많은 지역을 다스릴 수 있었다. 제국의 일상적인 업무는 대부분 인도인의 손으로 처리되었으므로, 영국은 인도인의 협조에 전적으로 의지하고 있었다. 그래서 인도인이 협조를 그만두자마자 제국의 지배도 끝나버렸다.

그것은 영국인이 솔직하지 못하게 짐짓 아무것도 아니라는 듯 표현한 것처럼 '순간적으로 멍한 상태'에서 벌어진 일이었다. 결정적인 계기가 된 것은 제1차 세계대전 이후 인도인이 느낀 환멸이었다. 100만 명의 인도인이 영국 국왕을 위해 전쟁에 나서서 5만 명이 전사했지만, 영국은 1919년 암리차르에서 시위를 벌이던 시크교도를 학살하는 것으로 보답했다. 여기서 인도인은 영국식의 공정한 게임·선의·정의에 대한 믿음을 잃어버렸고, 다시는 그 믿음을 회복하지 못했다.

물론 영국이 남긴 복잡하고 심오한 유산을 부정할 생각은 없다. 영국은 무엇보다도 영어를 인도에 남겨주었지만, 그 외에도 세속적인 법·교육·입헌정부에 관한 영국식 개념도 소개해주었다. 인도 역사상 중요한 문제 중 하나였던 세속적인 권력의 원천이 무엇인가 하는 문제를 해결하려고 처음으로 포괄적인 노력을 기울였던 셈이다. 1947년 이후 인도는 많은 정치적 투쟁을 겪었지만, 인도의 민주주의는 개방적인 사회를 유지하면서 사회에 깊이 뿌리내린 불공정한 카스트제도에 아주 짧은 기간 동안 큰 타격을 주었다. 그리고 세속적 민주주의가 60년 만에 강하게 뿌리를 내렸다.

또 다른 유산은 통신망이다. 인도는 거대한 나라라서 델리에서 콜카타까지 기차로 달려야 하는 거리가 1,600킬로미터나 된다. 콜카타에서 마드라스까지 갈 때도 역시 같은 거리를 달려야 한다. 교통과 통신의 발달은 인도가 정치적, 심리적으로 통일성을 갖추는 데 도움이 되었다. 사실 인도가 단일국가로 성립할 가능성이 현실성을 띠게 된 것은, 영국의 이러한 기여 덕분인지도 모른다. 하지만 영국이 남긴 가장 운명적인 유산을 꼽는다면, 넓은 세상을 향해 인도의 문을 열어젖힌 것이라고 해야 할 것 같다. 인도는 이 문을 결코 다시 닫을 수 없었기 때문에 서구의 세속적인 이상을 바탕으로 자신의 오랜 문명을 다시 규정하는 수밖에 없었다.

독립운동

○

앞에서 보았듯이, 매콜리 경은 1835년 콜카타에서 교육에 광범위한 영향을 미친 「포고문」을 발표했다. 힌두 민족주의자에게는 요주의 대상이었던 매콜리는 영국 문화의 '측량할 수 없는 우월성'을 진심으로 믿었다.

"훌륭한 유럽 도서관의 서가 하나가 인도의 토착 문학 전체와 맞먹는 가치를 지녔다"는 그의 유명한 발언은 깊은 무지의 산물이었지만, 인도의 엘리트에게 서구식 교육이 필요하다는 그의 권고는 인도 사회의 철저한 변화를 촉진하기 위한 의도적인 것이었다. 그는 이제 페르시아어 대신 영어를 정부의 공식언어로 삼는다고 발표했다.

그러나 바로 그 순간부터 인도 지식인이 풍요로운 전통의 가르침을 매개로, 유럽 계몽주의의 이상을 조국에 적용하게 된 것은 필연적인 일이었다. 그리고 그 결과가 바로 역사상 가장 위대한 반식민주의 운동인 인도 독립운동이었다. 이 운동을 주도한 국민회의당은 1885년에 교육받은 인도인이 정부에서 더 많은 자리를 얻을 수 있게 한다는 제한적인 목적으로 설립되었다.

⇧ 1885년 뭄바이에서 열린 국민회의당의 첫 회합. 한가운데에 유일한 영국인 A.O. 흄이 있다. 일각에서는 그를 총독부의 반역자로 보았다.

세포이 항쟁 이후 거의 30년이 흐르는 동안 이들은 여러 핵심적인 분야에서 영국 정부가 실패하는 것을 직접 목격했다. 무엇보다도 이들에게 커다란 영향을 미친 것은, 영국 정부가 국민에게 식량과 치안 등 기본적인 것들을 제공해주지 못했다는 점이었다.

델리의 국립도서관에는 이 시기의 일상적 행정기록이 보관되어 있다. 지하실에 한없이 늘어선 서가에는 누렇게 변색된 「전보」 「보고서」 『비망록』 등이 잔뜩 쌓여 있다. 세금 감시원과 지방의 세금 징수원이 보낸 것이다. 이 자료 사이를 걷다보면, 이중의 많은 자료가 '기근'이라는 하나의 주제를 다루고 있다는 충격적인 사실을 깨닫게 된다. 당시 인도 서민의 삶은 몹시 힘들었다.

빅토리아 시대의 마지막 40년 동안 전 세계는 기후재앙을 겪었다. 그 결과 수많은 사람이 몰살당하는 일이 연달아 벌어졌다. 벵골에서부터 남부에 이르기까지 인도는 엘니뇨로 인해 시작된 세계적인 기근 사이클에 휘말렸다. 기근은 1866년에 오리사에서 시작되었다. 당시 교회학교 교사였던 파키르 모한 세나파티는 『자서전』에서 이때의 재앙을 고통스러울 만큼 생생하게 묘사했다.

"오늘날까지도 오리사 사람은 그 끔찍한 재앙을 결코 잊지 못했다. 한 해에 300만 명이 죽고, 600만 명의 이재민이 발생했다. 도로·목욕터·밭·정글, 어디를 가든 시체가 있었다. 50년이 흐른 지금도 그 광경이 내 머릿속에 새겨져 있다."

국민회의당은 이런 재앙의 한복판에서 창설되었다. 1870년대 말에 남부에서 대규모 가뭄과 기근이 발생해 800만 명이 목숨을 잃은 뒤였고, 1870년대와 1880년대에 연달아 발생한 기근이 벵골을 한창 초토화할 때이기도 했다. 처음 단초를 제공한 사람은 영국인인 앨런 옥타비안 흄이었다. 오

⇧　바다를 향한 마하트마 간디의 자유의 행진. 그의 비폭력 저항 노선은 현대의 많은 자유 투사들에게 영향을 미쳤다.

늘날 인도 최고의 역사가 중 한 명은, 흄이 독립운동에 간디 다음으로 중요한
영향을 미쳤다고 보고 있다.

영국에서는 이제 잊힌 존재가 되었지만, 인도 현대사에서 위대한 역할
을 한 이 인물은 최근 텔레비전 퀴즈 프로그램인 〈백만장자 되기Who Wants
to be Millionaire?〉의 인도판이라 할 수 있는 프로그램에 문제로 등장하기도 했
다. 흄은 스코틀랜드 출신 급진주의자의 아들이었다. 세포이 항쟁 때 그는 줌
나강변의 에타와에서 젊은 지방관리로 일하고 있었다. 그 뒤로 그가 이곳에
서 많은 업적을 쌓았기 때문에 이곳 주민은 지금도 그를 거의 전설 같은 존
재로 기억하고 있다(마을 광장이 지금도 흄 간지로 불릴 정도다).

나중에 그는 총독부에서 농업 분야의 세금 감시원이라는 높은 자리까
지 올라갔다. 이 직위 덕분에 그는 기근을 직접 목격하고, 백성의 끔찍한 고
통뿐만 아니라 영국 정부의 무정함과 무심함에도 경악을 금치 못했다.

영국 정부는 식량이 남는 곳에서 모자라는 곳으로 식량을 옮겨 배포하
는 일을 내켜하지 않거나, 아주 굼뜨게 처리했다. 기근의 영향이 없는 일부
지역에서 곡식이 해외로 수출되는 일까지 있었다. 정부 관리로서 흄은 많은
지도층 인도인과 대화를 나눌 기회가 있었으므로, 이들을 서로 소개해주는
연결고리 역할을 했다. 런던의 토리당은 그의 행동을 비난하며 심지어 그가
반역을 저질렀으므로 교수형에 처해야 한다는 주장을 내놓기까지 했다.

국민회의당은 1885년에 뭄바이에서 첫 회의를 열었다. 인도의 여론을
움직이는 데 중요한 역할을 한 1880년대의 딱 중간에 해당하는 시기였다. 당
시 영국이 언론통제를 완화하자 수백 개의 신문이 창간되었고, 그중 대부분
은 자기 지방의 언어를 사용했다.

급진주의자·사회주의 성향의 힌두교도·이슬람교도·세속주의자가 모
인 대단히 광범위한 의미의 '교회'였던 국민회의당이 처음부터 영국의 통치

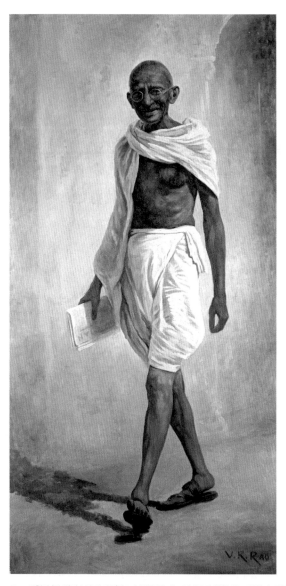

⇧ 처칠이 '반 벌거숭이 파키르'라고 불렸던 간디는 이미지의 힘을 알고 있었다. 하얀 도티 차림의 그는 심지어 랭커
서 공장의 여공에게서도 갈채를 받았다.

에 노골적으로 반감을 드러낸 것은 아니었다. 이들은 인도인의 의견이 더 많이 반영되도록 압력을 가하는 일부터 시작했지만, 점차 자치를 궁극적인 목표로 삼은 급진적인 운동세력으로 변모해갔다.

1885년부터 1947년까지 이어진 인도 독립운동이 외부세계에 알려진 것은 주로 국민회의당의 강렬하고 유혹적인 설명을 통해서였다. 심지어 할리우드조차 이 신화적인 이야기를 세계적인 영화로 만들었다. 사실 현대사에서 가장 위대하고 흥미로운 인물들 중에는 네루와 간디가 포함되어 있다.

하지만 역사라는 것이 항상 그렇듯이, 인도가 다른 길을 걸을 수도 있었다. 그런 가능성은 지금도 존재한다. 특히 다양한 종교의 대표성 문제가 까다로웠다. 1906년에는 일부 이슬람교도가 국민회의당에서 떨어져 나와 무슬림 연맹을 결성했다. 그리고 1907년에는 국민회의당이 둘로 쪼개졌다. 간디의 스승인 고팔 크리슈나 고칼레의 '온건파'와 직접 행동에 나서서 영국을 타도해야 한다는 주장을 지지한 죄로 감옥에 투옥된 발 강가다르 틸라크의 '열혈파 또는 강경파'로 갈라진 것이다. 극단주의자·민족주의자·세속주의자·힌두교도·이슬람교도, 이들 모두를 하나로 모으는 작업이 국민회의당 지도자에게는 힘에 부치는 일이었음이 결국 증명된 셈이었다.

하지만 제1차 세계대전 이후 모한다스 간디—그도 영국에서 교육받은 법률가였다—가 힌두교를 믿는 서민의 마음을 움직이는 능력과 아힘사, 즉 비폭력 주장을 바탕으로 독립운동의 지도자로 부상했다. 간디의 영향력 덕분에 국민회의당은 인도 최초로 대중을 통합한 조직이 되었다. 국민회의당은 특히 카스트 사이의 차이·불가촉천민·가난·종교와 윤리의 구속 등에 반대하는 데 노력을 기울여 수백만 명의 사람을 하나로 모았다. 비록 힌두교도가 대다수이기는 했지만, 국민회의당에는 사실상 모든 종교·모든 종족·모든 계층·모든 언어 집단이 참가한 것이나 마찬가지였다.

⇧ 1946년 힌두교도와 이슬람교도의 폭동이 휩쓸고 간 콜카타의 거리. 영국군은 두 세력의 중간에 끼어 어쩔 줄 몰랐다. 거리에는 "인도를 떠나라"는 낙서가 있었다.

1930년대가 되자 국민회의당은 인도 국민의 진정한 대표를 자임할 수 있을 만큼 자리를 잡았고, 회장인 네루의 지휘 아래 '푸르나 스와라지', 즉 완전한 독립이 목표임을 공식적으로 선언했다.

분할: 자유와 분열

○

1930년대 초가 되자 영국 사람의 눈에도 인도를 계속 식민지로 유지하기가 불가능하다는 사실이 뻔히 보일 정도가 되었다. 비록 처칠은 여전히 큰소리를 뻥뻥 치고, 로터미어 경 같은 사람이나 우파 언론은 과격하고 인종주의적인 주장을 펴고 있었지만 말이다.

⇧ 1942년 4월의 네루(서 있는 사람)와 마울라나 아자드(왼쪽 끝에 앉은 사람).

당시 이슈는 과연 인도가 독립할 것인가 하는 점이 아니라, 독립한 뒤 인도가 어떻게 될 것인가 하는 점이었다. 아미르 쿠스라우가 사랑했던 인도가 될까? 영국이 조각보처럼 이어붙인 인도가 될까? 반(半)자치적인 주들로 이루어진 인도 연방이 될까? 아니면 분열된 인도? 국민회의당은 통일된 인도를 꿈꿨지만, 1930년대에 새로이 나타난 변화들이 그 꿈을 위협했다. 이 변화들은 인도에 무엇보다 큰 영향을 미쳤을 뿐만 아니라 현대 세계사에도 흔적을 남겼다.

이슬람교도는 영국이 지배하던 인도에서 인구의 거의 4분의 1을 차지하고 있었다. 앞에서 살펴보았듯이, 이슬람교도는 수백 년 동안 인도 북부를 지배했다. 하지만 영국이 1858년에 무굴의 마지막 황제를 폐위시키면서 이슬람교도는 기득권을 빼앗기고 인구의 대다수를 차지하는 힌두교도의 정치적 힘을 두려워하게 되었다. 이슬람 군주들이 힌두교도를 항상 잘 대해주기만 한 것은 아니었기 때문이다.

이슬람교도 사이에서는 1857년의 반란 때부터 이미 새로운 의식이 모습을 드러내기 시작했다. 그리고 영국이 떠난 뒤 인도에서 이슬람이 맞이할 미래는 데오반드의 급진적인 마드라사(이슬람교의 고등교육기관)에서 이미 만들어지고 있었다.

1900년에 영국은 인도에서 가장 인구가 많은 지역인 연합주(우타르프라데시의 옛 이름)의 공식언어로 우르두어 대신 힌두어를 채택했다. 아랍 문자가 아니라 데바나가리(산스크리트어 문자)를 사용하는 언어를 채택한 것이다. 그러자 많은 이슬람교도가 장차 힌두교도의 지배를 받게 될지도 모른다는 걱정에 휩싸였다. 그렇게 되면 힌두교도들이 '이슬람 문화와 종교를 억압할 것'이라는 걱정도 일었다.

당시 한 영국 관리는 상부에 제출한 「보고서」에서 많은 이슬람교도가 자신의 운명을 다른 인도인들과는 완전히 별개로 보고 있으며, "두 집단의 융합은 불가능하다"고 생각한다고 말했다. 아크바르를 고민에 빠뜨렸던 문제가 되살아나 인도를 괴롭히기 시작한 것이다.

이런 일련의 변화에 맞서 이슬람교도는 1906년 라카에서 무슬림연맹을 창설했다. 앞으로 벌어질 독립투쟁에서 이슬람교도의 이익을 대변하기 위해서였다. 국민회의당을 떠나 무슬림연맹에 합류한 사람 중에는 역시나 영국에서 교육받은 법률가인 무하마드 알리 진나가 있었다. 세속적인 시아파 신자인 그는 현대 인도 역사에서 핵심적인 역할을 할 운명이었다.

국민회의당은 항상 이슬람교도를 끌어들이려고 노력했지만, '지나치게 힌두적'이라는 비난을 받는 경우가 많았다. 하지만 이슬람 사회의 저명인사 중에는 철학자이자 시인이자 교육주의자인 마울라나 아불 칼람 아자드처럼 처음부터 끝까지 국민회의당의 세속적인 목적에 헌신한 사람도 있었다. 아자드는 힌두교와 이슬람교의 단합을 평생 동안 지지했으며, 인도가 독립한 뒤 초대 교육부 장관이 되었다.

어쨌든 역사 속에서 흔히 볼 수 있듯이, 인도의 독립운동 과정에서 벌어진 사건도 사전에 작성된 계획을 따랐다기보다는 어느 정도 우연에 힘입은 것이었다. 처음에 이슬람 분리주의는 이슬람교도가 의회에서 의석을 확보하기 위한 흥정의 수단이었다. 그다음에는 연방 내의 이슬람 자치주를 얻어내기 위한 협상 도구가 되었다. 이슬람교도가 분할과 별도의 독립국가 설립을 진지하게 요구하기 시작한 것은 훨씬 나중의 일이었다.

하지만 이슬람교도만의 나라를 별도로 세워야 한다는 주장을 1924년 처음으로 제기한 것은 어느 힌두 민족주의자였다. 잘 알려지지는 않았지만, 얄궂은 사실이다. 당시 진나와 무슬림연맹은 여전히 인도 연방을 쟁취하기 위해 싸우고 있었고, 이슬람교도는 의회 의석 중 3분의 1을 보장받은 상태였다. 운명의 순간은 1928년에 찾아왔다. 국민회의당이 무슬림연맹에 의석의 4분의 1만 주겠다고 제의한 것이 화근이었다. 그때 협상을 벌였더라면 인도의 역사가 바뀌었을지도 모른다. 진나에게는 그때가 '갈림길'이었다.

분할을 피할 수 있었는지, 그리고 분할을 반드시 피했어야 하는지에 대해서는 많은 인도인과 파키스탄인이 지금도 논쟁을 벌이고 있다. 사실 인도 신문에는 통일의 가능성을 살펴본 기사들이 지금도 가끔 실린다. 특히 분할이 영국의 현실정책 때문이라고 믿는 사람들이 통일을 강력히 주장한다. 영국은 전쟁이 끝난 뒤 냉전기에 인도의 분할이 '분리해서 다스린다'는 전술에 이로웠기 때문에 암묵적으로 분할을 승인했을까?

지난 40년 동안 관련 서류가 완전히 공개되면서 영국은 적어도 그 부분에서는 혐의를 벗었다. 인도의 분할은 여러 번에 걸친 실패의 결과였다. 국민

⇧ 독립 운동 기간에 제작된 이 그림에서 라마가 네루와 간디에게 축복을 내리고 있다. 간디가 '라마의 통치'를 되살리겠다고 약속한 것을 네루는 못마땅하게 생각했다.

회의당과 무슬림연맹은 서로 양보하지 못했고, 영국은 역사적인 책임을 완수하지 못했다. 역사 속에서 인도의 경우와 비슷한 사례를 살펴보자. 1776년 미국의 주들 사이에서 논쟁이 벌어졌을 때, 강력한 주는 작은 주에게 권리와 권력을 양보했다. 아메리카합중국을 구성하기 위해서였다.

국민회의당의 목표는 통일된 인도였지만, 결국 이들은 그 목표를 이루게 해줄 양보를 하지 못했다. 머리가 뛰어나지만 완고한 이슬람 지도자이자 한때 확고한 민족주의자였던 진나는 자신을 궁지로 몰아넣는 주장을 펼쳤다. 제2차 세계대전으로 힘과 자부심을 잃어버린 영국은 자신이 야기한 상황에 대한 책임을 맥없이 포기하고 인도의 분할에 동의했다. 그렇게 해서 이슬람교도가 대다수를 차지하는 인도아대륙의 변방, 즉 인도 최초의 문명 중심지였던 신드와 펀자브 서부를 포함한 지역이 인도에서 분리되었다.

영국이 정한 독립 기한은 원래 1948년 6월이었지만, 인도 북서부와 벵골에서는 이미 힌두교도와 이슬람교도 사이에 폭력적인 유혈충돌이 벌어진 뒤였다. 질서를 유지하기가 점점 힘들어지자 영국은 독립 날짜를 1947년 8월 14/15일로 앞당겼다. 현장의 반발을 걱정한 영국은 정확한 분할 경계선의 위치를 다음 날에야 비로소 밝혔다. 펀자브에서는 이 경계선 때문에 갈라진 시크교도가 즉시 무기를 들고 저항에 나섰다.

한편 예전에는 이웃으로 지내던 힌두교도와 이슬람교도도 뜬소문과 히스테리 때문에 서로를 적으로 돌렸다. 그 결과 끔찍한 유혈사태가 발생하고 역사상 최대 규모의 인구이동이 일어나 1,100만 명의 사람들이 목숨을 부지하기 위해 조상 대대로 살아오던 마을을 버리고 이젠 이 나라를 다스리지도 않는 어떤 강대국이 그어놓은 보이지 않는 선 너머로 도망쳤다. 정확한 사망자 수는 지금까지도 밝혀지지 않았지만, 대개 100만~200만 명으로 추정하고 있다. 어쨌든 수십만 명 단위일 가능성이 높다.

이렇게 해서 무슬림연맹은 자기들만의 독립국가를 얻었다. 파키스탄은 1956년에 제정한 헌법을 통해 공식적으로 이슬람 공화국이 되었다. 하지만 원래 진나의 계획은 이런 것이 아니었다. 그는 은퇴한 뒤 뭄바이의 말라바르 언덕에 있는 1930년대 스타일의 궁전 같은 방갈로—지금도 그의 가족들이 이 집을 소유하고 있다—에서 말년을 보내는 상상을 했다. 하지만 그의 이 꿈은 그가 결과를 얼마나 잘못 예측했는지를 보여줄 뿐이다.

파키스탄은 처음부터 두 지역으로 나뉘어 있었다. 동쪽의 동벵골은 발루치스탄·편자브·파탄인·신드족 등으로 구성된 서쪽 지역과 종교를 제외하고는 공통점이 전혀 없었다. 3,200킬로미터나 되는 거리를 두고 떨어져 있는 동서 파키스탄은 처음부터 하나의 국가가 아니었다. 그래서 동부가 1974년 전쟁을 통해 독자노선을 걷기 시작했고, 인디라 간디정부의 지원을 얻어 세계에서 일곱 번째로 큰 나라인 방글라데시가 되었다. 파키스탄은 여섯 번째로 큰 나라다.

한편 인도에 그냥 남은 이슬람교도도 많았다. 그러나 분할의 지독한 후유증으로 그들 중 많은 사람들이 점점 소외 계층으로 전락하고 말았다. 오늘날 인도는 약 1억 8,000만 명의 이슬람교도가 사는, 세계에서 두 번째로 큰 이슬람 국가다. 이러니 도대체 무엇 때문에 그 고생을 하며 나라를 분할시켰는지 모르겠다고 생각하는 사람이 많은 것도 무리가 아니다.

독립국 인도

○

1947년 8월 14일 자정 직전에 네루는 오랫동안 고대하던 연설을 했다. 자부심과 후회가 가득한 연설이었다.

⇧ 마하트마의 그늘. 인디라 간디와 아들 라지브. 네루의 딸인 인디라 간디는 1974년 비상사태를 선포하고 민주주의를 중단시켰지만, 인도는 그녀를 쫓아냄으로써 인도의 민주주의가 강하고 유연하다는 것을 상징적으로 보여주었다.

"오래전 우리는 운명과 약속을 했습니다. 이제 우리가 그 약속을 이행할 때가 왔습니다. 완전히, 철저하게 이행하는 것은 아니지만, 실질적으로 충분히 이행할 것입니다. 자정을 알리는 종소리가 울리면, 세상 다른 사람들은 잠들어 있겠지만, 인도는 생명과 자유를 향해 깨어날 것입니다."

독립 직후에는 어려운 일들이 많았다. 영국이 작성한 국가재정 대차대조표를 보면, 16세기에 세계 2대 경제강국이었던 인도의 경제력이 1900년대 초에는 전 세계 GDP의 3퍼센트에 불과한 수준으로 떨어져 있었다. 국민회의당 정부가 사회주의 경제모델과 간디식의 자급자족 윤리를 채택한 것이 초창기의 어려움을 더욱 배가시켰다. 인도는 1960년대까지도 기근에 시달렸다. 인도의 '위대한 전통'을 현대화하는 작업은 1990년대에 인도가 해외투자자에게 문을 열기 전에는 아주 더디게 진행되었다.

1990년대 이후 인도의 생활수준과 경제력은 극적으로 상승했다. 지금은 인도가 2030년대 말에 심지어 미국조차 능가할 것이라는 예측이 나올 정도다. 그렇다면 21세기에 우리는 과거 아시아의 거인들이 역사 속에서 자신의 위치를 되찾는 모습을 목격하게 될 것이다.

독립 이후 인도에서 중요한 이슈 중 하나는 인도의 정체성이었다. 독립운동 중에 국민회의당이 다듬은 인도 역사는 서구에서 교육을 받아 영어를 구사하는 법률가들이 만든 것이라 세속주의와 힌두교-이슬람교의 단합을 강조했다. 독립 이후, 특히 지난 20년 동안 이 역사는 자주 신랄한 비판의 대상이 되었다. 네루의 위대한 저서 『인도의 발견』(1956)의 주인공은 아크바르처럼 계몽된 지도자들이다. 이들은 다원주의적이고 관용적인 사상을 품고 있었다. 불교를 믿었던 아소카 황제—1919년 이후에야 비로소 재발견된 인물—가 중요 인물로 부상한 데에도 같은 이유가 작용했다. 아소카의 사자상은 인도의 국장이 되었고, 아소카의 법륜은 간디의 물레 대신 인도 국기에 자리를 잡았다. 간디는 이를 달가워하지 않았다.

하지만 항상 그렇듯이 다른 이야기들이 존재한다. 인도 국민 대다수는 힌두교도다. 19세기에 막 싹을 틔운 힌두 민족주의 운동은 영국이 물러간 뒤 이슬람교도의 인도 지배에 종지부를 찍고 힌두교도들이 지배하는 세상을 만드는 데 영국 식민지 시절이 촉매역할을 할 것이라고 보았다. 그런데 이제 인도가 분할되면서 세속적인 이상이 부분적으로 실패하게 되자 인도 내의 이슬람이 사상 최초로 문제에 직면하게 되었다.

분할은 종교적인 근거로 이루어졌고 파키스탄은 이슬람 국가가 되었다. 그렇다면 인도는 국민회의당의 단언처럼 세속적인 국가인가, 아니면 사실상 힌두교 국가인가?

힌두 민족주의자는 대답이 뻔히 보인다고 생각했다. 이런 의문은 인도가 독립을 얻은 순간부터 이미 뚜렷하게 드러나 있었다. 람라지, 즉 라마의 황금시대를 되살리겠다고 약속한 간디―네루는 이 약속을 못마땅하게 생각했다―는 이슬람교에 영합한다는 이유로 힌두교도에게 암살당했다. 이처럼 분파주의적인 분열은 지난 20년 동안 인도 정치에 지속적으로 영향을 미쳤고, 그로 인해 인도의 세속적인 헌법에 대해서조차 의문이 제기되었다.

국민회의당의 가장 큰 적은 힌두 민족주의 정당인 BJP가 되었다. 이 당이 만들어진 시기는 1980년이지만, 사실은 힌두 마하사바―무슬림연맹에 대한 대응으로 1915년에 만들어짐―처럼 이전에 존재했던 '힌두트바(세속적인 것들을 강하게 비판하며 힌두교의 가치관으로 인도 문화를 정의하려는 주의)' 정당들과 호전적인 RSS(1925년 창립)와 VHP(1966년 창립) 같은 강경 단체들에 뿌리를 두고 있다. 1980년대에 BJP가 급속히 부상한 것은 힌두-이슬람 역사에 관한 논쟁에 힘입은 것이다. 직업적인 역사가와 고고학자로 이루어진 여러 집단들이 서로 반대의 입장에 서서 논쟁을 벌이고 있다.

이들은 중세에 이슬람 지도자들이 힌두교 사원을 파괴한 것을 내세워 지지자를 끌어 모았다. 특히 무굴 제국의 창시자인 바부르가 힌두교 사원을 파괴하고 그 자리에 세웠다는 아요디아의 모스크에 초점을 맞췄다. BJP의 지도자는 아요디아에 있는 라마의 출생지를 '해방'시키겠다며 라마의 전차처럼 개조한 도요타 트럭을 타고 인도 북부를 순례자처럼 돌아다니며 주민 간의 긴장을 위험할 정도로 이용해 민중을 선동했다. 나중에 결국 역사에 대한 환상에 불과한 것으로 밝혀진 이 아요디아 이야기는 네루가 1950년에 정확히 예측했던 것처럼 인도의 정치체제 자체를 위협했다.

1992년에 폭도들이 아요디아의 모스크를 파괴하는 사건이 발생하자, 나라 안에 두려움과 폭력의 분위기가 조성되면서 끔찍한 살상극이 간간이 발생했다. 2002년에 구자라트에서 벌어졌던 유혈사태가 한 예다. BJP는

1990년대 말에 정권을 장악한 뒤 자기들이 주장한 신화가 진실임을 증명하기 위해 파괴된 모스크가 있던 자리에 대한 고고학 발굴에 자금을 댔으나, 얄궂게도 중세 이전에는 이 자리에 중요한 건축물이 전혀 없었다는 사실만 증명되었다. 이곳은 라마를 숭배하던 장소가 아니었다는 얘기다. 신화와 정치를 뒤섞어 이용하는 사람들에게 유익한 교훈이 아닐 수 없다.

인도 주식회사

○

인도의 경제가 점점 좋아지고 있는데도 힌두 민족주의 정당 BJP는 2004년 총선에서 뜻밖의 패배를 당하고, 국민회의당이 다시 권좌에 올라 인도의 경제 '기적'을 이끌게 되었다. 인도 경제의 극적인 변화가 시작된 것은 아요디아 사태가 벌어진 바로 그해였다. 장기적인 관점에서 볼 때 인도의 경제발전은 세상을 바꿔놓을 것이다.

아요디아 사태가 벌어진 해에 나라싱하 라오 총리는 국가부도 사태를 피하기 위해 네루의 사회주의적 보호주의 경제를 버리고 해외 투자자들에게 인도를 개방했으며, 자본시장 개혁과 국내 기업에 대한 규제완화를 단행했다. 오래지 않아 펩시콜라와 코카콜라가 인도에서도 가장 오지의 마을까지 들어가 판매대를 설치할 수 있게 되었다.

정부가 간디의 이상이었던 자급자족 체제를 이처럼 최종적으로 폐기하면서 인도에서는 일종의 자기성찰 바람이 일기도 했다. 심지어는 간디를 다시 모셔 와서 인도의 신세대 젊은이를 가르치게 하자는 내용의 영화가 2006년에 발리우드에서 최고의 히트를 기록하기도 했다. 물론 인도에는 여전히 엄청난 문제가 산재해 있다. 특히 불평등한 카스트제도·시골 지방의

⇧　영원한 인도의 현대적인 화신. 인구증가와 환경문제를 생각하면 이 나라의 놀라운 성장에 위험이 없는 것은 아니
　지만, 인도는 항상 옛것과 새것을 공존시키는 놀라운 능력을 발휘했다.

가난·환경파괴·인구과잉 등이 심각하다.

　　하지만 세계 최대의 민주국가인 인도는 이제 성장과 변화의 길에 굳건
히 자리를 잡고 있으며, 인도인은 예전부터 항상 그랬듯이 외부에서 유용한
것을 가져와 이용하면서도 과거로부터 물려받은 오랜 삶의 목표에 끈질기게
매달리는 방식으로 변화를 이뤄나갈 것이다.

통합과 다양성
○

"인도는 당신들이 우리를 부르는 이름이라는 사실을 반드시 명심하세요." 언
론인인 내 친구 라비가 화려한 무늬가 있는 주말용 쿠르타(칼라가 없고 길이가

긴 인도의 셔츠) 차림으로 말한다. 활기차고 유쾌한 표정이다. 우리는 델리의
대모스크 아래 계단에 앉아 있다. 선한 사람들이 금요일 기도를 마치고 모스
크 밖으로 쏟아져 나온다. 쇼핑에 나선 사람들로 옷가게와 다르바(길거리 식
당) 주위가 북적이고, 청년들은 카바 사원(이슬람교도가 가장 신성시하는 메카의
사원), 타지마할, 런던의 빅벤을 찍은 포스터와 싸구려 시계를 팔고 있다. 연
기가 피어오르는 불 위에서 케밥이 지글지글 익어간다.

　　우리가 부르는 이름은 바라트(Bharat)입니다. 인도와는 아주 의미가
　　다른 단어죠. 인도에서 시간은 일직선으로 흐릅니다. 하지만 바라
　　트의 시간은 둥근 원이고 신화적이에요. 이 두 가지 시간은 두 가지
　　사고방식을 상징합니다. 인도 사람은 아무리 비천한 사람일지라도
　　이 둘 사이를 자유로이 오갑니다. 다양한 정체성을 갖는 것이 수천
　　년 전부터 우리 역사의 일부였으니까요. 우리의 다양한 정체성은
　　고대와 현대에 모두 완벽하게 어울립니다. 핵물리학자가 코끼리 머
　　리를 한 가네샤 신을 섬겨도 전혀 부끄러운 일이 아니에요. 사실 우
　　리는 모두 가네샤를 사랑합니다. 인도는 많은 부침을 겪었습니다.
　　끔찍한 가난도 경험했지만, 과거로부터 대단한 부를 물려받기도 했
　　어요. 우린 우리 문화를 편안히 받아들이고 있습니다.

라비는 주위 사람을 가리키며 말을 잇는다.

　　인도는 현대에 구축된 개념입니다. 원래 영국이 창조한 것이지만,
　　독립운동을 거치면서 정치적인 실체가 됐죠. 기본적으로 인도는 소
　　수의 저명한 민족주의자들, 특히 모더니즘과 합리주의의 산물인 네

루 같은 사람들이 꿈꾼 환상적이고, 대단히 미학적이고, 윤리적인 개념이었습니다. 네루는 동서의 장엄한 융합을 인도의 미래로 보았습니다. 수천 년 동안 축적돼서 기억 속에 암호처럼 박힌 고대의 맹세들을 초월하고 싶어했죠. 그가 보기에 과거는 진보를 가로막는 장애물이었습니다. 무지·미신·카스트제도·불가촉천민은 모두 지독한 불평등을 내포하고 있었죠. 네루는 민주주의와 세속주의가 과거의 무게로부터 사람들을 해방시켜줄 거라고 생각했습니다. 사실 여러 종파 사이에 전쟁이 벌어지고 나라가 분할됐어도 현실은 네루의 생각대로 되었습니다. 민주주의와 세속주의가 새로운 충성심을 만들어낸 겁니다. 종교에 관해서도 네루의 생각은 확실히 옳았습니다. 종교가 워낙 많고 신도 3,300만 명이나 되는 이 나라에서 세속주의는 인권을 지켜주는 유일한 방편입니다.

사실 종교가 곧 우리 자신을 규정하는 존재여야 할까요? 1991년에 실시된 인구조사에서 우리는 사상 처음으로 종교에 관해 질문했습니다. 그런데 흥미로운 결과가 나왔어요. 힌두교도·이슬람교도·기독교인·자이나교도·파르시를 막론하고 많은 국민이 대부분의 문제에 대해 같은 의견을 갖고 있었습니다. 사실 국민의 90퍼센트 이상이 같은 생각을 품고 있었어요. 어떤 종교를 믿든 인도에 충성을 바치는 사람이라면 인도인이라는 겁니다.

"그래도 위태로운 순간이 몇 번 있었죠." 내가 대답한다.

"인디라 간디의 비상사태 선포, 시크교 반란, 아요디아. 2002년에 구자라트에서 일어난 일을 봐요."

⇧ 소비주의를 향해 정면으로 달려드는 인도의 변화로 인해 많은 사람이 생각에 잠기게 되었다. 과거의 가치가 살아 남을까?

그래도 민주주의는 제 역할을 했습니다. 제대로 뿌리를 내린 거예요. 네루의 사회주의 실험 때문에 1990년대까지 인도가 경제적으로 고립되어 있었던 것이 어쩌면 어느 정도 영향을 미쳤는지도 모르죠. 그 정책 때문에 인도의 물질적·사회적 발전 속도가 느려졌을지도 몰라요. 하지만 만약 우리가 현대적인 발전과 소비주의를 향해 무작정 돌진했더라면, 과거의 전통이 일찍 사라져버렸을 겁니다. 인도는 1990년대에 세계시장에 합류하면서도 아기를 목욕시킨 물을 버리며 아기까지 한꺼번에 버리는 우를 범하지는 않았습니다.

"그래서 결국 2004년 선거에서 인도 국민들이 네루의 모델로 회귀한 것 아닙니까?" 내가 말한다.

라비는 웃음을 터뜨린다.

소니아 간디, 그러니까 네루의 손자이자, 어머니와 할아버지처럼
총리를 지낸 라지브 간디의 미망인이 2004년 선거 이후 총리직을
고사했을 때 정말이지 희한한 상황이 벌어졌습니다. 가톨릭을 믿는
이탈리아 여자가 총리로 선출됐으나 시크교도에게 총리직을 양보
했고, 그 시크교도는 이슬람교를 믿는 대통령 앞에서 선서를 하게
된 거죠. 힌두교도가 대다수인 나라에서 말입니다. 이 세상에 인도
말고 또 어디서 그런 일이 일어날 수 있겠습니까?

미래를 생각하다

○

델리에서 마지막 촬영을 하는 날. 5월의 더위가 조금 누그러진 해질녘
에 나는 많은 신도가 모이는 자마 마스지드 모스크의 뾰족탑을 오른다. 이 유
서 깊은 도시의 북적이는 거리를 내려다보기 위해서. 우리는 수만 킬로미터
를 이동하면서 수만 년이 넘는 세월 동안 인도 역사의 물결이 남긴 흔적을
목격했다. 내가 보기에 위대한 문명은 오랜 세월에 걸쳐 역사의 충격과 상처
에 대처하는 방법을 발전시키는 것 같다. 충격과 상처를 흡수해서 그 속에 감
춰진 선물을 이용할 수 있게 해주는, 문화적 면역체계와 같다고나 할까.

인도 역사는 믿기 힘든 드라마·위대한 발명·보기 드문 창의성·위대한
사상의 이야기다. 인도 역사를 살펴보는 것은, 힌두교『경전』의 표현처럼 세
속적인 부·미덕·사랑을 획득하기 위해 불완전하나마 노력을 기울이는 인류
의 이야기를 보는 것과 같다. 만약 행운이 따른다면 우리는 궁극적으로 깨달

⇧　델리의 자마 마스지드 모스크 위에 뜬 초승달. 독립운동 기간과 독립 이후에 일어난 온갖 사건들에도 불구하고, 인
　　도의 민주주의는 다양한 집단들을 하나로 묶는 놀라운 능력을 보여주었다.

음에 이를 수 있을 것이다.

뾰족탑 꼭대기에서 석양을 바라보니 점점 어두워지는 산의 옆모습이 또렷이 보인다. 찌는 듯이 무덥던 1857년 여름, 이 도시에 무시무시한 복수를 하러 온 영국군이 거쳐간 곳이다. 동쪽으로는 독립선언이 이루어진 붉은 요새가 마지막 햇빛을 받아 빛나고 있다. 발밑에서는 금요일 기도를 마친 사람들이 대규모 쇼핑가인 찬드니 초크에서 물결처럼 움직이고 있다.

시끌벅적하고 활기찬 사람들을 보고 있자니 마지막으로 떠오르는 생각이 있다. 인도아대륙은 세계에서 가장 인구가 많고, 언어와 혈통이 가장 풍요롭고 복잡한 곳이다. 인류가 지금까지 겪은 그 어떤 시대보다 더 힘들지도 모르는 미래를 눈앞에 둔 지금, 인류의 역사라는 것이 정말로 무엇인지를 이렇게 뚜렷이 볼 수 있는 곳이 달리 또 어디 있을까.

우리는 모두 처음에 형제와 자매로 시작해서 전 세계로 퍼져나가 사회를 만들고, 권력을 획득하고, 실제로는 그다지 중요하지도 않은 차이점(언어·인종·종교)을 중심으로 울타리를 둘렀다. 하지만 지금은 결국 다시 한자리에 모여야 할 때가 되었다. 정말로 그렇게 될까?

감사의 말

지오티와 미낙시
나가라티만, '타타', 퍼니다, 샨티,
치트라, 아킬라, 카르틱과 시바쿠마르,
락슈미 비시와나단과 수실라 라빈드라나드에게
사랑을 바치며

시간이 오래 걸리는 일을 할 때는 많은 신세를 지게 마련이다. 우선 나는 촬영에 커다란 도움을 준 인도 정부·외무부 직원·인도 고고학 조사국에 감사하고 싶다. 런던 쪽에서는 인도 고등판무관인 카말레시 샤르마와 바블리 샤르마 부부에게 특히 감사한다. 두 분은 최선을 다해 우리를 격려하고 도와주었다. 촬영 당시 인도 문화부 장관이자 런던 네루센터 소장이던 아툴 카레 박사에게도 감사한다. 인도 항공의 직원은 우리가 이동할 때마다 한결같이 우리를 도와주었다. 델리 국립박물관 직원, 파트나·사르나트·마투라·콜카타·알라하바드·첸나이·탄자부르 등지의 박물관 직원, 그리고 콜카타의 아시아학회와 델리의 국립 문서고에도 감사한다. 마두라이 대학 부총장은 그 대학의 유전학 프로그램을 촬영하고 싶다는 우리를 친절하게 도와주었다. 사레가마는 우리 작품에 A.R. 라만의 음악 중 일부를 사용해도 좋다고 허락해

주었다. 파키스탄에서는 파키스탄 고고학 조사국, 오리야 마크불잔, 라이스 아바스 자이디, 당시 문화부 장관이던 잘릴 아바스, 탁실라와 페샤와르 박물관 직원, 하라파와 타크티바이 유적지 직원에게 감사한다.

영국 국립도서관의 카트리오나 핀레이슨을 비롯한 여러 직원은 촬영에 필요한 자료를 보여주었고, 많은 연구자료를 제공해주었다. 런던 임페리얼 칼리지의 산지브 굽타 박사는 우리에게 넓은 시야를 제공해주었고, 대영박물관의 리처드 블러턴, 조 크립, 리즈 에링턴은 우리의 질문에 친절히 답해주며 우리를 새로운 방향으로 이끌었다. 닉 심스 윌리엄스 교수는 자신이 쿠샨에서 거둔 짜릿한 성과를 우리에게 보여주었다. 인도의 R. 피차판 교수, 이르판 하비브, D.N. 자, A. 프라사드, S.P. 굽타, S. 메흐로트라의 도움과 통찰력에도 감사한다. 이흐산 알리 교수는 파키스탄 서북 변경주의 발굴성과를 우리에게 가르쳐준 안내인이었다. 페샤와르에서 또다시 우리를 맞아준 자후르 두라니는 지식과 열정으로 우리를 감동시켰다. 전화로 자신의 연구에 대해 이야기해준 셰린 라트나가르와 나얀조트 라히리, 런던에서 저녁식사를 하며 이야기를 들려준 롤리타 네루, 탄자부르 정원에서 만난 인디라 피터슨, 오래전 젊은 풋내기에게 친절한 충고를 해주었던 로밀라 타파르에게도 감사한다. 혹시 이 책에 잘못된 사실이나 해석의 오류가 있더라도 위에 언급한 사람은 전혀 책임이 없음을 아무리 강조해도 지나치지 않을 것이다. 아리아인의 침공이나 중세 이슬람교와 힌두이즘에 대한 해석처럼 이론이 분분한 주제들도 많은데, 이 책에서 내가 내린 결론들은 전적으로 내 책임이다. 일반 대중을 염두에 둔 이 책이 기대에 너무 부족한 작품이 되지 않기를 바랄 뿐이다.

현장에서 촬영 중에 우리를 도와준 산디야 물차나니, 락샨데르 잘릴, 디디티 비스와스 교수, R. 발라수브라마니암 교수, B.B. 랄 교수, 샤시 타루르, 파트나의 아지트 프라사드 박사, 파니파트의 하르반스 무키아 교수, 쿠시나가르의 아가마하 바단타 기야네시와르, 윌리엄 달림플과 마흐무드 파루키, 음리둘라 무케르지 교수, 첸나이의 사티야바마 교수와 판디안 교수, A. 시바콜룬두 박사, S. 수레시 박사, 오리사의 프라단 교수 연구팀, R. 크리슈나무르티, 케랄라의 셀바쿠마르 박사와 샤잔 박사, 델리의 암비카 슈클라, 바라나시의 란지트 초우다리 가족, 부다가야의 비쿠 보디팔라, 사르마트의 마하테로 와타이, 러크나우에서 우리와 이드(파키스탄의 명절)를 함께 보낸 쿤와르 라니 쿨섬 베굼과 라지쿠마르 아미르 나키르 칸 부부 및 그의 가족과 친구, 마투라에서 고대 아유르베다 전통을 보여준 릴라다르 굽타 박사와 가족에게 감사한다. 케랄라에서는 비노드 바타티리파드와 나무디리 공동체, 알라하바드에서는 러스텀 간디와 가족, 라지기르와 부다가야에서 훌륭한 말동무 역할을 하며 지혜를 나눠준 샨탐 세트, 심라의 판바지 미시라, 에타와 심라와 바레의 스리람 메흐로트라 교수, 캘거리의 에드 몰튼에게도 감사한다.

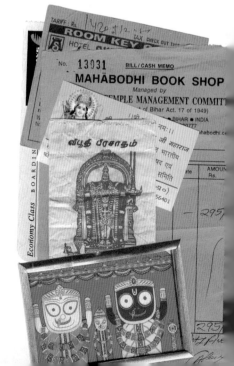

조드푸르, 탄자부르, 바라나시의 마하라자에게도 감사한다. 그곳 직원은 우리를 위해 수고를 마다하지 않았다. 라지스탄에서는 자이푸르 보석 궁전의 문누 카슬리왈이 믿을 수 없을 만큼 풍부한 지식으로 친절하게 우리를 도와주었다. 남부에서는 마두라이 미낙시 사원의 승려와 티루반나말라이와 탄자부르의 사원이 우리를 친절히 맞아주고, 놀라울 만큼 많은 것을 보

여주었다. 티루벵가두의 아름다운 사원에서 만난 승려, 오두바르(가수), 신자
에게도 감사한다.

치담바람의 많은 친구, 딕시타르스의 마을, 시바 샥티 무용학교, 타밀
성자의 생애에 관한 고대 전승을 외부인인 우리에게 처음으로 맛보게 해주
고 친절을 베풀어준 M. 나가라티남과 가족에게도 감사한다. 첸나이의 락슈
미 비시와나탄은 언제나 그렇듯이 소중한 의견을 나누어주었다.

바라나시에서는 고향을 떠난 우리에게 집이 되어준 라시미 게스트하우
스 직원에게 감사한다. 이곳보다 더 좋은 숙소는 없을 것이다. 20년 동안 내
게 안식처가 되어준 알라하바드의 피나로 호텔도 마찬가지다.

파키스탄에서는 열심히 유쾌하게 우리를 도와준 우메르 뭄타즈, J. 마크
케노이어, 하라파의 무하마드 하산 박사에게 감사한다. 자후르 두라니에게
또다시 감사할 수 있어서 정말 기쁘다. 물탄으로 다시 돌아와 가르데지를 본
것도 기쁜 일이었다. 술탄, 후르와 그 가족 모두에게 감사한다. 델리의 자마
마스지드의 이맘 부카리와 가족, 고대 청동작품을 우리에게 보여준 스와미
말라이의 데바나스타파티 가족에게도 감사한다. 이라크에서는 미 육군의 로
브 프라이 중장, 해리 셔우드 대위와 토니 아길라 대위에게 감사한다. 투르크
메니스탄에서는 팀 윌리엄스 교수가 고누르 테페에서 놀라운 성과를 거두고
있는 빅토르 사리아니디 교수 팀을 소개해주었다.

마지막으로 일부러 시간을 내서 우리에게 불교의 역사적 유산을 이야
기해주고, 위대한 인도인인 부처의 생애에 대해 독특한 통찰력을 제공해준
달라이 라마에게 감사와 깊은 존경을 바친다.

작품 제작과 관련해서는 델리의 훌륭한 프로덕션 팀인 어스케어 필름
이 현장에서 모든 일을 맡아 해주었다. 아무리 찬사를 바쳐도 모자랄 지경이
다. 마두리마와 크리슈넨두 센 보즈, 라훌 팔, 모힛 라스토기, 캐럴린 시양보,

그리고 무한한 친절을 베풀어준 미들 패스의 잠얀 틴리와 켈샹 기야리에게 감사한다. 특히 제2 카메라를 맡은 사킵 아흐메드에게 감사한다. 그는 처음부터 끝까지 우리 팀에서 침착함을 잃지 않은 중요한 인물이었다. 첸나이에서는 우리 친구 센타라마라이 칸난이 여느 때처럼 놀라운 에너지와 유연성을 발휘해 우리의 남부 촬영 일정을 세워주었다. 쿠시크 차테르지는 서벵골과 라자스탄에서 사전준비를 해주었다.

영국 쪽에서는 제러미 제프스가 연출과 촬영 모두에서 믿을 수 없을만큼 훌륭하게 일을 해냈다. 많은 감사와 찬사를 받을 만하다. 레베카 돕스는 이번 시리즈를 제작하면서 언제나 그렇듯이 우리의 현명하고 전능한 구루 역할을 했다. 캘럼 벌머는 소리를 기록하고, 이 책에 실린 많은 스틸사진을 찍었다. 편집을 맡은 게리 브래니건은 일관성 있는 작품을 만들면서 자신의 서정적인 시각까지 덧붙였으며, 알렉스 니콜릭은 뛰어난 솜씨로 그를 도왔다. 샐리 토머스는 항상 그렇듯이 프로덕션 관리를 훌륭하게 해냈다. 하워드 데이비드슨은 머릿속을 떠나지 않는 아름다운 음악을 만들었고, 자티닐 바네르지는 노래를 불렀으며, 로열 필하모닉 오케스트라가 녹음을 맡았다. 18개월에 걸친 촬영과 편집하는 동안 소날리 초두리, 케빈 로언, 스테파니아 부나주티, 실라 마셜, 앰버 터페일, 조너선 페이지, 파티마리즈비 탬신 레인저, 클레어 클러스키, 주느 비에브 해리슨, 에린 영, 알렉스 니콜리, 에드 래드퍼드가 우리 팀에서 일했다. 포스트 프로덕션은 모두 '엔비'에서 이루어졌는데, 그 누구와도 견줄 수 없을 만큼 탁월한 재닌 마틴이 작업을 총괄했다. 놀라운 서라운드 사운드를 만들어준 밥 잭슨에게 특히 감사한다. 우리 사무실의 컴퓨터 마에스트로로 존 크랜머는 작품에 삽입될 훌륭한 지도를 만들어주었다. 브렌던 맥긴티는 저속촬영에 놀라운 솜씨를 보여주었고, 크리스 크루파는 뛰어난 그래픽 솜씨를 발휘했으며, 패디 마크는 추가 시퀀스를 연출했다. 타라 아츠의 자틴더 버마, 사샤 베하르, 로버트 마운트퍼드, 클로디아 메이어는 전설적인 문헌 일부를 맡아 작업했다. 이들 모두와 25년 동안 작고 별난 독립제작사로 활동하면서 거대기업이 지배하는 세상에서 양질의 프로그램들을 계속 만들어내고 있는 마야비전의 모든 친구에게 감사한다. 그리고 우리 회사의 창립 멤버이며 이번 시리즈를 제작하던 도중 인도에서 세상을 떠난 바스카르 바타차리야에게 작별을 고한다.

BBC2에서는 열정을 아끼지 않고 현명한 충고와 격려를 준 마틴 데이비드슨, 에마 스웨인, 크리션 아로라, 롤리 키팅, 제이나 베넷에게 특별히 감사한다. 미국에서는 CPB가 우리 계획의 의미를 파악하고 프로젝트를 시작할 수 있도록 지원을 해주었다. PBS의 오랜 친구 리오 이튼, 존 윌슨, 샌디 히버러는 우리에게 의지가 되었다. 이들 모두와 미국의 모든 동료에게 감사한다. 우리가 이번 시리즈에 관해 처음으로 의논했던 제니퍼 로슨과 캐시 쿼트론도 물론 포함된다. 책과 관련해서는 내 대리인인 라비니아 트레버, 베이식북스의 프루 케이브와 라라 하이머트, BBC 북스의 린다 블레이크모어와 엘리너 맥스필드는 거의 불가능한 일을 해냈다. 그들을 이끈 마틴 레드펀은 6개월 만에 책을 만들어낼 계획을 세우고 우리가 인도에서 촬영하는 동안 처음부터 끝까지 바짝 긴장한 채 프로젝트를 감독했다.

마지막으로 힘들지만 짜릿했던 이번 작업 기간 동안 나를 지지해주고 마음을 풍요롭게 해준 가족에게 한 번 더 감사하고 싶다. 식구 모두 나만큼 인도를 사랑하는 것이 다행이다. 아내 레베카와 나는 20년 전 처음으로 인도를 함께 여행했는데, 여행의 동료로 그보다 더 좋은 사람은 없을 것이다. 아내의 사랑·활기·통찰력·우정이 없었다면 이번 일은 불가능했을 것이다. 우리 딸 지오티와 미나는 항상 현실적인 시각과 유머의 원천이다. 아이들에게 감사하는 마음은 말로 이루 다 표현할 수 없다.

인도이야기
-한 권으로 읽는 인도의 모든 것

펴낸날	초판 1쇄 2018년 11월 5일

지은이	마이클 우드
옮긴이	김승욱
펴낸이	심만수
펴낸곳	(주)살림출판사
출판등록	1989년 11월 1일 제9-210호

주소	경기도 파주시 광인사길 30
전화	031-955-1350 팩스 031-624-1356
홈페이지	http://www.sallimbooks.com
이메일	book@sallimbooks.com

ISBN	978-89-522-3993-8 03910

※ 값은 뒤표지에 있습니다.
※ 잘못 만들어진 책은 구입하신 서점에서 바꾸어 드립니다.

이 도서의 국립중앙도서관 출판시도서목록(CIP)은 서지정보유통지원시스템 홈페이지
(http://seoji.nl.go.kr)와 국가자료공동목록시스템(http://www.nl.go.kr/kolisnet)에서
이용하실 수 있습니다.(CIP제어번호: CIP2018033495)

책임편집·교정교열 **이상준 서상미**